너 때문이 아니고 뇌 때문이야
● 뇌과학자가 쓰는 육아서 - 총론

● 뇌과학자가 쓰는 육아서 - 총론
## 너 때문이 아니고 뇌 때문이야

초　판 1쇄 발행 2013년 10월 10일
개정판 1쇄 발행 2017년 06월 20일

지은이 | GG브레인파워연구소 김의철

펴낸 곳 | 프리윌출판사

펴낸이 | 박영만
편집 · 디자인 | 김경진
표지 디자인 | 서경원
홍보 · 마케팅 | 임인엽, 박혜린, 박혜선

등록번호 | 제2005-31호　　　등록년월일 | 2005년 05월 06일
주소 | 경기도 고양시 일산서구 호수로 710 1703동 103호
전화 | 031-813-8303　　　　팩스 | 031-922-8303
E-mail | freewillpym@naver.com　yangpa6@hanmail.net

값 22,000원
ISBN 979-11-87110-55-2　13370

© 프리윌출판사 2017

이 책은 GG브레인파워연구소와 프리윌출판사의 계약으로,
저작권은 GG브레인파워연구소가, 출판권은 프리윌출판사가 소유합니다.
신 저작권법에 의해 보호를 받는 저작물이므로 무단 전재와 복제를 금합니다.

● 뇌과학자가 쓰는 육아서 - 총론

# 너
# 때문이 아니고
# 뇌
# 때문이야

GG브레인파워연구소
김의철 지음

프리윌

교육에 관한 온갖 지엽적 대책을 제시하시는 정치인들께,
영혼 없이 땜질과 보신 처방에만 골몰하시는 교육당국자들께,
각자도생의 짐을 지고 허리가 휘는 학부모님들께,
그리고 오리로 길러지는 학생들에게
이 책을 바친다.

## 프롤로그
### 오리를 길러내는 분들께, 오리 같은 삶을 사는 분들께 드리는 행복 메시지

세계적 천재 김웅용 씨가 최근 이런 말을 했다. "사람들은 손연재를 평가할 때 리듬 체조 선수로서의 기량만 보죠. 김연아는 피겨를 잘해서 세계 최고의 스타고 박태환은 오로지 수영, 기성용은 축구로 스타가 됐어요. 그것 하나로 그 사람을 인정해준다는 얘기죠. 하지만 공부에서는 그렇지가 않아요. 국어도, 영어도, 사회도 잘해야 합니다. 뭐 하나 못하면 "너는 수학을 잘해 놓고 왜 과학은 한 개 틀렸냐?"고 물어요. 그건 "IQ가 210인데 왜 피겨는 못 타나?"라고 묻는 것과 똑같은 얘기죠. 사람은 만능일 수 없어요. 자기가 잘하는 부분에 집중해야죠."

"올림픽을 위해서는 4년 동안 오직 자기 종목에만 몰두하죠. 공부도 그래야 한다는 거예요. 지금은 좋은 대학 가려면 특목고가 필요하고, 특목고 가려면 만능 중학생이 되어야 하며, 그러기 위해서는 초등학교 때부터 모든 과목을 다 잘해야 해요. 학생이 모든 과목을 잘할 수는 없어요. 그럴 필요도 없고, 그게 가능하지도 않죠."

'보통 부모'는 왜 자신의 사랑하는 자녀가 이것저것 다 잘하기를 바랄까? '개천에서 용 나게 하려는' 욕심 때문일 것이다. 이건 중대한 착각이다. 잡다하게 조금씩 잘 하는 건 용이 아니라 오리다.

오리는 육해공에 능하다. 오리는 하늘(?)을 날 수 있다. 그러나 참새만도 못하다. 오리는 땅 위를 달릴(?) 수 있다. 그러나 병아리보다도 못하다. 오리는 물에서 헤엄칠 수 있다. 그러나 송사리 한 마리보다도 못하다. 우리 '보통 부모'들은 지금 이런 육해공 오리를 키워내기 위해 자신의 삶까지 희생하고 있다.

  물론 부모 죄만은 아니다. 중고교에서 모든 과목을 다 가르치도록 교과과정을 짠 국가가 원죄인이다. 모든 과목을 잘해야 좋은 대학에 갈 수 있는 입시제도가 그 다음 죄인이다. 말하자면, 국가 기관이 합심해서 오리를 기르도록 강제하고 있는 것이다.

  국가는 왜 오리를 길러내려 할까? 왜 용을 길러내는 제도를 채택하지 않을까? 나는 아직 그 이유를 모른다. 다만, 분명한 사실 하나는 현재의 교육 시스템이 우리가 새카만 후진국일 당시와 똑같다는 점이다. 50년, 60년 전을 회상해 보시라. 아니 100년 전쯤에 대해 검색해 보시라. 그때에도 우리 모든 중고등학생은 똑같이 국영수사과음체미를 배웠다. 그 성적을 종합해 줄을 세웠다. 철저히 오리로 키웠다. 적성 따위는 안중에 없었다. 지금은 어떤가? 특성화고 몇 군데가 생겨서 적성에 맞는 공부를 하게 되었는가? 어림도 없다. 지금도 전국 중고교생의 95% 이상을 오리로 길러내는 작업이 진행 중이다. 국가에 의해서.

  그들은 독수리가 되고, 호랑이가 될 재목들이었다. 당연히 우리 학생들은 행복하지 않다. 부모도 행복하지 않다. 선생님도 행복하지 않다. 글쎄, 개인적 잇속 차리기에 정신없는 정치인들과, 때깔 좋은 오리를 길러낸 엄마들이나 행복할까? 이래서는 안 된다. 첫째 학생이 행복해야 한다. 그러면 부모도 행복하다. 선생님도 행복해진다. 자연히 정치인도 행복해진다. 우리 모두가 행복해야 한다.

  이것이 바로 행복한 학교가 필요한 이유다. 행복한 학교를 세우기는 어렵지 않다. 우리의 뇌가 답해주는 까닭이다. 그 아름다운 설계도를 보여드린다.

## 일러두기

1. 이 책은 ① 사람은 서로 다르다 ② 왜 다른가? ③ 다르면 행복한 학생, 행복한 학교, 행복한 세상은 어떻게 만드나?를 밝혀내려는 책이다. 뇌과학을 통해서다.

2. 그렇다고 해서, 이 책이 논문집은 아니다. 뇌에 관한 학자들의 연구결과를 일반인들이 쉽게 읽고, 이해하기 쉽도록 풀어서 썼다. 인문학적 관점에서 기술하였다는 뜻이다. 그러나 깜짝 놀랄 사항도 많을 것이다. 우리의 상식을 뒤엎는 국내최초의 연구결과들을 여러 가지 만나시게 되는 까닭이다.

3. 자신의 두뇌 타입을 판별할 수 있는 검사설문지는 싣지 않았다. 문항수도 많거니와, 독자께서는 컴퓨터 분석을 할 수 없는 까닭이다. 대신 3, 4, 5장에 특징을 자세하게 설명하였으므로 충분히 판별하실 것이다.

4. 요즘 좌뇌, 우뇌에 관한 상식(?)들이 온갖 매체에서 쏟아져 나오고 있다. 독자들도 자기 혈액형 알아보듯, 심한 경우에는 점집에서 점쳐보듯, 가지각색이다. 대단한 몰상식이다. 가지런한 과학적 상식을 갖추게 되시기를 빈다.

5. 본문 중 일본인에 관한 얘기가 적잖이 나온다. 좋게 평가한 부분도 있고, 좋지 않게 들릴 부분도 있다. 일본인을 예로 삼은 것은 정치적이거나 그 밖의 아무런 의도가 없다. 일본인과 한국인이 두뇌특성이라는 측면에서 볼 때 워낙 대조적이기 때문에 자연히 비교의 대상이 되었다.

6. 필자는 지난 6~7년 동안 약 2천명의 학부모와 자녀를 상담했고, 약 1,200명의 교사를 포인트 연수[*]시켰다. 여기에 소개된 사례는 모두 이들과 상담하고 검사한 내용들이다. 그들의 반응, 대답 등도 가급적 사실대로 옮기려 애썼다. 다만, 그분들의 개인정보 보호를 위해 먼저 등장하는 순서대로 A, B, C 번호를 붙였다. ([*]포인트 연수: 승진 포인트 1점이 인정되는 15~20시간의 연수)

7. 본문 중에 "좌뇌인은 이러이러하다." 또는 "우뇌인은 저러저러하다."라는 식의 표현이 자주 나온다. 이러이러, 저러저러가 100%가 다 그렇다는 뜻은 아니다. 당연히 '예외'라는 것이 있다. 그렇지만 일일이 "예외도 있다."는 식의 토를 달지는 않았다. 글이 지저분해지는 것을 피하기 위해서다.

8. 이 책은 필자가 쓰고자 하는 《자기 머리에 맞추어 다르게 살기》의 총론(總論)이 되는 셈이다. 앞으로 연구와 자료 수집을 계속하여 분야별 각론(各論)을 이어서 써낼 계획이다. 아마도 10여권은 더 써야 할 것 같다.

9. 개정판을 내면서 : 초판을 쓸 당시에는 '뇌들보 완성은 만9세경'이 정설이었다. 그러나 그 후 여러 논문들이 '만10~11세'를 주장하고 있고, 정설로 굳어지는 추세다. 개정판에서는 최신 정설을 반영하였다.

10. 초판의 내용은 웬만하면 고치지 않았다. 그러나 꼭 추가하고 싶은 사항도 있었다. 이런 내용들은 초판의 원문에 끼워 넣기보다는 별도의 '박스' 형태로 실었다.

# 차 례

프롤로그 ..... 06
일러두기 ..... 08

## Chapter 1 : 왜 똑같이 행복하지 않을까? ..... 15
1. 너 때문이 아니고 뇌 때문이야 ..... 17
2. 행복하게 해주는 친구 ..... 23
3. 독도야, 조금만 더 참아다오 ..... 27
4. 된장녀와 간장녀 ..... 33
5. 영어연수를 일본으로? ..... 37

## Chapter 2 : 행복을 뇌에게 묻다 ..... 43
1. 뇌: 인체의 사령부 ..... 45
2. 왜 서로 다른가? ..... 51
   ① 후천적 영향  ② 유전적 요인
3. 증명된 가설 ..... 61
4. '성능'이 다른 이유를 찾아서 ..... 65
5. 7대 유형 빨리 보기 ..... 67

## Chapter 3 : 곤두박질과 대박 사이 - 타입 1, 2 ..... 71
1. 초등학생 ..... 75
2. 중고등학생 ..... 81
3. 성인 / 공통사항 ..... 93

## Chapter 4 : SKY의 주인공인데... - 타입 4, 5        117
    1. 초등 저학년                                      122
    2. 초등 고학년                                      139
    3. 중고등학생                                       147
    4. 성인 / 공통사항                                  156

## Chapter 5 : 도대체 정체가 뭐야? - 타입 3        171
    1. 뇌들보 (Corpus Callosum)                         176
    2. 초등 5학년 이전                                  179
    3. 초등 6학년~중학생                                200
    4. 고등학생~성인                                    214

## Chapter 6 : 행복한 학교로 가는 길 : 두뇌 맞춤교육    233
### 가. 행복한 선생님                                   235
    1. 학교는 밥 먹이는 곳인가?                         236
    2. 성직은 운명인기?                                 240
    3. 국가부터 학교폭력을 중단하라                     246
    4. 독서 많이 시키는 비결                            251

5. 일기로 들여다보는 머릿속 259
6. 카이스트 학생이 왜 자살할까? 271
7. 학교폭력의 주인공 미리보기 276

## 나. 행복한 학생　　　　　　　　　　278
1. 돌팔이 선생에게 드리는 충고 279
2. 노력해도 성적이 안 나와요 = 영어(국어) 284
3. 노력해도 성적이 안 나와요 = 수학 290
4. 노력해도 성적이 안 나와요 = 단순암기과목 298
5. 노력해도 성적이 안 나와요 = 선행학습 305
6. 맞춤 진로 : 동으로 갈까, 서로 갈까? 310

## 다. 행복한 엄마　　　　　　　　　　318
1. '좋은 엄마'의 조건 319
2. 칭찬하는 방법, 때려주는 방법 324
3. 예습과 복습을 다 같이 똑같이? 329
4. 자기주도 학원에 보내야 할까? 334
5. 맞지 않는 선생이 80퍼센트 340

## Chapter 7 : 행복한 학교 :
### 독수리, 고래, 호랑이로 키워내자 — 347

    들어가는 말    349
    **가. 학교가 왜 무너졌나? 그 문제점**    **353**
    **나. 무너진 학교에서 퍼지는 독성물질**    **355**
    **다. 행복한 학교 새로 짓기**    **357**
    **라. 행복한 학교가 내뿜는 향기**    **362**

## Chapter 8 : 행복한 세상의 비밀번호 — 365

    1. 낚는 자와 낚이는 자    367
    2. 역전패의 주인공은?    371
    3. 사람의 입은 서로 다르다    376
    4. 시인과 목사와 축구선수    382
    5. 바람의 자식들    388
    6. 광속으로 달리는 세상    393
    7. 한국인 3대 바보    399
    8. 성격을 약물로 고친다는 돌팔이    406
    9. 천기누설? 먼저 잡아야 먹고산다    413

부록 : 한국인의 두뇌타입별 점유비(Survey 결과)    421
에필로그    428

●뇌과학자가 쓰는 육아서 - 총론

# Chapter 1
# 왜 똑같이 행복하지 않을까?

최근에 와서 '사람이 서로 다르다.'는 정도는 대개들 안다. 많이 들었고, 눈에도 잘 보이니까. 그렇지만 얼마나, 어떻게 다른지에 대해서는 별 관심이 없다. 잘 안 보이니까. 더욱이, 다르다면 그에 따라 어떻게 달리 대처하나? 하는 것은 아예 모른다. 알려주는 사람이 없으니까. 그래서 우리는 행복하지 못하다.
이제 운명의 갈림길에 왔다. 대처방법을 알고 키우면 독수리가 되고, 모르고 키우면 참새나 오리가 된다. 대처방법을 알고 살면 세상은 내 세상이 되고, 모르고 살면 평생 변두리다. 그래서 작은 이 책 한 권은 행복의 비밀번호다.

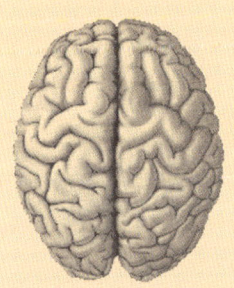

...

## Chapter 1
### 왜 똑같이 행복하지 않을까?

1. 너 때문이 아니고 뇌 때문이야
2. 행복하게 해주는 친구
3. 독도야, 조금만 더 참아다오
4. 된장녀와 간장녀
5. 영어연수를 일본으로?

## 01
# 너 때문이 아니고
# 뇌 때문이야

내 자식이 참새가 될까? 독수리가 될까? 아니면 오리가 될까? 궁금하기 짝이 없다. 그러나 더 이상 헤매실 필요가 없다. 지금은 정말 쉽게 구별하는 방법이 생겼다. 뇌라는 매스터키다.

대치동 엄마 A는 자부심이 대단했다. 자신이 명문대 출신이어서가 아니라 첫아이가 영락없는 천재였기 때문이다. 4~5세부터 영리하기 그지없고, 하는 말마다 재치 있게 굴더니 초등학교에 들어가자 총명 힘이 극에 달했다. 숙제 따위는 엄마가 돌봐줄 필요가 전혀 없었다. 시험은 올백이었다.

2학년이 되자 올백 신화가 무너졌다. A는 아이 공부를 도와주기 시작했다. 16년을 정상권에서 놀던 A다. 웬만한 학원은 눈에 차지 않았다. A는 자신의 경험을 되살려 집에서 꼬박꼬박 전 과목 예습을 시켜주었다.

아이는 다시 올백대열에 턱걸이하기 시작했다. 그런데 다른 문제가 터졌다. 담임이 '아이가 수업시간에 엄청나게 산만해졌다. 집에 무슨 일이 있느냐?'고 물어온 것이었다. 아무 일도 없는데… 부부간에도 화목한데… 게임도 안 하는데….

6개월 방황 끝에 필자를 만났다. 두뇌검사 결과 이 아이는 워낙 이해력이 뛰어나서 절대로 '예습하지 않아야' 했다. 아는 것을 또 들으면 그 머리는 즉시 짜증이 난다. 당연히 '새로운' 것을 찾아 새로운 여행을 떠나게 된다.

A는 의욕만 앞섰을 뿐, 자신과 아이가 서로 다르다는 것을 고려하지 못했다. 때문에 공부방법도 서로 달라야 한다는 것은 당연히 몰랐던 것이다. 의욕이 선무당을 만든 셈이다. 게다가 지금은 루소나 페스탈로치 시절이 아니다. 조사결과[*]에 의하면, 예습이 성적향상에 도움이 된다는 학생이 37%, 도움이 되지 않는다는 학생이 38%, 별 영향이 없는 학생이 25%다. 아이들은 이렇게 다르다.

B 엄마는 딸 셋을 두었다. 그런데 B에게는 맏이가 고1이 되도록 풀리지 않는 문제가 있다. 마음속에 미운 아이, 고운 아이가 점점 더 뚜렷이 구별되는 것이다.

B는 허리가 좀 약하다. 조금만 무리하면 금세 신호가 온다. 한번은 뭐가 많이 잘 못되었는지, 아이들 보는데서 크게 비명을 지르고 말았다. 이 때 아이들 반응을 보고 B는 또다시 깊은 고민에 빠지고 만다.

맏딸 : 엄마, 또 무거운 거 들었어? 무리하지 말랬잖아~

막내 : 엄마, 아프지마~ 엄마 오래 살아야 돼~ 나 엄마 사랑해~~

[*] KBS 1TV, 2008.12. 방영

가운데 : 말이 없다. 집안을 두리번두리번, 세 사람을 번갈아 쳐다
보기만 한다.

B는 나름대로 해석했다. 맏딸은 말이라서, 머리가 좀 컸다고 저러는 것이려니. 막내는 막내로 자라서 저러는 것이려니. 가운데는 양쪽에서 치이다보니 말이 적어진 것이려니…. 내가 나쁜 년이지. 똑같이 사랑해야지!!

이러던 B가 C 엄마의 말을 듣고 또다시 혼란에 빠지고 말았다. C는 아들만 둘인데, 중3, 초5다. 하루는 네 식구가 늦게까지 거실에서 대화를 나누다가 아빠가 아이들에게 말했단다. 너희들은 이제 들어가 자거라. 아빠 엄마는 TV 좀 보다가 잘게.

이 때 큰아들이 이러더란다. "네, 아빠 푹 쉬세요. 내일 출근하시는 날이잖아요. 엄마는 오늘 하루 종일 힘드셨죠? 저는 엄마 아들이 된 게 정말 자랑스러워요. 안녕히 주무세요." 그런데 둘째는 이랬단다. "아빠는 맨날 피곤하다 피곤하다 하시면서 왜 눈에 나쁘다는 TV는 밤 늦게까지 보세요? 그리고, 다큐멘터리가 공부에 도움이 된다고 많이 보라고 하시더니 왜 오늘은 못 보게 하세요?"

애들의 엄마 C가 한 마디 덧붙였다. 중3 아들 녀석이 딸 역할까지 해줘서 자기는 정말 행복하다고. 둘째 아들이 사사건건 따지고 드는 건 아무리 해도 고쳐줄 수가 없더라고.

아이들은 이렇게 다르다. 태어난 순서와는 아무 상관이 없다. 이런 아이들이 부모 마음에 들 수도 있고 들지 않을 수도 있는데, 쥐 잡듯 족치는 식으로는 고쳐지지도 않는다. 고치려면 뇌를 알아야 한다.

2009년이다. 학부모 50명쯤을 모시고 자녀교육 오리엔테이션을 한 적이 있었다. 예습, 복습, 체벌, 칭찬이 주제였다. 어머님들 감동이 워낙 커서 한껏 흡족하여 강의실을 나오는데, D 엄마가 환한 웃음을 띠며 따라 나왔다. 서구식 미모를 갖춘 분이었다. 옳거니! 전화번호를 따려고 하시는구나!!

D에게는 중2와 초6 딸 둘이 있다. 작년부터 이 '두 눈'들이 어찌나 대드는지 세상 살 맛을 잃고 있었는데, 오늘 그 답을 찾아서 감사하다는 것이었다.

D의 아버지는 대단히 엄한 분이었다. 딸의 성적이 떨어지는 경우는 물론, 집에 조금만 늦게 들어와도 종아리를 걷어야 했다. 덕분에 D의 성적은 중위권을 그럭저럭 유지했고, 덕분에 남 보기 과히 창피하지 않은 대학에 진학했다. 덕분에 중간은 조금 넘는 남편을 만났고, 덕분에 남부럽지 않게 살고 있다는 것이다.

D는 당연히 친정 아버님의 엄한 가정교육 방식을 자신의 딸들에게도 적용했다. 그런데 큰딸이 5학년이 되자 '엄한' 엄마에게 감히 따지고 들더라는 것이다. 기가 막혔지만, 완력으로 더 엄하게 밀어붙였다. 헌데 공교롭게도 둘째가 5학년이 되자 언니가 하던 짓을 그대로 반복했다. 인생의 회의가 들려는데, 설상가상!! 이제는 엄한 엄마에게 '두 눈'이 합세해서 '바락바락' 대든다는 것이다.

그러다가, 우연찮게 강연회에 와서 공짜로 10년 숙제가 풀렸으니 얼마나 속이 시원했을까? 해답은 뇌였다. 외할아버지 뇌, 엄마 뇌, 딸들의 뇌가 모두 달랐던 것이다. 그런데 전번을 묻지는 않았다. 혼자서 김칫국 잘 마시는 것도 뇌 때문이다.

영화 〈벤허〉는 아카데미상을 11개나 받은 불멸의 대작으로, 그 압권은 전차경주. 여기에서 도 우리는 놀라운 메시지를 받는다. 주인공 유다 벤허가 압제자를 뿌리치고 승리한 비결은 무엇일까? 네 마리의 말들이 서로 다르다는 점. 바깥쪽을 잘 도는 말이 있고 안쪽을 잘 도는 말이 있다는 점. 채찍을 쓰지 않아도 된다는 점을 터득한 까닭이었다.

아이들은 서로 다르다. 수학시간이 기다려지는 학생이 있는가하면, 아예 수학시간 내내 잠만 자는 학생도 있다. 쉬는 시간에 생동감 넘치는 '목소리'를 내는 학생이 있는가하면, 수업시간에 생명력 넘치는 '눈빛'을 보내는 학생도 있다. 같은 학생이라도 음악시간에는 펄펄 날다가 미술시간에는 살충제 덮어쓴 파리가 되기도 한다.

같은 부모 밑의 형제도 엄청나게 다르다. 첫아이 키운 방법이 성공적이어서 둘째에게도 같은 방법을 적용했다가 뜨거운 맛을 보았다는 비율이 80%를 넘는다. 엄마에게 보약 같았던 공부방법이 아이에게 독약이 되는 경우도 50%가 넘는다.

그러나 우리 부모들은 어떤가? 모두 똑같이 키운다. 서로 다르다는 것을 아는 것 같기는 한데, 다르게 키우지는 않는다. 학교는 어떤가? 한술 더 뜬다. 똑같은 내용을, 똑같은 방법으로, 똑같이 가르친다. 창의적인(엉뚱한?) 질문은 대개 무시당하거나 조롱감이 된다. 이해력이 늦은 아이, 빠른 아이가 섞여 있어도 진도는 똑같다. 교육선진국의 전문가들은 이런 우리나라 공교육을 보고 '창의적 인재의 무덤' 또는 '열 명 중 여섯 명을 포기하는 교육'이라고 평한다. 행복학교가 절대 아니라는 말일 것이다.

그러면 아이들을 어떻게 가르쳐야 행복할까? 한마디로 각자의 뇌에 따른 맞춤교육(Personalized Education)이 필요하다. 맞춤교육이라면 일대일 교육을 말하는가? 아니다. 아이들은 백 명이면 백 명이 다 다르다. 그렇다고 백 명의 선생이 백 가지 방법을 동원할 수는 없다. 획일적 방법은 물론 안 된다. 필자의 연구에 의하면, 주로 세 부류, 특별한 경우에는 다섯 부류로 나누어 교육하기만 해도 충분한 교육적 열매를 거둘 수 있다. 이것이 바로 '한국적 맞춤교육'이요, 행복한 학교의 매스터키다.

## 02 행복하게 해주는 친구

사람은 서로 다르다. 정말 다르다. 초등 저학년 아이들조차도 그토록 다르다. '요것들이 뭘 안다고?' 하시면 안 된다. 아이들이 불행해진다. 서로 다른 아이들을 크게 세 모습으로 나누어 보자.

상담은 어렵고도 재미있다. 우리 연구소의 상담은 더 그렇다. 사람 뇌 속을 들여다봐야 하는 까닭이다.

머릿속을 알아보는 방법은 크게 두 가지가 있다. 첫째는 기계적인 방법이다. CT, PET(Positron Emission Tomography), MRI(Magnetic Resonance Imaging) 등 여러 가지가 있다. 인간의 뇌를 3차원(3D)으로 볼 수 있는 기술도 개발되었다. 뇌 속을 입체적으로 볼 수 있게 되면서 뇌 관련 질병치료 가능성이 높아졌다. 그러나 이런 촬영기술이 아무리 발전되었어도 그 사람의 성격이나, 학습능력이나, 외모의 비밀은 아직 알아내지 못하고 있다. 요원한 꿈이다.

둘째는 설문에 의한 방법인데, 대개 인지능력 또는 성격을 역추적하는 원리다. 인지능력을 검사하는 웩슬러(David Wechsler) 검사나 멘사 IQ 검사, 설문에 의해 성격을 검사하는 애니어그램이나 MBTI 등이 바로 이런 유형이다. 이런 검사방법들은 각기 분야에서 나름의 기준을 구축했다. 그러나 뇌의 어떤 기능과는 연결시키지 못하고 있다는 것이 공통적으로 아쉬운 점이다.

우리 연구소는 뇌검사의 정확도를 최대한 높이기 위해, 3~4종류의 검사방법을 함께 사용하고, 컴퓨터로 분석한다. 마치 크로스체크하는 원리와 같아서 좋은 결과를 얻는다. 물론 여기에 만족하지 않는다. 반드시 1:1 개인상담을 통해 보충하고 확인한다. 이는 반드시 노련하고 연구경험이 풍부한 사람이 맡아야 한다. 그래서 현재 우리 연구소는 대표인 필자만이 개인상담을 맡고 있다. 머지않아 2~3명의 수석연구원들도 필자의 일을 분담하게 되리라 믿는다.

이런 한가한(?) 얘기를 끌고 온 마음을 이해해주시기 바란다. 연구소 자체 PR이 아니다. 그동안 많이 받은 질문에 한꺼번에 답하려다 보니 서론이 길어진 것이다.

필자는 상담을 오래 해오는 동안 터득한 비결(?)이 몇 가지 있다. 세상 쉬운 일이 없다지만, 사람 머릿속을 들여다보는 게 어찌 쉽게 될 수 있을까? 필자는 아이들에게 제일 친한 친구가 누구인지, 제일 좋은 선생님이 누구인지를 꼭 물어본다.

물론, 친한 친구가 누구인지를 묻는 목적은 친구 이름이 아니다. 그 아이들이 어떤 아이인가 하는 점도 아니다. 다만, 내 앞에 앉은 아이가 자기 친구나 선생님의 어떤 점 때문에 행복감을 느끼는지, 그들을 어떻게 관찰-평가하고 있고, 그것을 어떻게 표현하며, 표정은 어떻게 변하는지를 알고 싶은 것이다. 관찰력이나, 가치 기준이나, 표현력 확인이다.

필자는 이런 과정에서 소스라쳐 놀란 적이 한두 번이 아니다. '어떤 아이'에게 가장 친한 친구가 누구인지 물으면 '잘 웃기는 애'만 세 명을 꼽는 것이다. 친한 친구 세 명 모두가 '되게 웃기'거나 '진짜 웃기'거나 '웃기는 얘기를 너무 잘 한다.'는 것이다. 이처럼 잘 웃기는 친구들이 있어서 행복하다는 '어떤 아이'는 누구인가? 컴 분석결과 이들을 타입 2(two)라고 부르기로 한다.

타입 2 아이들은 웃어야 한다. 그것이 삶의 에너지다. 같은 타입의 강호동 씨, 이경규 씨 같은 분을 웃지 못하게 해도 될까? 근엄하고 진지하게만 살게 한다면 몇 년이나 더 살 수 있을까? 그래서 타입 2 아이들은 웃음을 찾아다닌다. 행복하니까. 생존본능이다. 이런 아이들이 10명 중 5명꼴이다.

가장 친한 친구 세 명이 모두 '착해요'라고 답하는 아이들이 있다. 어떤 아이이기에 친한 친구 세 명이 모두 착할까? 말하는 그 아이가 바로 착한 아이다, 소위 모범생이다. 착한 아이는 착한 친구들과 가까이 지낼 때 행복한 것이다. 이들을 타입 4(four)로 부르기로 한다. 타입 4 아이들이 웃음을 싫어하는 것은 아니다. 시끌벅적한 것에 익숙하지 않을 뿐이다.

이 아이들은 선생님이나 부모님이 하지 말라는 것은 절대 하지 않는다. 가끔 실수야 하겠지만 같은 실수를 반복하지도 않는다. 이처럼 착한 아이들이 착한 친구를 가까이 하는 것은 당연하다. 초등학교 교사의 70%가 타입 4, 모범생 출신인 이유를 알 것도 같다. 이런 타입 4 아이가 10명 중 2~3명이다.

　한편, 친구 세 명이 가지가지, 통일성이 없는 아이들이 있다. 공부를 잘해요, 운동을 잘해요, 잘 챙겨줘요, 모르는 걸 잘 가르쳐줘요…. 이런 아이들은 한 가지 유형의 친구들만으로는 만족하지 못한다. 그래서 다양한 친구를 갖는다. 그래야 행복하니까. 자신의 머리가 다양한 분야에 능하다는 뜻이다. 우리는 이런 아이를 타입 3(three)라고 부른다.

　이런 아이들은 본인 역시 공부를 좋아하고, 운동을 좋아한다. 자기 친구를 잘 챙겨주기도 하고, 때로는 남을 웃기기도 한다. 타입 2 아이의 특성, 타입 4 아이의 특성을 모두 가졌는가 했더니, 통솔력, 추진력, 끈기의 대명사가 되기도 한다. 이런 타입 3 아이도 10명 중 2~3명이다.

　사람은 서로 다르다. 행복을 느끼게 해주는 친구조차도 다르다.

## 03
# 독도야,
# 조금만 더 참아다오

> 독도를 놓고 우리는 온갖 시달림과 수모를 겪고 있다. 그들은 왜 독도문제로 우리를 행복하지 못하게 할까? 국민성의 차이다. 그들은 우리와 다른 사람들인 것이다.
> 우리는 대마도가 우리 땅이라고 생떼를 써볼 엄두조차 못 낸다. 국민성의 정체를 파헤쳐보자. 두뇌타입으로 국민성의 정체를 밝힌 연구로는 필경 세계 최초일 것이다.

반세기쯤 전의 독도문제는 거의가 일본정치인 개인의 튀는 발언에 의해 불거지곤 했다. 이들의 속셈은 뻔했다. 일본 정계에서 자신의 몸값을 올려보겠다거나, 극우세력을 결집하는 중심에 서고 싶다거나, 외교라인의 콜을 바라거나, 뭐 그런 것일 터이다.

이런 발언에 대해 우리는 어떻게 대처해왔나? 화끈했다. 첫째는 대규모 군중집회다. 와와 모여들어서 허공을 향해 소리를 지른다. 피켓을 흔들고, 하늘을 향해 주먹질도 한다. 둘째는 일본대사관 앞으로 몰려간다. 역시 함성을 지르고, 현수막을 활짝 펴고, 주먹을 보여준다. 언론은 이 사진을 찍어 보노하고, 외부상관은 일본대사를 불러 항의한다. 대개 4~5일이면 이런 '행사'는 끝난다. 그리고 그 다음은? 그 다음은 없다. 이런 일도 뒤끝이 없어야 좋은 건가? 참 '웃기는' 사람들이다.

우리 한국인은 '냄비기질'로 표현되기도 한다. 국어사전을 보니 '냄비가 빨리 끓고 빨리 식듯이 어떤 일이 있으면 흥분하다가 시간이 지나면 다 잊어버리는 한국인의 성질'이란다. 이 말을 처음 사용한 것이 일제 강점기 때 일본인이었다는 설이 있는데, 확인할 길은 없다. 아무튼 듣기 좋은 말은 아니다.

군사정권 시절에는 위컴이라는 주한미군 사령관이 '한국인은 들쥐와 같은 성질을 가졌다.'고 했다. 냄비도 모자라서 들쥐란다. 그런데도 우리는 그에게서 사과다운 사과조차 받아내지 못했다. 엉성한 해명에 만족했다. 이때는 5천만 냄비가 다 어디로 갔을까? 정말 뒤끝이 없는 민족이다. 결코 행복하지 못했을 텐데.

일본은 어떠했나? 튀는 정치인에 의해 시작하기는 했지만, 집요하고 논리적이었다. 365일 독도문제에 매달린다. 각종 역사자료를 발굴하고, 그 중에 자기네들에게 유리한 것들은 적절히 취합한다. 이것을 전 세계 관련기관에 제공한다. 한두 번 제공하는 것이 아니고 조금 변형시켜서 또다시, 새로운 것을 추가해서 또다시 제공한다.

그리고 50년쯤이 지났다. 판세가 어떻게 변했나? 세계 각종 지도에서 동해가 일본해에게 완전 역전 당했다. 오바마 미국대통령이 나서서 도와주어야할 형편이 되었다. 일본 학생들의 검인정 교과서는 '일본땅 다케시마'를 기정사실로 서술하고 있다. 반세기 전에는 정말 꿈도 못 꾸던 일이다.

비유로 생각해보자. 어느 집에 강도가 들었다. 물건 몇 개 들고 튀는 수준이 아니다. 그 집에서 먹고, 자고, 온갖 행패를 다 부렸다. 남자는 전쟁에 끌어가고, 처녀는 강도네 가족의 성노예로 이용했다. 36년 동안 이 짓을 계속했다. 그러다가 드디어 경찰에 걸렸다. '쎄빠지게' 터지고 나서 다시는 그러지 않으마 약속했다. 불법 점령했던 모든 것은 원상회복 시키겠다고 만인 앞에 문서까지 썼다. 그 후, 요 강도가 가만 생각해보니 그 집 마당 한구석에 있던 우물 맛이 너~무 좋았다. 아깝기 그지없었다. 잊을 수가 없었다. 쎄빠지게 터진지 몇 년이 지나지 않아 그 우물만은 자기네 것이라고 우기기 시작한 것이다. 강도짓을 하기 전에는 몇 푼씩 물 값을 내고 물을 길어가던 강도였다.

이제는 오히려 적반하장이다. 한국 대통령이 왜 '다케시마에 상륙'하느냐? 국제사법재판소에 제소하겠다… 뭐, 이런 식이다. 이건 50년 전에 불특정 정치인들이 개인적으로 튀어보기 위해서 불쑥불쑥 해보던 그런 발언이 아니다. 이길 자신이 있으니 제3자의 판정을 받아보자는 국가 차원의 결투신청이다. '독도 한일전'은 한국의 완벽한 판정패다. KO패 당하는 날이 오지 않도록 또 궐기대회를 해야 할까? 그건 방법이 아니다. 왜 판정패했는지 근본 원인부터 따져보자.

국민성(National Character)은 어디에서 기인하는가? 왜 어느 국민은 냄비 같고, 왜 어느 국민은 물귀신 같은가? 왜 어느 국민은 빨리 잊어버리면서 뒤끝이 없다고 행복해하고, 왜 어느 국민은 끝까지 물고 늘어져서 최후승리를 노려야 행복한가? 답은 뇌가 풀어준다.

− 성질이 급한 사람이 있다. 다혈질이다. 정이 많다. 예술적 능력이 좋다. 순발력이 있다. 무대체질이고 남에게 좋게 보이려 애쓴다. 어렵다 싶으면 선선히 포기한다. 달변이다. 잘 잊는다. 틀에 얽매

이지 않으려 한다…. 유독 나쁜 점만을 꼬집혀서 '냄비근성'이라고 비하당한 사람. 이런 사람을 타입 2(two)로 분류한다.

- 느린 사람이 있다. 항상 차분하다. 냉정하다. 매사가 이치에 맞아야 한다. 나서지 않는다. 계산적이다. 치밀하다. 집요하다. 예의 바르다. 말을 천천히 한다. 원칙에 철저하다… 앞서 분류한 대로 이들은 타입 4(four)다.
- 그 중간인 사람이 있다. 어떤 때는 급하기도, 어떤 때는 느리기도 하다. 정이 많은 줄 알았더니 냉정하고, 나서지 않더니 막상 나서면 잘 해낸다. 끈기가 있어 뒷심이 좋다. 배려심이 크다. 생각이 깊다. 매사에 팀워크를 중시한다. 항상 합리성을 추구한다…. 앞장에서 타입 3(three)로 부르기로 한 사람이 이들이다.

우리나라 국민 95%는 세 타입 중 하나에 속한다. 나머지 5%는 타입 1(one)이나 5(five)일 터인데, 수가 너무 적으므로 여기서는 논외로 하자.

이제는 국민성의 답을 보자. 각 나라마다 타입 2, 3, 4의 구성비가 당연히 다르다. 우리 연구소의 조사[*]에 따르면 한국인은 타입 2:3:4의 비율이 46:24:26이다. 타입 2가 단연 주류다. 타입 2가 성질도 급하고 나서기도 잘 하니까 46% 이상인 것처럼 보일 수도 있다. 게다가 24%를 차지하는 타입 3는 사안에 따라 일부가 타입 2에 동조하기도 한다. 거의 60%가 타입 2의 특성을 보인다는 뜻이다. 이렇게 되면 타

---

[*] 우리 연구소의 조사 : 한국인은 2017. 1. 20까지 한 달 간, 1,112명의 모집단을 대상으로 했다. 일본-미국은 각각 100명을 모집단으로 한 조사이어서 오차범위가 클 것이다. 2017~8년 중에 일본-미국-중국-독일-프랑스인에 대하여 각각 1,000명 이상을 대상으로 조사할 예정이다.

입 2가 절대적인 주류요, 다수다.

  국민성이란 주류 국민의 성격이다. 바로 앞에 적은 타입 2의 특성을 보시라. 우리 국민성이 '냄비근성'이니 '들쥐성향'이니 하는 비하표현이 나온 이유가 보이지 않는가? 또는 한국민이 '종교적'이다, '예술적'이다, '화끈하다' 하는 평가도 명쾌하게 풀리지 않는가?

타입별 비율

| 타입<br>국가 | 2 : 3 : 4 | 국민성 |
|---|---|---|
| 한국 | 46 : 24 : 26 | 발끈, 역동적 |
| 일본 | 25 : 20 : 50 | 냉정, 치밀 |
| 미국 | 20 : 50 : 25 | 음흉, 합리 |

> 국민성이란 한 국민에게 공통적으로 나타나는 행동 양식, 사고 방식, 기질 따위를 말한다. 공통적이라고 해서 전 국민이 다 그렇다는 뜻은 아니다. 다 다르지만, 그 중에도 가장 많은 특성이 바로 국민성이 된다. 화끈한 국민이 가장 많으면 화끈함이 국민성이 되고, 속깊은 국민이 가장 많으면 그것이 국민성이 된다.

  일본국민은 타입 2:3:4 구성비율이 25:20:50이다. 타입 4가 완전주류다. 타입 3의 일부 동조까지 계산하면 60%를 넘는다. 국민성이 계산적이고, 치밀하다는 말을 듣는 이유가 분명해진다. 타입 4의 특성이 일본의 국민성으로 나타나는 것이다.

  미국 국민은 구성비율이 20:50:25이다. 이들은 주류가 단연 타입 3이다. 팀워크에 능하고, 심모원려가 있고, 합리성을 추구하는 국민이란 평가를 듣는 이유가 분명해진다. 더욱이, 미국의 정치지도자는 대부분이 타입 3라고 해도 과언이 아니다. 개인적 이익을 추구하는 사람이 거의 없다. 균형적이고 합리적인 사람들이 나라를 이끌고 있으니 짧은 기간 안에 세계를 지배하게 되었다.

참 신기하다. 사람이 서로 다른 것도, 국민성이 다른 것도, 모두 뇌 때문이라는 점이다. 행복의 기준도 결국은 뇌다.

앞으로 우리는 독도문제에 어떻게 대처해야 할까? 이 문제는 2~3년 안에 끝날 문제가 아니다. 큰소리로 떠든다고 될 일도 아니다. 끈기 싸움이요 지혜 싸움이다. 설득력 싸움이다. 감정 싸움이 아니다. 이런 능력은 누가 가졌나? 타입 3나 4가 가졌다.

우리나라에는 대일본 관련기관이 많다. 청와대 외교안보팀, 외교통상부 동북아시아국을 위시하여, 학계, 언론계, 연구기관, 민간단체 등 수없이 많다. 이곳 주요 스태프들 중에 타입 2를 배제해야 한다. 저쪽은 타입 3나 4 등 냉철하고, 치밀하고, 팀워크에 능한 사람들이 포진하고 있다. 헌데 우리 쪽에서 다혈질이거나 잘 잊는 사람이 응대하고 나서면 결과는 뻔하다. 단기전에서는 혹 이길 수도 있다. 그러나 장기전에서는 반드시 패한다. 최근 반세기의 역사가 이를 증명한다.

독도는 우리 땅이다. 그렇지만 우리 땅이라고 큰소리만 쳐서는 결코 행복할 수 없다. 끈기 있게 세계인을 설득해야 한다. 실효적 지배에 빈틈이 없어야 한다. 독도가 안녕한지를 매일 확인해야 한다. 독도를 잘 지키려면 뇌를 알고, 뇌를 써야 한다. 냄비근성이 아니라 호랑이 근성이 되어야 한다. 행복의 길은 분명하다.

## 04 된장녀와 간장녀

김정일 위원장이 우리나라 대통령과 정상회담 때 '통 크게 도와달라.'고 했다. 이 말에 대해 대한민국 국민 중에서 열광하는 이들이 있었다. '통 크게'라는 단어가 자신들의 체면을 그토록 살려주는 말이었던 까닭이다. 통 크다는 말 한마디에 행복해지는 사람은 누구일까?

된장녀, 간장녀, 참 재미있는 말이다. 된장, 간장은 우리만의 전통음식이다. 게다가 둘은 친형제간이다. 그러나 끝에 각각 '여(女)'자를 붙이고 보니 뜻은 정반대가 되었다. 된장녀, 간장녀, 하하하. 한국민은 언어적으로도 참 뛰어난 민족이다. 앞에서 밝힌 것처럼, 타입 2(two)가 많은 까닭이다.

된장녀, 뜻은 다 아시겠지만 다시 한 번 정리해본다.

된장녀는 허영심이 강한 여자다. 한 끼 밥값보다 더 비싼 커피를 보란 듯이 마신다. 명품을 들고, 입고, 몸짓을 크게 하고 다니지만 자기 돈으로 산 것은 아니다. 부모나 상대 남성으로부터 우려낸 것이다. 자신의 '어떤 장점'을 최대한 이용했으리라. 장점이란 대부분 선천적 요소다. 후천적인 요소는 없다. 교양이라든가 전문적 지식, 매너를 쌓지 못한 것이다. 그저 물려받은 것만 가지고 행세하는 것이다. 아, 있을 지도 모른다. 성형수술은 후천적 요소인가? 이렇게 속보이는 여성을 비하하여 일컫는 말이 된장녀인 것 같다. 그러나 본인은 행복하단다.

된장녀란 말의 유래에는 또 다른 학설(?)도 있다. 명품이라면 똥인지 된장인지 구별도 못하면서 뿅 가버리는 여성을 비꼬는 말이라는 설. 아무리 명품으로 치장한들 그녀들은 된장냄새 피우는 여자라는 설. 나중에 확대되어서는, 여성은 보호받고 배려받아야 하는 존재이므로, 자기를 보호하고 배려해달라고 요구하는 여성이라는 설.

요즘에는 '간장녀'가 뜨고 있다. 네이버 국어사전에 의하면, 간장녀란 짠맛이 나는 간장처럼 짜게 소비하는 사람을 일컫는 신조어라고 한다.

간장녀라는 단어를 가장 먼저 사용했다고 주장하는 동아일보는 매우 우호적이다. 자기과시보다 실속을 중시하고, 발품과 정보력을 활용해 같은 제품을 남보다 싸게 사는 데 능한 사람이라고 간장녀를 정의한다.

mk 뉴스도 비슷한 뜻을 전한다. "간장녀는 절약정신을 의미하는 '짠순이'란 단어와 비슷한 개념이다. 하지만 간장녀들은 무조건 지갑을 열지 않는 자린고비와는 다르다. 외모를 꾸미고 멋진 라이프스타일을 지향하면서도 최대한 실속을 추구하는 합리적 쇼핑을 한다. 즉, 명품 가방을 사더라도 최저가격으로 자신의 분수에 맞게 사는 독립적이고 멋진 여성을 뜻한다." 행복의 이유가 보인다.

"간장녀란 기본적으로 트렌디하고 스마트한 여성을 일컫는 단어다. 간장녀에게 통한다면 다른 고객들에게도 만족을 줄 수 있다. 그러다

보니 유통업계에서는 포장비용을 줄이고 내용을 실속적으로 채운 대용량 제품들을 선보이는 등 간장녀들의 입맛에 맞춘 마케팅에 집중하고 있다."

간장녀는 누구일까? 두뇌특성을 보면 간단히 풀린다. 타입 4(four)에 속하는 사람이다. 독도 얘기 때 설명한 대로 우리나라는 타입 4에 속하는 사람이 백 명 중 26명이다. 주류가 아니라 소수다. 따라서 간장녀는 최근에 문득 생겨난 것이 아니다. 된장녀가 각광을 받을 때부터 존재했다. 숫자가 적어서 눈에 잘 띄지 않았을 뿐이다. 그러다가 순발력 좋은 언론에 의해 발견된 것이다.

된장녀의 공통점은 우선 분별력이 없다는 점이다. 남들이 자신을 우러러보는지 조롱하는지 구별을 못하는 것이다. 자기만 좋으면 행복하니까. 그래서 된장녀는 때로 교양이 없다는 말을 듣기도 한다. 된장녀는 선천적 미모(?) 외에는 내세울 것이 없다. 치장과 성형수술에 더 집착하는 이유다. 책 한권이라도 더 읽으면 좋으련만. (사진 출처: AP통신 13.1.29)

된장녀는 누구일까? 이 역시 두뇌특성을 살펴보면 간단히 풀린다. 앞의 3절 국민성 얘기에서 설명한 타입 2의 특성을 보자. 정이 많다. 예술적 능력이 좋다. 무대체질이고 남에게 좋게 보이려 애쓴다. 틀에 얽매이지 않으려 한다…. 된장녀는 그래서 타입 2에 속하는 사람들이다. 타입 2 사람이란 앞으로 달려가기를 좋아하지만 브레이크는 잘 듣지 않는 사람들이다. 이런 사람은 우리 국민 10명 중 다섯 명 이상이다. 된장녀가 일찌감치 등장한 이유도 함께 풀렸다. 많기 때문이다.

궁금한 점! 된장녀가 간장녀로 바뀔 수 있을까? 답. 안 바뀐다. 혹시 된장녀가 폭싹 망해서 하루 세끼 먹기도 급해졌다면? 그래도 안 된다. 몸은 스타벅스에 안 갈지 모르지만, 마음만은 하루 열두 번도 더 갈 것이다. 어른이 된 후에는 그 성격을 고치기가 정말 어렵다. 왜? 뇌를 뜯어고쳐야 하니까.

또 궁금한 점! 한국시장에서는 비싼 게 더 잘 팔린다. 바가지 씌우기도 제일 쉬운 나라라고 한다. 수입 유모차, 핸드백, 양주, 큰 거, 브랜드 붙은 거… 일일이 다 꼽기도 창피하다. 이것도 된장녀 때문인가? 답. 된장녀와 된장남이 합력하여 선(?)을 이루는 때문이다.

된장남이라고 했는데, 된장남은 어떤 사람인가? 답. 고인이 된 사람을 얘기해서 미안하지만, 김정일이 대표적이다. 그는 자기 돈 별로 들이지 않고 세계 산해진미를 마음껏 먹었다. 스타벅스 커피도 물론이다. 그가 살던 집, 그가 누리던 사치, 타던 자동차 등 모두가 명품이었고, 외국 원조금이었다. 기쁨조 여성들만 북한산이었다. 그는 허영에서조차 통 크고 화끈한 사람이었다. 타입 2가 정말 장점이 많지만, 그는 장점과는 거리가 먼, 강한 타입 2였다. 대한민국에서 그를 추종하거나 통 크게 놀려는 사람도 단점만 살린 타입 2, 즉 된장남이라고 보면 된다.

그럼 간장녀는 된장녀가 될 수 있나? 답. 간장녀가 재벌 딸이나 며느리쯤 되었다면 된장녀 흉내를 낼지 모른다. 그래도 그녀가 진짜 된장녀는 되지 못한다. 간장녀는 아무리 주머니가 두둑해도 이치에 맞아야 쓴다.

## 05 영어연수를 일본으로?

우리나라 부모들이 자녀들을 위해서 '헛돈질'하는 솜씨는 아마도 세계 최고일 것이다. 옛날 부모는 논밭을 팔았고, 요즘은 아파트를 줄이거나, 희롱을 감수하면서 식당 알바까지 뛴다. 모두가 자녀들을 '좋은 이과대학'으로 보내기 위해서다.
타고난 재능을 키워주기 위해서가 아니다. 그래서 '헛돈'이고, 그래서 자녀들은 자녀대로 불행하다.

요즘 어학연수를 다녀오는 학생들이 많다. 짧게는 한 달에서부터, 길면 1년, 2년씩 다녀오기도 한다. 이렇게 미국이나 호주를 다녀오면 모두 영어실력이 늘까? 개인별 차이가 많다. 왜 그럴까? 그러면 어떤 사람이 다녀오는 것이 더 유리할까?

어학연수의 효율성과 그 이유를 두뇌특성을 이용해 밝혀보자. 사람은 서로 다르다. 백이면 백이 다 다르다. 필자는 이들을 편의상 일곱 개, 또는 다섯개 타입으로 나누는데, 그 중 가장 흔한 유형이 타입 2, 3, 4이다.

타입 2는 감성적이다. 외향적이며, 순발력 있고, 이해가 빠르다. 성격이 급하고, 말이 빠르며 많다.

타입 4는 논리적이다. 말이나 행동이 느리고, 내성적이며, 꼼꼼하고, 정확하며, 기억력이 좋다.

　타입 3는 이 중간으로 합리적이다. 감성과 논리를 다 갖추었다. 분위기에 영향을 많이 받고, 동기가 부여되면 큰 능력이 발휘된다.

　한편, 어학연수 출발 전에 꼭 알아두어야 할 사항이 있다. 미국이나 호주의 연수기관들은 문법을 가르치지 않는다는 점이다. 현재진행형이니, 미래완료형이니, 목적어니, 부사절이니, 이런 말 전혀 하지 않는다. 그들은 문법을 왜 따지지 않을까? 모르기 때문이다. 그들 자신이 배워본 일이 없다. 그래서 그들은 가르칠 때도 그저 어린아이에게 말 배워주듯이 그렇게 가르친다.

　다시 말하면, 아무 문법적 설명 없이 영어 문장을 외우게 만들어준다는 뜻이다. 문법이나 문장 구조를 중시하는 우리나라와는 전혀 다르다. 우리가 문법 중심으로 영어를 가르치는 것은 일제 36년 통치의 유산이다.

　숫자로 확인해보자. 우리 연구소가 어학연수를 1년 이상 다녀온 중-고-대학생 185명을 대상으로 조사해보았다. 응답자 중 타입 2-3-4의 비율은 74-56-55명이었다. 결과는 이러했다.

- 연수비용이 아깝지 않을 만큼 영어실력이 늘었다 : 38.9% (72명)
- 그럭저럭 연수비용은 뽑은 것 같다 : 17.3% (32명)
- 별 효과가 없었고 비용만 많이 들었다 ; 43.8% (81명)이었다.

　어학연수를 후회하는 학생이 81명(43.8%)이었는데, 이들은 타입 4인 55명 전원과 타입 3 중 26명이었다. 타입 2는 한 명도 없었다. 왜 이럴까?

 타입 4는 영어도 문법 위주로, 문장 구조도 하나하나 따져가면서 배워야 한다. 그래야 이해도 잘 되고, 기억도 잘 된다. 또, 귀로 들어서 배우기보다는 눈으로, 문자를 통해 배워야 효과가 더 좋다. 그래서 이들은 우리나라에서 이미 영어 성적이 상위권이다. 이들이 좋아하는 방식대로 가르치기 때문이다.

 그러나 저쪽에서는 이렇게 안 가르친다. 교과서나 유인물도 없이 한두 시간 수업하는 경우도 허다하다. 그러니 이해도, 기억도 잘 안 되었을 것이다. 당연히 효과를 볼 수가 없었다.

 물론, 영어회화를 잘 하기 위해서 가는 타입 4 학생도 많다. 그러나 이들은 내성적이고 조심성이 많고, 말수도 적다. 친구도 활발히 사귀지 못한다. 이해가 안 가는 부분이 있어도 좀처럼 질문을 하지 않는다. 현지에서 말을 많이 해봐야 회화실력이 늘 텐데, 말이 적은 두뇌특성을 가졌다. 1년, 2년을 지내고 왔어도 말이 터지고 귀가 트였다는 느낌이 들지 않을 것이다.

 효과를 가장 많이 보는 학생은 누구일까? 타입 2다. 어학연수가 타입 2 학생에게는 최고의 기회다. 타입 2는 72명 중 70명이 영어실력이 많이 늘었다고 답했다. 왜 그럴까?

 타입 2는 외향적이고, 호기심이 많고, 순발력이 있다. 사교적-능동적-진취적이다. 또, 선천적으로 Listening, Speaking 능력이 좋은데다가, 평소에도 말하기를 즐긴다. 말을 많이 할수록 에너지가 생기는 까닭이다. 이런 학생이 미국처럼 말로 영어를 가르치는 나라에 가면

물 만난 물고기가 된다. 이들은 우리나라에서 영어성적이 상위권은 아니었을지 모른다. 문법이 안 따라주기 때문이다. 그런데 저쪽에서는 문법이니 문장구조니 하는 소리가 전혀 없다. 말만 하면 된다. 이런 천국이 또 있을까? 즐거움은 배가되고 영어실력은 부쩍부쩍 늘 것이다.

만약 타입 2 학생이 해외 어학연수 갈 형편이 안 된다면 어떻게 할까? 가까운 곳의 영어회화 동아리, 미국영화 동아리 등에서 활동하기를 권한다. 영어 웅변대회가 있으면 부지런히 참가해보는 것도 좋다. 깃발 날릴 기회가 많을 것이다.

타입 3는 어학연수 효과가 어떨까? 반반이다. 왜 그럴까? 타입 3는 감성적 뇌와 이성적 뇌가 고루 발달했다. 언어를 배울 때는 이 점이 좋기도 하고, 방해가 되기도 한다. 미국처럼 말로 영어를 가르칠 때는 감성 뇌가 나서주어야 한다. 그렇게 되면 효과를 보는 것이고, 이성 뇌가 앞에 나서면 어려운 것이다.

타입 3에게는 해외 어학연수 못지않은 연수기회가 국내에도 있다. 학교에서 영자신문이 나온다면 거기에 기자로 참여하는 길이다. 학교에 없다면, 아무 영자신문사에 가서 자원봉사를 해도 좋다. 영어로 기사를 자꾸 써보는 것이 타입 3에게는 가장 효과적인 영어연수 방법이다.

놀다 왔느냐, 열심히 하다가 왔느냐, 하는 차이는 없을까? 하하하, 사실은 열심히 했느냐 못 했느냐 하는 것도 뇌에 따라 다르다. 우리나라처럼 영어를 문법 위주로 가르치면 논리적인 타입 4 학생들은 반색할 것이다. 자연히 열심히 하게 된다. 재미있으니까. 반대로 감성적인 타입 2 학생들은 문법이라면 머리부터 아파진다. 절대 열심히 못한다.

그러나 미국에서처럼 영어를 말로 가르치면 타입 2 학생들이 펄펄 난다. 누가 말려도 열심히 한다. 재미있으니까. 반대로 논리적인 타입 4 학생들은 오히려 시끄럽다. 절대 열심히 못한다. 노느냐, 열심히 하느냐 하는 것도 서로 다른 두뇌를 어떻게 가르치느냐에 달렸다. 이것이 맞춤교육의 원리다. 어학연수도 자기 머리를 알고 떠나야 한다.

역설 같은 정설이다. 만약 타입 4 학생이 꼭 영어연수를 가고 싶다면 일본을 권한다. 일본은 말하는 영어를 제일 못하는 민족이지만, 영어문법은 세계 제일이다. 영-미의 영문학자도 문법에 관한 한 일본 영문학자를 따라가지 못한다. 당연히, 일본에서는 누구에게든 영어를 문법 위주로 가르친다. 교과서 자체부터 그렇다. 타입 4가 가면 효과만점이다. 게다가 문법 비빔밥인 일본어까지 배우게 된다. 행복한 시간이 될 터이다.

우리 회원 중에 '수학자'라는 닉네임을 쓰는 분이 계시다. 지금 일본에서 수학박사 학위를 마치고 중견 연구소 연구원으로 재직 중이다. 여성이며 강한 좌뇌인이다. 수학자님이 보내온 글을 소개한다. 2차 세계대전 후 70년 이상의 세월이 흘렀다. 그동안 일본의 '말하는 영어' 수준이 어떻게 바뀌었는지 가늠하시기 바란다.

"일본에서 영어학원 다니는데요, 교재에 일본어가 병기되어 있어요. 원어민 수준으로 영어를 구사하는 일본인 선생님이 일본어-영어 반반씩 섞어가며 수업을 해주시니 귀에 쏙쏙 들어옵니다. 기본 구문부터 체계적으로 정리해주는 문법 위주의 회화학원인데, 그 학원에만 가면 시간 가는 줄을 모릅니다.

"아, 원어민처럼 영어를 구사하는 정도가 아니고요. 아예 미국에서 태어나고 자란 일본인들입니다. 재미 교포쯤 된다고 보시면 돼요. 실제로 얘기를 해보면 일본어보다는 영어가 더 익숙한 사람들인 듯싶습니다. 그래서 원어민 강사가 100% 영어로만 수업을 진행하는 학원은 절대 안 갑니다.

"지금 영어학원은요, 일본인 강사가 있어서 다니는 거예요. 말도 잘 못하는데 무작정 (한국어나 일본어를 못하는) 원어민 교사를 붙여주어 봤자 고개만 절레절레 저을 뿐입니다. 어쩐지 저의 경우 영어를 메신저로 써가면서 하는 대화가 말로 하는 대화보다 수월한 데는 이유가 있었군요."

좌뇌인에게 영어회화를 잘 가르치기로는 일본이 완벽한 조건을 갖춘 셈이다. 고정관념을 벗어나면 행복도 따라온다.

◯ 뇌과학자가 쓰는 육아서 - 총론

# Chapter 2
# 행복을 뇌에게 묻다

무슨 병이라도 진단이 정확하면 처방은 쉽다. 병의 원인을 제대로 밝혀내면 고치는 것은 별문제가 아닌 것이다. 사람이 인기가 없는 것도, 촌티가 나는 것도, 키가 작은 것도, 뚱뚱한 것도 모두 이유가 있다. 뇌에게 묻자. 정답이 나온다.

대뇌는 좌뇌와 우뇌로 나누어져 있다. 왜일까? 해부학적으로는 거의 같아 보인다는데, 왜 두 개가 필요할까? 그러고는 양쪽을 번개같이 소통시키는 뇌들보까지 만들어 놓았다. 왜일까? 이유가 있다. 인간의 조물주가 계시다면, 그는 이유 없는 수고를 하실 분이 아니다.

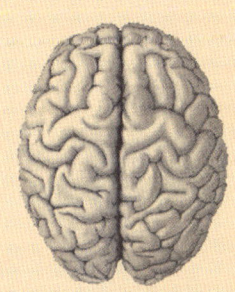

## Chapter 2
### 행복을 뇌에게 묻다

1. 뇌: 인체의 사령부
2. 왜 서로 다른가? : ① 후천적 영향  ② 유전적 요인
3. 증명된 가설
4. '성능'이 다른 이유를 찾아서
5. 7대 유형 빨리 보기

# 01
# 뇌 : 인체의 사령부

20대 때 그처럼 멋있던 초콜릿 복근이 40대가 되자 '8개월 엄마 배'로 변했다. 변한 것일까 제 모습을 찾아간 것일까? 누가 우리 몸에 이런 장난(?)을 치는 것일까?

---

제1장의 주제는 사람은 서로 다르다는 것이었다. 따라서 행복도 다르다는 것이었다. 사람은 왜 이처럼 서로 다를까? 그 이유를 찾을 수 있는 데까지 찾아보자.

어느 초등학교 선생님들 연수시간이었다. 수강 중이던 교사들과 필자간의 대화를 한 토막 소개한다. 여선생님들이 90%쯤 되었다.

문 : 선생님들 중에는 다리가 날씬한 분도 계시고, 통통한 분도 계십니다. 왜 이런 차이가 나죠?

답 : 아, 그야 뻔하죠. 쟤들은 (실례! 표현 그대로입니다.) 선생 된지 얼마 안 됐으니까 가늘고 날씬하죠. 10년만 지나보세요. 우리 이상이 될 걸요? (일동 웃음)

문 : 그럼 선생님은 10년 전에는 저 정도로 다리가 날씬하셨나요?

답 : 뭐 저 정도는 아니지만, 그래도 칠푼이 치마는 입었죠. (일동 폭소)

문 : 반푼이 치마는 안 입으셨나요?

답 : 그 때는 그런 거 입으면 잡혀갔어요. (폭소)

문 : 그럼, 선생님들 중에는 팔이 굵은 분도 계시고, 팔이 가는 분도 계십니다. 왜 이런 차이가 나죠?

답 : 아, 그야… 애를 안고 젖을 먹이다보면 자연히 팔에 힘이 들어가잖아요. 그래서 굵어졌죠. 셋이나 키웠는데….

문 : 그럼 선생님은 결혼 전에는 팔이 가늘었습니까?

답 : 왜 그런 걸 물어보세요. 저에 대해서 조사할 일 있어요? (일동 폭소)

대화가 이쯤 진행되었을 때 필자는 그림 두 장을 보여주었다. 그 유명한 〈펜필드 맵〉이다. 두 사람의 뇌과학자가 1950년대에 발표한 것이다.

(그림 2-1)을 보자. 만약 당신의 팔을 꿈틀거리게 하려면, 당신 머릿속의 특정 zone(그림의 Arm이라고 쓴 부분)에 가벼운 자극을 가하면 된다. 신체 어떤 부분을 관장하는 대뇌 zone이 정해져 있는 것이다.[1]

또 하나 신기한 점은, 인체 각 부분의 실제크기와 이를 관장하는 zone의 크기가 전혀 비례하지 않는다는 점이다. 즉, 팔, 다리, 몸통 등을 관장하는 대뇌피질 부분은 매우 좁은데 비해, 손, 입, 얼굴 등을 반응하게 하는 zone은 상당히 넓다는 점이다.

세 번째로 신기한 점이 있다. 사람의 각 기관 전체가 뇌 속에 들어있다는 점이다. 겨우 어른 주먹 두 개 크기의 뇌 속에 그 50배가 넘는 인체가 압축되어 있다니 순순히 믿어지는가? 게다가 그 복잡하고 오묘하기 그지없는 인체가 작디작은 뇌의 명령에 절대 복종하고 있는 것이다.

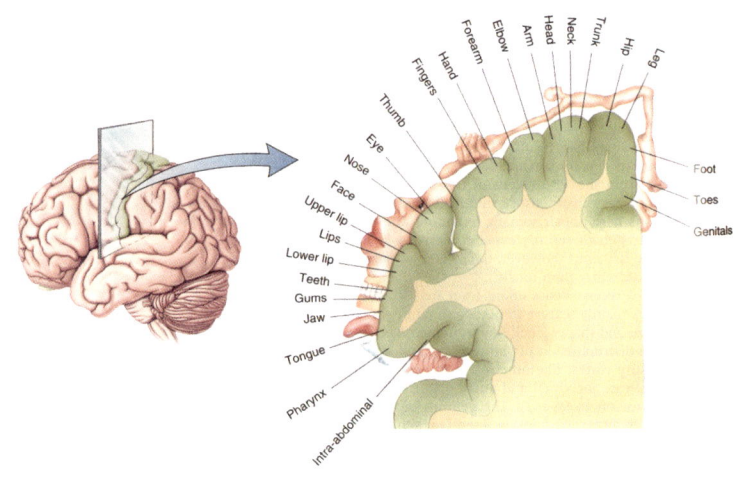

(그림 2-1) Penfield & Jasper Map : 연한 초록색으로 표시된 부분이 '대뇌피질'이다. 많은 주름이 져 있는데, 이를 펴놓으면 신문지 한 장 크기가 된다. 이 '대뇌피질'에 인체의 외모에 관한 정보가 숨겨져 있고, 사람이 학습이나 체험을 통해 배운 정보들이 속속 저장된다. 인체의 각 부분을 이처럼 작은 뇌가 나누어 관장한다는 점이 신기하다. (그림 출처: Neuroscience, 3rd ed. 2007, LWW, USA.)

학자들은 이런 연유로 〈펜필드 맵〉 속의 사람을 '호문쿨루스(Homunculus)'라고 부르기도 한다. 라틴어에서 유래한 것으로 '뇌속의 작은 사람'이라는 뜻이다. (그림 2-2)는 뇌 속 담당부위별 크기를 반영해서 그린 캐리커처이다.

여기에서 우리가 확실히 해둘 점이 있다. 선생님들의 굵은 다리, 가는 다리는 교사 근무연수와는 상관없다는 사실이다. 왜 그럴까? 태어날 때부터 뇌의 해당 zone에 굵게, 또는 가늘게 기록된 까닭이다. 선생님의 팔도 아기 젖 먹이느라 잠시 굵어지는 수는 있겠지만, 그 뒤에는 원래 모습대로 돌아오고 만다. 대뇌피질의 Arm 부분에 제 모습이 이미 기록되어 있는 까닭이다.

타계한 전설의 팝가수 마이클 잭슨을 아실 것이다. 그는 생전에 많은 부(富)를 거머쥐었고 그 중 많은 부분을 병원에 퍼주었다고 한다. 백인처럼 보이고 싶어서 얼굴은 물론 그 밖의 많은 부분을 뜯어고친 것이다. 그러나 그는 종래 실패했다. 의료기술 최선진국이라는 미국에서 왜 실패했을까? 뇌를 뜯어고치지 못했기 때문이었다. 앞의 뇌지도를 보았으니 짐작이 되실 것이다. 그가 백인처럼 보이고 싶었다면 '뚜껑'을 열고, 뇌 속의 해당부분을 고쳐야 했다. 그러나 유감스럽게도 현대 뇌과학에는 유색인종을 백인으로 바꾸는 기술이 없다.

(그림 2-2) Homunculus : 우리 모두의 뇌 속에는 또 다른 한 사람이 들어 있다. '뇌 속의 작은 나'인 것이다. 입이나 손이 크게 그려진 것은 뇌 속에 입이나 손을 관장하는 부위가 넓다는 뜻이다. 입이나 손이 그만큼 역할이나 기능이 중요하기에 이렇게 되었을 것이다. (그림 출처: Neuroscience, 3rd ed. 2007, LWW, USA.)

자, 여기서 이 책의 핵심이 될 얘기를 분명히 알아두자.

## 1. 외모는 인체의 하드웨어다. 불변이다.

사람의 외모는 바뀌지 않는다. 바뀌지 않아야 한다. 뇌 속에 설계되어 있는 대로 나타난다. 재미난 상상을 해보자. 만약, 우리가 운동이

나 그 밖에 각자 비장(?)의 수법을 통해 키도 크게 하고, 코도 더 높게 하고, 굵은 다리도 가늘게 하고, 사각턱도 둥글게 변화시킬 수 있다면 어떻게 될까?

정말 천지개벽이 될 것이다. 애당초 성형외과라는 게 생겨나질 않았겠지. 인물사진이라는 것도 필요가 없겠지. 만날 때마다 사람 얼굴이 바뀔 테니까. 아빠, 엄마나, 선생님, 친구들은 어떻게 알아볼까? 항상 낯선 사람인데!!

이런 혼란을 방지하기 위해서 인간의 창조자는 인간의 모습이 바뀌지 않도록 사전 조치를 해놓으신 것 같다. 여기에 더하여 외모 설계도 다 다르게 했다. 구별하기 쉬우라고 친절을 베푸셨을 것이다.

## 2. 인지능력은 각자 노력하기에 달렸다.

그렇다면 학교 성적은? 성적은 두뇌능력에서 나온다. 두뇌능력이란 인지능력을 말한다. 인지능력이란 이해력, 기억력, 집중력, 언어능력, 판단력 따위를 일컫는다. 뇌의 인지능력은 사람마다 다르다. 우선, 유전적으로 다르게 타고 난다. 선천적 능력은 전체 인지능력의 30%쯤으로 보면 된다.

후천적 인지능력을 좌우하는 것은 성장환경, 학습방법, 삶의 경험 등이다. 또 본인의 의지와 반복적 훈련에 따라서도 크게 좌우된다. 뇌의 신경회로가 여건에 따라 얼마든지 재구성되는 까닭이다. 중고교 시절 하위권이던 노무현 전 대통령이 사법고시에 합격한 것과 같은 이치다. 이런 후천적 인지능력은 최대 70%로 본다. 인지능력의 선천적 vs 후천적 비율이 3:7까지 갈 수 있다는 뜻이다. 이것이 바로 이 책이 독자들께 전하는 첫 번째 행복 메시지다.

어떤 이는 IQ 탓이라고 믿는 분도 있다. 물론 IQ라는 것도 뇌 능력 중의 하나다. 그러나 성적을 지배하는 것은 IQ가 전부가 아니다. IQ가 엄청나게 좋은데도 외국어나 사회과목 등에서는 평범한 성적을 내고, 음체미나 연애 등에서는 대단히 무능한 분들을 보셨을 것이다.

### 3. 성격 역시 소프트웨어다. 변화시킬 수 있다.

그럼 성격은? 일반적으로, 사람들은 '성격은 못 고친다.'는 주문(呪文)의 포로가 되어 살아간다. 그럴 필요 없다. 유전적으로 형성된 신경세포가 성격에 미치는 영향이 50%라고 보고한 학자도 있다.[2]

성격도 고칠 수 있다. 물론 완전히 뜯어고쳐서 반대로 만들지는 못한다. 그러나 삼각형 같은 성격을 오각형, 육각형으로 만들 수도 있고, 또 흑백TV 같은 성격을 칼라TV처럼 바꿀 수도 있다. 새로운 신경회로라는 것은 우리가 새로운 것을 배우거나 경험할수록 더 많이 만들어진다. 이것이 이 책이 여러분께 전하는 두 번째 행복 메시지다.

## 02 왜 서로 다른가?

뇌 때문이다. 좌뇌, 우뇌가 나뉘어 있기 때문이다. 그렇다면 불변의 운명인가? 불변이 아니라 가변이다. 이것이 바로 우리가 희망 속에 사는 이유이며, 인류가 발전한 원동력이며, 행복의 근원이다.

뇌는 인체의 사령부다. 뇌는 우리 인간의 능력과 행동을 지배하는 최고중추이다. 그 복잡 미묘함과 무궁무진한 신비함 때문에 '소우주' 또는 '생물학의 마지막 프런티어'라고 불리기도 한다. 지금까지 밝혀낸 뇌의 신비가 아마도 전체의 5%쯤이나 될까? 하는 것이 뇌과학계의 의견이다.

뇌는 워낙 복잡하고 정교하다. 어느 뇌과학자의 접근방법도 뇌의 비밀을 시원스레 풀어주지는 못하고 있다. 시각장애인의 코끼리 만지기라고 비유할 만하다. 인류가 만물의 영장이 된 것은 다른 동물보다 훨씬 발달한 두뇌 덕분이다. 그러나 사람들은 정작 자신들의 두뇌에 대해 잘 알지 못한다는 것이다. 아이러니다.

뇌는 인간이 인체에서 풀지 못한 모든 비밀을 풀 수 있는 만사형통의 통로이다. 이곳은 그야말로 하늘의 비밀로 가득한 곳이다. 사람의 뇌에는 약 1000억 개의 신경세포가 있다고 한다. 신경세포 하나가 평균 1000개의 시냅스를 형성한다고 보면, 모두 100조 개의 시냅스가 있는 셈이다. 독자 여러분께서 꼭 기억하실 점이 있다. 시냅스의 개수가 아니다. 이들 시냅스가 고정적인 구조물이 아니라는 사실이다. 시냅스는 신경세포의 활동에 따라서 생성, 강화, 약화, 소멸 등 역동적으로 변화한다는 점이다.

## 후천적 영향

사람을 서로 다르게 하는 것은 무엇일까? 뇌 내적인 요소도 있고, 뇌 외적인 영향도 있다. 뇌 밖의 요소는 셀 수도 없이 많지만, 몇 가지만 살펴보자.

### ◇ 규칙적, 반복적 훈련 ◇

우리 뇌의 커다란 특징 중의 하나는 입력이 가능하다는 점이다. 단순한 지식을 입력하여 저장하는 것은 물론, 고도의 기술도 반복되는 훈련에 의해 입력된다. 이 때 우리 뇌에는 새로운 신경세포가 생성된다. 훈련이 반복될수록 신경세포의 수는 당연히 늘어난다. 이것이 바로 사람을 서로 다르게 하는 요인 중 하나다. 어릴 때, 피겨스케이팅을 전혀 못하던 김연아 선수가 지금은 전 세계 행복의 아이콘이 된 것을 보라.

신체적인 운동은 몸뿐 아니라 뇌를 건강하게 만든다. 걷기나 그 밖의 규칙적인 운동이 두뇌능력을 향상시켰다는 연구결과는 수없이 많다. 운동 이외에도, 일기쓰기, 바둑훈련, 심지어는 젓가락질까지도 뇌

기능을 좋게 한다고 보고되고 있다. 뇌기능이 좋아진다는 것은 그만큼 행복지수도 올라간다는 뜻이다.

### ◇ 숙면 ◇

숙면을 취해야 하는 이유가 피로를 풀기 위해서만은 아니다. 잠자는 동안 쓸데없는 기억을 지우는 '대청소' 작업이 뇌 속에서 이루어지는 것이다. 다음 날 새로운 정보를 흡수할 수 있도록 공간을 마련하기 위해서다. 미국 워싱턴대와 매디슨 위스콘신대 연구팀은 초파리를 통해 수면과 기억력의 상관관계를 밝혔다. 초파리는 평균 6~8시간 잠을 자며, 수면시간이 부족하면 신체적 정신적 이상증세를 보이는 등, 인간의 수면패턴과 유사한 것으로 알려져 있다.

"깨어 있는 동안 두뇌 활동을 하게 되면 신경세포 사이를 연결해 정보를 주고받는 시냅스에 기억을 담당하는 단백질이 쌓이게 된다. 뇌는 무한정 시냅스를 만들어 내거나 단백질을 쌓아둘 수 없기 때문에 계속 깨어 있으면 뇌에 과부하가 걸린다. 하지만 일단 잠을 자면 시냅스에 쌓인 단백질이 30~40% 줄어든다. 중요하지 않은 기억을 담고 있는 시냅스가 없어져 다음 날 새로운 정보를 저장할 공간을 확보하는 것. 컴퓨터 처리속도가 느려질 때 '디스크 정리'를 통해 임시저장 파일을 제거하는 것과 마찬가지다."[3] 사람이 숙면한다는 것은 정말 대단한 복이다.

### ◇ 언어폭력이나 인터넷 중독 ◇

후천적 영향으로 순기능만 있는 것은 아니다. 악영향을 주는 요소도 많다. 한두 가지 연구결과를 소개한다.

"미국 하버드대 의대 마틴 타이커 교수팀은 어린 시절 언어폭력을 당한 성인 63명의 뇌를 조사한 결과 그렇지 않은 사람보다 '뇌들보'와 '해마' 부위가 위축된 것을 발견했다. 이곳에 문제가 생기면 쉽게 불안해지고 우울증을 앓을 확률이 높아진다. 특히 중학교 시절의 언어폭력이 가장 큰 문제를 초래하는 것으로 나타났다."[4]

"서울 성모병원 정신건강의학과 김대진 교수팀은 서울의 고등학교 학생 389명과 여중학생 253명 등 총 642명을 대상으로 연구를 실시했다. 인터넷에 중독된 여중생의 경우, 어휘력과 수리력 평가에서 또래보다 낮은 점수를 받았다. 특히 인터넷 중독 기간이 길수록 수리력이 떨어지고, 중독된 나이가 어릴수록 '숫자 암기력'도 떨어지는 것으로 나타났다."[5] 아이들에게 언어폭력을 가하는 것은 누구인가? 어른이다. 어른이 아이들의 불행에 앞장서서는 안 된다. 더욱이 자신의 자녀, 자신이 가르치는 아이라면 더욱 그렇다.

## 유전적 요인

사람을 서로 다르게 하는 요소는 뇌 내적인 것도 있고, 뇌 외적인 영향도 있다. 이번에는 뇌 안의 요소를 살핀다.

### ◇ 신경전달물질 ◇

2010년 여중생을 성폭행하고 살해한 김길태, 2012년 주부를 성폭행하고 살해한 서진환, 같은 해 여의도에서 과거 직장동료와 행인에게 칼부림 난동을 부린 김 아무개 등을 우리는 보통 정신질환자로 부른다.

　더 정확히 말하면 이들은 뇌속 신경전달물질 분비에 이상이 있는 것이다. 주요 신경전달물질로는 글루타민산염, 세로토닌, 도파민, 멜라토닌, 그리고 다양한 종류의 엔도르핀이 있다. 이들 신경전달물질의 농도는 뇌의 부위에 따라, 기능별로 다양하다.

　"범죄자들은 세로토닌과 노르아드레날린 분비에 이상이 있는 것으로 나타났다. 세로토닌이 부족하면 뇌는 브레이크가 없는 자동차처럼 감정이 뇌를 지배하게 된다. 공격적 성향이 되는 것이다. 반대로 이 물질이 너무 많으면 강박관념에 사로잡혀 지나치게 세밀한 부분에 집착하고, 우유부단해진다.

　"노르아드레날린은 이와는 정반대로 사람의 마음을 우울하게 한다. 따라서 너무 많은 노르아드레날린은 신경질적인 반응을 유발시키며, 양이 너무 적으면 냉철한 사람이 되게 한다. 연쇄 살인범, 무자비한 살해범들이 이러한 경우다."[6]

## ◇ 뇌들보 ◇

　뇌들보(Corpus Callosum)는 좌우뇌를 연결하는 백질 띠다. 3억 개의 신경 섬유로 구성되어 있으며, 좌우뇌 사이에서 초당 최대 40억 개의 메시지 전달이 가능한 것으로 알려졌다. 어느 한쪽 뇌에서 하나의 정보가 뇌들보를 통해 반대쪽으로 전달되는데 걸리는 시간은 보통 0.4~0.6초이지만, 길면 몇 년이 걸리기도 한다.

　한편, 백질 중에서 뇌들보가 차지하는 비율은 여성이 높다. 여성은 2.4%, 남성은 2.2%이다. 따라서 이런 비율의 차이가 여성이 감성적 사고와 분석적 사고를 남성보다 좀 더 빨리 처리할 것이라는 추측은 가능하다.

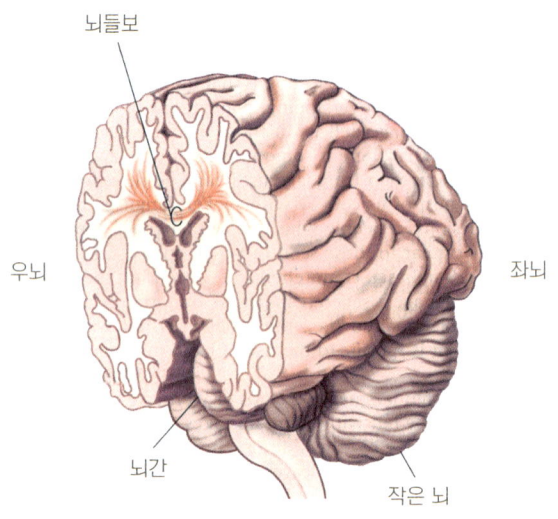

(그림 2-3) 좌뇌와 우뇌를 연결하는 뇌들보는 신경다발이며, 그 조직은 만10~11세 쯤에 완성된다. 뇌들보는 사람에 따라 그 역할이 크게 차이가 나는데, 좌우뇌가 편중 발달한 사람보다는, 균형발달한 사람에게 이 뇌들보의 역할이 훨씬 더 중요하다. (그림 출처: Neuroscience, 3rd ed. 2007, LWW, USA.)

◇ **좌뇌와 우뇌** ◇

과거, 척추동물 연구에 의하면, 좌뇌와 우뇌의 기능 분화가 뚜렷하다. 즉, 물고기, 개구리, 파충류, 조류, 포유류 등의 좌뇌는 반복적으로 발생하는 정보나 일상적인 행동을 관장하며, 우뇌는 새로운 상황에 대처하거나 특별한 감정표현 등 위기상황에 대응하는 일을 맡고 있다는 것이다.

좌뇌가 담당하는 일상적 행동이란 먹이를 취하는 일 등이고, 우뇌가 담당하는 위기 대처란 외부 침입자나 돌발적 공격으로부터 탈출하는 일 등이다.[7]

1990년대 이후로는 인간을 대상으로 한 획기적인 연구결과도 속속 발표되고 있다. 좌뇌와 우뇌의 기능이 어떻게 나누어져 있는지가 척추동물 이상으로 밝혀진 것이다. 이들 연구에 따르면, 사람이 왜 서로 다른가? 하는 점이 보다 선명하게 밝혀진다. 이와 관련된 신경학자들의 수많은 연구를 여기에 모두 옮길 필요는 없겠다. 다만, 핵심적인 내용만을 알려드려도 충분하리라 생각된다.

"좌뇌가 '익숙한 행동과 정보의 창고'라면, 우뇌는 '새로운 경험을 처리'해 미래의 경험에 대비할 수 있도록 만드는 곳이다."[8] 이처럼, 우뇌에서 새로운 정보를 처리하여 좌뇌에 일상적인 것으로 기록하는 것을 '이원적인 뇌의 운영'이라고 부른다.

"우뇌의 새로운 정보가 좌뇌의 일상적인 정보로 옮겨가는 것은 정보의 종류와는 상관없는 것으로 보인다. 우뇌에 위치한 신경회로는 '새로운' 과제를 빨리 배우도록 전문화되어 있다. 반면 좌뇌는 주어진 과제를 부지런히 연습하여 '숙련도'를 높이는데 전문화되어 있다."[9]

"음악이 우뇌에서 처리된다는 것은 음악에 능숙하지 않은 사람들에게만 해당하는 것이다. 대부분의 평범한 사람들은 음악의 새로움 때문에 그것을 우뇌에서 처리한다. 숙련된 음악가는 음악을 듣고 연주할 때 좌뇌가 관여한다. 학습과 경험을 통해 형성된 신경망이 이미 좌뇌에 자리잡았기 때문이다."[10]

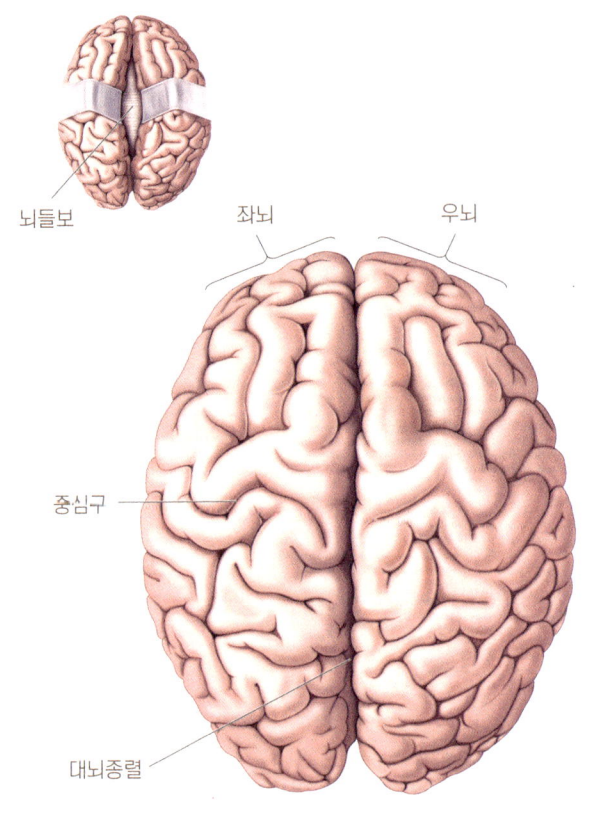

(그림 2-4) 좌뇌와 우뇌는 똑같은 것으로 알고 있었으나, 최근 하버드 대학 야코블라프 박사에 의해 수정되었다. 좌우뇌는 해부학적으로 비대칭이며, 기능상으로도 차이가 많다는 것이다. 또 다른 연구에 의하면, 좌뇌에는 기초언어중추가, 우뇌에는 고급언어중추가 있음이 확인되었다. 위 작은 그림의 흰 부분은 뇌들보다. (그림 출처: Neuroscience, 3rd ed. 2007, LWW, USA.)

## ◇ 전두엽 - 뇌의 사령부 ◇

만물의 영장인 사람을 알기 위해서는 뇌를 알아야 하고, 뇌를 알기 위해서는 전두엽을 알아야 한다는 말이 있다. 사람의 전두엽은 그만큼 독특하고 또 중요한 역할을 담당한다. 전두엽은 뇌의 중앙처리장치(CPU)이다.

인간의 CPU를 연구하면서 뇌과학자들은 놀랄만한 사실을 발견하게 된다. 즉 "새로운 과제를 접할 때 전두엽으로 혈액의 이동이 활발했으나, 이 과정이 익숙해지자 혈액 이동이 줄어든다는 사실이었다. 대신 뇌의 다른 부위가 익숙해진 과제를 넘겨받았다."[11]

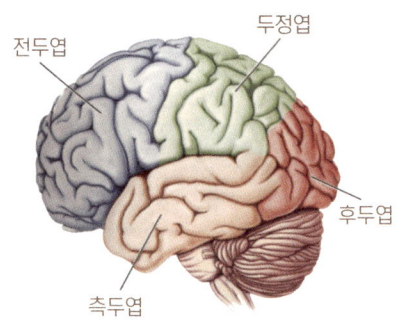

(그림 2-5) 전두엽은 사람 얼굴의 이마 바로 안쪽에 위치한다. 우전두엽은 '새로운' 정보를 처리하여 좌전두엽에게 넘겨주며, 좌전두엽은 이를 '숙련' 시켜 뒤쪽 저장창고로 넘긴다. 전두엽은 습득한 정보의 우선순위를 결정하는 등, 뇌 속의 교통정리 역할도 맡고 있다. 사람의 인지능력은 전두엽의 능력에 달린 셈이다. (그림 출처: Neuroscience, 3rd ed. 2007, LWW, USA.)

그럼 좌뇌의 전두엽과 우뇌의 전두엽은 같은 일을 하는 것일까? 앞에서 우리의 좌우뇌가 각각 '익숙함'과 '새로움'에 관련되어 있다고 밝혔듯이, 양쪽 전두엽 역시 각각 분화된 기능을 가진다는 사실이 발견되었다.

"실험참가자들이 새롭고 알지 못하는 경험을 하는 동안 우전두엽이 좌전두엽보다 더 활발해지는 것을 관찰할 수 있었다. 그러나 실험참가자들이 그 과제를 연습하고 숙련할수록 좌전두엽이 더 활기를 띠었고, 우전두엽보다 혈류의 이동도 많아졌다. 즉, 우리가 알지 못하는 것을 아는 것으로 만들기 위해 노력할 때는 우전두엽이 주로 활성화된다. 그러다가 연습을 통해 과제에 익숙해지면 좌전두엽이 활성화된다. 그다음 그 경험을 뇌 조직에 새기기 시작하면 혈류는 뇌의 뒤쪽으로 이동하게 된다."[12]

간단히 복습한다. 어떤 새로운 정보를 만났을 때, 이것이 나에게 행복한 것인가 아닌가를 판단하는 것은 누구인가? 우전두엽이다. 이런 행복정보는 어떻게 되나? 좌뇌로 넘겨진다. 좌뇌는 이를 다듬고 포장해서 뇌의 어느 곳엔가 저장한다. 만약 얼마 후, 다시 똑같은 정보를 만나면 어떻게 되나? 이번에는 우전두엽이 나서지 않는다. 좌전두엽이 나서서 이미 저장된 것과 똑같은 행복정보임을 확인한다. 그리고 온 몸에 명령을 내린다. 행복하라!

## 03 증명된 가설

우뇌는 창의적, 감성적이고 좌뇌는 논리적, 이성적이다…라는 식으로 알고 계신 독자께서는 하루 빨리 그 상식을 고치시기 바란다. 세계 수많은 뇌과학자들에 의해 정설로 굳어진 학설은 이렇다. "우뇌는 '새로운' 정보를 처리하여 좌뇌에 넘겨주고, 좌뇌는 이를 '숙련'시켜서 저장한다."

앞 절(2장 2절) 핵심을 요약하면, 다음과 같다.

좌뇌와 우뇌는 그 기능이 전혀 다르다. 태어날 때부터 그렇다. 좌뇌와 우뇌는 '이원적으로 운영' 된다. 우뇌의 신경회로는 '새로운' 과제를 빨리 배우도록 전문화되어 있고, 좌뇌는 '익숙해진' 과제의 숙련도를 높이고 저장하는데 전문화되어 있다.

특히, '새로운' 정보를 처리하는 것은 우뇌 중에도 우전두엽이 맡으며, '익숙해진' 정보의 숙련도를 높이는 것은 좌전두엽이 맡고 있다. 이런 과정이 끝난 정보들은 전두엽의 뒤쪽 뇌에 저장된다.

이 내용은 정말 혁신적이다. 좌우뇌가 나뉘어 존재하는 이유가 처음으로 분명히 설명되었다. 이것이 결론이자 활발한 좌우뇌 연구의 출발점인 셈이다. 20세기 말부터 지금까지 세계 신경과학자들 연구의 종합이어서 의미가 더 크다.

그동안 세계 뇌과학자들에 의해 좌우뇌의 기능 차이를 설명하는 실험결과들이 다수 발표되기는 했다. 그러나 대부분 산발적이었다. 누구나 공감할만한 큰 흐름을 보여주지 못했던 것이다. 신경학적 접근의 한계가 여기까지인가 하고 걱정할 정도였다. 이제 그런 우려가 완전히 씻어진 것이다.

필자가 위 내용에 반색하는 데는 더 중요한 이유가 있다.

필자는 뇌를 신경학적으로 연구하지는 않는다. 사람의 서로 다른 행동을 분석하여 뇌 기능을 유추하고 상관관계를 찾아 통계적으로 증명하고 있다. 귀납적인 시도다. 물론 이런 연구결과가 신경학적 연구로 증명된다면 크게 환영할 일이다. 신뢰도가 높아지고 '정설'로 인정받을 수 있는 까닭이다.

필자는 사람의 서로 다른 이유를 찾던 중, 2009년 '좌우뇌에 관한 6개의 가설'을 제시한 바 있다. 원주 연세대학교 사회교육개발원 강좌를 통해서다. 또 구체적 내용과 설명은 2009.11~2011.1 기간 중 〈강원일보〉에 게재하였다. 이 신문은 당시 필자가 거주하던 지역의 최대 발행부수를 인정받고 있었다. 기간 중 칼럼은 28회까지 연재되었다.

당시 필자가 제시한 '좌우뇌에 관한 6개의 가설'은 다음과 같았다.

가설 1 : 우뇌는 정보처리를 주로, 좌뇌는 저장을 주로 맡는다.
가설 2 : 우뇌는 좌뇌보다 정보처리 속도가 3배쯤 빠르다.

가설 3 : 우뇌는 따뜻하고 좌뇌는 차다. 체온계상의 차이가 아니다.
가설 4 : 좌뇌의 저장용량은 우뇌의 3배 정도이다.
가설 5 : 우뇌는 정보의 저장상태가 자유롭고, 좌뇌는 질서정연하다.
가설 6 : 사람의 언행은 우세한 뇌의 저장상태를 반영한다.

그런데 이 6개의 가설 중, 〈가설 1〉이 최근 신경과학자들에 의해 거의 완벽하게 증명된 것이다. 이 부분만 따로 떼어 다시 비교한다.

> **필자의 가설 1 :**
> 우뇌는 정보처리를 주로, 좌뇌는 저장을 주로 한다.
>
> **여러 신경과학자들 연구의 종합 :**
> 좌뇌와 우뇌는 '이원적으로 운영'된다.
> 우뇌는 '새로운' 정보를 처리하고, 좌뇌는 '익숙해진' 정보의 숙련도를 높여 저장한다.
> 우뇌가 새로운 정보를 처리할 때는, 이미 숙련되어 저장된 좌뇌의 정보를 바탕으로 한다.

필자가 6개항의 가설을 제기할 수 있었던 것은 어떤 힘이었을까? 첫째는 사람의 '서로 다름'에 대한 한없는 궁금증이었다. 서로 다른 것은 확실한데 그 이유가 무엇일까? 분명히 뇌 속에 있을 터인데 그것이 무엇일까?

둘째는 뇌가 둘로 나뉘어져 있나. 왜일까? 해부학적으로는 거울에 비춘 듯 같다고 하는데 같은 것을 왜 둘씩 만들었을까? 인간의 창조주가 계시다면 그는 이유 없는 수고를 하실 분이 아니다. 하나이면 안 될 이유가 따로 있는 것이 아닐까?

셋째, 필자의 궁금증이 한참 증폭될 때, 세계 뇌과학계는 아주 초보적인 연구결과를 발표하기 시작했다. 우뇌는 창의적, 감성적, 직관적인 일에 관여한다… 좌뇌는 논리적, 이성적, 언어적 일에 관여한다… 1970~80년대다. 지금 보면 구름 잡는 식의 얘기이기는 했지만 필자에게는 단비였다.

넷째, 필자가 한국인이라는 것도 도움이 되었을 것이다. 필자는 1980년대 후반부터 사상의학, 음양오행설, 그리고 중국 철학사상인 주역에 관심을 갖기 시작했다. 한국인이 이들 동양의학이나 동양철학에 섭한다는 것은 아주 자연스럽다. 게다가 이들 역시 사람의 '서로 다름'을 다루고 있었고, 그 바탕은 음과 양이었다.

서양의 신경과학자들이나 동양의 사상가들 모두에게 감사드린다. 이들 덕분에 6개의 가설을 제시할 수 있었고, 이제는 그 중 첫째가 증명까지 되었다. 내 당대에 이런 일을 본다는 것이 정말 짜릿하다. 앞으로, 얼마나 짧은 기간 내에, 몇 개나 더 증명이 될지 참으로 궁금하다.

이것이 바로 필자가 자신감을 갖고 이 책을 쓰는 이유다. '만약 필자가 좀 더 멀리, 넓게 볼 수 있다면 이는 모두 거인들의 어깨 위에 서 있기 때문'일 것이다.

## 04 '성능'이 다른 이유를 찾아서

> 우리 조상들은 사람이나 세상을 음과 양으로 나누었다. 밤과 낮, 차가움과 따뜻함, 땅과 하늘, 물과 불… 등의 개념이다. 유레카!! 좌뇌와 우뇌의 개념이 바로 음양의 개념과 너무도 비슷하지 않은가? 그렇기는 한데, 같은 음끼리, 같은 양끼리 '성능'이 서로 다른 이유는 무엇이란 말인가? 왜 같은 사실을 놓고도 누구는 행복해 하고, 누구는 불행하다 몸서리를 치는가?

앞에서 얻은 다음 결론은 좌우뇌의 '기능적' 차이를 충실히 설명하고 있다. 누구나 그렇게 기능한다. 그러나 사람마다 그 '성능'은 전혀 다르다.

> 좌우뇌는 이원적으로 운영된다.
> 우뇌는 '새로운' 정보를 처리하고,
> 좌뇌는 익숙해진 정보의 숙련도를 높여 '저장'한다.

왜 '성능'이 다를까? 왜 '새로운' 정보를 1~2초만에 처리하는 사람도 있고, 똑같은 정보를 3~4일 걸려서 처리하는 사람도 있을까? 왜 누구는 50년씩 '저장'하는데, 누구는 3일밖에 '저장'을 못할까? 왜 어떤 이는 성격이 불같은데, 어떤 이는 얼음 같을까? 왜 어떤 대통령 후보는 말이 느린데, 어떤 후보는 험한 말을 빠르게 쏘아댈까?

'성능'의 차이는 이뿐이 아니다. 성격, 재능, 감성, 학교성적, 위기 대처능력, 추진력, 통솔력 등 모든 것이 다르다. 이러한 다름은 무엇으로 설명해야 하는가? 이를 위해 필자는 앞에 기록한 것처럼 가설 2~6을 제시했었다.

이 가설 2~6을 활용하면 '성능'의 차이가 만족스럽게 설명된다. 행동분석과 상관관계 추출에 의해 통계적으로는 이미 증명했다. 사람의 서로 다른 이유를 시원하게 풀어냈다는 뜻이다. 서로 다르게 행복을 느끼는 이유도 풀린 것이다.

남은 것은 신경학적으로 증명하는 일이다. 어떤 가설은 몇 년 안에, 또 어떤 가설은 수십 년이 지나야 증명될지도 모른다. 아무튼 세계 뇌과학계의 거인들께서 구체적으로 증명해주실 줄 믿는다.

### 뇌파 검사로 알 수 없는 것

감성적인 우리 부모들은 '기계'에 약하다. 각종 병원들이 무슨무슨 기계를 열심히 들여놓는 이유다. 심지어는 한의원까지도.

'기계'이기에 잘하는 일들이 있다. 신체내부 촬영, 성분 분석, 이상(異常) 발견, 각종 검사…. 그러나 아직까지는 '기계'가 전혀 못하는 것이 있다. 능력 검사다. 공부를 잘 할 머린지, 무슨 운동을 잘 하겠는지, 예술적 능력이 얼마나 뛰어나는지….

요즘 뇌파검사를 해주는 곳이 많다. 뇌파 검사로 학생들의 어떤 능력을 알아낸다는 것인지 알 수가 없다. 다분히 기계를 잘 믿는 심리를 이용하는 것은 아닐까 걱정된다.

# 05
# 7대 유형 빨리 보기

나는 무엇을 잘 할까? 달리기, 역도, 피겨스케이팅, 양궁? 아니 나는 선수일까, 심판일까, 평론가일까. 관중일까? 평생 이런 구분조차 못하고 사는 사람이 많다.

한국인 두뇌타입 구분

위 표는 세계 뇌과학자들에 의하여 신경학적으로 증명된 결론과, 필자의 새로운 가설을 근거로 만들었다. 사람은 백 명이면 백 명이 다 다르다. 뇌가 다르기 때문이다. 그렇다고 이들을 백 가지 특성으로 나눌 수도 없다. 별 의미가 없기 때문이다. 공부방법이나 삶의 방법 역시 백 가지로 나누어 알려드릴 수는 없다.

올림픽에서 보면 많은 경기가 체급을 나눈다. 특히 개인 격투기가 그러하다. 공정성을 기하기 위해서다. 그러나 체급을 나누더라도 1그램 단위나 1키로그램 단위로 세분하지는 않는다. 3~5키로그램 단위로 나누더라도 공정성 부여에는 아무 문제가 없기 때문이다.

필자는 사람의 두뇌특성을 크게 다섯 유형으로 구분한다. 이들 다섯 유형을 타입 1(one)부터 타입 5(five)까지로 부르겠다. 그 중 타입 2(two)와 4(four)는 각각 A와 B로 세분하기도 한다. 공부방법, 진로 등을 따질 때는 A와 B로 세분하는 것이 훨씬 정확하기 때문이다. 이 경우는 7대 유형이 된다.

7대 유형은 그 특성에 따라 닉네임도 붙였다.

타입 1은 GG Type이다. GG란 Great Genius의 약자다. 타입 1에는 모차르트, 스티브 잡스, 반 고흐, 이회창 같은 천재들이 많은 까닭이다.

타입 2-B는 별칭 E/A Type이다. 감성적(Emotional)이고 예술적(Artistic)이어서 붙은 이름이다.

타입 2-A는 우리 사회의 꽃이다. 꽃 중에도 과일을 맺지 않는 화사한 꽃이어서 BF Type이라는 이름을 얻었다. BF는 Beautiful Flower다.

타입 3는 별칭 CEO Type이다. 유능한 정치지도자, 기업가들이 많은 까닭이다.

타입 4-A 역시 우리 사회의 꽃이다. 그러나 2-A와는 달리 꽃 중에서도 과일을 맺는 꽃의 특성을 가지고 있어서 SF Type이라 부르기로 한다. Seed Flower의 약자다.

타입 4-B는 R/D Type이 적합한 닉네임이다. 이들이 기업-연구소-학계에서 활약하는 연구-개발의 주역인 까닭이다.

타입 5는 GIQ Type, 즉 대단히(Great) IQ가 높은 타입이라는 뜻이다. 세계 10대 천재로 기네스북에 오른 이들이 모두 타입 5다.

위 표를 머릿속에 꼭꼭 저장해두시기 바란다. 이 책 한 권 전체가 쉽게 이해되고, 행복의 문도 쉽게 열릴 것이다.

[1] Penfield W. Jasper H. (1954) <Epilepsy and the Functional Anatomy of the Human Brain> Boston: Little Brown

[2] LeDoux J (2002) <The Synaptic Self: How our brains become who we are> Penguin Books

[3] 김재영/동아일보/2009.04.06

[4] 이재웅/동아사이언스/2012.04.21

[5] 김철중 의학전문기자/조선일보/2012.01.19

[6] 이창묵/플로리다대 분자생물 연구센터/06.08.27

[7] Vallortigara, G.; Rogers, L. J. (2005). "Survival with an asymmetrical brain: Advantages and disadvantages of cerebral lateralization". Behavioral and Brain Sciences 28 (4): 575–589; discussion 589–633. doi:10.1017/S0140525X05000105. PMID 16209828.

[8] Joe Dispenza, D.C. (2007). Evolve Your Brain <꿈을 이룬 사람들의 뇌> (2009) (주)한언 ISBN 978-89-5596-525-4 03400 Chapter 6.

[9] Shadmehr R, Holcomb HH (1997) Neural correlates of motor memory consolidation <Science>227(5327): 821-825. / Haier RJ, et al (1992) <Brain Research> 570(1-2): 134-143.

[10] Bever TG, Chiarello RJ (1974) Cerebral dominance in musicians and nonmusicians. <Science> 185(4150): 537-539

[11] Raichle ME, et al. (1994) Practice-related changes in human brain functional anatomy during nonmotor learning. <Cerebral Cortex> 4(1): 8-26.

[12] Gold JM, et al. (1996) PET valicaion of a novel prefrontal task: Delayed response alternation (DRA). <Neuropsychology> 10: 3-10

● 뇌과학자가 쓰는 육아서 - 총론

# Chapter 3
# 곤두박질과 대박 사이
# 타입 1, 2

정도 눈물도 많은 사람, 아이디어가 샘솟는 사람, 예술적 능력이 뛰어난 사람, 그래서 이 세상을 변화시키는 사람, 한국 국민성을 대표하는 사람… 이들이 모두 우뇌인이다. 이들은 천재에서 시작하여 학년이 올라갈수록 중상위권 → 중위권 → 문제아의 길을 걷곤 해서 부모 마음을 숯 검댕으로 만들기도 한다. 한국인의 절반이 타입 1이거나 2(우뇌인)이다.

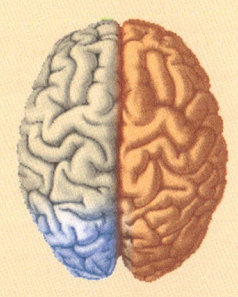

...

**Chapter 3**
**곤두박질과 대박 사이 – 타입 1, 2**

1. 초등학생
2. 중고등학생
3. 성인 / 공통사항

우뇌인이란 좌뇌에 비해 우뇌가 훨씬 더 발달한 사람이다. '훨씬'이라는 것이 어느 정도인가? 표를 보자. 빨간색이 진한 부분, 1 또는 2라고 표시된 부분에 속하는 사람이 우뇌인이다. 빨간색이 진해질수록 우뇌가 더 강하다. 좌우뇌 발달 비율을 숫자로 보자.

> 타입 1 : 0:100 ~ 10:90
> 타입 2-B : 15:85 ~ 25:75
> 타입 2-A : 30:70 ~ 40:60

좌우뇌 비율이 40:60이라던가, 25:75라던가 하는 것은 독자들의 뇌에 그렇게 기록되어 있다는 것은 아니다. 필자가 수천 명의 뇌를 검사하고 통계분석한 결과를 토대로 세운 기준이다. 이 기준이 세계적으로 통용되는 날이 오기를 기대한다. 웩슬러나 멘사의 IQ 숫자들이 그러한 것처럼.

그럼 타입 1과 2는 다른 사람에 비해 어떻게, 얼마나 다른가? 어떤

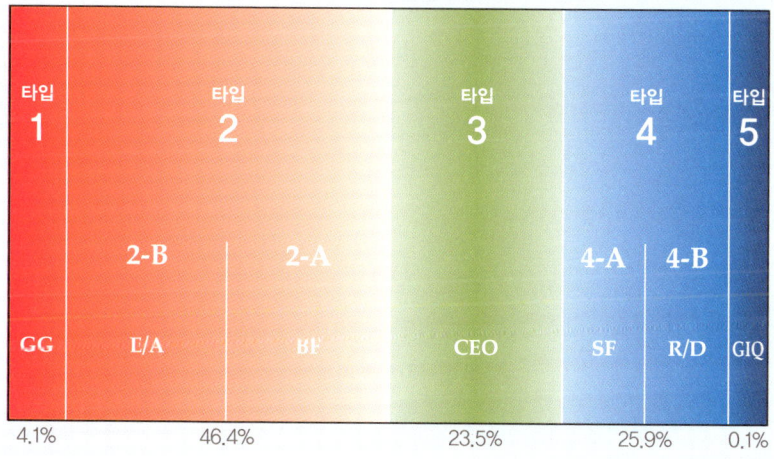

한국인 두뇌타입 구분

일을 싫어하고 어떤 일에서 행복감을 느끼나? 사람의 '서로 다름'을 알아볼 때는 대개 외모, 성격, 인지능력을 비교하기 마련이다. 여기서는 주로 성격과 인지능력 중심으로 얘기하려 한다. 외모에 관해서도 적지 않은 연구를 하였지만 그 내용은 각론을 쓸 때 다루고자 한다.

미리 말씀드리고 싶은 것이 하나 있다. 사람은 누구나 이런 종류의 책을 읽으면, 나는 어디에 해당 되는가?를 생각하게 마련이다. 물론 가족에 대해서도 궁금해 할 것이다. 나아가서는, '아, 어느 뇌 타입이 가장 좋은 것이로구나.' 또는 '어느 뇌 타입은 좀 나쁜 것이네?' 하는 판단을 하시게 된다.

이는 전적으로 잘못이다. 뇌 타입은 좋고 나쁜 것이 없다. 다만, 장점을 잘 살리면 좋은 뇌 타입인 것이고, 단점만 키우다보면 나쁜 뇌 타입이 되는 것이다.

예를 들어보자. 우뇌인은 빠르다. 따라서 대개 우뇌인은 성격이 급하게 마련이다. 말이 빠르고 그래서 말실수도 잦다. 심한 분들은 '인심 실컷 써서 따두었던 점수를 조딩이로 다 까먹는다.'며 스스로를 조롱하기도 한다. 단점만 부각시킨 경우다.

한편, 우뇌인은 빨라서, 판단이 빠르고, 대응이 빠르다. 세상에는 이런 능력을 정말 많은 곳에서 필요로 한다. 미국의 케네디 대통령이나 우리 노무현 대통령도 이런 분들이어서 만인의 칭송을 받았다.

대통령뿐이 아니다. 스포츠, 토론, 협상, 거래, 연기… 이 모두가 우뇌인만이 잘 해낼 수 있는 분야다. 내 장점을 찾아내기 위해 독수리의 눈을 번득이시기 바란다.

효과적 설명을 위하여 성장시기별로 3단계로 나누어 풀어가겠다.

# 01 초등학생

초등 저학년 시절의 우뇌아이는 부모의 자랑이요 자부심이다. 이때가 이 아이들의 황금기다. 보여줄 만한 것은 다 보여준다. 천재의 모습까지.

### 산만하다 : 가방 밑바닥에 찌그러져 있는 2주 전 학교 통지문

한마디로 산만하다. 학교 갈 때 가방을 스스로 챙겨가는 일이 없고, 엄마가 안 챙겨주면 학교 가서 전화 오기가 일쑤다.

학교 수업시간에 잘 떠드는 아이들이 이 아이들이고, 쉬는 시간이면 자리에 앉아 있는 법이 없다. 다니면서 다른 아이들 가방 열어보고, 서랍 들여다보고, 깔깔거리고 재재거린다. 교실 뒤쪽에 공간이 있으면 거기서 씨름판, 축구판을 벌이기도 한다.

수업이 끝나면 그냥 집으로 오는 법이 없다. 학교 운동장에서 땅강아지가 되기도 하고, 친구 집엘 몰려가기도 하고, 피씨방 VIP고객이 되기도 한다.

집에 도착하면 신발 한 짝은 현관에 털어냈는데, 한 짝은 거실까지 따라 들어온다. 책가방은 대개 소파 위에 던지고 냉장고부터 열어본다. 당연히 담임선생님의 쪽지나 학교 전달사항은 엄마에게 전해주지 않는다. 엄마가 가방을 뒤져서 찾아내야 한다. 모자나 점퍼 따위를 학교에 두고 오는 건 다반사지만, 자기 축구공이나 야구 글러브나 인형 따위는 꼭 가지고 다닌다.

딸아이라면 엄마가 시끄러워서 못 산다. 자신과 친구들이랑 있었던 얘기뿐 아니고, 다른 친구들끼리 있었던 일까지도 보고한다. 얼마나 세세하게 해대는지... 게다가 목소리나 작나? 쨍쨍 울리는 소리로 엄마를 따라다니며 얘기하니 웬만한 엄마들은 견디지 못하고 고함을 지르게 된다.

자기 방 정리정돈이란 건 해본 일이 없고, 거실이나 현관, 주방, 화장실 어디든 다녀가시기만 하면 보란 듯이 흔적을 남긴다. 일부러 그러는 것 같지는 않은데, 엄마 입장에서는 '똥개 훈련 당하는' 것 같다. 식사 때는 쏟고, 흘리고, 반찬 들쑤셔놓고, 옷에 묻히고, 마룻바닥에 떨어트리는 건 기본이다. 야단쳐도 안 고쳐진다. 초등 1학년 때나 6학년 때나 마찬가지다. 잔실수가 삶이다. 깔끔한 엄마들은 불행을 하소연한다. 보통엄마들은 잔소리를 입에 달고 살게 된다.

### 영락없는 천재, 부모 마음까지 녹인다 : 왜 족보에도 없는 아이가?

그런데도 엄마들은 이처럼 산만하기 그지없는 아이를 제일 예뻐한다. 그럴만한 이유가 있다.

첫째는, 아이가 너~무 너무 똑똑한 것이다. 영락없는 천재다. 족보에도 없는데 어디서 이런 천재가 튀어나왔을까? 이 아이들은 우선 하나를 가르치면 둘 셋을 안다. 엄마가 초등1학년 아들에게 시계 보는 방법을 가르쳤다. 큼직한 모형시계를 놓고 한 시간쯤 설명을 했는데도 아이 표정이 변하질 않는다. 고개만 갸우뚱거린다. 이 때 옆에서 레고 놀이하고 있던 다섯 살짜리 동생이 오빠 대신 대답을 해준다. 그 건 열.시.십.오.분, 그 건 세.시.십.분.전. 이 동생이 바로 우뇌아이다. 유치원 들어가기도 전에 오빠보다 영어를 더 잘하는 아이, 구구단도 척척 외우는 아이….

이뿐 아니다. 평소에도 그 총명함이나 재치는 어른들이 혀를 내두를 정도다. 필자에게 상담 온 초1 남자아이에게 슬쩍 물어보았다. "엄마, 아빠가 자주 싸우시니?" 사실 여부는 전혀 관심 밖이지만, 이 아이의 관찰력이나 가치관이 궁금했던 것이다. 헌데 이 아이가 이랬다. "피나게 싸우지는 않으시는데요. 마음으로는 피를 좀 흘리시는 것 같아요." 이 대답이 나오는데 넉넉잡아 1초쯤 걸렸다. 우뇌아이들의 영재성이 짐작되시는가?

우뇌아이들의 이런 천재성은 계속되는 게 아니다. 대개 3~4학년쯤이면 아침 안개 걷히듯 사라진다. 이것도 모르고 유치원도 보내기 전에 영재학원 찾아 헤매는 엄마들이 많은데, 헛수고다.

둘째, 우뇌아이들은 어른들에게 착착 감겨온다. 고렇게 예쁜 짓을 하는 것이다. 4학년 아들아이가 이랬다. "엄마, 제가 이담에 돈 벌면 엄마용돈 한 달에 200만원씩 드릴게요." 순발력 좋은 엄마가 그럼 각서를 쓰라고 했더니 그 자리에서 척 써주더란다. 손도장까지 꾹 찍어서, 하하하.

딸아이들은 한 술 더 뜬다. 아빠가 말이 없으면 "아빠, 어디 불편하세요? 제가 좀 주물러 드릴까요?" 한다. 엄마가 땀 흘리면 선풍기 방향을 그 쪽으로 잡아준다. 밤에 자러 자기 방에 들어가면서 부모에게 인사하는 건 어떻고. "엄마 아빠, 오늘 많이 힘드셨죠? 주무실 때는 행복한 밤 되세요~" 게다가 이런 인사를 똑같이 반복하지도 않는다. 그때그때 적절히 바꿔가면서 여우짓(?)을 하니 자지러지지 않을 부모가 어디 있을까?

## 왜 산만하면서 천재 같을까? : 어깨가 따뜻하면 빠른 공을 뿌린다

우뇌는 '새로운' 정보를 맡아 처리하는 뇌다.(2장 3절) 그래서 우뇌는 '새로운' 것을 보면 너무너무 반갑다. 처리할 것이 생겼으니까. 이런 사정도 모르는 사람들은 그저 호기심이 많다고 한다.

게다가 정보처리는 빨라야 한다. 이 건 정말 중요한 얘기다. 필자도 가설의 두 번째로 내세웠을 만큼 중요하다. 8차선 건널목에 파란불이 5초쯤 남았는데, 정보처리가 늦어서 느릿하게 건너간다면 중간에 낭패하기 마련이다. 그래서 우뇌는 빠르다. 정보처리 담당 우뇌가 느리다면 그 사람의 생존 자체가 어려워진다.

그래서 우뇌가 발달한 아이들은 모든 것이 빠르다. 빨라야 한다. 빠르려면 소소한(?) 것, '익숙한 것'은 지나칠 줄 알아야 한다. 특히 '익숙한 것'은 응당 좌뇌가 처리해줄 테니 신경 쓸 필요가 없다. 그런데 그 좌뇌가 발달하질 않았으니 그냥 빠르기만 한 것이다. 그래서 급해 보인다. 새로운 것을 향해 계속 앞으로 달린다. 범퍼카처럼 장애물에 닿으면 이리저리 방향을 바꾸기도 한다. 장애물을 타고 넘지 않는다. 뒤를 돌아보는 법도 없다. 그래서 웬만한 건 금방 잊어버린다. 또 새로운 것에 대처해야 하니까. 잔실수가 많은 것이 당연하다.

우뇌가 빠르기 때문에 타입 1이나 2 아이들은 이해력이 매우 좋다. 이해력이 좋다는 것은 '새로운' 것을 보고 정보처리를 빨리했다는 뜻이다. 그래서 우뇌가 발달한 아이들은 새로운 것을 가르치면 금방금방 이해한다. 아직 가르치지 않은 것까지도 미리 알아차린다.

우뇌는 따뜻한 뇌다. 따뜻해야 빨라진다. 운동선수들이 시합 전에 몸을 푸는 것을 보았을 것이다. 특히 야구의 투수들을 보자. 빠른 공을 뿌리기 위해 불펜에서 어깨를 얼마나 정성스레 푸는지. 투수들은 어깨와 허리가 훈훈해야 공을 자유자재로 뿌린다. 그렇다고 이 때 투수 어깨나 허리 부분의 체온이 39도, 40도로 올라간 것은 아니다. 그저 따뜻할 뿐이다. 우뇌도 마찬가지다. 항상 훈훈하고 따뜻하다.

우뇌가 항상 훈훈하고 따뜻하니 타입 1, 2의 마음도 항상 따뜻하다. 정이 많다. 인정이 넘치고, 눈물도 많고, 웃음도 많다. 표정도 풍부하다. 속내를 감추지도 않는다. 감성적이라고 불리는 이유다. 소위 EQ가 높은 것이다. 이래서 타입 1, 2 아이들은 키우는 맛이 좋다. 대개 초등학생 때 그렇다. 산만하기는 해도 냉랭한 어른들 마음을 녹이기 때문이다. 부모가 행복하지 않을 수 없다.

## 특이한 집중력 : 먹이를 발견한 짐승의 바로 그 능력

타입 1이나 2 아이들의 집중력은 특이하다. 보통 부모들은 우뇌아이들이 집중을 잘 하지 못한다고 불평한다. 꼭 그렇지는 않다. 이 아이들은 다른 아이들이 갖지 못한 특별한 집중력을 갖고 있다. 새를 비유로 들어보자. 나뭇가지에 앉았던 새가 공중을 날고 있는 곤충을 발견했다. 먹이다. 새는 나뭇가지를 박차고 날아가 요리조리 피하는 먹이를 단숨에 잡아챈다. 공중을 왔다갔다 헤매다가 잡는 것이 아니다. 단칼이다. 생각해보시라. 나는 것이 나는 것을 잡는 일이 얼마나 힘든 일인가? 요즘 사드 미사일이 날아오는 적 미사일을 잡는다고 하지만, 정해진 궤도를 날아오기 때문에 가능하다. 공중의 곤충은 정해진 궤도를 나는 것이 아니지 않는가? 이런 먹이를 단숨에 낚아채는 집중력!! 이것이 우뇌의 집중력이다.

대신 집중하는 시간이 짧다. 먹이 잡는 새로 치면 몇 초이겠지만 우뇌아이는 10분 안팎이다. 그것도 맛있는 '먹이'를 발견했을 때만 이런 고도의 집중력이 생긴다. 초등학생들에게 이런 집중력이 자주 생기게 해주는 것은 어른들 하기 나름이다.

타입 1, 2 아이들이 두 시간, 세 시간 동안 한 가지를 붙들고 앉아 있는 것은 절대 불가능하다. 두 시간은커녕 30분 계속하기도 힘들다. 우뇌아이들은 자주 쉬게 해주어야 한다. 쉬는 시간에는 말을 많이 하게 하는 것이 좋다. 이유는 성인 편에서 설명한다.

# 02 중고등학생

초등 때만 해도 영재학원 보내려던 너였다. 그런데 너 지금 왜 이러니? 네 아빠가 너에게 골프채 휘두르시는 그 마음 나도 공감한다. 아이들은 반박한다. 제 탓이 아니래요. 잘못된 교과과정 탓이래요. 한국에서 태어난 죄 때문이래요. 6년만 참아주세요. 아니 10년이 될지도 모르지만요. 사회에 나가면 저는 '대박형'이래요.

## 어깃장을 놓는다 : 머리 좋은 청개구리가 어미를 울리네···

사람마다 각자의 숨은 능력이 있다. 이것이 발현하는 것은 빠르면 초등학교 2~3학년, 보통 5~6학년 때다. 아무리 늦어도 중학교에 올라가면 각자의 재능이 제모습을 갖춘다. 같은 아이라도 초등학생 시절에 비해 중학생 시절에는 여러 면에서 차이가 많다. 성격, 성적, 재능, 심지어는 생김새까지도.

그러나 중학생이 3년 더 자라서 고등학생이 되더라도 별 차이가 보이지 않는다. 이것은 대단히 중요한 의미를 갖는다. 한 사람의 특성 대부분이 초등시절에 '발현'하고, 중학생 때 '숙련'된다는 말이기 때문이다. 어떤 이는 사람의 운명(!!)은 중학생 시절에 결정된다고 단정하기도 한다. 필자도 이 의견에 상당 부분 동감한다. 고등학생이 된 후에 중학생 시절에 비해 성격, 재능, 성적 등이 현저하게 바뀐 경우를 보지 못한 까닭이다. 부모님들께서 특히 명심해두셔야 할 사항이다.

타입 1이나 2 중학생의 첫째 특징은 어깃장을 놓기 시작한다는 점이다. 어깃장 놓는다는 것은 고분고분 따르지 않고 뻗대는 행동을 말한다. 우뇌 중학생들은 일단 어른들 말을 잘 듣지 않는다. 특히 엄마 말을 더 안 듣는다. 초등 시절에 이미 만만한 상대로 판정했다는 뜻일 게다.
그냥 말을 안 듣는 것과 어깃장과는 좀 다르다. 초등학생 때는 엄마가 땀 흘리면 알아서 선풍기 방향을 잡아주던 녀석이다. 그런데 얘가 중학생이 되니, 엄마가 먼저 선풍기 방향 좀 돌려달라고 해도 들은 체 만 체다. 목소리를 높여서 다시 말하면 그 때는 이런다. "나 공부해야 돼, 엄마가 해~" 톡질 하면서 공부는 무슨 공부.
학교 갔다가 일찍 들어오라고 한 날은 더 늦게 들어오고, 머리 짧게 깎으라고 하면 오히려 더 튀는 색깔로 염색한다. 반 아이들에게 손찌검하지 말라고 하면 더 때려준다. 이 담에 엄마 용돈 200만원씩 준다는 각서 보여주니까 낙서 잔뜩 해서 너덜너덜하게 만들어 놓는다.

이 어깃장 놓기는 아들들이 더 심하다. 본격화 되는 것은 대개 2학년 2학기부터이다. 오랜 기간 조사해온 필자의 통계다. 왜 이때부터 더 심해지는가? 사춘기? 요즘 사춘기는 초등 고학년 때 다 지나간다.

우뇌아이들은 잘 키우기가 힘들다. 잔실수를 고쳐주겠다고 쥐잡듯 잡아놓으면 중학생 때 날개 꺾인 참새가 되고, 좀 풀어놓고 기를 살려주면 어깃장 놓고, 이죽거리고, 배신 때린다. 성적은 어떻게 해주든 중하위권과 바닥을 맴돈다. 대개 중2 때 이런 특성이 분명해지는데, 제대로 키우려면 꼭 참고 재능을 살려주는 길밖에 없다. 국영수사과로 몰고가면 폭력성이 고개를 든다. (사진 출처 : abovethelaw.com)

필경 뇌들보 완성과 관계가 있을 것으로 보는데, 앞으로 신경학적으로 밝혀져야 할 부분이다.

어깃장 놓는 아들 때문에 뒤집어진 엄마가 한 둘이 아니다. 필자는 자살한다는 분들도 여러 명 살려놓은 경험이 있다. 왜 안 뒤집어지겠는가? 불과 1~2년 전까지만 해도 엄마 치마폭에서 놀던 아이였다. 가정 행복의 원천이었다. 부모의 자부심이었다. 이러던 아이가 잠깐 사이에 악마의 얼굴로 다가오는 것이다. 아니 악마라도 좋다. 제발 이죽거리거나 빈정대지만 않으면 좋겠다고 하소연한다. 이런 상황에서 엄마들이 느끼는 배신감은 말로 표현하기가 어렵다.

결국, 모자가 매일같이 전쟁을 치른다. 싸우다 싸우다 지쳐서 우리 연구소를 찾은 경우만도 수백 명이다. 이때마다 필자는 그 아들을 따로 불러 묻곤 한다. 네가 엄마를 가지고 노는 모양이더라? 아들들 대답이 워낙 비슷해서 여기에 소개한다. "울 엄마는 그렇게 해줘야 돼요." 엄마 죽은 뒤에 슬피 울었다는 옛날 청개구리 우화는 이 우뇌아이들이 모델이었던 것 같다.

우리 연구소의 두뇌검사 후 필자의 처방을 듣고 나면 우선 아들들이 달라진다. 열 명 중 아홉 명이 달라진다. 엄마들도 달라진다. 열 명 중 일곱 명. 전쟁이 사라진다. 행복해지고 싶으면 검사를 해보면 안다.

## 어린 것이 성질을 부려? : 불쑥 짜증이 나는데 어떡해요?

타입 1, 2 아이들의 둘째 특징은 화를 내기 시작한다는 점이다. 속에서 뭔가 욱 하고 올라오는 것이다. 빠른 아이들은 초3~4에도 이런 현상을 보인다. 누가 자신을 놀린다는 생각이 들 때 특히 심하다. 뭔가 뜻대로 안 될 때도 화를 잘 낸다. 소위 분노표출이다. 화내는 속도도 빠르다. 무슨 말을 듣는 순간 버럭 화를 낸다. 모르는 사람이 보면 신기할 정도다. 어떻게 저렇게 금방 화를 낼 수 있을까? 중학생들이 싸움질을 제일 많이 하는 것도 이 때문이다. 어깃장 잘 놓고, 잘 놀리고, 화 잘 내니 싸움 안 한다면 이상하다. 그래서 싸우는 상대도 대개 우뇌아이들끼리다.

화를 낼 줄 모르는 것도 정상이 아니다. 그러나 화를 너무 잘 내면 이것은 더 큰 문제다. 냄비같이 끓어올라서는 안 되는데, 중학교 때부터 번개같이 끓어오르는 것이다. 물론 풀기도 잘 푼다. 우리 정치인 중에 보면, '버럭질'의 아이콘이 된 이들이 있다. 이들의 '버럭질'도 대부분 중학교 때 시작한 것이다. 버럭질의 역사가 깊다.

셋째, 성적이 무섭게 추락한다는 점이다. 영재학원 찾아다니던 시절 생각하면 정말 기가 막힐 노릇이다. 가정 행복의 원천이던 아이가 짧은 순간에 이처럼 불행의 씨앗으로 바뀔 수도 있나? 그것이 현실이다. 이에 관하여는 6장 가절에서 자세히 설명한다.

## 왜 어긋장을 놓을까? : 고리타분함에 대한 경고

　타입 1이나 2 아이가 중학생이 되어 어긋장을 놓는 데는 이유가 있다. 우뇌는 '새로운' 정보를 처리한다. 그래서 빠르고 자유롭다. 새로운 정보에 굶주려(?) 있다. 빨리 처리하기 위해 워밍업까지 해두었다. 반면에, 한번 처리했던 정보에는 무관심하다. 이미 좌뇌에게 저장하라고 넘겨주었거나, 다른 어디에 저장한 까닭이다. 우뇌가 '낡은' 정보, '익숙한' 정보가 반복될 때 짜증을 잘 내는 것은 그래서 당연하다. 왜 각자 자기 임무를 다하지 못해서 나에게 일이 되돌아오게 만드느냐는 뜻이다.

　타입 1, 2 아이는 초등 시절, 부모를 무척 즐겁게 해드렸다. 총명하고, 재치 있고, 정이 많았으니 당연했다. 반면에, 부모는 우뇌아이가 좋아하는 '새로운' 정보를 별로 제공하지 못했다. 잔소리는 많았어도 칭찬에는 인색했다. 잔소리란 원래 '새로운' 것이 없다. 똑같은 소리 반복이다. 칭찬도 그렇다. 좀 창의적인 칭찬은 별로 없고, 똑같은 소리 반복만 했다. '새로운' 정보에 갈급한 아이의 우뇌가 반색할 만한 기회가 적었던 것이다.

　뇌는 학습한다. 경험을 통해 배우고, 저장한다는 말이다. 이것을 후천적 요소라고 제2장에서 설명했다. 초등 시절 우뇌아이들이 학습한 것은 무엇일까? '부모는 새롭지 못하다.'는 것. '내 머리를 짜증나게 만들더라.'는 것. 그러다가 치마폭을 벗어날 덩치가 되었다. 뇌조직도 거의 완성단계에 이르렀다. 어긋장을 놓는 이유가 이해되시는가?

　타입 1, 2 아이가 중학생이 되어 화를 잘 내는데도 이유가 있다. 우뇌는 항상 따뜻하다. 워밍업이 되어 있다. 다시 야구 투수 얘기로 풀어보자. 투수가 공을 열심히 던진다. 원하는 대로 잘 들어간다. 그런데 포수가 공을 빠트린다. 잘못 맞아 날아간 단순한 플라이를 야수들이 놓친다. 안 줘도 될 점수를 자꾸 준다. 이러면 그 투수는 어떻게 되나? 열 받는다. 잘 들어가던 공이 컨트롤이 안 된다. 힘만 더 든다. 이것이 바로 우뇌 중학생이 성질을 부리게 되는 과정이다. 행복의 열쇠도, 불행의 비번도 모두 뇌가 가지고 있다.

## 뛰어난 언어 능력과 예술적 감각 : 제발 살려주세요

타입 1이나 2 아이가 중학생이 되어 나쁜 점만 생기는 것이 아니다. 좋은 점도 많다.

첫째는 언어적 능력이 두드러진다. 언어 이해력은 물론 언어 구사력도 돋보인다. 우뇌아이들은 초등 저학년 시절 재치가 뛰어났었다. 특히 부모가 끝이 안 보이는 언쟁을 벌이고 있으면 이 아이들이 꼭 끼어들곤 했다. "아빠, 그러지 마시고, 엄마한테 '나 당신 사랑해~' 한 마디만 하시면 되잖아요." 한다던가, "엄마! 아빠께 잔소리 안 한다고 저번에 약속하시고는 왜 또 하세요?" 해서 부모 언쟁을 뜯어말리곤 했다. 이것이 타입 1, 2 아이의 타고난 언어능력이었다.

그러나 중학교 시절 언어능력은 이런 재치와는 차원이 좀 다르다. 우뇌가 처리하는 새로운 정보의 대부분은 '말'이라는 수단을 통한 것이다. 물론 시각정보도 있고, 냄새나 접촉정보도 있다. 그러나 그 중 제일 많은 것이 언어정보다. 따라서 타고난 언어능력에 더하여 후천적 언어능력을 자동으로 키우게 된다. 그래서 타입 1, 2 중학생들은 국어 공부라는 걸 별로 하지 않는다. 안 해도 점수가 잘 나오기 때문이다. 그야말로 평소 실력인 것이다. 말도 잘 한다. 말이 빠르면서도 매끄럽고, 같은 말도 웃기게 한다. 그러나 같은 언어지만 영어는 사정이 좀 다르다. 이건 6장에서 설명한다.

둘째로는 예술적 감각이 드러난다. 음악, 미술, 체육, 문학 등에 대한 능력이다. 요즘 한국 아이들은 피아노가 필수다. 대개 초등 이전에 시작하는데, 보통 4~5학년이면 끊는다. 그 중에도 중학생까지 피아노를 치는 아이들이 있다. 십중칠팔 우뇌아이들이다. 패션 감각이나 옷의 배색에 눈뜨는 것도 이 때 이 아이들이다. 미적 능력이 발현하는 것이다.

타입 1, 2 아이들은 독서를 해도 문학류만 읽는다. 눈물콧물을 펑펑 쏟든가, 마냥 상상의 나래를 펼 수 있던가, 한껏 짜릿해야 한다. 판타지를 많이 읽고, 기상천외의 공상소설을 즐기는 것이 그런 이유다. 그것이 새로운 까닭이다. 그것이 따뜻한 까닭이다. 운동을 좋아하는 것도 같은 이유다.

이효리 씨를 잘 아실 것이다. 이 분은 초등학교 5~6학년 시절에도 집에만 오면 TV 앞에서 노래하고 춤추었다고 한다. 자연히 공부하는 시간이 적었을 것이다. 그래도 그 부친께서는 딸을 격려하였다고 한다. 그래 행복은 성적순이 아니다. 너 하고 싶은 것 실컷 해봐라. 이런 환경이니 이효리 씨가 중학교에 진학해서는 얼마나 재능을 마음껏 발휘했을지 짐작이 간다. 물론 어깃장도 놓지 않았고, 화내는 일도 드물었다는 것이 부친의 말씀이었다. 오는 행복을 큰 팔로 품어 안은 것이다.

### 이해 빠르고 진취적 : 그래도 소용없어. 무조건 성적이 좋아야 해

타입 1과 2 학생들의 뚜렷한 세 번째 특징은 이해력이 대단히 좋고 진취적이라는 점이다. 수업시간에 선생님이 아무리 어려운 것을 설명해도 척척 알아듣는다. 수학만 빼놓고. 초등학생 때처럼 하나를 가르치면 둘 셋을 아는 정도까지는 아니지만, 다른 학생들에 비하면 뛰어난 이해력을 자랑한다.

이해력이 좋은 이유는 이제 독자들께서도 쉽게 이해하실 것이다. '새로운' 정보를 처리하는 우뇌가 유난히 발달했으니 당연하다. 진취적이라는 것도 같은 개념이다. 새로운 것에 대해 기대를 가지고 달려가는 능력이다. 그래서 우뇌학생들은 능동적이고 외향적이라는 말을 듣는다.

지금까지는 타입 1, 2 학생 중에서도 중학생을 중심으로 설명했다. 그럴 이유가 있다. 고등학생이 되어도 중학생 때에 비해 별로 달라지는 것이 없는 까닭이다. 중학생 때 성격이나 재능 따위가 그대로 가는 것이다. 대부분의 교육선진국들이 우리와 달리 중학교와 고등학교를 구분하지 않는 것도 이런 이유일 것이다.

우리나라 고등학생은 남다른 점이 있다. 모두가 대학시험의 포로가 된다는 점이다. 그래서 대부분의 타입 1이나 2의 고교생은 우뇌가 위축되는 현상을 보인다. 우뇌가 위축된다는 것은 빠르지 못하고, 따뜻하지 않고, 자유롭지 않고, 호기심은 줄어들고, 앞으로 달리기를 주저

한다는 뜻이다. 우뇌가 더 발달해야 하는 하이틴에게서 우뇌가 위축 되면 무엇이 남을까? 결국 좌절감, 포기, 방황이다. 우뇌의 장점은 사라지고 단점만 남는 것이다. 대학입시 제도에 뇌과학을 도입하지 않는 한, 타입 1이나 2 학생들의 불행은 계속될 것이다. 타입 1, 2 학생이 전체의 절반이다.

## 창의력이 뛰어나다 : 국영수사과로는 될 수가 없어

> 살면서 가장 많이 들었던 말 / 너 그러다 뭐 될래? /
> 살면서 가장 많이 하고픈 말 / 내가 알아서 할게 /
> … / 그래 나 청개구리 /
> 그 누가 제 아무리 뭐라 해도 / 나는 나야.

싸이가 노래하는 청개구리의 가사다. 여기에는 '성적 나쁜' 학생의 심정, 남과 다르고 싶은 심정이 잘 담겨 있다. 자신의 얘기 같다.

〈터미네이터〉〈타이타닉〉〈아바타〉 어떤 이름이 떠오르시는가? 감독 제임스 캐머런이다. 그는 어떻게 세계 영화계의 대명사가 되었을까? 스티븐 스필버그와는 또 다른 그 무엇이 있다. 그가 영화계를 평정한 힘은 과연 무엇일까?

10여 년 전이다. 대구에서 큰 공연이 열렸다. 관객 입장도 끝났고 이제 시작해야 할 시간인데 무대는 빈 채로였다. 주인공이 아직 도착하지 않은 것이다. 이 공연단에 잡일을 하는 젊은 청년이 있었다. 키도 작고 못 생겼다. 무슨 역이라도 좀 써주길 바라서 따라다니는 연예인 지망생이었다. 그러나 아무도 그를 무대에 세워주지 않았다. 잡일도 그가 자청해서 하는 것이었다. 다시, 주인공이 더 늦는다는 연락이 왔다. 식은땀을 흘리던 책임자가 급한 나머지 이 키 작은 청년을 불렀다.
"야, 너 30분만 시간 끌어줄 수 있어?"

청년은 번개같이 무대로 뛰어올라갔다. 그로부터 한 시간 동안 모든 관객은 배를 잡고 완전히 뒤집어졌다. 그가 김제동 씨다. 이 순간이 그가 우리나라 최고의 입담꾼으로 데뷔하는 순간이었다. 김제동 씨를 최고로 만든 힘은 무엇일까?

싸이는 말춤 하나로 세계적 명성과 부를 함께 거머쥐었다. 그의 중고교 시절 추라했던 학교성적에 비하면 그야말로 하늘과 땅이다. 그가 바닥에서 하늘로 오른 것은 예술적 감각, 창의력 덕분이다. 싸이는 자신 안에서 꿈틀거리는 어떤 힘이 있음을 알았고, 그 힘을 믿었다. 그리고 시도했다. 실패하면 또 다르게 시도했다. 그의 성공은 그렇게 온 것이다. 한번 해 보고 안 된다고 포기한 것이 아니었다. 장그래라는 인물을 탄생시킨 만화작가 윤태호도 마찬가지다. 그러나 보통 엄마들은 아이들의 창의력이나 예술적 감각을 믿어주지 않는다. 무조건 국영수사과 성적이 좋아야 한다고 윽박지른다. (사진 출처 : 연합뉴스)

한 마디로 창의력이다. 위에 소개된 사람들은 창의력이라는 힘 하나로 꿈을 이룬 것이다. 외모도 학력도 돈의 힘도 아니다. 사전에 의하면, 창의력이란 '새로운 것을 생각해내는 능력'이라고 한다. 결국, 창의력은 어떤 문제에 대해 해결책을 생각해내거나, 평상시에도 색다른 개념을 만들어 내는 능력이다. 새롭고 독창적인 아이디어를 내는 능력이다.

앞에서 설명했다. 우뇌는 '새로운' 정보를 처리한다. 우뇌 중에도 우전두엽이 이를 전담한다. 그래서 우뇌는 호기심이 많다. 새로운 것이 보이면 환호하며 달려든다. 그래서 우뇌인은 창의적이라고 한다. 정도의 차이는 있지만, 대부분이 창의력의 보유자들이다. 우뇌인의 큰 장점이다.

물론, 창의력이 좋은 사람이 모두 우뇌인이라는 뜻은 아니다. 좌뇌가 발달한 사람으로 창의력을 인정받은 인사도 부지기수다.

창의력은 발전하기도 하고 퇴보하기도 한다. 우리나라 부모들은 대부분 아이들을 '휘어잡는' 스타일이다. 기준이 문제다. 아이들을 어른처럼 행동하기 바라는 것이다. 아이들은 어릴 때 창의력이 샘솟는다. 좌뇌아이나 우뇌아이나 마찬가지다. 이것이 말이나 행동으로 나타나면 '엉뚱하거나 산만한' 모양새가 된다. 우리 부모들은 이런 꼴을 못 본다. '점잖게' 만들기 위해서 아이들을 쥐 잡듯 한다. 창의력이 남아날 리가 없다. 쉬블에 갇힌 쥐가 되는 것이다. 불행한 아이들이다.

우리나라는 우뇌인이 많은 나라다. 전 국민의 절반 이상을 차지한다. 우리는 이 덕을 많이 보았다. 일제의 식민지배 당시, 일본은 의도적으로 지도자를 기르지 않았다. 기업도 기르지 않았다. 나라가 잘 될까 시샘하여 곳곳에 쇠말뚝도 박았다. 독립 후에는 바로 6.25 전쟁이 일어나 온 나라가 잿더미로 변했나.

이런 여건에서도 우리는 일어섰다. 찬란하게 일어섰다. 이제는 조선, 철강, 자동차, IT, 전자제품 등에서 세계 일류가 되었다. 정치인들이 아무리 나라를 망가트려도 기업인들이 나라를 살렸다. 이런 기업의 힘은 어디서 나온 것일까? 바로 창의력과 진취성이다. 우뇌인이 많았기에 가능한 일이었다. 우뇌인이 많은 우리나라는 그래서 행복했다.

### 불공정 잔치는 이제 끝내라

중고등학교의 바닥을 깔아주는 게 우뇌 학생들이다. 믿고 싶지 않겠지만, 사실이다. 대명천지에 이런 일이 왜 일어나고 있을까?

첫째, 좌뇌학생 위주의 교육과정 때문이다. 현재 우리 공교육에서 우뇌학생에게 유리한 과목은 사회와 음체미의 실기뿐이다. 이런 학과목 비중은 20%도 안 된다.

둘째, 좌뇌학생에게만 유리한 시험방법 때문이다. 이 땅에서 50년 이상 시험을 지배해온 객관식은 완벽하게 좌뇌학생에게만 유리하다. 서술식 시험이 일부 첨가된 것은 극히 최근이다.

셋째, 우뇌선생을 뽑지 않는 선발과정 때문이다. 필기시험 위주의 시험은 무조건 좌뇌학생에 유리하다. 교사 선발방식은 좌뇌인 선발 방식에 다름 아니다. 당연히 선생님의 70% 이상을 좌뇌인이 차지한다. 좌뇌인 교사에게 우뇌학생은 오히려 귀찮은 존재다.

명색이 공교육이다. 의무교육이란다. 등록금만 면제해주면 의무교육인가? 세상에 이처럼 철저히 편중된 게임이 없다. 기득권 유지를 위한 불공정 잔치는 이제 끝내라. 교육에서는 이러면 안 된다.

# 03
# 성인 / 공통사항

사회에서도 모범생은 절대 아닌 사람, 대박 아니면 쪽박을 차는 사람, 죽어도 평범하기 싫은 사람, 능력을 잘 살리면 스티브잡스나 싸이가 되는 사람. 어려서부터 목줄 매어 끌고 다니면 필경 사기꾼이나 생떼꾼이 되는 사람. 항상 칭찬이 고픈 사람. 말을 많이 해야 신이 나는 사람. 눈에 보이는 것이 없다는 사람. 제 자식이 온 식당을 휘젓고 다녀도 그냥 두는 사람. 예술적이거나 종교적인 사람. 웃음을 나누어주는 사람. 같이 놀자는 사람, 이들이 타입 1이나 2, 즉, 우뇌인이다.

## 우전두엽이 보이는 특징 : 지휘하려고 맨 앞에 자리잡았다

지금까지 얘기한 우뇌인의 특징을 다시 한 번 정리한다. 이들 특징은 우뇌 중에도 '우전두엽'의 독특한 기능에서 따르는 것들이다.

1. '새로운' 정보 처리를 전담한다.
2. 빠르다. 이해도 판단도 빠르고, 대응도 빠르고, 말도 빠르고, 동작도 빠르다.
3. 따뜻하다. 감성적이다. 인정이 많다.

4. 창의적이다. 호기심 많다. 진취적이다. 외향적이다.

사실, 좋은 사람과 나쁜 사람은 백지 한 장 차이다. 동전의 앞뒤와 같다는 표현이 더 정확할까? 오해가 생기지 않도록 예를 들어 설명한다.

우뇌는 '새로운' 정보처리를 전담한다고 했다. 그래서 호기심이 많고, 창의적이다. 빠르므로 따뜻하다. 이해가 빠르니 진취적이다. 이것은 모두 새로운 것에 대한 정보처리 능력이 '좋은 쪽'으로 발현한 경우다. 동전의 앞이다.

그러나 '나쁜 쪽'으로 발현하면 어떨까? 돈벌이나 노후대책에 관해 관심이 많아야 할 터인데 새 상품, 명품에 대해서 호기심이 많다. 창의적이긴 한데 누구를 속이거나 사기 치는 쪽으로 발달해버렸다. 또 창의적이긴 한데 너무 자주 아이디어가 바뀌어서 변덕이 심하다. 빠르기는 한데 너무 빨라서 성급한 언행이 많고, 그래서 잔실수가 많다. 따뜻하기는 한데 너무 온탕냉탕을 왕복해서 '승질이 지랄'같다. 이해가 빠르기는 한데 너무 빨라서 오버하거나, 진취적이긴 한데 너무 앞서나가서 독불장군이 된다. 동전의 뒤다. 우뇌형 독자들께서는 이왕이면 평생 동안 동전의 앞쪽만 보여주며 사시기를 빈다. 어렵지 않다. 2~3초만 생각하고 말하면 된다. 행복꽃이 탐스럽게 피어날 것이다.

이제부터는 지금까지 언급하지 않은 우뇌인의 특징을 설명한다. 이들 특징은 우뇌 중에도 '우전두엽의 뒷부분'의 기능에서 기인하는 것들이다.

## 우뇌는 저장용량이 적다 : 넘치면 어떡하지?

　신경학자(Neurologist)들에 의하면, ① 우뇌 중 특히 전두엽 부분은 '새로운' 정보를 처리하고, ② 처리되어 '익숙해진' 정보는 좌뇌의 전두엽으로 넘겨져 숙련되어 저장되었다가, ③ 그 후에는 모든 정보들이 '전두엽의 뒷부분'으로 보내어져 장기저장된다…고 한다.

　③에서 말하는 '전두엽의 뒷부분'은 좌뇌에도, 우뇌에도 거의 같은 모양으로 존재한다. 즉, 이들 '전두엽의 뒷부분'은 양쪽에 있는데, 모양은 거의 비슷하지만, 성능에는 엄청난 차이가 있다. 이것이 바로 우뇌인과 좌뇌인을 천지 차이로 만드는 또 다른 요소다.

　앞에서 자주 얘기한 것처럼 우전두엽은 새로운 정보를 처리하는 일을 주로 한다. 저장은 거의 하지 않는다. 우뇌의 저장은 우전두엽을 제외한 뒷부분이 맡는다. 우뇌 전체의 저장용량이 적은 것은 이 때문이다.

　게다가 저장기능을 가진 '전두엽 이외의 우뇌'는 저장 상태가 자유롭다. 같은 책이라도 내용별로 분류해서 책꽂이에 질서 있게 꽂아놓은 것과, 덤프트럭에서 쏟아놓은 벽돌더미처럼 수북이 쌓여 있는 것은 양적인 면에서 엄청난 차이가 난다. 그래서 우뇌의 저장용량은 더 적어지는 것이다.

## 잘 잊는다 : 뒤끝이 있을 수 없겠군

　타입 1이나 2는 잘 잊는다. 저장용량이 적기 때문이다. 아무 것이나 잘 잊는 것이 아니다. 자신에게 불리한 것, 괴로운 것, 어려운 것, 힘들었던 것, 남을 괴롭혔던 것... 들을 잘 잊는다. 앞에서 초파리 실험으로 설명했다. 자는 동안 저절로 기억이 지워지는 것이다.

잘 잊는다는 것은 좋은 점이기도 하고, 대단히 안타까운 점이기도 하다. 특히 공부하는 학생들에게는 심각하다. 잘 이해했는데, 잘 기억하느라고 달달 외웠는데, 잘 잊는다면, 이건 미칠 일이다. 그런데 우뇌학생들은 잘 잊는다. 그래서 이들이 중고등학교에 진학하면 바닥을 깔게 되는 것이다.

제1장에서 국민성 얘기를 했다. 냄비같이 끓어올랐다가 냄비같이 식어버린다. 우뇌인의 특성이다. 잘 잊는 것이다. 그래서 뒤끝이 없다. 잊어버리는데 어떻게 뒤끝이 있겠나? 연애하는 청춘남녀를 보자. 둘이서 좋아 죽는다. 아무데서나 끌어안고 비비고 핥는다. 양가부모에게 데리고 가서 인사도 했다. 그러던 어느 날 이 남자가 다른 여자를 만난다는 것을 알게 되었다. '새로운' 것에 반색하는 우뇌특성 때문에 현재 여자를 잊은 것이었다. 여자는 즉시 빠이빠이를 선언한다. 쿨하게!! 그리고 며칠 지나더니 자신도 다른 남자의 대시를 쉽게 받아들인다. 먼저 남자를 잊은 것이다. 이것이 우뇌인들 연애다. 연예인들이 잘 만나고 잘 헤어지는 것도 잘 잊는 우뇌 때문이다. 이해해줄 필요가 있다. 물론, 매스컴 타고 싶은 잔머리도 있겠지만.

부모자식 간에도 마찬가지다. 5학년 딸아이가 하루는 엄마에게 정색하고 항의했다.

"엄마, 전에 언니랑 싸웠을 때 왜 언니는 세 대 때리고 나는 왜 다섯 대 때렸어?"

"언제?"

"나 3학년 여름방학 때."

"모르겠는데."

"시침 떼긴? 그 날 비가 왔는데, 베란다에 두었던 회초리가 젖었는데, 엄마가 '젖었어도 할 수 없다.' 말하면서 그 걸로 때렸잖아?"

"나 그런 기억 없는데? 생사람 잡지 마라, 얘~"

좌뇌 딸과 우뇌 엄마의 대화라면 둘 다 맞는 말이다. 거짓말이 아니다. 우뇌인은 이런 거 절대 기억하지 못한다. 좌뇌인은 이런 거 절대 잊지 못한다. 저장용량의 차이다.

## 저장 상태와 정리정돈 : 찬거리 하나 찾으려면 냉장고 물건 다 꺼내야

저장상태가 자유롭다는 것은 사람의 '서로 다름'을 이해하는데 대단히 중요한 요소다.

회사에서 직원들 책상 위를 한번 눈여겨보자. 컴퓨터, 전화, 서류, 필기도구, 메모쪽지 등등이 직각에 어긋나지 않게, 또는 나란히, 질서 정연하게 놓여 있는 사람이 있다. 그렇지 않은 경우도 있다. 지저분한 것은 아닌데 가지런하기보다는 자연스럽고, 직선보다는 곡선이 많이 느껴지는 책상도 있다. 2008년, 미국 대통령 선거 때 오바마의 책상과 맥케인의 책상 사진이 공개된 적이 있었다. 못 보신 분들은 한번 찾아보시기 바란다. 오바마의 책상은 가지런했고 맥케인의 책상은 자유로웠다. 그들은 연설하는 스타일도 이처럼 달랐다.

그래도 차이를 잘 모르겠다는 분은 서랍을 열어보시기 바란다. 여기서는 금방 확인이 된다. 필자는 서랍 안에 작은 박스 서너 개를 넣어 물건을 분류해놓은 분도 본 적이 있다. 반면에 자기 서랍에 둔 물건 하나 찾는데 한 시간씩 걸리는 사람도 있다. 왜 이런 차이가 생기는 것일까?

필자는 교사연수 기회가 많아서 학교 교실을 많이 드나들었다. 특히 초등학교 교실에 가면 이런 차이가 분명하다. 첫째 눈에 띄는 것이 뒷벽 미화방법인데, 열 중 일곱 개의 교실은 직선, 직각, 평행선, 바둑판 모양이 지배한다. 질서정연함이 느껴진다. 반대로, 유난히 곡선, 자유각, 어긋나기, 타원형이 지배하는 교실도 있다.

아직도 모르겠다는 분은 집집마다 냉장고를 비교해보시기 바란다. 찬거리 하나 찾는데 다른 물건을 다 꺼내야하는 냉장고도 있고, 모든 물건을 신호대기하는 자동차처럼 줄을 세워놓은 냉장고도 있다. 왜 이런 차이가 생기는 것일까?

사람의 언행은 자신의 머릿속 저장상태의 재현이다. 타입 1이나 2는 우뇌의 저장상태가 자유로우므로 그 상태대로 행동한다. 말도 자유롭게 하고, 행동도 자유롭다. 눈에 보이는 것도 자유로워야 마음이 편하고, 보여주는 것도 자유로운 모습을 보여준다. 타입 1이나 2가 직각으로 단조롭게 정리된 거실을 보고 '이런 데서 숨 막혀서 어떻게 살아?' 하는 말이 이 말이다. 반대로 타입 4나 5는 무질서한 방을 보고 '이런 데서 정신없어서 어떻게 살아?' 한다.

이쯤 설명하면 감을 잡은 독자들이 많이 계실 것이다. 아이들이 정리정돈 못하는 것!! 이거 야단쳐서 고칠 수 있는 게 아니다. 머릿속 저장상태의 반영이다. 고치려면 뚜껑을 열어야 하는데, 하하하, 열어본들 지금은 저장상태를 바꾸는 기술이 없다. 그렇다고 실망하실 필요는 없다. 좌뇌를 보강해주면 된다. 2장에서 설명했듯이 우리 뇌는 학습한다. 후천적 보강이 가능한 것이다. 나를 알고 뇌를 알면 행복은 내 것이다.

## 틀에 얽매이지 못한다 : 틀이 없는 곳에서 살면 만사 오케이

저장상태가 반드시 자유로워야 하는 분야가 있다. 예술 분야다. 예술은 틀에 얽매이지 않아야 한다. 남과 달라야 한다. 새로워야 한다. 감성적이어야 한다. 유연해야 한다. 소위 창의적이어야 한다. 음악, 미술, 체육, 문학, 요리, 광고, 연예, 바둑… 어느 분야이든 창의성이 필수적인 분야에서 그 창의성을 뒷받침해주는 것은 자유로운 뇌. 저장상태가 자유로운 뇌가 바로 창의성의 보고인 것이다.

우뇌가 아주 발달한 사람 중에 큰 조직에서 일하는 사람을 여럿 보았다. 공무원, 교사가 대표적이다. 큰 조직이란 큰 틀이다. 동물원에 가면 볼 수 있는 큰 새장이다. 큰 조직은 그 조직의 룰에 철저히 복종할 것을 요구한다. 절차와 요식행위도 반드시 따라야 한다. 그래야만 큰 조직이 제대로 굴러간다. 이런 직장에서 타입 1이나 2가 잘 적응할 수 있을까? 다음 세 가지 모습을 자주 보인다.

첫째는 사고를 친다. 숨 막히는 조직 속에서 뭔가 탈출구를 찾다가 일을 벌이는 것이다. 상사와 대판 싸운다던가, 의사가 여자환자와 놀아나다가 죽으니까 강변에 갖다 버린다던가, 검사가 피의자 여성과 모델로 간다든가….

둘째는 자리를 자주 바꾼다. 어떤 자리에서 못 견디니까 다른 자리는 좀 나을까 보직을 옮겨달라 하고, 그 자리에서 또 못 견디겠으니까 또 옮기고….

셋째는 병치레가 잦다. 특히 두통이나 심장관련 이상이 많다. 필자는 이런 교사, 공무원을 특히 많이 보았다. 본인은 직업 적성이 맞지 않기 때문이라고는 전혀 생각지 못하고 있었다.

타입 1이나 2는 끼니를 걸러도 죽지 않는다. 그러나 칭찬이 너무 고프면 죽는다. 창공을 높이 날아야 할 새가 잡새로 변한다는 뜻이다. 그래서 칭찬을 과식하고 싶어한다. 힘이 부쩍부쩍 솟아나는 까닭이다. 예술인들에게 이런 힘은 성공인으로의 길로 인도한다.
리즈 테일러는 역사상 최고의 미녀로 꼽힌다. 그와 가장 오랜 기간 결혼생활을 유지했던 리차느 버튼은 리즈를 '숫다리 아내'라고 놀리곤 했다는데, 리즈는 그 농담마저도 듣기 싫어했다고 한다. 우뇌인에게는 역설적 유머보다 단순한 칭찬이 훨씬 낫다. (영화 클레오파트라 중에서)

## 무대 체질 : 그대들이 있어 우리 모두가 행복하다

지인 중에 성악과 교수가 있다. 사석에서 이런 질문을 해왔다. 가르치는 학생 중에 C와 D가 있다. 둘 다 노래를 썩 잘하고 실력도 비슷해서 각별히 아끼고 있다. 그런데 이상한 일이 생긴다. 성악과는 3학년부터 연주회를 자주 갖는데 그 때마다 심하게 실력 차이를 보인다는 것이다. C는 평소 10의 실력이었는데 관중들 앞에서는 13~4의 실력을 보여주고, D는 무대에만 서면 겨우 6~7의 실력을 보여준다. 완전 '따블' 차이가 난다. 한 번 그러고 말려니 했는데, 연주회 때마다 똑같다는 것이다.

이번에는 필자가 그 교수에게 물었다. 선진국의 음대들이 연주자(Performance) 과정과 지도자(Education) 과정을 따로 뽑는 것을 아느냐고? 안다는 대답이었다. 왜 그런지 아느냐고? 대답은 없었는데 눈빛으로 보아 그의 우전두엽이 활발히 움직이기 시작하는 것 같았다.

선진국이 연주자와 지도자를 따로 뽑는 것은 족히 30년은 되었을 것이다. 그 당시에는 좌뇌나 우뇌에 관한 연구가 아주 미천한 시기였다. 다만 오랜 경험을 통한 학습이었을 것이다. 똑같이 음악에 소질이 있더라도 연주자의 재능과 가르치는 재능이 분명히 따로 존재한다는 것을. 30년이 지난 지금의 뇌과학으로 설명하면 문제는 간단하게 풀린다.

우뇌는 새로움을 추구한다. 진취적이다. 감성이 풍부하다. 따뜻한 뇌는 벌써 무대 뒤에서 뜨거워진다. 기(氣)가 사는 것이다. 무대에서 자신 하나만을 바라보는 수많은 눈을 확인하는 순간 우뇌는 무섭게 달아오른다. 옆, 뒤 보지 않고 앞으로만 달린다. 아니, 독수리가 되어 창공을 나는 것이다.

그래서 타입 1, 2는 연주자 적성이다. 성악이건 기악이건 마찬가지다. 연기자도 우뇌인 영역이다. 조명이 밝을수록 신들린 몸짓, 뇌쇄적 표정이 나오는 것은 우뇌의 빠른 반응력, 유연성, 감성 때문이다. 이들은 조명을 받아야 행복하다.

타입 4, 5는 음악적 소질이 많더라도 좋은 연주자는 되지 못한다. 가르치는 일을 훨씬 더 잘한다. 이들은 어려운 것을 잘 이해시키고, 또 평가할 때 행복하다.

## 칭찬이 고파요 : '오버' 할까 걱정 말고 인심 팍팍 쓰시구려

우뇌인의 능력을 높이는 것이 또 있다. 칭찬이다. 세상에 칭찬을 싫다고 할 사람은 없다. 그러나 자세히 보면 전혀 다르다. 우뇌인의 특징은 충분한 칭찬에 더하여, '과장된' 칭찬까지 필요로 한다는 점이다.

우뇌인에게 합당한 칭찬만 해주면 그 나름의 능력을 발휘한다. 관계도 호전된다. 그러나 그 뿐이다. 과장해서 칭찬하면 안 보이던 능력이 나온다. 예술 계통에 종사하는 분들은 이런 현상이 두드러진다.

예술인이 아닌 우뇌어른을 과장해서 칭찬하면 생의 활력이 생긴다. 빈말 칭찬이어도 좋다. 혹 우울증이나 어떤 스트레스에 시달리던 사람도 푸짐한 칭찬을 들으면 그런 것들이 다 사라진다. 칭찬이 행복의 샘이다.

왜 과장된 칭찬이 필요할까? 우뇌는 따뜻한 뇌라고 했다. 항상 따뜻하고, 항상 워밍업되어 있어야 한다. 그러나 항상 따뜻하기가 쉬운가? 따뜻한 것은 식으려는 속성이 있다. 그러나 우뇌는 따뜻해야 한다. 이런 워밍업 상태를 유지해주는 것이 바로 칭찬이고, '더 따뜻하게' 해주는 것이 과장된 칭찬이다.

예술인들이 뛰어난 능력을 발휘하고 일반인들이 스트레스를 다 날리는 것은 '더 따뜻해진' 우뇌 때문이다. 그래서 우뇌는 항상 '더 따뜻해지고' 싶다. 타입 1이나 2가 과장된 칭찬을 원하는 이유다. 어떤 타입 2 어른은 과장된 칭찬에 업되는 자신이 '창피해 죽겠다.'고 고백한다. 그럼에도 불구하고, 계속 해달라고 요구한다. 이런 어른들은 이미 중독된 것이다.

과하면 문제가 생긴다. 우뇌가 '뜨거워'지면 필경 '오버'하는 것이다. 같은 직장에 근무하던 어떤 타입 2는 자기가 오버하면 강력하게 꾸짖어달라고 미리 부탁하기도 했다. 정신없이 오버하는 것이다. 생의 활력과 중독과 오버. 이 세 갈래 길을 어떻게 조화시키느냐 그것이 문제다.

## 어려서부터 칭찬에 굶주리면? : 버림받은 아이가 무엇이 될꼬 하니

만약, 타입 1이나 2가 어려서부터 칭찬을 별로 듣지 못하고 자라면 어떻게 될까? 이건 심각하다. 정말 심각하다. 과장하거나, 빈말 칭찬까지도 필요하다는데 아예 칭찬과 거리가 멀었다? 겉으로 나타나는 현상을 보자.

첫째, 청소년은 거의 모두 문제아가 된다. 중학생이 되면 남녀 불문 폭력학생이 된다. 확률 90%다.

둘째, 세월이 흘러 어른이 되었다. 예외 없이 술을 즐기게 되는데, 공통점은 술주정(酒邪)이 심하다는 것이다. 남녀 같다. 아무 자리에서나 술주정을 한다. 직장인들이 상사들을 안주삼아 씹는 정도가 아니다. 세상 사람 모두를 돌아가면서 씹는다. 대통령부터 동네 식당 아줌마까지. 이 때 무슨 얘기를 하는지 잘 들어보시라. 모두가 자기는 잘 났고, 저놈들은 병신이라는 얘기뿐이다.

이런 사람이 잘못 풀리면 끔찍하다. 학교를 충분히 못 다녔다거나, 그럴듯한 직장에 취직을 못했다거나 할 경우, 범법자, 특히 아동 성폭력범이 되는 것이다.

셋째, 이간질의 명수가 된다. 웬만한 이간질이 아니다. 엄마라면 아이와 아빠를 이간질하고, 전무라면 사장과 이사를 이간질하는 수준이다.

넷째, 소탐대실이란 말이 있다. 작은 것을 탐하다가 큰 것을 놓친다는 말이다. 칭찬 못 듣고 자란 우뇌인은 평생 소탐대실이다. 자신이 그렇다는 걸 알면서도, 안 해야지 하면서도 되풀이한다.

다섯째, 거짓말 선수가 된다. 거짓말이란 원래 뭔가 부당이득을 보기 위해 하는 짓이다. 그러나 칭찬 못 듣고 자란 타입 1, 2는 특별한 이득이 없는데도 거짓말을 한다. 왜 이러는 걸까? 따뜻해야 하는 우뇌가 따뜻하지 못했기 때문이다. 우뇌가 식으면 우뇌 전체의 기능이 저하된다. 특히 우전두엽의 기능이 둔화된다. 어깨가 식은 투수와 같다.

주위에 타입 1, 2 아이들이 많이 있을 줄 안다. 내 아이든, 남의 아이든, 칭찬 많이 해주시기 바란다. 그것이 이 세상을 밝게 이끄는 길이다. 칭찬은 고래도 춤추게 한다. 칭찬이 없으면 고래는 춤추지 않는다. 그것으로 그만이다. 그러나 타입 1이나 2는 다르다. 칭찬을 짜내는 것이다. 존경을 짜내는 것이다. 그렇게라도 춤추고 싶은 것이다. 안타깝지만 이것이 우뇌인의 뒷면이다.

## 사과하지 않는다 : 후진 기어가 없는 자동차

타입 1이나 2는 좀체 사과하는 법이 없다. 분명히 잘못을 해도 그렇다.

부부싸움을 심하게 했다. 분명히 타입 2 부인이 잘못한 일이었다. 아이들까지 엄마의 잘못을 확인했다. 그래도 부인은 사과하지 않았다.

대신 "알았어." 그리고 잠들었다. 그 이튿날 저녁이다. 반찬이 달라졌다. 아이들도 남편도 눈이 휘둥그레진다. 부인은 남편의 손수건, 팬티까지 다려 놓았다. 평소 안하던 일이다. 이것이 우뇌인의 가장 정중한 사과 방법이다.

"여보, 미안해, 어제는 내가 잘못했어, 앞으론 안 그럴게." 타입 1이나 2는 이런 식의 말을 죽어도 안 한다. 정말이다. 죽어도 못한다. 남편은 달라진 행동을 사과로 받아들이고 끝내야 한다.

직장에서도 마찬가지다. 타입 2 사장이 큰 실수를 해서 회사에 손해를 끼쳤다. 그래도 절대 사과하지 않는다. 말을 이리저리 돌리다가 결국은 '여러분들도 더 열심히 해주기 바란다.'며 끝을 맺는다. 그리고 그는 회식을 시켜주거나, 보너스를 더 준다. 이것이 사과다.

인간은 실수하는 동물이다. 그래서 고의성만 없다면 눈감아주기 마련이다. 진정성 있는 사과가 필요한 이유다. 그러나 실수를 거듭하는 인간도 있다. 청문회장에서, 고위직에 앉아보려는 욕심에 못 이겨, 위장전입이 불가피했다는 둥, 병역기피가 합법이었다는 둥, 공금유용 해놓고 관례라는 둥, 사과는 없이 속이려고만 든다. 올림픽 사상 5대 오심에 꼽히면서도 사과 한 마디 없는 인간도 마찬가지다. 강한 우뇌인 중에도 칭찬이 고프게 자란 경우 이런 현상을 보인다.

타입 2 사원이 실수했을 때는? 사원은 실수해봐야 사장만큼 큰 실수는 안 한다. 그래도 우뇌사원은 좀체 사과를 하지 않는다. 대신 남 탓을 한다. 경쟁업체 아무개란 놈이 어쩌구 저쩌구… 그리고 그는 눈에 띄게 열심히 일한다. 이것이 타입 2의 사과 방법이다. 여기서 경위서, 사유서 이런 거 써내게 하면, 결국엔 회사에 손해가 돌아온다. 눈에 띄게 열심히 일할 때 어깨 두드려주는 것이 우뇌사원을 거느리는 상사의 통솔법이다.

런던올림픽 펜싱 경기에서 신아람 선수 오심의 경우도 마찬가지다. 당시 바바라 차르 심판은 신아람과 독일선수의 연장전에서 경기 종료 1초가 지난 후에도 경기를 끝내지 않았다. 경기 이후 해외 주요 언론들은 신아람의 경기를 역대 올림픽 5대 오심 사건으로 선정했다. 국제펜싱연맹(FIE)도 경기 판정에 문제가 있었음을 인정했다. 오죽하면 신아람에게 특별상을 수여하겠다고 했다.

중요한 깃은 주심 바바라 차르의 태도다. 필자가 10여장의 사진을 판독한 결과 그는 틀림없는 타입 2다. 우뇌인 중에도 2-B에 속한다. 그는 과거에도 신아람에 대한 오심 경력이 있다. 그러나 그는 사과하지 않았다. 다른 심판들의 경우, 적어도 유감표명을 한다. 바바라 차르가 사과하지 않은 것은 그의 뇌 탓이다. 타입 1이나 2가 사과한다면 이는 즉시 대형사고로 연결된다. 불행을 강요할 필요는 없겠다.

## 말을 많이 해야 한다 : 바보가 되지 않기 위해서

타입 1, 2는 삶의 에너지원이 두 가지 있다. 첫째는 위에서 설명한 칭찬. 두 번째는 말을 많이 하는 것이다. 말을 많이 한다… 혹 우뇌인들이 듣기에는 기분이 상하실 지도 모르겠다. 우리 사회에서 별로 좋은 뜻으로는 쓰이지 않는 까닭이다. 그래도 욱~ 하지 마시기 바란다. 다른 용어를 찾을 수가 없었다.

타입 1이나 2는 말을 많이 해야 한다. 어른이나 아이나 마찬가지다. 실제로도 말을 많이 한다. 우리 연구소에 상담하러 온 초등 2학년 여자아이가 있었다. 연구소장 방에 들어와서 개인상담을 하는데, 100분 동안 숨도 안 쉬고(?) 혼자서 얘기했다. 중간에 필자가 질문 서너 가지 한 것만 빼고는. 이 여학생은 어휘선택 능력이나, 문장을 만드는 능력이 정말 뛰어났다. 게다가 그때그때 그 말을 뒷받침하는 적절한 표정이 완전히 필자의 넋을 빼앗았다. '살인적' 연기였다.

언어중추는 좌뇌에도 있고 우뇌에도 있다. 좌뇌 언어중추는 기본적인 언어, 문법에 맞는 언어에 관여한다. 생각을 말로 바꾸는 일에도 관여한다. 기초언어중추인 셈이다. 좌뇌의 언어중추는 좌전두엽 바로 뒤쪽에 있다. 우뇌의 언어중추는 역할이 사뭇 다르다. 같은 말이라도 더 멋지게, 더 의미 있게, 더 개성 있게, 더 감동적으로 표현하는 일에 관여한다. 고급언어중추인 셈이다. 우뇌의 언어중추는 우전두엽 바로 뒤에 있다.

타입 1이나 2는 왜 말을 많이 해야 할까? 말을 한다는 것은 언어중추의 신경회로가 활발하게 움직인다는 뜻이다. 그곳으로 혈류도 왕성하다는 뜻이다. 혈류가 왕성하면 따뜻하다. 우뇌는 항상 워밍업 되어 있어야 하고, 반대로 식으려는 속성도 가지고 있다고 했다. 워밍업을 유지하는 수단이 바로 '말을 많이 하는' 것이다. 바로 앞에서도 얘기했다. 칭찬을 듣는 것도 워밍업을 유지하는 수단이고, 말을 많이 하는 것도 워밍업을 유지하는 수단이다. 그만큼 우뇌는 항상 따뜻해야 한다. 그래야 우뇌가 우뇌다워지고, 우뇌인이 우뇌인의 특성을 유지할 수 있다. 칭찬과 말을 많이 하는 것이 타입 1, 2의 삶의 2대 에너지원이라고 하는 이유가 바로 이것이다.

타입 1이나 2가 말을 많이 해야 되는 이유가 또 하나 있다. 우뇌는 저장상태가 자유롭다. 저장상태가 자유롭다는 것은 두 가지 상반된 요소를 전제로 한다. 첫째는 저장하기가 쉽다는 점이다. 창고를 상상해 보자. 자유롭게 저장한다면, 그냥 아무 곳에나 던져두면 된다. 다른 물건 위에 올려놓아도 되고, 세워두어도 된다. 눕혀두어도 된다. 선반이 있으면 아무 칸에나 넣어두어도 된다. 저장은 정말 쉽다.

둘째, 찾기는 어떨까? 그 창고에 여기저기 던져두었다. 수십 년간 그렇게 했다. 찾을 수 있을까? 못 찾는다. 부패하는 물건은 이미 썩어서 없어졌고, 무너지고 쓰러진 것도 있다. 굴러간 것도 있다. 정말 못 찾는다. 문제는 꼭 찾아야 한다는 데 있다. 사람이 머리에 저장한 이유는 언젠가 꺼내어 쓰기 위함이다. 저장 내용물에 따라 사람의 신분이 달라지기도 한다. 그런데 찾아 쓸 수 없다면 이게 뭔가? 인생은 장난이 아니다. 여기에도 조물주의 배려가 엿보인다. 목수가 장롱 하나를 만들어도 사용자가 물건을 쉽게 찾아 쓸 수 있도록 여러 가지를 배려한다. 하물며, 이처럼 오묘한 인간을 창조한 조물주가 계시다면, 장롱 수준보다야 훨씬 정교하게 만드시지 않았을까?

자유롭게 저장된 것을 찾아 쓰기 쉽게 해주는 것이 바로 '말을 많이 하는 것'이다. *('말을 많이 하는 것'을 짧게 하면 '다변'인데, 어감도 나쁘거니와 필자의 생각이 정확히 전달되지 않아서 그대로 길게 사용한다.)* 앞 쪽에서도 말했지만, 말을 많이 한다는 것은 언어중추의 신경회로가 활발하게 움직인다는 뜻이다. 언어중추가 활발해지면 우전두엽은 자동적으로 간여하게 된다. 말의 순서와 중요성 등을 가려주는 것이 우전두엽의 몫인 까닭이다.

고급언어중추와 우전두엽만 관여해서 말이 되는 것은 아니다. 이미 저장되어 있는 지식을 활용해야 한다. 자유롭게 저장된 창고에 수시로 들락거려야 된다는 뜻이다. 비록 질서 없이 저장된 창고이긴 하지만 하루에도 수천 번, 수만 번 드나들면 창고에 먼지 앉을 사이가 없다. 오히려 윤이 나게 된다. 어느 물건이 어디쯤에 있는지 훤히 꿰뚫게 되는 것이다. 이것이 우뇌인이 말을 많이 해야 되는 이유다.

타입 1이나 2는 정말 쉬지 않고 말을 해야 된다. 그래야 저장된 지식을 자유자재로 꺼내 쓸 수 있다. 혼자 있을 때도 중얼중얼하는 사람을 보셨는가? 따라서, 우뇌인이 말을 많이 하는 것을 절대 비난하면 안 된다. 그것이 그 사람의 행복이다. 우리는 서로 다르다. 다른 이유를 이해하려고 애써야 한다. 우뇌인은 저장된 것을 잘 꺼내 쓰기 위해 자동으로 말을 많이 할 뿐이다. 자신이 원해서가 아니다. 조물주가 그렇게 만든 것이다.

학자들 중에는 '우뇌인은 입으로 생각한다.'고 말하는 분이 있다. 우뇌인이 말을 많이 한다는 뜻인 것 같다. 말을 많이 해서 기억이 좀 더 잘 된다는 것에는 공감한다. 그러나 입으로 '생각한다'는 것은 비하표현이 아닐까?

그럼 타입 1이나 2가 잠을 잘 때는 어떻게 될까? 전두엽이 잠을 자고, 언어중추도 잠을 잔다. 당연히 창고에도 불이 꺼진다. 주인이 말을 하지 않으니 들락거리는 이도 없다. 이때가 바로 부지런한 창고지기가 일하는 시간이다. 우뇌는 저장용량 자체가 적다고 했다. 게다가 자유롭게 저장되어 있다. 많이 저장할 수가 없다. 그런데도 매일같이 수많은 물건들이 창고로 들어온다. 자칫 저장할 공간이 부족하다는 심각한 사태에 부딪히게 된다.

이를 위해 우뇌 창고지기는 밤마다 창고를 정리한다. 오래 저장해야 될 것은 안쪽으로 넣는다. 동시에 상하려고 하는 것, 복잡한 것, 냄새나는(=괴로운) 것, 다른 저장품에 나쁜 영향을 주는 것 등을 우선적으로 내다버린다. 대개는 새로 저장한 것과 내다버린 양이 비슷하다. 창고가 붐빌 때는 버리는 것이 더 많아진다. 내다버린다는 것은 지운(=삭제한)다는 뜻이다. 지운다는 것은 잊는다는 뜻이다. 타입 1이나 2가 잘 잊는 이유다.

이것이 우뇌인이 잠자는 시간, 말하지 않는 시간에 일어나는 일이다. 며칠 밤을 꼬박 새운 타입 1이나 2가 머리가 터질 것 같다, 골이 흔들린다, 머리가 무겁다고 하는 이유도 바로 이것이다. 지울 것을 지우지 못했기 때문이다. 새로운 공간을 마련하지 못했기 때문이다(2장 2절 '숙면' 참조). 저장공간을 확보하지 못한 타입 1, 2는 정말 불행하다.

\* \* \*

지금까지는 우뇌인의 핵심적 특징을 얘기했다. 핵심적인 것들이어서 신경학적 작용기전까지 설명하려고 애썼다. 그 밖에도 타입 1이나 2의 특징은 많다. 빠트릴 수 없는 것만 추려서 몇 가지 더 설명한다.

## 계획성이 없다 : 계획이란 새가 새장을 만들고 들어가는 행위

타입 1이나 2는 미리미리 준비하지 않는다. 계획성이 없다는 뜻이다. 왜? 순발력이 워낙 좋으니까 미리 준비하는 습관이 사라졌는지도 모른다. 어느 사무실에서 야유회를 가기로 했다. 몇몇 사원이 각자 준비물을 나누어 맡았다. 당일 야유회장에 도착해보니 타입 2 사원만 잊고 준비물을 안 챙겨왔다. 맡은 준비물이 음료수와 주류였는데, 이 거 없이 무슨 야유회를 하나? 이럴 때 타입 2의 반응은 비슷하다. "어?" 하고는 어디론가 냅다 뛰는데 대개는 한두 시간 안에 맡은 것을 대충 맞춰가지고 온다. 이게 우뇌인이다. 이런 순발력이 있어서 계획성이 없어진 건지, 계획성이 없다보니까 순발력이 생긴 건지를 굳이 따질 필요는 없다.

아이들도 마찬가지다. 학교 가기 전날 가방을 미리 싸는 법이 없다. 당일 아침에도 핵심 물품은 꼭 빼먹는다. 타입 2 아이들은 계획을 제대로 실천하지도 못한다. 연초에, 월초에, 또는 방학 시작 때 아무리 계획표를 짜봐야 하루도 시행하지 못한다. 작심삼일이나 된다면 이 아이들에게는 기적 수준이다.

왜 이러는 걸까? 불편한 진실이 있다. 계획이라는 것은 틀이다. 새로 치면 새장이다. 타입 1이나 2는 새장에 갇히는 걸 싫어한다. 새가 새장에 갇히면 새 노릇을 못하니까 새삼스러운 일이 아니다. 자신을 가두어놓을 새장을 미리 짜놓지 않으려는 것은 그래서 당연하다. 부모들도 우뇌아이를 틀에 가두려하지 않아야 한다. 독수리를 낳아서 잡새로 키워내게 된다. 자녀복 받은 것을 발로 차버릴 필요는 없다.

## 귀가 여덟 개 : 대통령마다 이랬으면 좋겠다

　타입 1, 2는 귀가 엷다. 자조적으로 '팔랑귀'라고도 한다. 자신들도 잘 알지만 어찌할 수가 없는 것이다. 새로운 것을 찾는 우뇌 특성 탓이다. 우뇌인이 아무 사람의 말에나 귀가 엷은 것은 아니다. 이들의 귀를 팔랑귀로 만드는 사람이 있다. 쉽게 말하면 아첨꾼이다. 타입 1이나 2는 아첨꾼의 아부에 잘 넘어간다. 아첨꾼이라고 해서 뭐 대단한 모사도 아니다. 그저 우뇌인을 잔뜩 띄워준다. 칭찬을 요령껏 퍼부어 주는 것이다. 말이 잘 먹혀 들어가면 한 번씩 겁을 주기도 했다가 다 해결해준다. 이렇게 되면 그 우뇌인은 이 아첨꾼의 포로가 된다.
　타입 1이나 2는 여론에도 민감하다. 모든 사람에게 좋은 말을 듣기 원한다. 저들이 나를 어떻게 보고 있는지가 무척 중요하다. 우뇌아이들이 하루에도 몇 번씩 "엄마 나 괜찮지?" 하는 이유도 이 때문이다. 마찬가지로 우뇌여성은 부지런히 화장을 한다. 우뇌남성도 열심히 가꾼다. 좋은 말을 듣고 싶어서다. 이 때 주위 사람들은 좋은 말을 한두 번씩 해줘야 한다. 그래야 관계가 좋아진다.
　우뇌인이 유난히 상대방을 칭찬할 때가 있다. 자신이 칭찬이 많이 고플 때다. 이런 경우, 얼른 그 우뇌인을 칭찬해줘야 한다. 이왕이면 좀 보태서 행복감을 느끼게 해주는 것이 좋다. 둘 사이가 돈독해지는 비결이다.
　우뇌인은 자가발전도 많이 한다. 주위에서 충분한 칭찬을 듣지 못하면 더 심해진다. 소위 잘난 체하는 것이다. 우뇌인들은 자기 PR에 가히 천재적이다. 때와 장소를 가리지 않는다. 남을 칭찬하는 듯 어느새 자신을 추켜올린다. 그러다 보면 과시가 되지만 개의치 않는다. 오히려 즐긴다. 칭찬이 부족한 우뇌인이 이런 현상이 더 심하다.

여덟 명이 식당에 갔다고 하자. 한 테이블에 앉아 식사를 마치고 나면 못했던 이야기가 오간다. 한 사람이 얘기하면 나머지가 모두 듣는 경우도 있다. 소위 원 마이크 시스템인데, 이런 모임은 드물다. 높은 사람을 모시고 갔을 때나 볼 수 있는 팍팍한 풍경이다. 여덟 명이 갔으면 대개 포(4) 마이크가 작동한다. 둘씩 둘씩 대화하게 된다. 이럴 때 타입 1이나 2는 특유의 능력을 발휘한다. 자신이 한 마이크를 잡고 있으면서도 다른 세 스피커의 소리를 모두 듣는 것이다. 그리고 중간 중간 참견까지 한다. "맞아, 걔 진짜 나쁜 놈이지?" "아니야, 실제로는 안 그랬대~" 그리고는 다시 자신이 하던 얘기를 계속한다. 병렬적 사고(Lateral Thinking), 참으로 특이한 능력이다. 동시통역을 잘하려면 필히 이런 능력을 갖추어야 할 것이다.

### 세상을 변화시키는 사람들 : 히틀러나 가다피 같은 과격파도 있기는 하다

타입 1이나 2는 단점이 눈에 잘 띈다. 속내를 잘 드러내고, 숨길 줄을 모르기 때문이다. 희로애락이 얼굴에 속속들이 나타난다. 음흉하지 못하다. 말이 너무 빠르다. 말하는 속도도 빠르지만, 말이 입에서 튀어나오는 속도가 빠르다. 1~2초만 생각하고 말했어도 괜찮았을 텐데… 하는 후회를 자주 한다.

비록 타입 1, 2가 잔실수는 있지만, 실은 장점이 더 많다. 우선 인정

## 누가 우뇌아이들의 앞길을 막는가?

K는 우뇌인 남자이고 지금 30대 중반이다. 아직 결혼하지 않았고, 직장도 없다. 그러나 그는 호화(?)생활을 즐기는 중이다. 덕분에 몸이 비대해졌다. 요즘 속말로 '잉여인간'이다. 어떻게 이런 일이? 그의 아버지는 강한 우뇌인이고, 돈이 좀 있다. 그 자신감 때문이었는지, K를 어려서부터 '오냐오냐' 하며 키웠다. 자신감이 아니라 허세였을 것이다. K는 손 안 대고 코풀면서 자랐다. 얼굴 표정만 조금 바뀌어도 엄마, 누나들이 달려와서, 모든 것을 대신해주었으니까.

2~3년 전에는 K가 아버지에게 스포츠카를 사달라고 졸랐다. 자동차 값이 8천만 원 정도. 당연히 아버지의 욕사발이 떨어졌다. '개취직도 못한 놈이, 만날 처놀고 먹으면서… 갱 장가라도 가던지!!' 깜짝 놀란 것은 두 달이 채 지나지 않아서다. 아버지가 진짜로 그 차를 사준 것이다.

이와 달리, 크게 가진 돈은 없지만, 그럭저럭 사는 우뇌 부모는 우뇌아이를 어떻게 키울까? 어려서부터 강조하는 것이 성적이다. 초등학교 2~3학년부터 쥐어잡기 시작한다. 생활비를 아껴 학원 뺑뺑이를 돌린다. 맞벌이일수록 더 심하다. 특히 수학을 죽어라 하고 시킨다. 수학만 잘하면 이과에 갈 수 있다는 믿음이 있으니까.

우뇌 아이도 초등 시절에는 어느 정도 부모의 욕구에 따라준다. 그러나 그 때뿐이다. 중학교만 들어가면 '웬수'로 돌변한다. 이과는커녕 지잡대도 먼 곳을 기웃거린다. 왜 이럴까? 이과 적성이 전혀 아닌데다가, 초등시절 머리까지 다쳤기 때문이다.

우뇌아이들은 자신이 무슨 재능을 가졌는지, 어렴풋이 안다. 당연히 부모에게 그 재능 쪽으로 가고 싶다고 하소연한다. 그러나 부모는 들은 척도 하지 않는다. '그딴 짓'이나 해서는 안정된 삶을 이어갈 수 없다고 믿기 때문이다.

우리나라에서 우뇌아이들은 정말 억울하다. 있는 집에 태어나도 억울하고, 한 맺힌 집에 태어나도 억울하다. 학교 선생님들의 편애도 억울하다. 게다가 우뇌인은, 나이 40이 넘어서, 부모의 영향권에서 벗어나야 겨우 자신의 삶을 살 수 있다. 사회 출발부터 20년은 뒤지는 셈이다. 우뇌아이들은 정말 억울하다.

이 많다. 점점 메말라가는 세상에서 우뇌인의 따뜻함이 없다면 이 세상은 정말 삭막할 것이다. 정 뿐이 아니다. 예술이나, 예능이나, 스포츠를 통해 우리에게 행복감을 듬뿍 안겨주는 것도 대부분이 우뇌인이다. 타입 1, 2는 우리의 삶을 풍성하게 한다. 우리에게 끊임없이 새로운 것을 선물하는 이도 대부분 우뇌인이다. 이 세상을 변화시키는 사람이 바로 우뇌인인 것이다.

우뇌인 중에는 우리에게 익숙한 이가 많다. 우선 타입 1, 즉 극우뇌인을 보자. 비디오아트를 창시한 백남준 씨, 베니스 영화제에서 황금사자를 거머쥔 김기덕 감독, 성악가 조수미, MC 김제동, 창의성을 IT에 접목시킨 스티브 잡스, 음악 천재 모차르트, 인상파 화가 빈센트 반 고흐, 한화 김승연 회장, 축구의 이천수 등이 꼽힌다. 정치인으로는 이회창, 히틀러, 나폴레옹이 있고, 역사적 인물로는 삼국지의 조조 등이 꼽힌다. 닉네임이 천재 타입(GG Type)인 이유를 이해하실 터이다.

타입 2-B는 강한 우뇌의 소유자다. 뽀로로 캐릭터를 만든 최종일, 못생긴 외모에도 남다른 말솜씨 하나로 토크쇼의 여왕이 된 오프라 윈프리, 섹스 심벌로 통했던 마릴린 먼로, 메이저리그로 진출한 야구선수 류현진, 개콘의 뚱뚱이 김준현, 일본 여학생 박성호, 예능계의 강호동, 김혜수, 이효리, 비를 키워낸 박진영, 추상파 미술의 창시자 파블로 피카소 등이 있다. 정치인으로는 전두환, 노무현 전 대통령 등이 꼽히며, 삼국지의 장비, 여포도 2-B이다. 모두 감성적이고 예술적인 사람들이다. 그래서 E/A(Emotional/Artistic) Type이라는 별칭을 붙였다.

타입 2-A는 우뇌가 강하지만 좌뇌도 적잖이 발달한 사람들이다. 유연함과 새로운 아름다움으로 올림픽을 제패한 김연아, 양현석, 배우 전지현, 메리저리거 박찬호, 전 세계 아이들은 물론 어른의 사랑을 받는 월트 디즈니, 일본왕으로부터 항복문서를 받은 맥아더 장군, 사막의 여우 롬멜 장군, 결단력의 대명사 케네디 대통령, 세계 외교사에 큰 발자국을 남긴 헨리 키신저, 세계은행 김 용 총재 등이 2-A로 분류된다. BF(Beautiful Flower) Type이라는 별칭이 썩 잘 어울린다.

우뇌인이 아니면 못하는 일이 있다. 바로 정보요원들이다. 정보요원은 민첩해야 한다. 행동도 빠르고 판단도 빨라야 한다. 직관력, 순발력이 뛰어나야 한다. 순간집중력, 순간기억력도 좋아야 한다. 이 모든 조건을 충족하는 것은 우뇌인 뿐이다. 세계적으로 명성을 떨친 정보원은 모두 우뇌인이었다.

● 뇌과학자가 쓰는 육아서 - 총론

# Chapter 4
# SKY의 주인공인데...
# 타입 4, 5

하나를 가르치면 반의 반도 이해 못하는 아이들, 말도 행동도 느려터지고, 식사 때마다 '밥알을 세고 자빠진' 아이들, 중학생이 되니까 어느새 엄마를 가르치려고 드는 아이들, 모범생이고 성적까지 좋아서 '좋은 이과대학' 가는 아이들, 사회에 나가더니 계속 모범생인 사람들. 원리원칙을 꼭 지켜야 되는 사람들. 연구직이나 교직에서 역량을 발휘하는 사람들. 이들이 있어 우리 사회는 건강하다. 한국인의 반의 반이 좌뇌인.

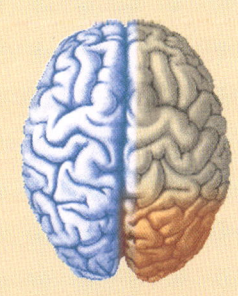

...

## Chapter 4
## SKY의 주인공인데... - 타입 4, 5

1. 초등 저학년
2. 초등 고학년
3. 중고등학생
4. 성인 / 공통사항

타입 4나 5는 우뇌에 비해 좌뇌가 훨씬 더 발달한 사람을 일컫는다. '훨씬'이라는 것이 어느 정도인가? 표를 보자. 파란색이 진한 부분, 타입 4 또는 타입 5라고 표시된 부분에 속하는 사람이 좌뇌인이다. 파란색이 진해질수록 좌뇌가 더 강하다. 좌우뇌 발달 비율을 숫자로 보자.

타입 4-A = 60:40 ~ 70:30
타입 4-B = 75:25 ~ 85:15
타입 5 = 90:10 ~ 100:0

좌우뇌 비율이 75:25라던가, 90:10라던가 하는 것은 독자들의 뇌에 그렇게 써있다는 것은 아니다. 체온계로 체온 재듯이, 또는 체중계로 몸무게 달듯이 그렇게 기계적으로 뽑아낸 수치도 아니다. 웩슬러 IQ 테스트처럼, 텔레비전의 볼륨을 나타내는 수치처럼, 필자가 임의로 설

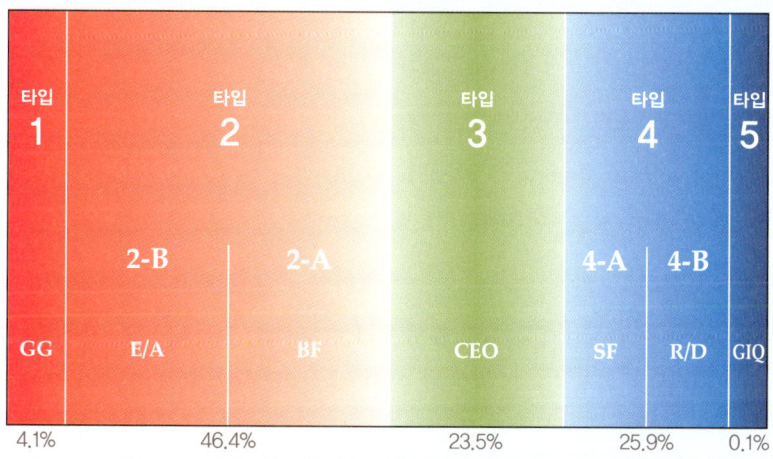
한국인 두뇌타입 구분

정한 기준이다. 이 기준이 세계의 기준이 되기를 기대한다.

세계 신경학자들은 좌우뇌에 관해 다음과 같은 결론에 도달해 있다. 제2장 마지막 부분에서 보았지만, 핵심만 다시 한 번 정리한다.

- 좌뇌와 우뇌는 '이원적으로 운영'된다.
- 우뇌는 '새로운' 정보를 처리하고, 좌뇌는 '익숙해진' 정보의 숙련도를 높여 '저장'한다.
- 우뇌가 새로운 정보를 처리할 때는, 이미 숙련되어 저장된 좌뇌의 정보를 바탕으로 한다.

이 결론은 좌우뇌의 '기능'적 차이를 충실히 설명하고 있다. 그리고 이러한 좌우뇌 역할은 유전적이다. 누구나 그렇게 기능한다.

그러나 사람마다 그 '성능'은 서로 다르다. '새로운 정보'를 단 1초 이내에 처리하는 사람이 있는가 하면, 며칠씩 걸리는 사람도 있다. 처리된 정보를 수십 년 기억하는 사람이 있는가 하면, 하루 이틀에 다 잊는 사람도 있다.

왜 이런 큰 차이가 생기는 것일까? 게다가 새로운 문제가 있다. 사람들의 서로 다른 부문이 한두 가지가 아니라는 점이다. 공부 잘하고, 못하는 차이만 있는 것이 아니다. 급하고 느리고, 뜨겁고 차갑고, 말이 많고 말이 적고, 진취적이고 보수적이고, 팀워크가 강하고 개인적이고… 이러한 서로 다름의 종류는 예시가 불가능할 정도로 다양하다.

이러한 다름은 무엇으로 설명해야 하는가? 이를 위해 필자가 이미 제시했던 가설 중 증명되지 않은 나머지 가설은 다음과 같은 것이었다.

가설 2 : 우뇌는 좌뇌보다 정보처리 속도가 3배쯤 빠르다.
가설 3 : 좌뇌는 차고 우뇌는 따뜻하다. 체온계상의 차이가 아니다.
가설 4 : 좌뇌의 저장용량은 우뇌의 3배 정도로 크다.
가설 5 : 좌뇌는 저장상태가 질서정연하고 우뇌는 자유롭다.
가설 6 : 사람의 언행은 우세한 뇌의 저장상태를 반영한다.

독자들께서 분명히 알아두실 점이 있다. 위 가설은 다른 어느 학자도 추론으로 제시한 적이 없다. 세계 최초의 주장이다. 니콜라우스 코페르니쿠스, 갈릴레오 갈릴레이, 아이작 뉴턴, 앙리 푸앵카레, 그레고리 멘델, 스티븐 호킹 같은 선배들께서도 각각의 분야에서 그렇게 하셨다. 필자도 낯선 추론이긴 하지만, 처음으로 이를 세상에 제시한다. 젊은 학자들께서 신경과학적으로, 그리고 연역적으로 증명해주실 줄 믿는다.

그럼 타입 4나 5는 다른 사람에 비해 어떻게, 얼마나 다른가? 효과적 설명을 위하여 성장시기별로 4단계로 나누어 설명하겠다. 초등학생 시절 2단계, 중고등학생 시절, 성인 시기로 나눈다.

좌뇌아이들은 초등 6년간 변화가 엄청나다. 지옥과 천국을 오간다고 표현할 정도다. 우뇌아이들과 뚜렷이 다른 점이다. 좌뇌아이 설명에서 초등 저학년과 고학년을 굳이 나눈 것은 이러한 차이를 보다 명확히 알려드리기 위함이다.

# 01 초등 저학년

타입 4, 5 아이들에게 가장 불운한 시기다. 어른들은 이 아이들이 장차 모범생, 우등생이 된다는 것을 모른다. 그저 싹수가 노랗고 한심한 아이라고 생각한다. 툭하면 윽박지르고, 툭하면 '미운 오리새끼' 취급이다. 총명하기는커녕 아둔하고, 씩씩하기는커녕 소심하고, 재빠르기는커녕 굼뜨고, 때려주기는커녕 맞고 들어오는 까닭이다. 부모의 희망과는 정반대다. 인생의 암흑기다. 같은 또래의 우뇌아이들이 인생의 황금기를 즐기고 있기에 타입 4, 5 아이들은 더 참담하다.

부모들은 이 시기에 굴러들어온 복을 발로 차내는 어리석음을 범하지 않아야 한다. 이 아이들이 나라를 떠받치는 기초가 되고 기둥이 된다. 이들을 Seed Flower, R/D의 주역, Great IQ라고 부르는 이유도 바로 이 때문이다. 이 아이들 가슴에 한이 서리지 않게 해야 한다. 타입 4나 5의 어릴 적 맺힌 한은 평생의 불행이 된다.

## 말이 적고 행동도 느리다 : *제발 쥐어박지는 말아주세요*

한 마디로 갑갑하고 답답한 아이들이다. 일단 말이 적다. 학교에서 친구들이랑 어떻게 놀았는지 조잘조잘 얘기하질 않는다. 꼭 필요한 말만 한다. 담임의 전달사항, 학교 행사 예정일…. 남자 아이들은 더하다. 부모가 일부러 물어봐도 얼버무리기 일쑤다. 집에서도 마찬가지다. 식사를 하다가 혼자 중얼거리듯이 "좀 짠 거 같아~" 하면 그만이다. 엄마한테 이러쿵저러쿵 다그치지 않는다. 베개가 낮아서 불편해도 몇 달이나 지난 후에 엄마에게 들릴 듯 말 듯 중얼거리는 게 전부다.

말수가 적기만 한 것이 아니다. 말이 느리다. 타입 2 아이들이 다다다다 하고 기관총을 쏘는 사이에 이 아이들은 딱콩 하고 한방을 쏜다. 마치 임진왜란 때 왜인들이 쏘던 조총이다. 한방 쏘고 총구 닦아내고 또 한방 쏘는 식이다. 말수가 적은 것과 말이 느린 것을 합하면 우뇌 아이들이 백 마디 할 때 서너 마디나 할지…. 정말 천지차이다.

수업시간에 질문도 하지 않는다. 이해가 잘 안 되어서 고개를 갸우뚱거리지만, 그래도 그냥 넘어간다. 저학년 때는 대개 엄마가 집에서 공부를 돌봐준다. 이때에도 질문을 잘 하지 않는다. 묻는 말에 대답이나 하는 정도다. 그 대답도 대개는 뻔하다. 응(고개 끄덕끄덕). 아니면, 모르겠는데(고개 가로). 만약 이런 타입 4 아이가 스스럼없이 질문을 하게 만들었다면 그 엄마는 정말 훌륭한 엄마다. 틀림없이 교육자석 자질을 타고났을 터이다.

그러나 어휘력은 좋다. 매끄럽지는 않으나 적확한 단어를 구사한다. 질문에 대한 대답이 늦기는 해도 어휘 선택이 엉뚱한 법은 없다. 말머리에, 아…, 있잖아요…, 저… 이런 허사(虛辭)도 쓰지 않는다. 꼭 필요한 말만 하는 것이다.

말민 느리게 하는 것이 아니다. 행농도 느려터진다. 건널목을 건널 때도 뛰어서 건너는 법이 없다. 좌우를 확인하고 걸어서 건너간다. 학교 계단을 오르내릴 때도, 복도를 다닐 때도, 집에서 이 방 저 방을 다닐 때도, 그냥 걷는다. 타입 2 아이들은 이럴 때 날아다닌다. 타입 4 아이들은 밖에서 부모와 다닐 때는 부모 손을 꼭 잡고 다닌다. 피아노를 칠 때에도 그림을 그릴 때에도 이 아이들은 느리다. 시험을 칠 때에도 느려서 대개는 시간 부족으로 애를 먹는다. 만들기(공작)도 마찬가지다. 제일 늦게 만들어 낸다. 물론 제일 잘 만들기는 하지만.

　말이 조금 빨라진다 싶으면 그 건 자신이 있다는 뜻이다. 아니면 관심분야일 수도 있다. 대화가 즐겁거나 자신의 생각대로 흘러갈 때도 말이 조금 빨라진다. 조금이다. 목소리도 조금 커질 것이다. 자신이 없을 때는 말을 안 하거나 느리게 한다. 목소리도 기어들어가는 소리다. 이럴 때 말을 똑똑히 하라던가, 큰소리로 하라던가 윽박지르면 안 된다. 부모 자격, 선생 자격이 없는 어른이다. 자신감이 생기면 누가 말려도 그렇게 한다. 자신감이란 무엇인가? 다음 절에서 설명한다.

　정말 갑갑한 아이들이다. 그래서 타입 4 아이들은 어릴 때, 엄마들의 손찌검의 대상이 된다. 엄마가 뭔가를 설명해주었을 때 '자꾸' 못 알아들으면 '등짝 스매싱'이 작열한다. 갑갑하니까 저절로 손이 나온다. 그렇다고 아이가 쓰러질 정도로 전력을 다해 패지는 못한다. 평소 연약한 느낌을 주는 까닭이다. 타입 4 아이들은 이처럼 엄마들의 손질을 당하고 자란다. 수난기, 암흑기라는 말이 그래서 나왔다. 타입 2 아이들이 잔소리는 들을지언정 부모 사랑을 독차지하고 자라는 것과는 정반대다.


　이런 엄마를 보았다. 초등 2학년 아들을 두었는데, 아이가 정말 말수가 적었던 모양이다. 엄마가 손바닥만한 수첩을 하나 가지고 다녔는데, 표지에 '우리 아들 어록'이라 쓰여 있었다. 김정은 어록도 아니고 이건 도대체 뭔가? 펴주는 대로 읽어보니 이런 말들이 적혀 있었다.

"젓가락이 너무 가늘고 길대. 언제언제"

"베개가 너무 물렁물렁하대. 날짜"

"찌개가 조금 더 매워도 된대. 날짜"

"내가 남편에게 너무 따지고 든대. 언제언제"

필자가 울컥 목이 메려는 것을 억지로 참고 물어보았다. 지나가는 말처럼 했을 텐데 듣기도 잘 듣고 기록까지 하셨군요. 그래, 아드님이 원하는 대로 해주셨습니까?

"물론이죠. 이 녀석이 들릴 듯 말 듯 말하는 것을 듣고 적어두었다가 한두 주일 안에 그대로 다 해주었어요. 얘가 어찌나 좋아하는지 제가 놀랄 정도였지요. 평소에는 별로 감정표현이 없는 아인데, 고쳐 놓은 것을 보고는 얼마나 활짝 웃는지 몰라요. 감춰진 아이의 속내를 보는 것 같아서 정말 행복했답니다. 게다가 아이한테 칭찬까지 들었고요."

칭찬을요? 뭐라고 하던가요? 그 엄마는 말없이 또 '어록'을 펼쳐보였다. 이렇게 쓰여 있었다.

"와아? 엄마 이거 어떻게 알았어? 우리 엄마 참 괜찮은 엄마다~"

이것이 타입 4 아이다. 칭찬의 말도 유치찬란하게 하지 않는다. 절제의 미가 담겨 있고, 진심이 읽혀진다. 이 엄마도 타입 4 엄마다. 좌뇌의 집중력이 있었기에 아이의 말 한 마디를 놓치지 않았다. 잘난 체하지 않는 좌뇌인이기에 생색내지 않고 슬그머니 고쳐준 것이다. 타입 4 엄마라 지혜롭다. 모자가 행복하다.

## 말이 적고 느려야 한다 : 냄비와는 다르죠? 곰곰이 생각하는 거예요

　타입 4 아이들은 왜 말수가 적고, 느릴까? 이유가 있다. 좌뇌는 우뇌가 처리해준 정보를 숙련시켜서 저장하는 뇌라고 했다. 새로운 정보에는 별 관심이 없고, 이미 익숙해진 정보에 큰 관심을 보이는 것이 좌뇌다. 그래서 좌뇌는 저장용량이 크다. 그리고 차다.

　저장용량이 크다는 것은 어떤 의미를 가질까? 큰 창고는 물건이 많이 저장되어 있어야 창고다. 없다면 대형 박스에 지나지 않는다. 창고는 아파트나 주택과 달라서 덩그러니 빈 공간이다. 선반밖에 없다. 그래서 창고는 부지런히 저장해야 한다.

　초등 저학년 좌뇌아이들은 창고에 저장품이 아주 적다. 용량의 몇 백 분의 일도 안 될 것이다. 말한다는 것은 저장품의 출력(output)이다. 저장된 것이 적은데 무엇을 꺼내 쓰나? 그래서 찾는데 시간이 걸리다보니 말이 적고 느리게 되는 것이다.

　좌뇌는 저장상태도 매우 다르다. 질서정연하다. 큰 도서관의 서고를 생각해보자. 어른 키보다 크고 기차 한 칸 길이쯤 되는 책꽂이가 수백 개 줄지어 정렬되어 있다. 이런 서고에는 입고된 책들이 정확히 분류되어서 반드시 자기 자리에 저장된다. 아무데나 꽂아두면 나중에 못 찾을 것 아닌가? 이런 방대한 저장시설에 실제 저장된 것은 맨 아래 칸에 그나마도 띄엄띄엄 몇 권뿐이라고 상상해 보시라. 타입 4 아이들의 저장상태가 이렇다. 말이 적고 느린 것이 충분히 이해되실 것이다. 이런 대형창고에 저장품이 늘어가면 아이도 조금씩 조금씩 자신감을 내보인다.

좌뇌아이들의 머리는 다 채워지려면 아직 까마득한 책꽂이와 같다. 저장용량은 큰데 빈 곳이 많으니 자신감이 없고, 자신감이 없으니 말이 느리고 행동도 느리다. 당연히 어린 시절에는 두각을 나타내지 못한다. 그래서 좌뇌아이들은 빈 책꽂이를 빨리 채우기 위해 남의 말도 열심히 듣고, 집중도 잘 하고, 독서도 많이 한다. (사진 출처: 조선일보 12.10.17.)

행동은 왜 느릴까? 저장한다는 것은 속도를 요하는 일이 아니다. 도서관 서고처럼 정확히 분류해서, 제자리를 찾아서, 똑바로 저장해야 한다. 저장할 때도 조심조심, 찾을 때도 조심조심, 천천히 해야 한다. 행동이 느릴 수밖에 없다. 그래서 어른이 되어도 행동이 느리다.

타입 4나 5 아이들 중에 저장을 덤벙덤벙 하는 아이도 있다. 분류를 잘 못했다거나, 서고에 제자리를 못 찾고 근처에 꽂아두었다거나, 눕혀서, 또는 거꾸로 저장하는 것이다. 주로 어른들의 재촉에 기인한다. 이런 아이들의 공부법에 관하여는 다시 설명한다.

감정표현이 적은 이유는 뭘까? 좌뇌가 차기 때문이다. 좌뇌는 왜 찰까? 저장을 전문으로 하는 창고는 모름지기 차야 한다. 식품창고이든, 공산품창고이든, 서고이든 마찬가지다. 창고는 서늘해야 한다. 그래야 저장품이 상하지 않는다.

발달한 좌뇌가 차니 사람도 차다. 냉정하다. 냉철하다. 이성적이다. 이런 현상이 어릴 때는 감정표현이 적은 것으로 나타난다. 냄비처럼 파르르 끓어오르는 일이 절대 없다. 원하는 것이 있어도 원한다고 툭 내뱉지 않는다. 말해도 되는 건지, 말하면 안 되는 것인지, 살피고 생각한다.

급한 어른들이 보면 답답하기 그지없다. 어리지만 생각이 깊은 아이를 헤아리지 못하는 까닭이다. '승질'대로 윽박지르면 어떻게 될까? 운다. 겉으로보다는 속으로 울 때가 더 많을 것이다. 타입 4, 5 아이는 울리면 안 된다. 마음으로 울었던 기억이 평생을 힘들게 한다. 어릴 때부터 불행의 씨앗을 심어줄 필요는 없다.

## 말을 잘 듣는다 : 쉽게 여기면 큰 코 다치시죠

'말을 잘 듣는다.'는 말은 참 재미있는 말이다. 세 가지 다른 뜻을 가진다. 첫째는 단순히 청각이 좋다는 뜻이다. 시끄러운데도 연설을 잘 듣는다던가, 발음이 좋지 않은 말, 또는 옆 사람이 하는 말 따위를 잘 알아듣는다는 뜻으로 쓰인다(listen to, hear). 둘째는 자신이 말을 많이 하기보다는 남이 하는 말을 잘 들어준다는 뜻도 된다(hang on, receive).

셋째는 우리나라 어른들이 제일 좋아하는 뜻. 복종한다는 뜻이다(obey, follow, listen to). 세 번째 의미에 대해 생각해보자.

타입 4나 5 아이들은 부모 말을 참 잘 듣는다. 초등 저학년일 때 특히 그렇다. 선생님 말도 잘 듣는다. 어른들의 말이면 일단 다 복종한다. 하지 마라 한 마디면 안 하고, 밥 먹어라 한 마디면 밥 먹으로 온다. 야단맞을 짓을 하지 않는 것이다. 집에 손님들이 왔을 때, 저기 앉아서 책 읽고 있어라 하면 두세 시간을 조용히 그렇게 하고, 네 방에 가 있어라 하면 가 있는다. 타입 2 아이들은 정반대다. 손님들이 오실 경우 지레 흥분해서 온 집안을 휘저으며 손님들 혼을 빼놓는다. 타입 4, 5 아이들은 왜 이렇게 말(복종)을 잘 들을까?

게다가, 두 번째 의미의 말을 잘 듣는다는 말은? 타입 4, 5 아이는 또래 우뇌아이들이 한 시간을 떠들어도 한 시간을 다 들어준다. 가끔 추임새도 넣어준다. '진짜?' '좋겠다' '언제?' 또래가 아니라도 잘 듣는다. 선생님이 수업시간에 얘기를 하건, 동네 형이 얘기를 하건, 좌뇌아이는 경청한다. 이 아이들은 왜 이렇게 말을 잘 들어주는 것일까? 타입 2 아이들 같으면 부모건 또래건 누가 얘기를 해도 10~20초 안에 자르고 들어온다. 그런데 타입 4 아이들은 왜 듣기만 할까? 이유가 있다.

첫째는 우뇌 활동이 미약하기 때문이다. 타입 4, 5 아이들은 우뇌가 발달하지 않았다. 우뇌는 '새로운' 정보를 처리하기 때문에 비판능력이 강하다. 뒤집어 보기도 하고 엎어 보기도 하면서 정보를 처리한다. 부정(否定)해보는 것이 기본이다. 반면에, 좌뇌는 비판하지 않는 뇌다. 우뇌가 처리해서 '익숙해진' 정보를 그대로 받아서 '숙련'시키기만 한다.

'숙련'이라는 것은 3단계 과정을 거친다. 앞 절에서 좌뇌가 정보 저장하는 것을 서고에 비유했다. 좌뇌는 각종 정보를 서적과 마찬가지로 ① 정확히 분류해서, ② 제자리를 찾아서, ③ 눕히거나 거꾸로가 아니라 똑바로 세워서 저장한다고 했다. 이러한 ①-③의 과정이 비로 숙련이다.

우뇌 활동이 미약하면 좌뇌가 나선다. 게다가 어른들의 '지시'라는

## 정직하고 듬직한 산이 되어야

'산만'한 것이 우뇌아이의 전매특허는 아니다. A는 자타가 공인하는 다혈질 엄마이다. 초등학교 2학년인 아들 a가 너무 산만해서 주위의 권유대로 병원엘 갔더니 ADHD라는 것이다. a를 만났다. 정말 산만했다. 필자와의 대화중에도 끊임없이 이상한 동작을 계속했다. 눈을 반복적으로 비비기도 하고, 펫트병 뚜껑을 물어뜯어서 질근질근 씹기도 하고, 빠른 동작으로 얼굴과 다리를 번갈아 만지기도 했다.

a와 두 달 동안 많은 이야기를 나누었다. 이 아이는 필자가 믿을 수 있는 아저씨라고 판단했는지, 아빠가 주말에만 오신다는 사실, 엄마가 밤마다 자신을 재워놓고 외출한다는 사실을 얘기했고, 동생이 밉다는 말도 했다. 아빠나 엄마가 빤한 거짓말을 자신에게 자주 한다는 얘기를 할 때는 얼굴에 분노마저 일었다. 또 A를 통해서는 이 아이가 어마어마한 쌍욕을 아빠와 엄마에게 퍼붓는다는 사실, 별 것 아닌(?) 일에도 과도한 반응을 보인다는 사실을 듣게 되었다. (중략)

a처럼 좌뇌아이들이 과격하게 반응하는 경우는 크게 두 가지이다. 자신이 보호받지 못하고 있다고 판단할 때와, 원칙에 어긋난 처신을 강요받을 때이다. a는 두 가지 모두에 해당했다. 좌뇌는 지극히 논리적인 뇌다. 어른의 거짓말은 좌뇌아이에게는 독약이다. 어떻게 하면 좌뇌아이를 바르게 키우나? 비결은 간단하다. 부모가 정직하고 듬직한 산이기만 하면 된다.

(강원일보, 2010.2.9.)

것이 대개는 '익숙한' 정보들이다. 늘 듣던 말이다. 바로 좌뇌가 받아서 숙련시키기에 별 문제가 없는 정보다. 그래서 타입 4, 5 아이들은 어른들의 말을 비판없이 잘 받아들인다(복종). 남의 말을 잘 들어주는 것(경청)도 같은 이유다. 그러나 경청의 경우에는 다른 점이 하나 있다. 선생님이건, 또래건, 남의 말을 듣다 보면 이해 못하는 부분이 있게 마련이다. 이 때 우뇌가 활발했다면 다 이해를 하겠지만 우뇌활동이 미약하니 할 수 없다. 이 경우 좌뇌는 흘려버린다. '이해 못한 것'으로 임시저장하기도 하지만, 드물다. 대개는 그냥 놓아준다. 이해력에 관한 한 좌뇌는 눈이 큰 그물이다.

둘째는 큰 창고를 채우려는 노력이다. 좌뇌는 엄청나게 큰 창고다. 창고가 비어 있으면 기능을 다할 수 없다. 타입 4, 5 아이들이 유난히 지적 갈증이 심한 것도 이 때문이다. 좌뇌아이들이 어른 말에 잘 복종하는 것은 창고를 채우는 과정이다. 어른 말을 잘 따르는 동안 세상 원리, 삶의 지혜, 그 밖의 지식을 받아 저장하는 것이다. 남의 말을 경청하는 것도 당연히 창고를 채우는 과정이다.

예외가 있다. 초등 저학년 좌뇌아이들이 항상 말을 잘 듣는 건 아니다. 어른들이 사리에 어긋난 명령을 할 때, 원칙 없이 왔다갔다 할 때, 타입 4, 5 아이들은 신경질을 낸다. 폭언을 내뱉기도 한다. 더 심한 경우 ADHD 증상을 보이기도 한다. 그 일관성 없는 정보들을 '숙련'시킬 수도, 저장할 수도 없기 때문이다.

## 이치에 맞아야 한다 : 심하게 간섭하면 참새로 변해요

b는 타입 4 아이로 초등학교 1학년이다. 매일 저녁식사를 다 마치고 나면 엄마 B가 아이 공부를 봐준다. B는 오랫동안 직장생활을 하는 분이라 산만하지 않다. '조폭엄마'들과는 급이 다르다. 이 사회의 볼 것, 못 볼 것을 다 보고 배우는 입장이라 그럴 것이다. B는 아이에게 무리한 요구를 하지 않는다. 말 잘 들어야 된다고 옭죄지도 않는다. 연인 같다. 그래서인지 b가 마음을 열고 잘 따른다. 타입 4 아이가 마음을 연다는 증거는 딱 하나다. 무슨 질문이건 가리지 않고 묻는 것이다. 타입 4 아이가 이렇게 나오면 그 엄마는 성공한 엄마다. 좌뇌아이는 스스럼없이 질문하는 경우가 흔치 않다.

하루는 b가 동화책을 펴더니 물었다. "엄마, 곰이 어떻게 사람이 돼?" B는 열심히 설명해줬다. 우리나라 건국신화라서... 꾸며냈을 거라고... 실제로는 아닐 수도 있다고... 그러자 b가 또 물었다. "되지도 않는 얘기를 왜 꾸며내지?" 그거야 재미있으라고... 하늘이 내려준 사람 같잖아... 어느 나라나 자기 민족이 특별한 사람이길 원하거든... b는 고개를 갸우뚱했지만 더 묻지는 않았다.

며칠 후 b가 또 물었다. "엄마, 사람이 날아다닐 수 있어?" 없지. "그런데 여기서는 왜 날아다녀?" 그거야 동화책이잖니. "동화책은 안 되는 얘기를 된다고 하는 거야?" 재미있으라고 그런 거지. 마음대로 상상할 수 있잖아? 네가 만약 훨훨 날아다니다가 저 밑에 땅 위에서 걸어가는 엄마가 보이면 뭐라고 할래? "그런 바보 같은 생각은 해보지 않았어."

이것이 좌뇌아이다. 특히 초등 저학년 좌뇌아이들에게는 모든 것이 이치에 맞아야 한다. 이치에 어긋나면 혼동이 온다. 혼동한다는 것은 저장에 문제가 생겼다는 얘기다. 분류가 잘 안 된다거나, 저장위치를 못 찾겠다는 뜻이다. 타입 4나 5 아이가 저장을 제대로 못한다는 것은 정말 심각한 문제다.

<풀밭 위의 점심식사>라는 마네의 이 그림은 세계미술사상 대표작의 하나로 꼽힌다. 그러나 당시 미술전에서는 낙선했다. 오히려 기존 미술가나 비평가들로부터 악평을 들었다. 이유가 무엇일까? 이치에 어긋난다는 점이었다. 현실성이 없다는 점이었다. 교외에 소풍나온 남자들이 목욕탕에서 갓나온 듯한 여인들과 어울릴 수가 없다는 것이었다. 좌뇌 어린이들 생각도 이렇다. 사람이 하늘을 나는 식의 이치에 어긋나는 정보는 좌뇌가 처리를 해주지 못한다.

초등 저학년 좌뇌아이들은 '바른생활 어린이'다. 애늙은이 같다는 말을 듣기도 한다. 좌뇌아이들은 그의 생활이 바로 교과서다. 규칙적으로 생활하며, 아이답지 않게 신중하다. 모든 것이 사리에 어긋나지 않아야 한다. 학교에서 청소당번이 골고루 돌아가야 하는 것은 물론이고, 힘든 청소, 쉬운 청소도 공평하게 돌아가야 한다. 엄마가 어제 한 말, 오늘 한 말이 다르다면 즉시 확인한다. 좌뇌창고 구성이 그렇기 때문이다. 그러나 어른들은 '감히 어른에게 따지고 든다.'며 눈을 흘긴다. 손질을 하는 엄마도 있다. 고래를 낳아서 고등어로 길러내는 엄마다.

초등 1학년 남학생을 상담한 적이 있었다. 강한 타입 4 아이였다. 친한 친구 세 명의 이름과 좋은 점을 말하게 했더니 친구들의 특징을 정말 잘도 꼽았다. 느리긴 했지만. 마지막에 물었다. 그 세 명에 너까지 합쳐서 네 명 중 누가 제일 좋은 아이니? 이 아이가 10초쯤 생각하더니 친구 아무개라고 답하는 것이었다. 며칠 후, 마침 좋은 기회가 왔다. 초등 1학년 남학생이 또 왔는데 이번에는 타입 2 아이였다. 잔뜩 호기심이 생겨서 같은 질문을 같은 순서로 던져보았다. 이 타입 2 아이가 대답했다. "저요!!" 대답이 나오는 데 0.1초도 걸리지 않았다.

그냥 웃어넘길 일이 아니다. 모두가 한번 생각해보시기 바란다. 두 아이가 똑같은 5자택일식 시험을 칠 때, 누가 정답을 더 잘 골라내겠는지? 타입 4나 5 아이는 가치를 따져 비교하고 순위를 정하는 능력이 출중하다. 이치에 맞는 정보들만이 좌뇌에 저장되기 때문이다. 반면에, 타입 1이나 2 아이는 직관이나 감성으로 하나를 짚는다. 비교-분석하는 일이 행복하지 않은 것이다.

## 승부욕이 강하나 이해가 늦다 : 창고 채우기가 쉬운 일이 아니네요

어느 바둑도장에서 있었던 일이다. 초등 저학년 두 아이가 맞붙었다. 기력이 비슷해서 사범이 판을 짜준 것이다. 나중에 필자가 확인한 것이지만, 하나는 타입 4 아이였고, 다른 하나는 타입 2 아이였다. 140수쯤이 두어졌을 땐데, 진행이 갑자기 멈췄다. 사범이 슬그머니 가보니 타입 4 아이 대마가 사망 일보직전이었다. 사범은 끝났구나 판단하고 다른 곳을 돌았다. 다른 판들은 벌써 승부가 결정되어서 상대를 바꾸어 새로 판을 짜주었다. 그런데도 이 판은 아직 그대로였다. 사범이

다시 가보니 조금 전에 비해 단 한 수도 진행되지 않았다. 타입 4 아이가 둘 차례였다. 어린아이들 바둑은 대개 시간제한을 두지 않는다. 그러니 어쩔 도리가 없다. 그때 깜짝 놀랄 일이 벌어졌다.

"야, 안 둘 거야? 그래 너 혼자 실컷 둬라."

상대인 타입 2 아이가 게임을 포기하고 일어서버린 것이다. 제 성질에 못 이겨 눈물까지 흘렸다. 그러나 타입 4 아이는 아직도 꼼짝 않고 판을 들여다보고 있었다. 대마를 살릴 수가 없을까? 집은 내가 더 많은데….

좌뇌아이는 지는 걸 참 싫어한다. 라이벌 의식이라고 표현하는 학자도 있는데 정확한 말은 아닌 것 같다. 승부욕이고 완벽주의다. 바둑뿐이 아니다. 공부도 그렇고 운동도 그렇다. 승산이 없으면 아예 맞서질 않는다. 영어시험을 치는데, 서술식이었다. 쓰윽 읽어보고 자신 없으면 건드리지도 않는 게 좌뇌아이다. 우뇌아이는 되는 소리, 안 되는 소리 마구 써놓는다. 천지차이다.

타입 4, 5 아이들은 야단맞을 짓을 별로 안 한다. 마찬가지로 승부욕과 완벽주의 때문이다. '바른생활 어린이'가 야단맞을 짓을 했다면, 그건 처음 당하는 일이었을 것이다. 잘 몰라서 저지른 실수다. 뇌에 원칙이 아직 저장되어 있지 않으니 실수할 수도 있는 것이다. 대신 좌뇌아이들은 같은 실수를 반복하지 않는다. 뇌에 원칙이 한 번 저장되면 그대로 행동한다. 혹시, 자신의 기준에 어긋나서, 안하고 버티다가 야단맞는 수는 있다. 이건 어른과 의견 차이다. 초등 저학년 때도 이런 현상이 가끔 나타난다.

타입 4, 5 아이는 욕심도 많고 샘도 많다. 인형, 장난감은 물론, 지적 욕심까지 많다. 탐구욕도 넘친다. 저장용량은 큰데, 빈 곳이 많은 까닭이다. 다른 아이가 뭔가를 잘해서 어른들의 인정을 받는다면 자기도 그걸 배우려고 한다. 해보고 잘 안 된다는 것이 확인되면 대신에 다른 무엇을 배우려고 한다. 씩씩대면서 배우는 게 아니라 조용조용, 조심조심, 끈기로 접근한다. 어른들은 이런 좌뇌아이를 '어린 게 집착이 너무 강하다.'고 폄하하는데, 아이 잡을 어른이다. 이런 아이를 잘 밀어줘야 한다. 병아리도 어릴 때부터 먹성이 좋아야 어미닭이 되어 알을 쑥쑥 잘 낳는다. 좌뇌아이들도 빈 창고를 빨리 채울수록 빨리 두각을 나타낸다.

타입 4, 5 아이들은 이해력이 떨어진다. 우뇌아이들은 하나를 가르치면 둘 셋을 깨닫는다고 하는데 좌뇌아이들은 그렇지 않다. 하나를 가르쳐도 절반도 못 깨우치는 경우도 있다. 학교 수업시간에 재미있는 모습이 보인다. 선생님이 설명을 하는데, 눈이 초롱초롱, 생글생글, 고개를 끄덕이는 아이들, 이 아이들은 우뇌아이들이다. 반면에, 선생님과 시선을 좀체 마주치지 않으며 석고상 같은 아이들이 있다. 아직 이해를 못했다는 사실을 들키고 싶지 않은 것이다. 이 아이들은 좌뇌아이들이다.

타입 4, 5 아이들이 이해가 늦은 것은 우뇌활동이 미약한 까닭이다. 특히 우전두엽이 활발하지 못하니까 '새로운' 정보를 즉시즉시 처리하지 못하는 것이다. 그래서 이 아이들은 초등 저학년 때 바닥을 깐다. 그래서 인생의 암흑기라는 말을 듣는다. 그러나 저학년 때뿐이다. 고학년이 되면 최소한 중간에서 놀고, 부모의 관심도 이 아이들에게로 옮겨온다. 중학생이 되면 대개 상위권에 안주한다. 대형 창고가 많이 채워졌다는 뜻이다.

## 아껴 먹는다? : 입이 서두르면 머리가 싫어하거든요

아들 둘을 키우는 엄마가 왔었다. 큰아이는 유치원에 다니는데 좌뇌가 강하고, 작은 아이는 4살인데 우뇌가 발달했다. 둘 다 한창 장난이 심할 나이다.

그런데 최근 새로운 문제가 불거졌다. 두 아이가 다 계란 프라이를 좋아해서 엄마는 간식으로 자주 이걸 만들어줬다. 그런데 접시에 하나씩 담아서 따로 주는데도 꼭 싸움이 나는 것이다. 작은 아이가 휘딱휘딱 먹어치우고는 꼭 형 것을 뺏어먹겠다고 덤비는 것이다. 타입 4 아이인 형이 동생처럼 빨리 먹으면 되련만 형은 노른자위는 아껴가며, 흰자위부터 천천히 먹는다는 것이다.

타입 4나 5는 식사 속도가 느리다. 어른이건 아이건 마찬가지다. '밥알을 세고 자빠졌다.'는 것이 모두 이 아이들이다. 남자들이 입대해서 배고픈 훈련소 시절, 나누어주는 밥도 다 못 먹고 아깝게 버려야하는 것이 좌뇌인이다. 사회에서도 마찬가지다. 타입 1이나 2는 자기보다 한참 연장자가 아직 식사 중이건 말건 숟가락을 먼저 놓는다.

타입 4, 5는 왜 식사 속도까지 느릴까? 첫째는 뇌 때문이다. 앞에서 행동이 느린 이유를 설명한 것과 비슷하다. 식사라는 것도 일종의 정보획득이다. 이런 정보를 재빨리 처리해주는 것이 우전두엽인데, 좌뇌인은 우뇌활동이 미약하다. 정보를 천천히 받아들여서 차곡차곡 저장해야 한다. 식사 속도가 느릴 수밖에 없다.

둘째도 결국은 뇌 때문이다. 좌뇌는 차다고 했다. 창고는 더우면 큰일 난다. 뇌가 차니까 몸도 차다. 타입 4나 5가 손발이 찬 이유가 찬 좌뇌 때문이다. 좌뇌인은 손발만 찬 것이 아니다. 소화기관도 차다. 소화기능이 떨어지는 것이다. 식사 속도가 늦을 수밖에 없다.

두 아들의 엄마가 물었다. "계란 프라이를 아주 중단할까요? 아니면 작은애를 두 개씩 해줄까요?" 그렇게 하면 안 되죠. 그건 개악입니다. 개선방안을 찾아야죠. 똑같이 하나씩 해주되 큰아이가 자기 방에 가서 문 걸어놓고 혼자 먹게 하세요. 참 행복해 할 겁니다. 그게 큰아이의 두뇌특성도 살려주고, 작은아이 우뇌특성도 살려주는 길입니다.

### 왕따 당하는 미운 오리새끼

초등 저학년의 교실에서 왕따 당하는 아이들은 모두 좌뇌아이들이다. 느리고, 얌전하고, 목소리 가늘고, 공격적이지 않으니까 또래 아이들의 노리개가 되는 것이다.

이 정도에서 끝나기만 해도 좌뇌아이들은 견뎌 나간다. 그러나 한 맺히는 일이 생긴다. 집에서, 부모님 때문이다. 맞고 들어오기만 하고, 자기 의견 똑바로 말하지도 못하고, 먹는 것도 깨작거리고, 쑥쑥 자라지도 않고!! 그래서 걸핏하면 등짝 스매싱을 당해야 한다. 등 뒤에서 부모님의 한숨이 들려온다. '쟤가 나중에 사람 구실하겠나?'

좌뇌아이들은 이 점 때문에 너무 눈물이 난다. 부모님조차도 자신을 몰라준다는 것이. 그러나 좌뇌아이들은 눈물을 잘 흘리지 않는다. 안에서 삭혀버린다. 응어리가 되어 가슴 속에 오래도록 남아 있을지언정.

## 02 초등 고학년

드디어 좌뇌아이들의 암흑기는 끝났다. 조금씩 두각을 나타내는 것이다. 특히 생활 속에서 뚜렷한 장점을 보인다. 살림하는 엄마를 거들기도 하고, 집안 여러 가지 일을 챙기기도 한다. 놀라운 관찰력과 정확성으로 집안의 한 기둥이 되는 것이다. 덜렁거리는 엄마라면 이 아이들의 힘을 빌리게 된다. 칼자루를 바꿔 쥐는 격이다. 꾸중만 많이 하던 아빠의 마음속에도 자리를 점점 크게 잡는다. 타입 4 아이들 위주로 설명한다.

### 정확하고 꼼꼼하다 : 이런 딸은 집안이 일어서는 원동력

타입 4 아이들이 초등 고학년이 되면 제일 먼저 눈에 띄는 현상이다. 더 이상 속 터지게 만드는 아이들이 아니다. 산만한 부모 눈에도 착하고 정확한 아이로 보이기 시작하는 것이 이때다. 아직도 느리기는 하지만.

c는 4남매 중 셋째 딸이다. 6학년으로 타입 4 학생이었는데, 엄마 C는 이 아이 별명이 '3단속'이라며 막 웃었다. 의아해 하자 "물 단속, 불 단속, 문 단속은 쟤가 다 맡아서 한다고요." 했다. c는 여태껏 연필 한 자루, 지우개 한 개도 잃어버린 적이 없다. 이런 아이가 자기 집 수도

나 화장실을 확인하고, 가스나 전기나 난로를 확인하고, 자기 전이나 외출할 때 창문 단속, 현관문 단속하는 것이 이상할 것도 없다.

c는 5학년 때부터 엄마를 적극 돕는다고 했다. 가계부 적는 것이며, 공과금 납부하는 것이며, 4남매 학원비 지출하는 것이며, 찬거리 사는 것이며, 엄마가 놓고 온 핸드폰 찾아오는 일까지. c는 이런 일을 할 때 행복을 느낀다.

c는 친구를 집에 데려오지 않는다. 친구 사귀는 일에 능동적이지도 않고 적극적이지도 않은 까닭이다. 그러나 속내는 다르다. 엄마가 어질러 놓은 어수선한 집안을 보여주기 싫은 까닭이다. "정리정돈 안 한다고 쟤가 나한테 잔소리를 하다니까요, 호호호" C의 말에 필자도 하하하 웃었다. C는 딸 c가 집안을 정리해주고 가사를 도와주는 것이 그리도 대견한 모양이었다. 행복하다고 했다.

c가 이처럼 앞으로 달려나가지 않는 것은 브레이크가 너무 잘 들기 때문이다. 대형 창고에 정보가 어느 정도 저장되면 이것이 바로 제동장치가 된다. 앞서 설명했다. 어떤 행동 하나하나에 대해 저장된 정보와 대조작업을 벌이는 까닭이다. 게다가 c 같은 아이들 뇌에 저장된 정보란 대부분 사리에 맞고, 논리적이고, 정확한 것뿐이다.

### 준비성, 참을성 좋으나 순발력은 부족 : 그래서 집안의 대들보

타입 4 아이들이 초등 고학년이 되면서 또 눈에 띄는 것이 있다. 준비성이다. 이 아이들도 초등 저학년 때는 부산하기도 하고, 때로 덜렁거리기도 했다. 빈 깡통이 소리가 요란한 것과 같다. 그래서 엄마가 챙겨줘야 하고 시키지 않으면 그냥 넘어가기도 했다. 그러나 이 아이들이 고학년이 되면 몰라볼 정도로 달라진다. 큰 창고에 그나마 정보가 좀 채워졌다는 얘기다. 자신만의 독특함, 두뇌특성, 재능이나 소질이 발현하기 시작하는 것이다.

  타입 4 아이들은 준비를 잘한다. 잘하는 것인지 즐기는 것인지 모호할 정도다. 일단, 숙제, 그 밖의 과제물, 운동복 따위는 모두 전날 챙겨놓는다. 그날 아침에 허우적대지 않는다. 교과서, 참고서 따위도 전날 챙겨놓는다. 좌뇌가 아주 강한 아이들은 이렇게 챙겨놓고, 자기 전에 한번 확인하고, 그 이튿날 아침에 또 확인한다.

  준비성만 좋아지는 것이 아니다. 아주 계획적인 아이로 바뀐다. 초등학교에서는 생활계획표를 짜고 그대로 실천하라고 가르친다. 생활계획표 중 제일 지키기 어려운 것이 방학 중 계획표다. 그러나 방학 중 생활계획표의 대부분을 지키는 것이 타입 4 아이들이다. 특히 초등 고학년 때 제일 잘 지킨다. 좌뇌아이들은 이러한 준비성, 계획성이 큰 장점이다. 어른이 되어 사회의 기둥이 되는 것도 이런 능력 때문이다. 간혹, 아이가 쫀쫀하다느니, 너무 막혔다느니 하고 산만한 소리를 하는 부모들이 있는데 정말 정신적 장애가 큰 어른들이다.

  이 아이들은 용돈 쓰는 것도 매우 치밀하다. 항상 잔고를 파악하고 있고, 다음 용돈이 언제 나온다는 것을 염두에 두고 있다. 사고 싶은 것이 있어도 단칼에 확 사지 않는다. 현재 잔고, 다른 소지품과의 형평성 등을 한빈쯤 되짚어보고 산다. 이런 아이들이 어른이 되고 가정을 꾸리면 집에 돈이 모인다. 아파트 평수 빨리 늘려가는 것도 이들이다. 재테크 능력은 초등 고학년 시절부터 자라고 있었던 것이다.

타입 4 아이들이 고학년이 되면 참을성도 매우 좋아진다. 웬만큼 아파도 아픈 내색을 하지 않는다. 졸리는 것도 잘 참고, 힘든 것도 잘 참는다. 배고픈 것도 잘 참고, 목마른 것도 잘 참는다. 호들갑을 떠는 일이 없다. 그래서 애어른 같다는 소리를 듣는다. 참을성은 좌뇌아이들의 중요한 장점이다. 우리 사회도 이런 사람들이 좀 더 많아져야 한다. 그래야 평화가 온다.

일본에 후쿠시마 강진이 터지고 원자력발전소가 파괴되었을 때를 생각해보자. 그들은 매뉴얼(manual)을 찾는다고 허둥대었고, 매뉴얼이 없다는 것이 확인되자 더 우왕좌왕했다. 우뇌인들이 주류인 한국 사람들이 보면 한심한 광경이지만, 좌뇌인이 주류(제1장 4절 참조)인 일본인으로서는 당연한 일이다. 일본은 대부분의 위험상황에 대하여 적합한 대응 매뉴얼을 준비해두었다. 대단한 준비성이다. 그러나 예기치 못한 상황에 대하여는 순발력을 발휘하지 못하는 것이다.

### 앞에 나서면 위축된다 : 완벽주의가 받는 엄청난 스트레스

타입 4 아이들은 앞에 나서는 것을 싫어한다. 반장이나 실장 따위는 물론이고, 앞에 나가서 발표하기, 손들고 질문하기조차 꺼린다. 초등 저학년 시절에는 뭐가 뭔지를 모르고 얼떨결에 나서는 일이 있기는 하다. 그러나 고학년이 되면 분명해진다. 본색(?)이 드러나는 것이다. 이런 현상은 중-고-대는 물론 성인이 되어서도 계속된다. 필자는 대학 강의 때 세미나식 수업을 진행하는 경우가 있다. 이 때 앞에 나와서 발표하는데 울렁증을 호소하는 학생들이 적지 않았다. 얼굴이 심하게 붉

어지거나 말에 두서가 없어지는 것이다. 타입 4는 많은 시선이 자신 하나만을 주시할 때 엄청난 스트레스를 받는다. 가히 공포감이라고 할 수준이다.

 d군은 4학년이다. 태권도 학원에서는 정기적으로 승급심사를 치른다. 사범이 이 학생에게 승급심사에 나오라고 권했다. 평소 실력을 보니 충분히 급수를 올려줄만 하다고 보았을 것이다. 학생도 그러기로 했는데, 바로 전날 이 학생이 아빠 등에 와서 귀에 속삭였다. "아빠, 나 내일 승급심사 안 받으면 안 될까요?" 이것이 좌뇌아이다. 이 아이는 사범에게 그 말을 들은 날부터 스트레스를 받고 있었던 것이다.

 특히 눈여겨 볼 대목이 있다. 아이가 아빠 등쪽에 와서 얘기했다는 점이다. 마주보고 얘기하지 못하는 그 마음, 작은 소리로 호소하는 그 마음을 헤아려주어야 한다. 사내답지 못하게 왜 이러냐고 윽박지르면 그 아이는 날갯죽지 꺾인 참새가 된다. 수만 킬로미터를 날아가는 기러기가 될 아이였다.

 타입 4 학생이 앞에 나섰을 때 스트레스를 많이 받는 것은 승부욕과 완벽주의 때문이다. 혹시 잘못해서 남들의 웃음거리가 되지나 않을까, 책임을 멋지게 완수해내지 못하면 어떡하나, 그동안 받았던 신임을 잃게 되는 것은 아닐까, (경쟁의식을 가지고 있는) 아무개보다 못하다는 평가를 받지나 않을까, 말을 잘못해서 누구 마음을 상하게 하지 않을까, 내일 무슨무슨 일을 해야 하는데 아이들이 잘 따라줄까… 이런 생각이 머리에 꽉 차 있으니 스트레스를 받게 된다. 왜 이런 걱정을 할까?

넓고 서늘한 창고 때문이다. 좌뇌창고에는 옳고, 바르고, 공평하고, 사리에 맞고, 타당하고, 논리적이고, 정의로운… 정보들이 주로 저장된다. 당연히 타입 4 아이들은 자신의 뇌에 저장된 이런 정보를 바탕으로 행동한다. 그래서 야단맞을 짓을 좀체 하지 않고, 같은 실수를 반복하지 않는 것이다. 이런 아이들이 자신만이 아닌 남의 일까지 책임을 맡았을 때 스트레스를 많이 받을 것은 너무 당연하지 않은가?

부모들 중에는 이런 아이에게 반장도 해봐야 한다고 압박하는 경우가 적지 않다. 고학년이 되면서 성적도 올라가고 행동도 흐트러짐이 없으니까 욕심을 부리는 것이다. 자신이 못하는 것을 아이에게는 왜 요구하는지… 아이를 불행히게 만드는 부모는 필경 제정신이 아닐 것이다.

초등학교 4학년 여학생을 상담했었다. 좌뇌아이 중에도 그야말로 '똑순이' 4-B였다. 필자의 모든 질문에 사리에 딱 맞는 말만, 그것도 아주 간결하게 대답하는 것이었다. 슬그머니 장난끼가 돌아서 한 마디 던졌다가 재미난 얘기를 들었다.

"너, 내년에는 반장 한 번 해보렴."

"싫어요." (한 시간 대담 중 첫 거부반응이었다.)

"왜?"

"애들이 말을 안 듣잖아요."

"넌 나중에 어른이 되면 뭐가 되고 싶니?"

"선생님 할 거예요."

"애들이 말을 안 듣는다면서?"

"그 땐 무기가 많잖아요."

좌뇌는 잘 정리된 도서관 서고다. 서고라도 대단히 큰 서고다. 좌뇌인은 자신의 머리에 저장된 정보들을 열람하고, 확인하고, 다시 숙련시키기를 즐긴다. 이 때에는 무서운 집중력을 발휘하며, 행동은 꼼꼼하고, 정확하고, 관찰력은 더 높아진다. 일종의 무아지경이다. 그것이 방대한 서고를 유지 관리하는 비결이기도 하다.
좌뇌인이 세상의 기둥이 되는 것은 바로 방대한 저장능력과 정확함과 사리에 맞게 행동하는 자세 때문이다. 사진은 이어령 전 문화부장관의 서재인 영인문학관의 일부다.

### 뛰어난 관찰력 : 뼈대 있는 집안을 이루는 사람들은?

사진 한 장에 감탄사를 연발한 적이 있었다. 1980년대 초였을 것이다. 일본 여중생들이 경주에 수학여행을 왔다. 점심인지 저녁인지를 먹으러 어느 한식당에 들어간 장면이다. 방에 들어가려면 당연히 신을 벗어야 하다. 디자인이 똑같은 운동화(아마도 교복 세트인 듯)를 벗고 들어가는데, 한결같이 신을 벗어서 나갈 때 방향으로 돌려놓은 것이었다. 날줄 씨줄처럼 줄까지 맞춰서.

상상해 보시라. 수십 켤레의 똑같은 운동화가 방으로 들어가는 방향이 아니라 방에서 나가는 방향으로 질서정연하게 줄지어져 있는 광경을!! 당시 이런 모습은 우리나라 어디를 가도 볼 수 없는 진짜 진풍경이었다.

당시는 우리가 못 살 때였다. 일본에서 밀수로 들여온 보온밥통 따위가 주부들의 재산목록 1호였다. 해외에 한 번 다녀오면 어깨에 힘께나 주던 때였다. 그런데 겨우 중학생들이 단체로 해외여행을 온 것이다. 게다가 저렇게 아름다운 모습까지 보여주다니!!

필자는 그 이후로 각종 동아리나 동창회의 주요 직책을 여럿 맡게 되었다. 덕분에 결혼식이나 초상집 방문 기회가 많았다. 이 때 초상집에서 재미있는 현상을 발견했다. '뼈대 있는 집안은 문상객이 벗어놓은 신발을 나갈 때 방향으로 돌려놓아 주더라.'는 것이다.

막 되먹은 집안은 꼭 표를 낸다. 우선 벗어놓은 신발은 모두 들어가는 방향이다. 둘째, 뒤에 온 사람이 먼저 들어간 사람의 신발을 반드시(!) 건드리거나 밟는다. 당연히 신발들이 모로 눕거나 뒤집어진다. 이산가족이 되는 깃도 다반사다. 술잔을 나누넌 문상객이 아무 신발이나 신고 화장실에 다녀오기도 한다.

뼈대 있는 집안은 어떤가? 백발백중 신발정리 담당자가 있다. 부의금 접수담당자만 있는 것이 아니다. 신발 담당자는 열심히 신발을 나가는 방향으로 돌려놓는다. 연장으로 돌리기도 하고 장갑을 끼기도 한다. 상주 측에서 신발을 이렇게 잘 정리해주면, 문상객도 다른 신발을 절대 건드리지 않는다. 뼈대 있는 집안이 매너 좋은 손님을 만드는 것이다. 질서가 베푸는 행복이다.

장례식장에서 문상객의 신발을 돌려놓는 어른, 뼈대 있는 집안의 그분은 누구일까? 타입 4다. 여중생에게 신발 돌려놓는 것을 가르쳐준 그 일본인 선생님도 뼈대 있는 집안의 타입 4일 것이다.

뼈대 있는 집안을 만드는 힘은 무엇인가? 질서와 예의다. 질서를 지켜야 모두가 행복하다는 생각, 남에게 피해를 주지 않겠다는 각오가 확고한 가족은 뼈대 있는 집안이다.

## 03 중고등학생

대한민국에서 좌뇌가 발달한 중고교생은 정말 행운아다. 학교가 이들이 가지고 있는 능력을 특별대접하기 때문이다. 그 능력이란 논리력, 분석력, 장기기억력, 그런 것들이다. 그래서 이들은 대부분 '좋은 이과대학'에 간다. 초등 저학년 때 당했던 괄시나 푸대접 등 모든 수난에 대해 멋지게 복수(?)하는 것이다. 부모님이 잘 참고 재능을 키워주셨다면 오히려 '보은'이 되겠지만.

### 이기적이다? : 그건 똥, 된장을 못 가리는 사람들이 하는 소리죠

어느 중학교 3학년 교실에서 있었던 일이다. 학생 하나가 교통사고로 입원했다. 실장이 나와서 제안했다. 몇 명씩 알아서 병문안을 가되, 전원이 2천 원씩 걷어서 선물을 사보내자고. 웅성웅성하면서 대충 찬성한다는 쪽으로 의견이 모아지는가 싶었는데 E 학생이 의견을 냈다. 돈 걷는 문제는 내일 다시 의논하면 어떻겠느냐고, 좀 알아볼 것이 있다고.

E는 그 날로 사고 학생을 문안했다. 그 학생은 E가 알고 있던 대로 대단한 부잣집 아들이었다. 큰 종합병원 1인실에 입원하고 있었고, 집

에서 가져온 듯한 집기들은 외제 일색이었다. 간병인도 두 명이나 되었다.

E는 이튿날 반 회의 때 어제 병문안 가서 본 그대로를 얘기했다. 그러니 우리 35명이 7만 원어치 선물을 사준들 받는 쪽에서는 별로 고맙지도 않겠다. 현금을 주는 건 더 무의미하다. 돈은 걷지 말자. 어려운 친구가 있으면 그 때 걷어서 도와주자. 그러자 다른 학생이 일어나 큰 목소리를 냈다. 사람이 왜 그렇게 이기적이냐? 선물을 주는데 싫다고 할 사람이 어디 있느냐? 돈 2천 원 없어서 죽고 못 사냐? 우리가 너무 쩨쩨해진다. 무조건 2천 원씩 걷자.

한참 시끄러웠다. 결국 실장이 찬반을 물었다. 걷자는 학생이 25명, 걷지 말자는 학생이 10명. 이 10명은 모두 타입 4 학생들이었다. 재미있는 뒷얘기. 막상 걷다보니 돈을 내는 학생이 얼마 안 되어서 성금 걷기를 취소하고 말았다는 것이다.

좌뇌학생들은 이치에 맞아야 한다. 이기적이냐 이타적이냐 하는 차원이 아닌 것이다. 사리에 맞게 하자는데 이기적이라고 몰아세우는 타입 2 학생에 대해 타입 4 학생은 산만하다, 원칙이 없다고 지적한다. 미덕과 이기적 행동을 구분하는 것은 정말 간단하지 않다.

## 집중인가 졸도인가? : 도끼자루 썩는 줄 모르는 무아지경의 세상이죠

타입 4의 트레이드마크는 집중력이다. 빠르면 초등학교 3~4학년부터 벌써 비범한 집중력을 보이기도 한다. 그러나 대개는 중학생 시절부터 집중의 귀신(?), 아니 집중의 포로가 된다.

집중력은 한 가지에 몰입하는 능력이다. 우뇌학생은 10분, 20분 집중이 고작이라고 했다. 그러나 좌뇌학생은 다르다. 서너 시간 집중이 보통이다. 엉덩이가 너무 배겨서 할 수 없이 일어날 정도다. 석고상처럼 앉아서 한 가지를 파고든다. 설사 비슷한 된장이 조금 밀려나와서 속옷이 약간 젖었는데 그것도 모르고 앉아 있는 사람도 있다. 좌뇌인이 무언가에 집중하고 있는 경우, 대개 이름을 불러서는 고개를 돌리지 않는다. 어깨를 툭툭 쳐야만 돌아다볼 정도다.

F는 중학생 딸아이가 시험공부하는 것을 보고 외출했다. 네 시간쯤 후에 돌아왔을 때에야 아파트 열쇠가 집안에 있다는 걸 알았다. 쫀쫀하게 비번 같은 것을 기억해두는 사람도 아니다. F는 전화를 걸었다. 집 전화로 걸고 딸아이 핸드폰으로도 걸었다. 받지 않는다. 잠이 들었나? 아파트 문을 두드렸다. 역시 아무 소식이 없다. 동네가 창피해서 아파트 문을 계속 두드릴 수도 없다. 이거 성폭행범이라도 들어온 거 아냐? F 머리에서 땀이 흘러내렸다. 경찰에 신고했다. 두 명이 왔다. 문은 관리사무실에 연락해서 열었다.

외출한지 다섯 시간 만이다. 네 명이 발자국 소리를 죽이고 거실로 들어갔다. 딸아이 핸드폰이 거실 탁자에 보인다. 딸아이 방문을 확 열었다. 아까 외출할 때나 똑같은 모습으로 앉아 있었다. 아직도 공부 중이었다. F가 폭발했다.

"야 이눔아! 시험은 너 혼자 치냐? 전화는 받아야 될 거 아냐?"

"엄마... 전화했어...? 언제...?"

타입 4 중고등학생들의 집중력은 이 정도다. 이해력이 늦지만, 성적이 오르지 않을 수 없다. 나중에 박사가 되고 귀한 연구실적을 올리는 것도 이런 능력 덕분이다. 부인이 남편에게 '무슨 남자가 하루 종일 연구실에만 처박혀 있죠? 지겹지도 않나요? 아이들 생각은 나지도 않던 가요?' 하고 악을 써도 눈 하나 깜짝하지 않는다. 그 이유도 이런 집중력 때문이다.

좌뇌학생들은 왜 지나칠 정도의 집중력을 가졌을까? 뇌를 보면 풀린다. 좌뇌는 창고가 크다고 했다. 저장용량도 크다. 그래서 내가 원하는 정보를 찾으려면 다리가 아플(?) 정도로 걸어다녀야 한다. 드디어 찾았다. 그 동네는 내가 원하는 과목의 관련 정보들이 아래위로, 양 옆으로 그득하다. 필요한 정보를 이것저것 꺼내놓고 확인한다. 또 새로운 정보를 그 사이사이에 저장한다.

여기에 좌뇌적 특성도 발동한다. 꼼꼼히, 정확히 저장해야지. 다음에 찾기 쉽게 해둬야지. 이처럼 타입 4의 뇌 속 한 구석에서 '숙련'과 '저장'이 이루어지고 있을 때, 그 밖의 각 부분은 휴식을 취한다. 잠자는 것과 비슷한 상태가 되는 것이다. 불러도 대답 없는 것이 당연하다. 너 혼자만 시험 치냐고 야단쳐서 될 일이 아니다. 못 고친다. 고쳐서도 안 된다. 억지로 고쳐놓으면 '염병한다.'

## 일목요연하게, 간단하게, 한 가지씩 : 그래도 할 일을 다하죠

타입 4 중고생들은 복잡한 것을 싫어한다. 우선 친구 관계에서 분명하게 드러난다. 마음에 들면 가까이 지내고, 아니면 가까이 하지 않는다. 좋으면 좋고 나쁘면 나쁜 거지 척하는 건 돈 주고 하라고 해도 못한다. 뇌가 복잡하지 않기 때문이다. 좌뇌 창고는 크고 넓기는 하지만 뚜렷한 원칙에 의거 질서정연하다.

타입 4 학생들은 설명도 간단하게 해주어야 한다. 범위를 넓게 잡아 배경부터 핵심으로 몰아가는 식의 설명에는 금방 손사래를 친다. "요점이 뭐예요?" 그래서 설명도 핵심이나 결과부터 말해주고 그 후에 필요한 보충설명을 해주어야 한다.

이해를 돕기 위해 비유로 설명하자면 이렇다. 좌뇌라는 조리대는 신문지 반 쪽 크기다. 한 번에 한 가지 음식밖에 만들지 못한다. 그나마도 조심조심하지 않으면 흘리거나 쏟기 십상이다. 그래서 시험공부를 할 때에는 서너 시간이 걸리더라도 한 과목을 다 떼어놓고 다른 과목을 잡는다. 이 과목 30분, 저 과목 한 시간, 이런 식으로는 절대 하지 않는다.

한 번에 한 가지밖에 못하는 현상은 어른이 될수록 더 심해진다. 복잡한 것을 싫어하는 것도 마찬가지다. 그렇다고 종합적으로 일 속도가 느린 것은 아니다. 타입 4 학생은 하나씩밖에는 못하지만 워낙 정확하기 때문에 고치거나 다시 하는 일이 없다.

## 비사교적이나 사랑은 깊게 : bosom friend의 원조

타입 4 학생들은 사교적이지 못하다. 처음 보는 또래와 친해지기 위해 능동적으로, 먼저 다가가지 못한다는 뜻이다. 이런 일은 '새로운' 정보를 처리하는 우전두엽의 영역이다. 우전두엽 활동이 미약하니 사교적일 수가 없다. 대신 한번 친해진 친구는 오래 간다. 반이 바뀌거나 졸업을 해도 가끔 소식이라도 전하는 것이 좌뇌학생이다. 일단 저장된 정보는 장기기억 되는 특성 때문이다.

타입 4 학생들은 학창 시절에 친구를 많이 사귀지는 못한다. 그러나 '마음의 친구(bosom friend)'는 꼭 한두 명씩 갖고 있다. bosom friend란 옛날 십자군 전쟁 때부터 유래한다. 전쟁에 한번 나가면 몇 년이 걸릴지 몰랐다. 그래서 남편은 부인에게 정조대라는 걸 채웠다. 작은 일은 그냥 볼 수 있지만 큰일을 보려면 열쇠로 열어야 한다. 그 열쇠를 맡기는 친구가 bosom friend다.

타입 2 학생들은 친구가 많기는 하지만 이런 친구가 별로 없다. 우뇌학생들은 한참 친하게 지낼 때는 간도 빼어주고 심장도 빼어준다. 이 친구가 bosom friend라고 자랑한다. 그러나 그 때뿐이다. 새로운 친구가 생기면 그 친구는 잊는다. 싫어서가 아니다.

타입 4 학생들은 정반대다. 느리게 사귀지만, 깊게 사귄다. 뇌구조 그대로다. 연애도 마찬가지다. 타입 4 학생은 일단 사랑한다는 마음이 들면 오래 간다. 오래 가도록 애쓴다. 타입 2 학생은 다르다. 아무리 깊이 사랑하는 사람이 있어도 새사람이 보이면 바로 그쪽으로 마음이 기운다.

그래서 타입 4 학생 중에는 바람둥이가 없다. 상대가 헤어지자고 해도 어떻게 해서든 마음을 돌리려고 애쓴다. 이걸 우뇌학생들은 자기가 잘나서 매달린다고 생각한다. 아니면 쿨하지 못하다고 폄하한다. 그게 아니다. 좌뇌학생은 사랑한다고 이미 좌뇌창고에 저장되어 있는 사람을 지우는 것이 정말 어렵다.

## TV보다 신문을 즐겨 본다 : 그러니까 잘 가르치죠

언어능력 면에서 타입 4 학생은 기초언어에 강하다. 우리말의 경우를 보자. 좌뇌학생은 문법에 맞게 말하고, 조리 있게 말하고, 간결하게 말한다. 쓰기도 마찬가지다. 그러나 아무리 우리말이지만, 미사여구를 동원하여 화려하게 말하거나, 감성을 자극하는 표현을 쓰거나, 의미심장한 말을 던지는 일에는 서투르다. 쓰기도 마찬가지다. 기초언어중추는 좌뇌에 있지만 고급언어중추는 우뇌에 위치한 까닭이다.

언어를 듣고 이해하는 능력도 마찬가지다. 우리말의 경우, 타입 4 학생은 간결하고 분명한 말을 잘 이해한다. 저장도 잘 한다. 그러나 감성적인 말은 이해도 늦고 저장도 잘 되지 않는다. 이를 위해 좌뇌학생은 반복적으로 고급언어를 접하고 저장하기 위해 노력할 필요가 있다. 반복훈련을 거듭하면 좌뇌학생도 우뇌학생 못지않은 언어능력을 보이는 사례가 많다. 일단 저장만 되면 좌뇌도 고급언어능력을 보여준다.

영어의 경우도 크게 다르지 않다. 좌뇌학생은 Reading과 Writing에 강하다. 문자를 눈으로 보고 이해하고 사용하는 일에 능하다는 뜻이다. 우뇌학생은 Listening과 Speaking에 강하다. 청각을 통한 언어정보를 더 잘 이해하고, 말로 표현하는 능력이 좋은 것이다. 요즘 스마트폰이나 그 밖의 전자제품을 사면 '사용설명서'가 따라온다. 좌뇌학생은 이것을 읽고 사용법을 이힌다. 우뇌학생은 읽지 않는다. 누구에게 물어봐서 설명해주는 것을 들으려고 한다. 읽는 것보다 듣는 것이 훨씬 행복한 까닭이다.

좌뇌학생이 문자적인 것에 강하다면 우뇌학생은 형상(Image)에 강하다. 그래서 독서를 하더라도 좌뇌학생은 소설이나 수필 등 문자적인 것을 좋아하고 우뇌학생은 만화나 동영상을 더 좋아한다. 좌뇌학생이 틈이 나면 신문을 즐겨 읽지만, 우뇌학생은 TV에 달려드는 것도 같은 이유다. 지하철이나 버스, 기차, 심지어는 걸어가면서 책이나 신문을 읽는 사람을 보았을 것이다. 그만큼 읽는 것이 행복한 것이다. 단언컨대 이들은 모두 타입 4 아니면 5다. 우뇌인은 이런 일 절대 못한다.

우리나라는 이미지에 강한 사람이 60% 이상, 일본은 이미지보다는 문자에 강한 사람이 60% 이상이다. 정반대다. 그래서 우리나라는 TV나 영화의 영향력이 클 수밖에 없고, 일본은 신문이나 잡지의 영향력이 더 크다. 한편, 영화 중에도 말이 많지 않고, 스토리가 복잡하지 않되 의미심장한 것은 좌뇌인도 즐겨 감상하는 것으로 조사되었다. 찰리 채플린이 좌뇌인에게도 사랑받는 이유다. 영화도 우뇌인, 좌뇌인이 모두 좋아할 것을 만들면 성공 가능성은 그만큼 높아진다.

오래 전 어떤 중견 언론인의 글이 생각난다. 일본에 갔더니 지하철은 물론 어딜 가도 많은 사람들이 책을 읽더라고, 대단히 부럽다고 했다. 그 나라에는 좌뇌인이 60%가 넘으니 당연하다. 우리나라는 좌뇌인이 일본의 절반도 안 된다.

중고등학교에는 각종 동아리가 많다. 동아리의 회장은 대개 나서기 좋아하는 우뇌학생이 맡지만, 살림을 꾸려나가는 총무나, 기록을 전담하는 서기-회계는 좌뇌학생이 맡는다. 이렇게 짜야 드림팀이 된다. 각각 행복한 일을 해야 드림팀이다. 좌뇌학생은 문자적 능력이 뛰어나기 때문에 기록하기를 즐긴다. 자신의 일기를 즐겨 쓰는 것도 좌뇌학생이고, 신문이나 책에서 읽은 것을 잘 정리-보관하는 것도 좌뇌학생이다. 심지어는 틀린 글자, 오타를 잘 잡아내는 것도 좌뇌학생이다. 활자중독이라는 표현이 쓰이기도 하는데, 이 역시 좌뇌인의 특성일 뿐이다.

그럼 좌뇌에는 문자적인 것만 저장이 잘 되고 이미지적인 것은 잘 안 된다는 말일까? 그렇지는 않다. 좌뇌창고가 무엇을 가려서 저장하지는 않는다. 이미지 정보도 '숙련'만 잘 해주면 얼마든지 저장한다. 출력도 잘 해준다. 좌뇌인 중에 미술이나 음악에 관한 능력이 우뇌인 못지않은 사람을 더러 보았을 것이다. 이들이 바로 그들이다. 물론, 개중에는 태어날 때부터 좌뇌에 소리나 이미지 정보가 저장되어 있는 경우도 있겠지만.

# 04
# 성인 / 공통사항

질서를 지키는 사람. 이 세상의 질서를 유지해주는 사람. 리더십은 부족하지만 리더를 조종할 수 있는 사람. 원칙을 철저히 지키는 사람. 상대가 배신하면 천천히 그를 외면하다가 영원히 돌아서는 사람. 옳고 그름을 정확히 가려내는 사람. 나이 들수록 이 세상의 해결사가 되는 사람. 기댈 언덕이 있을 때 더 큰 능력을 발휘하는 사람. 옹고집이긴 하나 씨앗처럼 온 세상을 품고 있는 사람. 행복을 가르치는 사람. 이들이 타입 4나 5, 좌뇌인이다.

## 신중하고 지혜롭다 : 정중하게 두드려야 열리는 백과사전

〈황야의 7인〉이라는 미국영화는 우리나라에서도 상영되었다. 이 영화의 무대는 미국과 멕시코 국경지대의 가난한 시골마을이다. 이 마을이 마적떼에게 유린당하자 미국의 건맨 7명이 거의 무보수로 이 마적떼들을 퇴치해준다는 얘기다.

눈여겨 볼 것은 이 마을의 좌장격 노인이다. 노인은 마을과 떨어진 산 중턱에서 혼자 유유자적하며 지낸다. 마을 장정들이 난관에 봉착할 때마다 노인을 찾아가 물어본다. 이때마다 노인은 마을의 전통을 애기해주고, 대안을 마련해준다. 때로는 비장의 보석을 내어주며 무기 구입에 일조하기도 한다. 평소에 앞에 나서서 설치지 않으나 찾아오면 온갖 지혜로 해결사가 되어주는 사람, 이 사람이 바로 타입 4, 좌뇌인 어르신이다.

우리나라 시골에도 이런 분들이 적지 않다. 나이가 많으시고, 평소 말수가 적으시고, 튀지도 않으시고, 솔선수범하시고, 몸에 군살이 없으시고, 소식하시고, 성격이 꼬장꼬장하시고…. 그러나 이런 분에게 젊은이들이 찾아가 의견을 구하면 놀라게 된다. 그 정확한 기억력과 지혜로운 해결책 때문이다. 저장용량이 크고, 장기기억이 가능한 좌뇌인 특유의 역할이다.

역사가 오래된 기업체나 단체나 교회 같은 곳에도 이런 분이 꼭 계신다. 별명이 백과사전, 지혜주머니, 문제종결자 등으로 불린다. 평소 감투나 자리에 별로 연연하지도 않는다. 좌뇌인 어르신이기에 가능한 일이다.

## 방패나 그늘이 필요하다 : 큰 나무가 운명을 좌우한다

4.19 학생의거 덕분에 장면 총리라는 분이 등장하셨다. 당시 총리란 요즘으로는 대통령 격이다. 이분은 전형적인 타입 4다. 학생 때 공부를 잘해서 구한말 일제강점기 시절에 미국에 유학까지 가게 되었다. 주위의 권유로 법학을 전공한 그는 박사학위를 받고 귀국했으며, 대한민국 정부가 수립되자 그는 제헌국회의원이 되었다.

인물이 적던 시절, 그는 승승장구했다. 국회의원-부통령을 거쳐 결국 최고 권력자의 자리까지 올랐다. 그러나 그의 총리 재임기간 1년은 그야말로 혼란의 연속이었다. 초등학생까지 데모에 나선다는 정도였다. 국민들은 굶주림과 헐벗음에서 헤어나지 못하고 있었다. 이때 터진 것이 5.16이다.

그런데 기가 막힌 일이 발생했다. 대권을 쥐고 있던 총리가 사라져 버린 것이다. 군인들이 눈에 불을 켜고 나서서 찾았다. 드디어 3일만에 어느 수녀원 골방에 꼭꼭 숨어있는 것을 발견한 것이다. 세계적 웃음거리가 되었음은 물론이다. 그의 집권기간이 단 1년에 그쳤다는 것이 어쩌면 국가적으로는 다행인지도 모른다.

소노품이 될 것을 알면서도 달콤한 유혹에 빠져 추락하는 것. 좌뇌인 어른들이 인생 후반기에 이런 일을 적지 않게 당한다. 좌뇌아이들은 방패가 필요하다. 좌뇌어른들은 그늘이 필요하다. 욕심을 버리고 그 그늘에서 이름 하나만 빛내는 것이 좋다. 타입 4 어른에게 그늘을 만들어주는 나무란 사회봉사일 수도, 후진양성일 수도, 노블리스 오블리주일 수도, 질서잡기를 위한 솔선수범일 수도 있다.

이것도 역사의 반복인가? MB는 기업인 시절 샐러리맨의 신화였다. 그의 투철한 책임감과 정확함, 승부욕 덕분이었다. 정 회장이 그를 작심하고 키웠다. MB는 승승장구했다. 불도저란 별명도 이 때 얻었다. 좌뇌인은 뒤에 누가 받쳐주고 있을 때, 방패가 있을 때 가공할 능력을 발휘한다. MB가 정 회장 같은 큰그릇을 만난 것은 정말 행운이었다. 그는 정 회장이라는 배를 타고 갑판장도 지내고 선장도 지냈다.

MB가 서울시장이 되었다. 이때는 이미 정 회장의 그늘을 벗어난 때

대통령도 뇌를 알면 앞길의 예측이 가능하다. 이승만, 박정희, 김대중은 타입 3다. 이들은 좌우뇌 균형발달인답게 합리성과 강한 추진력을 갖추었다. 확신에 대한 자신감이 너무 커서 독재성향을 보인 것이 흠이다.
전두환, 김영삼, 노무현은 타입 2, 우뇌인이다. 이들은 개혁성향이 강하나 너무 저돌적이어서 불필요한 부작용을 키웠다. 국민들에게 칭찬 받기를 그토록 원했으나 듣지 못한 것도 공통점이다.
장면, 노태우, 이명박, 박근혜는 타입 4, 좌뇌인이다. 특히 노태우, 이명박은 재임 5년 동안 국민들에게 좋은 기억을 남기지 못했다. 통치력 부족일 것이다. 이들에게는 제갈량이나 장량처럼 스승같은 참모가 있어야 했는데 그렇지 못한 것 같다.

다. 그렇다고 민둥산 정상에 혼자 섰던 것도 아니다. 서울시장은 큰 자리이기는 하지만, 무대 위에 혼자 서야하는 자리는 아니다. 조명이 강력하기는 하지만, 군무를 추거나 합창을 하는 자리다. 방패도 있었고 그늘도 있었다. 그는 불도저를 계속 몰았고, 성공했다. MB에게는 이것이 능력을 발휘할 수 있는 마지막 자리였다.

MB가 대통령이 되었다. 민둥산 꼭대기에 홀로 선 것이다. 좌뇌인은 이런 위치가 되면 위축된다. 자동으로 위축된다. 그러나 그는 영원한 불도저가 되고 싶었다. 가능해 보였다. 그러나 그의 뇌는 속일 수 없었다. 지혜롭고 자신에 차있던 사람이 위축되니 어처구니없는 실수가 나왔다. 대국민사과, 또 실수, 또 대국민사과가 반복되었다. 이 역시 그의 뇌 탓이다.

좌뇌인은 방패나 그늘이나 기댈 언덕이 필요하다. MB가 임기 5년

차에 접어들며 '역사상 최악의 대통령'이라는 평가를 받는 것은 기댈 언덕이 없었기 때문이다. 장면 총리와 같다. 다만 장면 총리는 재임 1년만에 밀려났기에 '최악'을 면하는 행운을 잡은 것이다.

MB 이전까지, 우리나라에 타입 4 대통령이 딱 세 분이다. 장면 총리와 노태우, MB다. 노태우 전 대통령 역시 재임시절 그의 별명답게 무사안일로 나라를 방치했다. 다음 대통령은 어떤 분이 될까? 다시 좌뇌인 대통령이 나오게 된다면, 땡볕에 그늘을 만들어주는 나무를 꼭 곁에 두실 것을 권해 드린다. 타입 4 대통령은 혼자 국가대사를 좌지우지하는 두뇌능력이 턱없이 부족하다.

## 고지식하고 책임감이 강하다 : 어지러운 세상을 어지럽지 않게

H는 필자가 출강하던 대학의 교수다. 좌뇌인답게 학생들 사이에서는 깐깐한 분으로 정평이 나있다. 학기 내내 결강은커녕 조금 일찍 끝내주는 일도 없다. 꼬박꼬박 출석을 불러서 학칙대로 평가에 반영한다. 학점도 짜다. 그래도 학생들은 빠짐없이 H 교수의 과목을 신청해 듣는다. 들어야 실력이 늘기 때문이고, 취직시험에도 도움이 되기 때문이다.

필자는 학생들 간청에 못 이겨 딱 한 번 야외수업을 한 적이 있다. 요즘 야외수업이란 뒷동산 나무그늘에서 하는 수업이 아니다. 대폿집에 모여서 막걸리에 빈대떡 뜯는 시간이다. 필자는 네 시간짜리 수업 중 두 시간은 정상수업하고 나머지 시간 야외수업을 허락했다. 물론 필자도 갔다. 학생들을 좀 더 가까이에서, 포장되지 않은 상태로 파악하고 싶은 욕심이었다. 나름 성공적이었고, 조금 먼저 일어나면서 거금(?)도 쾌척했다.

학생들은 이 경험이 상쾌했을 것이다. 유난히 졸리던 봄날, H 교수에게도 졸랐던 모양이다. 필자의 경우를 사례로 들어가면서. 그리고 혼줄이 빠지도록 야단만 맞았다고 한다. 깐깐하고 고지식한 교수님이 그 아까운 시간 중 한 시간이나 할애해서 무엇이라 야단을 쳤을지는 독자들의 상상에 맡긴다.

실패담을 들려주는 학생들에게 필자도 일갈했다. 나무에 올라가서 생선을 잡겠다면 잡혀지냐? 필자 같은 사이비(?) 교수에게나 통하는 일을 원칙대로, 아니 남보다 더 잘 하려는 분에게 요구하면 먹히겠냐? 자네들이 평준화 고등학교를 다녀서 교수도 평준화시키려고 하는 거냐? 사람은 다 다르다. 똑같이 취급하지 마라. 알것냐? 네에엡. 필자는 다음 학기에도 두 시간을 야외수업에 할애했다.

좌뇌인의 고지식함이나 책임감은 이 사회를 지탱하는 한 축이다. 좌뇌인은 우리들에게 행복을 가르치고 있는 것이다.

## 과장하지 않으나 옹고집이다 : 거대한 저장능력의 강점과 취약점

타입 4나 5는 과장이라는 것을 모른다. 말로 과장하는 일도 없고, 행동으로 오버하지도 않는다. 재미있고 우스운 것을 보아도 꼭 그만큼만 웃고 박수칠 뿐, 더 크게 하하거리지 않는다. 그래서 감정표현이 적다, 무뚝뚝하다는 소리를 듣는다. 남녀가 마찬가지다.

치장도 즐기지 않는다. 여성들은 일단 얼굴화장을 별로 하지 않는다. 있는 대로 보여주면 되지 않느냐는 거다. 남에게 실제보다 더 잘 보여줄 필요성을 못 느끼는 거다. 우뇌여성은 매일 짙은 화장이 당연지사이지만, 좌뇌여성은 옅은 화장조차 일주일에 한두 번 할지 말지다. 좌뇌남성 중에는 일 년 내내 스킨이나 로션을 한 번도 안 바르는 사람이 흔하다. 우뇌남성이 사우나 갈 때조차 자기 화장품을 가지고 다니는 것에 비하면 천지차이다.

집안 치장도 마찬가지다. 정리정돈 잘 하고 깨끗이 하는 게 전부다. 투박해 보일 정도다. 일부러 돈 들여서 알록달록, 화려하게 꾸미질 않는다.

타입 4 여성들은 대개 가슴이 a컵 이하다. 그래도 가짜 가슴을 차는 일이 드물다. 부풀려 보이려는 노력을 하지 않는 것이다. 필자는 여름철마다 이를 확인해서 통계자료로 삼곤 하는데, 정말 예외가 없었다. 반면에 우뇌여성은 열 중 아홉이 여름에도 땀나는 것을 무릅쓰고 크게 보이려 애썼다. 필자가 소개팅을 주선한 일이 있었는데, 타입 4 아가씨가 노브라였다. 하필 한여름이라 절벽이 한눈에 들어와서 필자가 민망할 정도였지만, 사실은 그게 옳았다. 이게 타입 4의 사고방식이다. 잠깐 좋게 보이려고 눈속임할 필요가 없는 것이다. 나중 우뇌총각은 그 점에 점수를 더 준다고 했다.

타입 4 남성들은 옷에 크게 신경을 쓰지 않는다. 깨끗하게, 없어 보이지 않게 노력만 할 뿐, 멋은 남의 일이다. 수수하게, 평범하게 입는 것이 원칙이라면 원칙이다. 화장하지 않는 타입 4 여성과 마찬가지 개념이다.

타입 4나 5는 왜 치장하지 않을까? 왜 과장하지 않을까? 저장을 위주로 하는 뇌 때문이다. 좋은 창고란 저장품이 변하면 안 된다. 긴 것을 저장했으면 긴 대로 있어야 하고, 둥근 것을 저장했으면 둥근 대로 있어야 한다. 이것이 변한다면 창고가 아니라 주물공장이다. 저장기능의 첫째는 저장된 그대로를 변하지 않게 보존하는 것이다.

자신의 뇌가 이런 특성을 가졌는데 자신을 달라보이게 할 이유가 없다. 다르게 보이는 것은 금기사항이다. 그래서 좌뇌인은 있는 그대로 보여주려고 한다. 행동은 뇌 구조의 반영이다.

속담에, 여자가 한을 품으면 오뉴월에도 서리가 내린다고 한다. 뇌과학이 발달하면서 이 속담은 이제 고쳐야 할 운명이 되었다. 여자가 아니라 좌뇌인이 한을 품으면…이 정확한 까닭이다. 우뇌여성은 누구를 싫어하거나 미워할지언정 한을 품는 일이 매우 드물다. 게다가 잘 잊는다.

남자건 여자건, 좌뇌인은 한을 품는다. 못 잊기 때문이다. 특히 억울한 것, 배신당한 것, 반복적으로 조롱당한 것, 철저히 이용당한 것 등은 절대 잊지 못한다. 자꾸 그 기억이 되살아나기 때문에 심한 갈등을 겪는다. 갈등을 겪다보면 언젠가는 혼내줄 기회를 찾게 된다. 명예회복을 벼르게 된다.

타입 4, 5가 한을 품는 것은 양면성을 갖는다. 긍정적으로는 자기발전의 원동력이 된다. 명예회복을 위해 특별한 노력을 기울이는 까닭이다. 그야말로 죽기로 실력을 배양하는 것이다. 돈을 많이 모으던지, 다른 어떤 파워를 구축하던지, 하여튼 목적이 분명한 삶을 살게 되는 것이다. 그러나 뜻대로 안 될 경우 심한 자괴감으로 인한 우울증에 빠지기도 한다. 좌뇌인에게 우울증이 많은 이유다.

## 공교육이 아이 뇌를 다치게 하다니

학기 초마다 초딩 학부모의 가장 큰 관심사는 담임이 누가 되느냐?이다. 왜 그럴까? 초등학교 교사 중에도 '적폐인물'이 많기 때문이겠지. 초등 담임은 그야말로 아이들의 생사화복(生死禍福 : 살고, 죽는 것, 불행, 복 받는 것)을 쥐고 계신 분들이다. 이 책 195~6쪽에서도 한 남학생의 불운을 자세히 소개했다. 그가 뇌를 다치고 '모자라는 인생'을 살게 된 것은 순전히 초등 1학년 때의 담임 선생님 때문이었다.

A양은 초2 선생님이 운명을 갈랐다. 마치 적폐해소(?) 하듯이 이 아이를 집중적으로 훈육했다. 왜 그러느냐? 좀 더 잘해라. 성의가 없다. 멍 때리지 마라, 수업 끝나면 남아라…. 결국 초3이 된 A양은 그 '검사스러운' 담임에서 벗어나기는 했지만, 뇌에 이상증세를 보이기 시작했다.

선생님들이 왜 이럴까? 선생님들 심성이 사납기 때문일까? 꼭 그렇지는 않다. 극히 일부다. 다만, 그들에게 그럴듯한 명분이 주어진다는 점이다. 학기 초마다 같은 학교 교사들 사이에서는 이런 대화가 흔하다. B선생, 그 반이 왜 그리 시끄러워? 보름이나 지났는데 아직 장악이 안 되는 거야? 한두 놈만 시범적으로 혼을 내라고. C선생, 유하게 하면 안 돼. 머리 꼭대기에 올라앉는다고. 그러다간 만날 평교사야….

한 반을 24명으로 잡자. 이 아이들 구성 비율은 우뇌 : 균형 : 좌뇌 = 12명 : 6명 : 6명이다. 장악이 잘 안 되는 아이들이 최소한 12명이라는 뜻이다. 교사는 누구일까? 교사의 절대 다수는 좌뇌인이다. 왜 그럴까? 성적 좋은 사람만 뽑았기 때문이다. 교사 10명 중, 우뇌 : 균형 : 좌뇌 비율은 2 : 1 : 7이었다.[*]

중고등 시절 성적 좋았고, 얌전하고, 융통성 없는 인물이 장악에 능한 교사가 될까? 천만에다. 좌뇌인은 조직의 한 사람으로 장악을 잘 당해(?) 줄지언정, 남을 유연하게 통솔하는 일에는 아주 서투르다. 그래서 비교육적인 비방(?)을 활용하게 되는 것이다. 앞의 두 선생님처럼, 과도하게!!

문제점은 간단하다. 1. 한 반 학생이 너무 많다. 2. 교사 중 좌뇌인이 너무 많다. 이 두 가지만 해결하면 된다. 비용이 많이 들 일도 아니다. 공교육은 어떠한 이유로도 아이들 머리를 다치게 해서는 안 된다.

[*] 2011년 GG브레인파워연구소, 조사대상 : 강원지역 현직 초등교사 850명

좌뇌인은 왜 한을 품을까? 이 역시 거대한 저장능력과 장기기억력 때문이다. 게다가 이 창고는 서늘하다. 냉기가 감돈다. 하하 웃어넘길 수가 없는 것이다. 하고 싶어도 뇌가 허락하지 않으니 할 수 없다.

2000년대 초, 필자가 산골 오지에 은둔하며 저술에 몰두할 때다. 암으로 6개월 선고를 받은 분이 내가 사는 근처로 왔다. 신선한 공기 마시며 편안히 살다가 가겠다는 것이었다. 50대 중반이고, 타입 2였다. 사람도 별로 없는 곳이라 둘이 금방 친구가 되었다. 그는 우뇌인답게 귀가 얇았다. 그러나 그는 귀 얇은 덕을 톡톡히 보았다.

뇌 속 신경전달물질은 수십, 수백 가지다. 그 중 암세포를 골라 죽이는 물질이 있는데, 그 성능이 항암제의 10,000배쯤 된다. 반면에, 항암제는 암세포뿐이 아니고 다른 건강한 세포까지 죽이는 등 부작용이 심하다. 암은 나았는데 사람이 죽는 경우도 생긴다. 그러나 뇌 속에서 생산되는 '암 킬러'는 딱 암세포만 죽인다. 그것도 만 배나 빠르게, 그리고 정확하게.

문제는 뇌가 '암 킬러'를 아무 때나 생산하지 않는다는 점이다. 여건이 조성되어야 생산한다. 그리고 정확한 여건조성 방법은 아직 아무도 모른다. 마침, 필자는 오래 전부터 여기에 관심을 갖고 연구하는 중이었다. 이 때 6개월 선고받았다는 환자가 오자 정말 반가웠다. 실험대상이 생긴 까닭이다. 오해는 없으시기 바란다. 약물을 투여하는 것이 아니라 말로 하는 치료다. 어디를 째는 것도 아니다. 의료사고가 생길 확률은 제로다.

더 다행인 것은 그가 필자의 제안에 적극 호응했다는 점이다. '새로운' 치료법에 그의 우전두엽이 반색했을 것이다. 그와 이틀에 한 번꼴로 만났다. 그 때마다 '암 킬러' 생산을 위한 여건조성 노력을 기울였다. 그 세세한 방법은 여기에 쓰지 못한다.

그러기를 6개월. 선고받은 기간이 다 지났는데도 그는 살아 있었다. "어? 나 왜 안 죽어?" 서울에 가서 사진을 찍고왔다는 그는 희색이 만면이었다. 암세포가 절반 이상 죽었다는 것이다. 아무런 약도 쓰지 않고 그냥 먹고 자기만 했다니까 담당의사가 그리도 난감해 하더라는 것이다. 우리는 또 깔깔대고 웃었다. 1년 반쯤 되었을 무렵 암세포는 흔적도 없이 사라졌다고 했다. 그는 지금 70을 넘기고 있다.

필자가 얼마나 환호작약했을지 짐작되실 것이다. 불치의 병을 말로 고치다니!! 이제는 이걸로 먹고살아도 되겠구나!! 아니 세계적 거부가 되는 것도 시간문제로구나!!

필자는 그 후 비슷한 기회가 세 번 더 있었다. 그러나 모조리 실패했다. 몇 개월 정도 연장시킨 것이 고작이었다. 참담했다. 왜 안 될까? 이유가 밝혀졌다. 세 명 모두 타입 4였다.

좌뇌어른은 대개가 옹고집이다. 나이를 먹을수록, 아는 것이 많을수록, 어떤 힘을 가졌을수록 더 심하다. 실패한 세 사람이 다 그랬다. 말로는 "아, 예, 그러지요." 하면서 하라는 대로 하질 않았다. 아마도 머릿속에서는 "웃기지 마라. 나도 너 이상의 암 박사다." 할지도 모른다. 이렇게 되면 머릿속에서 '암 킬러'는 절대 생산되지 않는다.

어린아이 시절 그리도 말을 잘 듣더니(128~131쪽 참조) 어른이 되며 왜 저토록 옹고집으로 변할까? 요약하면 어릴 때는 창고가 채워지지 않았기 때문이었다. 어른이 되면 그 큰 창고가 다 채워진다. 지혜로워진다. 확고한 기준이 선다. 자연히 잔소리가 많아진다. 수다 떠는 잔소리가 아니다. 세상을 어떤 식으로 살아야 한다던가, 우리 집 전통은 어떤 것이라던가, 소신껏 살아야 한다던가… 그런 것들이다. 창고에 채워진 내용의 핵심사항들을 이것저것 얘기해주는 것이다. 게다가 그 창고는 서늘하다. 냉철하다는 뜻이다. 이만하면 옹고집의 조건을 모두 갖추지 않았는가?

## 세상 질서를 지키는 사람들 : 많아 보이지 않으나 많은 역할

좌뇌인은 조용하다. 느리다. 나서서 설치지 않는다. 그래서 존재감이 크지 않다. 그러나 자세히 보면 사회 요소요소에 좌뇌인이 포진하고 있다. 인구비례로 보면 100명당 26명 수준이지만, 느낌으로는 그보다 훨씬 적어 보인다. 좌뇌인이 없다면 조직이 굴러가질 않는다. 설치는 사람, 덜렁거리는 사람, 반대를 일삼는 사람만 있는 조직이 온전하겠는가? 단결이 안 된다. 콩가루 집안이다.

좌뇌인 중에 우선 타입 5, 즉 극좌뇌인을 보자. 타입 5는 일명 천재과(科)다. 1,000명 중 1~2명꼴인데, 수학이나 과학 천재들이 대부분 여기에 속한다. 서 있을 자리만 있다면 지구를 들어 보이겠다던 아르키메데스, 유레카의 원조인 그는 미적분의 아버지로도 불린다. 만유인력의 법칙을 발견한 아이작 뉴턴, 비폭력 독립운동을 이끈 마하드마 간디도 타입 5다.

세계 7대 수학난제로 100년간 풀리지 않던 푸앵카레 추측을 풀어낸

러시아의 그레고리 페렐만도 타입 5다. 그는 100만 불의 상금을 거절하고 노모와 함께 바퀴벌레가 득실거리는 연립주택에서 은둔생활 중이어서 더 유명해졌다. 세계 내노라하는 수학자들이 300년 넘게 매달려온 문제를 증명한 앤드루 와일즈 역시 타입 5다. 그는 페르마의 마지막 정리를 증명했으며 현재는 미국 프린스턴 대학 교수다.

IQ 천재들은 대부분 타입 5다. 13세 때 수학 올림피아드에서 금메달을 딴 테렌스 타오는 IQ 230으로 기네스북 1위다. 16세 때 NASA의 화성 관련 프로젝트에 참여한 크리스토퍼 히라타는 IQ 225로 세계 2위. 그리고 IQ 210으로 12세에 NASA 선임연구원이 된 한국의 김웅용 씨도 타입 5, 즉 극좌뇌인이다.

건국대가 채용했던 소녀교수 알리사 사버는 당시 18세로 기네스북 기록을 갈아 치웠다. 초등학교 때 IQ를 측정했더니 '측정 불가' 판정을 받았고, 10세 때에 대학에 입학하여 14세에 졸업했다. 그녀도 극좌뇌인이다.

기네스북에 세계 10대 천재로 오른 이들은 전부가 타입 4-B이거나 타입 5이다. 왼쪽 윗 줄부터 스티븐 호킹, 김웅용, 폴 앨런, 릭 로스너, 게리 카스파로프. 아래 왼쪽부터 앤드루 와일즈, 주디스 폴가, 크리스토퍼 히라타, 테렌스 타오, 제임스 우즈이다. (출처 수퍼 칼라스)

상대성 원리를 완성한 아인슈타인은 극좌뇌에 극우뇌가 복합된 인물이고, 영국의 이론물리학자로 루게릭병에도 불구하고 블랙홀 등의 우주 연구에서 독보적 업적을 남긴 스티븐 호킹은 극좌뇌인이다.

　타입 4-B는 강한 좌뇌인이다. 우리나라에도 4-B로 잘 알려진 인물들이 있다. 임지순 서울대 석좌교수는 세계적으로 인정받는 고체물리학자이다. 노벨상에 가장 근접해 있다는 그는 경기고 수석졸업-예비고사 전국수석-서울대 수석입학으로도 유명하다. 한국인으로는 세 번째로 미국과학학술원(NAS) 종신회원이 되었다.

　신희섭 한국과학기술연구원 뇌과학연구소 소장 역시 강한 좌뇌인으로 미국학술원 회원이며, 우리나라 과학기술부가 선정한 제1호 국가 과학자이다. 윤송이 박사도 강한 좌뇌인이다. 그녀는 서울과학고를 2년 만에 졸업했고, KAIST를 수석으로 나왔다. 아무리 빨라도 6년 걸린다는 MIT 미디어랩을 3년 6개월 만에 끝내고 24세에 최연소 여성 박사가 된 인물이다. 타입 4-B의 닉네임을 R/D Type으로 붙인 뜻이 이해되시 터이다.

　그 밖에도 마이크로소프트사를 창업한 빌 게이츠, 정치인으로는 가장 많은 존경을 받는다는 이춘구 전 내무장관도 4-B다.

　참, 빠트릴 수 없는 4-B가 있다. 해마다 수학올림피아드에 출전해서 상위 입상하는 청소년들. 이들도 모두 강한 좌뇌인이다. 일부는 성장해가는 동안 극좌뇌인 대열에 합류하겠지만. 2013년에는 전 세계 100개국에서 548명이 참가했는데, 우리 참가자 6명은 전원이 금메달을 차지해 한국을 처음으로 종합 1위에 올려놓았다.

　금메달의 주인공은 김동률(서울과학고 1학년), 김동효(서울과학고

3학년), 문한울(세종과학고 2학년), 박성진(서울과학고 2학년), 박태환(서울과학고 3학년), 장재원(서울과학고 3학년, 이상 당시 학년)이다. 특히 15세의 김동률 군은 총 42점 만점에 40점을 받아 전체 개인 성적 순위 2위이자 최연소 금메달리스트가 되었다.

타입 4-A는 좌뇌가 강하지만 우뇌도 적잖이 발달한 사람들이다. 고등학교 시절 전과목 성적이 고르게 잘 나오는 우등생이다. 대학은 주로 의대-간호대-약대-생명과학 계열이나, 경상대-법대 계열, 그리고 교직계열로 진학한다. 사회에 나와서는 의사, 공무원, 교사, 교수, 연구직, 그밖에 큰 조직의 일원이 된다. 그래서 그들은 탐스러운 열매를 선사하는 꽃, Seed Flower Type이다.

타입 4는 어느 자리에나 꼭 있어야 할 사람이다. 그들이 있어야 세상이 건강하고, 우리가 서로 행복할 수 있다.

● 뇌과학자가 쓰는 육아서 - 총론

# Chapter 5
# 도대체
# 정체가 뭐야?
# 타입 3

이 아이가 아이인지 어른인지 헷갈리게 만들던 아이. 천진난만하기도, 천재 같기도, 천치 같기도 하던 아이. 부모님이나 선생님을 손바닥에 올려놓고 미소짓던 중학생. 다재다능하지만 어느 한 가지에 특별하게 뛰어나지는 못하던 고등학생. 어느새 조정자 입장에 서있는 사람. 어느 새 자신의 말에 권위를 인정받게 된 사람. 주위 사람을 승복시키는 사람.
이들이 모두 타입 3이고, 별칭 CEO Type으로도 불린다. 현재는 한국민의 4분의 1 정도가 이들. 우리의 절반쯤을 차지하게 되는 날, 한국민도 미국 못지않은 세계적 지배력을 갖게 될 것이다. 우리 자녀 세대에 이런 장관을 볼 수 있다면 얼마나 행복할까?

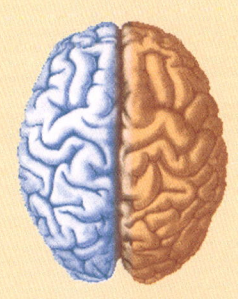

## Chapter 5
## 도대체 정체가 뭐야? - 타입 3

1. 뇌들보 (Corpus Callosum)
2. 초등 5학년 이전
3. 초등 6학년~중학생
4. 고등학생~성인

3장에서 우뇌인, 4장에서 좌뇌인의 특징을 설명했다. 왜 균형발달인의 특징을 제일 뒤로 미루었을까? 이유가 있다. 균형발달인은 우뇌인의 특징도 갖추고 좌뇌인의 특징도 갖고 있다. 양쪽의 특징을 미리 알고 있으면 균형발달인을 이해하는데 도움이 된다.

그렇다고 균형발달인이 양쪽의 특징을 전부 갖고 있는 것은 아니다. 양쪽의 특징 중 전혀 갖고 있지 않은 것도 많다. 반면에, 우뇌인, 좌뇌인 어느 쪽에도 없는 새로운 특징을 갖고 있기도 하다. 그래서 균형발달인은 좀 복잡하다.

독자들 중에는 의아한 분이 계실 것이다. "3장, 4장에서 뇌들보 얘기가 전혀 없었다. 왜 그렇지?" 만약 이런 의문을 갖고 계신 독자라면 정말 뛰어난 분이다. 필자의 연구소에 연구원으로 모실 의향이 있다. 좌뇌인이나 우뇌인에게는 뇌들보의 역할이 그리 중요하지 않다. 앞에서 거론하지 않은 이유다. 그러나 균형발달인은 좌뇌, 우뇌가 모두 발달해서 뇌들보의 역할이 대단히 중요하다. 앞으로 충분히 설명할 것이다.

타입 3란 좌우뇌비가 비슷한 사람들이다. 뒷 면의 표를 보자. 가운데 파란색과 주황색이 만나는 부분, 즉 초록색으로 표시된 부분에 속하는 사람이 균형발달인이다. 좌우뇌인, 또는 양뇌인이라고 부르는 이들도 있는데, 그보다는 균형발달인이 합리적 표현으로 생각된다. 필자는 '균형발달인' 또는 '타입 3'라고 부르겠다.

> **균형발달인 (타입 3)의 좌우뇌 비율**
> 45:55 ~ 50:50 ~ 55:45

숫자로 말해보자. 타입 3란 좌우뇌 발달 비율이 45:55 이상 55:45까지인 사람이다. 앞에서도 설명한 것처럼, 숫자로 표시하는 좌우뇌 비율은 필자가 임의로 설정한 기준이다. 머지않아 이 기준이 세계의 기준이 되리라 믿는다.

한국인 두뇌타입 구분

| 타입 1 | 타입 2 | | 타입 3 | 타입 4 | | 타입 5 |
|---|---|---|---|---|---|---|
| | 2-B | 2-A | | 4-A | 4-B | |
| GG | E/A | BF | CEO | SF | R/D | GIQ |
| 4.1% | 46.4% | | 23.5% | 25.9% | | 0.1% |

타입 3는 대기만성형이다. 좌뇌인도 늦되기는 마찬가지지만 큰그릇이라고 하기에는 무리가 있다. 그래서 균형발달인만 대기만성형이라고 부른다. 늦되고 나중에 큰 인물이 많이 나온다. 이러한 범주에 속하는 사람은 23.5%다.

타입 3가 왜 대기만성이라고 할까? 우선 만성(晩成=늦되는)의 이유를 꼭 알아야 한다.

타입 2는 성취가 빠르다. 초등학교 입학 전부터 피아노를 열심히 쳤던 조성진 씨는 지금 20대의 나이에 피아노에 관한 한 세계적 인물이 되었다. '열심히'를 정확히 말하기는 어렵다. 대충 하루에 피아노를 15시간 정도씩은 치지 않았을까 싶다.

역시 어려서부터 얼음판 위에서 살다시피 했던 김연아 씨는 피겨스케이팅에 관한 한 모든 것을 이루었다. 20대 중반일 텐데, 벌써 은퇴 후를 구상 중일 것이다.

타입 4도 마찬가지다. 일류대학을 나오고, 20대 후반에 박사가 된다. 30대에 강단에 서서 후진들을 가르친다. 연구 업적도 이때에 활발하게 발표된다.

타입 3는 어림도 없다. 40대, 50대까지도 자신의 '밥벌이 종목'이 무엇인지 모르는 사람이 대부분이다. 좁은 분야를 깊이 파지 못하기 때문이다. 여러 분야를 섭렵해야 하고, 얕더라도 넓게 알려는 뇌특성 때문이다. 그래서 늦되지만, 크게 된다.

세계 뇌과학자들은 좌우뇌에 관해 다음과 같은 결론에 도달해 있다. 제2장 마지막 부분에서 보았지만, 핵심만 다시 한 번 정리한다. 지금까지 잘 알려지지 않았던 사실이고, 또 워낙 중요한 얘기이므로 잘 기억해두시기 바란다.

- 좌뇌와 우뇌는 '이원적으로 운영'된다.
- 우뇌는 '새로운' 정보를 처리하고, 좌뇌는 '익숙해진' 정보의 숙련도를 높여 '저장'한다.
- 우뇌가 새로운 정보를 처리할 때는, 이미 숙련되어 저장된 좌뇌의 정보를 바탕으로 한다.

# 01
# 뇌들보
# (Corpus Callosum)

한 쪽 뇌가 편중 발달한 사람에게는 뇌들보의 역할이 그리 크지 않다. 그러나 좌우뇌가 균형발달한 사람에게는 더 없이 중요한 것이 바로 이 뇌들보다. 그래서 뇌들보를 제3의 뇌라고 부르기도 한다.

 

뇌들보는 좌우뇌를 연결하는 신경다발이다. 약 3억 개의 신경섬유로 구성되어 있으며, 좌우뇌 사이에서 초당 최대 40억 개의 메시지 전달이 가능하다. 제2장에서 밝혔다. 어느 한쪽 뇌에서 하나의 정보가 뇌들보를 통해 반대쪽으로 전달되는데 걸리는 시간은 현재로는 0.4~0.6초로 알려지고 있다. 훨씬 더 빨리 전달된다는 연구결과가 나오리라 예측된다. 재미있는 것은 좌우뇌 사이의 정보전달이 빠르기만 한 것은 아니라는 사실이다. 길면 몇 년이 걸리기도 한다. 어른이 되어도 나타나는 현상이다. 이것도 대단히 중요한 점이다. 좌우뇌간의 정보 전달이 몇 년이 걸리거나, 또는 끝내 전달이 안 될 수도 있다는 점을 함께 기억해두시기 바란다.

인간의 뇌조직은 만 3세까지 전체의 약 80%가 완성된다. 그 후 12년간 나머지 20%가 완성된다. 상당히 어릴 때 주요 조직이 다 만들어지는 것이다.

그러나 뇌들보는 늦다. 만10~11세가 되어야 조직이 완성된다. 뇌들보 기능이 정상화되는 것은 당연히 그 이후다. 초등학교 5~6학년 정도로 봐야 한다. 균형발달인에 있어 뇌들보가 제대로 기능하고 있느냐 아니냐는 대단히 중요하다. 좌뇌와 우뇌가 비슷하게 발달하였으므로 주고받을 정보가 많은 까닭이다.

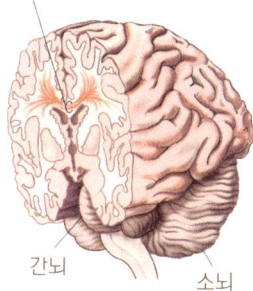

난초의 모습으로 좌뇌와 우뇌 양쪽에 걸쳐 있는 것이 뇌들보다 (진한 주황색). 좌우뇌 사이의 모든 정보교환은 이 뇌들보를 통하므로, 좌뇌, 우뇌에 이어 제3의 뇌라고 불리기도 한다.
균형발달 아이가 초등5학년 이전에 체벌 등 심한 외부 충격을 받으면 뇌들보 성장이 더디어져서 장애아로 오인되는 증상을 보이기도 한다.

좌뇌 편중, 또는 우뇌 편중인 아이들은 뇌들보의 쓰임새가 적다. 그래서 이들은 5~6세부터 좌뇌인의 특성, 또는 우뇌인의 특성을 뚜렷하게 보여준다. 뇌들보의 발달 여부와 별 상관이 없는 까닭이다.

그러나 타입 3는 다르다. 좌뇌, 우뇌는 이미 발달할 만큼 발달했다. 그러나 뇌들보가 아직 기능을 다하지 못하고 있으므로 교류가 원활하시 못하다. 뇌가 자주 혼란에 빠지는 것이다. 좌우뇌의 '부조화(In-harmony/Discordance)' 상태다. 이를 좌우뇌의 '충돌'이라고 표현하는 학자도 있는데, 알맞은 표현은 아니라고 생각된다.

균형발달인의 좌우뇌 부조화는 출생 이후부터 초등 4~5학년까지 계속된다. 일부는 6학년까지 끌기도 하지만. 따라서 균형발달인의 특성과 뇌의 부위별 작용기전은 초5 이전과 초6 이후로 나누어 설명한다. 두 기간을 비교하면, '이 아이가 그 아이가 맞나?' 하는 생각이 들 정도로 사람이 달라진다.

### 선무당에게 희생되는 타입 3 아이들

최근 2~3년 사이에 대단히 놀라운 사실을 듣게 되었다. 이 책의 초판을 쓰던 2012~13년도에도 못 듣던 일이다.

어떤 초등 저학년 아이가 너무 이상(!!)해서 어떤 상담소에 데리고 갔다. 물론 뇌를 표방한 연구소였다. 명쾌한 대답을 못 들었다. 멍 때리는 현상을 설명하지 못하는 곳도 있었다.

또 다른 곳엘 갔다. 인지능력이 바닥이라고 하더란다. 또 다른 곳엘 갔다. 아이큐가 70대라고, 경계지능이라고 하더란다.

우리 연구소 방식으로 검사해보면 그와는 다르다. '타입 3 아이인데, 아무 이상이 없다. 단, 아직 뇌들보가 미완성이라 몇 가지 엉뚱한 언행을 한다.'가 된다. 대책도 드린다. 앞으로 몇 년 동안 예상되는 언행, 대응방법, 뇌들보가 건강하게 자라도록 유도하는 방법 등을 알려드리는 것이다.

10년 쯤 전에, 어디선가 균형발달 아이들에 관한 책을 읽은 기억이 있다. 번역판이었는데, 양뇌인, 전뇌인 등으로 용어는 달랐지만 본질은 잘 설명하고 있었다.

그런데 국내 검사-상담업체들이 균형발달 아이들에 대해 왜 이처럼 무지할까? 왜 아이를 잡고, 부모는 깊은 나락으로 빠지게 할까? 대단한 수수께끼다. 슬며시 이 책을 권하고 싶기도 하지만, 오히려 김정은 같은 전투의욕을 고취하는 게 아닐까 겁이 난다.

모두, 우리 아이들이고 우리의 자손이다. 경계지능 소리는 왜 자꾸 해서 부모를 절망에 빠지게 하는지? 멀쩡한 사람 잡는 일이 없어야겠다.

## 02 초등 5학년 이전

한심한 아이들이다. 담임선생이 엄마 불러서 상담소에 데려가보라는 아이들이 이 아이들이고, 부부싸움하게 만드는 아이들이 이 아이들이다. 하루에도 몇 번씩 속깊은 소리와 바보같은 소리를 섞어서 하는 아이들. 반 아이들이 다 백점 받고 혼자 빵점 받아도 전혀 걱정을 하지 않는 아이들. 30분 전에 풀었던 덧셈, 뺄셈을 모른다고 딱 잡아떼는 아이들. 그러나 조심하셔야 된다. 이 아이들이 크면 호랑이도 되고 고래도 된다. 그 때 대접받으려면 이때에 잘 키워주어야 한다. 행복은 성질부린다고 오는 것이 아니다.

### 뒤죽박죽이다 : 기특한 짓 멍청한 짓을 적당히 섞어서

타입 2 아이들은 총명하나 산만하다고 했다. 타입 4 아이들은 느리지만 말을 잘 듣는다고 했다. 그럼 타입 3 아이들은 한 마디로 어떻게 표현될까? 솔직히 말하자면, 한 마디로 표현이 안 된다. 이 아이들은 때로 총명하기도 하고, 산만하기도 하고, 때로 느리기도 하다. 게다가 타입 2 아이들이나 타입 4 아이들에게 없는 특징이 세 가지나 더 있다. 뒤죽박죽이고, 부모를 황당하게 하고, 어슬렁거린다. 이처럼 특징이 일곱 가지나 되니 한 마디로 표현을 못하겠다고 뱃장(?)을 부리는 것이다. 그래도 기억하기 쉽게 굳이 한 마디로 정의해달라고 간청하신다면 말하겠다. 초등 5학년 이전의 균형발달 아이들은 '너~무 속터진다.' 정말 터져도 터져도 너~~무 터진다.

타입 3 아이들은 일단 학교 성적에 별 관심이 없다. 예사로 20점도 받고 0점도 받는다. 그래도 아무 걱정을 하지 않는다. 반대로 좋아하는 과목은 항상 100점이다. 그래도 크게 좋아하지도 않는다. 뒤죽박죽이라는 소리를 들을 만하다. 엄마는 방방 뛸 수밖에 없다.

그러나 엄마들이 여기서 꼭 알아두어야 할 점이 있다. 아이가 100점을 받는 것은 그 과목에 재능이 있어서가 아니다. 그 과목을 가르치는 선생님 교수법이 좋았기 때문이다. 점수가 나쁜 것은 교수법이 나빴다고 보면 틀림없다. 숙제를 해가고 안 해가는 것도 선생님의 숙제검사 방법에 달렸다.

타입 3 아이들의 머리에는 자주 이런 생각이 맴돈다. '와아, 오늘은 참 알아듣기 쉽게 가르치시네.' 아니면 '왜 설명을 저렇게 어렵게 하시지?' 어른 뺨친다. 건방지기(?) 짝이 없다. 그래도 할 수 없다. 이것이 균형발달 아이들의 머리다.

이 아이들은 부모 말을 참 잘 듣는다. 순종한다는 뜻이다. 그러나 타입 4 아이들의 순종과는 좀 다르다. 타입 4 아이들은 부모 지시를 잘 따른다. 그러나 듣지 않을 때도 있다. 부모 말이 왔다갔다 하거나, 이치에 맞지 않을 경우에는 가차 없이 따지고 든다. "지난번에는 저렇게 하라고 하더니 이번에는 왜 요렇게 하라고 하죠?" 또 아이가 하기 싫다고 한번 의사표시를 했는데도 잊고 다시 시키면, 이때도 따지고 든다. "엄마도 하기 싫은 일은 안 하면서 왜 나보고는 자꾸 하래?"

타입 3 아이들은 그렇지 않다. 무조건 순종한다. 하라면 하고 하지 말라면 안 한다. 잘 할 수 없는 것, 하기 싫은 것이라도 '해볼게요.' 한다. 그러면서 머릿속에서는 이런다. '에그, 우리 엄마를 어떻게 고쳐드려야 하지?' 이렇게 속깊은 아이가 아침에 세수하러 화장실에 들어갔는데 한참 있다가 나왔다. 세수는 안 하고 이만 닦고 나온 것이다. 무슨 생각을 골똘히 했을 것이다. 엄마가 다그치니까 '아참' 하고 다시 화장실로 들어간다. 변기에 앉더라도 그냥 있질 못한다. 동화책이라도 꼭 읽으러 한다. 그리고는 불을 안 내리고 나온다. 하루 종일 뒤죽박죽이다.

타입 3 아이들은 학교에 가서는 친구들과 잘 조잘거린다. 친구도 적지 않다. 그러나 집에 오면 학교에서 있었던 일을 좀처럼 얘기하지 않는다. 전달사항은 잘 전달하지만, 개인적 얘기는 일절 하지 않는다. 그러다가 아주 가끔 한마디 하면 엄마는 뒤집어진다. 무슨 준비물을 안 가지고 가서 수업시간에 교실 뒤에 손들고 서있었다는 얘기를 꾸역꾸역 하는 것이다.

그런데 이상하게도 엄마 눈치는 자꾸 본다. 엄마가 야단을 치지 않는데도 눈치를 본다. 이유는 엉뚱하다. 대개는 엄마가 자신 때문에 좌절감에 빠지지는 않을까, 속상해 하지는 않은가를 살피기 위해서다. 그렇다고 판단하면 엄마를 위로하려 든다. 말로 하는 것이 아니다. 슬그머니 가서 주방정리를 해놓기도 하고, 엄마가 좋아하는 TV 프로그램을 찾아서 같이 보자고 이끌기도 한다. 속이 얕은지 깊은지 알 수기 없다.

타입 3 아이들은 비가 와도 가까운 거리는 우산 쓸 생각을 하지 않는다. 그냥 뛰어가는 것이다. 왜 비를 맞느냐고 다그치면 그냥 웃는다. 때로는 재미있다고 대답하기도 한다. 학교에서 같이 놀던 친구 아이가 얼굴을 마구 때려도 그냥 맞아주는 것이 이 아이들이다. 돌아서서 눈물을 주르르 흘리기는 하지만.

이 아이들은 수업시간에는 진짜 모범생이다. 바른 자세로 앉지는 못할지언정, 선생님 설명은 정말 잘 듣는다. 그러다가 다른 아이들이 선생님 설명에 대해 별 반응을 안 보이면 일부러 질문을 한다. 썰렁해지는 것을 막기 위해서다. 선생님 질문에 아무도 대답이 없으면 대답할 마음이 없어도 대답을 한다. 대학의 조교 수준이다. 이런 건 타입 4 아이들이 죽었다 깨도 못하는 일이다.

쉬는 시간이면 아이 인기가 더 올라간다. 게임 메이커가 되는 *까닭*이다. 기왕에 하던 놀이도 더 재미있게 바꾸어서 하는 방법을 창안해 내고, 구경만 하는 아이를 놀이에 끼워 주기도 한다. 그런데 이런 아이가 무력하게 맞기만 한다면 믿어질까. 엄마는 얼마나 속터질까? 너무 뒤죽박죽이라 엄마 노릇 해먹기도 힘들다.

## 부모를 황당하게 만든다 : 어린이집과 대학교를 오가니까

타입 3 아이는 엄마를 자주 놀라게 한다. A 엄마의 외아들 a는 초등 1학년이다. A 엄마는 그야말로 완벽 엄마다. 학력 좋고, 책임감 있고, 추진력 좋고, 구사하는 어휘는 적확하고 속도도 알맞다. 인생의 황금기라는 30대 후반, 강남에 살며 보습학원을 운영 중이다. 그 보습학원에는 수강을 기다리는 대기자가 수십 명이다. 이런 칼 같은 엄마도 못

푸는 문제가 있다. 아들이다.

결혼식에 데려갔더니 나오면서 이런다. "엄마, 결혼식은 언제부터 생겼을까?" 하루는 아들 친구 두 명을 학교까지 태워준 일이 있었다. 이때 a의 친구가 자기 할아버지가 교통사고로 크게 다쳤다는 얘기를 했다. 이 말을 들은 a가 이러더란다. "야, 그때 너네 할아버지 차가 뽕~하고 하늘로 날아갔지? 그때 운전을 잘 해서 옥상에 싸악 내려앉으면 되는 건데 말야." a의 친구는 아무 대답이 없는데, a가 또 이러더란다. "야, 다른 차가 또 받으면, 그 땐 날 불러. 내가 낙하산을 들고 가서 다치지 않게 해줄게."

학교 미술시간에 동물원을 그리라고 했단다. a가 그린 그림을 보고 담임이 A를 호출했다. 그림에는 목에 쇠사슬이 걸린 사람, 짐승 굴속에 잠자는 사람, 원숭이 그네에 앉아있는 사람들이 그려져 있더란다. 동물원이 아니고 사람원이다. 놀란 A가 이 그림을 들고 전문가(?)를 찾았다. "얘는 다른 세계에 사는 아이입니다. daydream을 꾸는 것이고요, 방법이 없습니다." 하더란다. 말은 참 그럴싸하게 했는데, 뭘 알고 하는 얘기였을까? 이 아이는 균형발달 아이다. 뇌들보가 아직 완성되지 않아서 뇌가 약간의 부조화를 겪고 있을 뿐이다. 6학년만 되면 제대로 동물원을 그릴 아이다. 결코 다른 세계에 사는 아이가 아니다.

타입 3 아이들이 어른들을 황당하게 하는 것은 이뿐이 아니다. 할아버지 할머니 댁에 다니러 갔는데, 아이가 할아버지 무릎에 안겨서 이랬다. "어제 엄마 아빠가 할아버지네 집에 가자, 가지 말자, 하고 싸우셨어요. 근데 아빠가 이겨서 오늘 온 거예요." 그런가 하면, 식사 중에 엄마가 지나가듯 말했다. 저 시금치나물하고 콩나물 무침은 상하려는 것 같아 버려야겠어. 식사가 끝나고 보니 두 가지 나물무침을 아이가 다 먹어버렸다. 상하는 것 같은데 왜 먹었니? "그냥 버리면 아깝잖아요. 그래서 제 뱃속에 버렸어요." 이쯤 되면 엄마 머리가 혼란을 겪는다. 쟤가 내가 낳은 아이가 맞나? 황당하다.

이러던 아이가 하루는 아빠에게 은근하게 말했다. "아빠, 인제는 담배 끊으셔야죠." 옆에 있던 엄마가 더 놀란다. 마치 자기가 시킨 것 같다. 아빠도 부인부터 쳐다본다. 부인은 결백하지만 당장 뭐라고 부인하지도 못한다. 궁색한 아빠가 아이에게 되물었다. 왜 아빠가 담배 피는 게 싫으니? "TV에서 그러는데, 아빠는 오래 못 사시고, 가족들은 해롭대요. 가족들 병들게 해놓고 아빠 먼저 돌아가시면 안 되잖아요." 이 아이가 할아버지에게 며느리의 불효를 일러바치던 바로 그 아이인지, 전혀 다른 아이인지 엄마는 정말 황당하다.

B 엄마의 아들 b는 내년에 학교에 간다. 이 아이도 균형발달인데 좌우뇌 부조화로 혼란을 겪는 중이었다. b는 자신이 늦되는 아이라는 것을 알고 있었다. 필자가 b의 유치원 친구에 대해서 이렇게 저렇게 물었는데, 그때마다 "걔는 진짜 똑똑해요."라는 말을 잊지 않았다. 필자가 안타까워서 물었다. 너는? "저는 아직 안 똑똑해요." 앞으로 너도 똑똑해질 거다. 걱정하지 마라. "아빠도 그럴 거라고 하시는데, 엄마는 아닌 것 같다고 하세요. 저는 아빠 말이 맞는 것 같아요." 그럼, 엄마 아빠가 너 때문에 자주 싸우시니? "네, 그런데 보통은 엄마가 이기세요." 엄마가 이긴다는 말을 할 때 b의 묘한 미소를 필자는 놓치지 않았다. 뭔가 이상한 게 있구나!

B는 남편이 없을 때, 방에 혼자 들어가서 울곤 했다. b가 그 사실을

알고 있었다. 이유도 알았다. 아빠가 엄마를 심하게 야단친 다음날은 꼭 그랬다. 아빠가 엄마를 야단치는 이유를 b는 안다. b를 학원에 너무 많이 보내기 때문이었다. 당시 b는 유치원, 학습지를 포함해서 일곱(7) 가지 과외수업을 받고 있었다. 필자가 또 물었다. 그렇게 학원 많이 다니는 거 힘들지 않니? "안 힘들어요. 일요일은 쉬거든요." 성적도 잘 안 나오는데 공부하는 게 재미있니? "재미없다고 하면 아빠가 엄마 또 혼내실 텐데요."

이런 아이는 황당하다고 해야 하나, 뒤죽박죽이라고 해야 하나? 성적은 4~5세 수준인데 처신은 20세 수준이니 황당하다는 것이 더 맞을 것 같다.

어떤 초등학생이 <나와 마을>이란 제목으로 이런 그림을 그렸다고 하자. 무지한 담임선생이었다면 필경 그를 전문상담가에게 보냈을 것이다. 아이 머리가 너무 뒤죽박죽이라고. 전문가(?)는 이럴 지도 모른다. Daydream을 꾸고 있는 아이라고. 이 그림은 마르크 샤갈이 그린 것으로 세계미술사를 장식하는 작품 중 하나다.
좌우뇌가 균형발달한 아이들 초등 5학년 이전의 미리가 대개 이렇다. 머릿속 여기저기에 저장된 것은 많은데 뇌들보가 미완성이라 부조화현상을 보인다. 무지한 어른들의 눈으로 보면 엉뚱하고, 황당하고, 어리버리할 것이다. 이 아이들은 초등 6학년만 지나면 그 가족의 인물사를 장식하게 된다.

초등 2학년 남자아이와 엄마가 시골길을 걷고 있었다. 자가용은커녕 시외버스조차 하루 한두 번 오가는 비포장도로, 한여름 힌낮이있다. 엄마는 그 읍내 중학교의 선생님이셨다. 땀방울이 송글송글 맺히고, 작열하는 태양이 머리꼭지를 달구었다. 엄마가 먼저 입을 열었다.

한 10분만 가면 엄마 제자가 사는 집이 있단다. "뭐하는 집인데?" 그 아빠가 포도원을 하셔. 아들은 별 말이 없었다. 잠시 후 엄마가 다시 입을 열었다. 제자네 집에 가면 포도를 잔뜩 대접 받겠지만 특별한 일도 없는데 들리기도 뭐하다, 그치? 아들은 또 말이 없었다. 한 1~2분쯤 터벅거리며 걸었을까? 아들이 갑자기 졸라대기 시작했다. "엄마, 포도 사줘. 나 목말라, 포도 먹고 싶단 말이야." 아이가 발까지 굴러가며 졸라대는 바람에 모자는 제자네 포도원엘 들르고 말았다. 물론 융숭한 대접을 받았다.

그날 저녁 엄마가 아이를 앉혀놓고 물었다. 따끔하게 야단쳐야겠다는 마음의 준비를 하고 있었다. 너 아까 보니까 포도를 별로 먹지도 않던데 왜 그렇게 사달라고 졸랐어? "엄마가 나한테 훌륭한 제자 있다고 자랑하고 싶어하는 것 같아서." 뭐라고? 그런 일 없는데. "엄마가 그분들한테 똑똑한 아들 뒀다는 칭찬 듣고 싶어하는 것 같아서."

이 아이가 타입 3 아이다. 평소에는 네 살이나 아래인 동생 하나 못 챙겨주던 아이가 정말 이 아이인지 의심된다. 황당할지언정 엄마는 이런 아들의 말 한 마디로 부족한 남편의 사랑을 모두 채우는 것이다.

### 집중하기보다 어슬렁거린다 : 뒷짐까지 지면 영락없는 어르신

타입 3 아이들은 독서를 좋아한다. 많이 읽어치운다. 우뇌아이들 만큼 빨리 읽지는 않지만, 많이 읽는다. 부모는 행복하다. 그러나 꼭 알아둘 점이 있다. 이 아이들이 독서할 때, 그 책에만 집중한다고 생각하면 오산이다. 이 아이들은 독서를 하다가도 옆길로 잘 빠진다. 책을 읽다가 '어떤 단어'를 보면 그 단어에 연관된 다른 기억이 떠오르는 것이다. 의도적이 아니다. 저절로다. 머릿속에서는 다른 생각이 줄을 이어 떠오르고, 눈은 책을 계속 읽는다. 집중하지 못하고 어슬렁거리는 것이다. 그렇다고 부모가 걱정하실 필요는 없다. 독서 중 어슬렁거리는 것은 나름의 저장방법이요, 또 저장된 정보의 확인방법이다. 계속 행복하셔도 된다.

물론, 옆으로 새지 않는 경우도 있다. 흡인력이 워낙 강한 책을 만났을 경우다. 쉽게 말하면 잘 쓴 책이다. 그러면, 타입 3 아이가 독서를 하긴 하는데, 몰입하는지 옆으로 새는지 구별할 수 있을까? 부모가 현장에서 색출(?)하기는 어렵다. 그러나 방법은 있다. 아이가 한번 읽은 책인데 두 번, 세 번 읽는다면 이 책은 타입 3에게 좋은 책이요, 잘 쓴 책이다. 이 아이가 나중 책 내용과 관련된 일을 할 가능성이 크다.

균형발달 아이들은 집에서도 어슬렁거린다. 소파에 앉아 TV를 보면서도 주방의 엄마가 무슨 일을 하는지 샅샅이 보아둔다. 동생이 자기 방에서 무엇을 하고 있는지도 다 안다. 그렇다고 엄마나 동생에게 이러쿵저러쿵 잔소리는 절대 하지 않는다. 그냥 알고 있는 것이다. 이 아이가 움직이는 순간이 있다. 뭔가 이상이 생겼을 때다. 그렇지 않으면 계속 소파에 앉아 있는다. 몸은 가만히 있는 것 같지만 머리는 온 집안을 어슬렁대는 것이다. 이때, 아이 습성을 아는 엄마가 한 마디 한다. 너 숙제 다했니? 이 아이는 "아니요." 하고 자기 방으로 들어간다. 자기 방에 들어가서도 이 아이는 온 집안 움직임을 다 파악한다. 균형발달 아이들의 머리는 어슬렁대는 머리다.

## 멍 때린다 : 행방불명된 정보를 찾아서

어느 초등학교 선생님이 c를 필자에게 보냈다. 자신이 가르치는 1학년 여학생이었다. 엄마 C에게 물었다. 어떤 점이 걱정이 돼서 오셨습니까? "담임선생님이 그러시는데, 애가 수업시간에 계속 멍 때린대요." 필자는 그때 멍 때린다는 말을 처음 들었다. 그게 무슨 뜻이죠? "바보처럼 멍하니 하늘만 쳐다보고 있다고요." 수업시간 내내 그런답니까? "그런가 봐요. 우리 집 족보에는 이렇게 멍청한 애가 없었다고 하시던데…"

c와 단둘이 얘기를 시작했다. 100분 토론(?)이었고 필요한 모든 정보를 다 얻을 수 있었다. c는 멍청하기는커녕 모르는 게 없었다. c는 균형발달 아이였다. 만6세니까 뇌들보 조직이 완성되려면 아직 멀었다. 우뇌가 '새로운' 정보를 처리해서 좌뇌에게 보내기는 했는데, 이게 어디로 갔는지 찾을 수가 없다. '새로운' 정보를 만나면 과거에 저장한 정보를 바탕으로 처리해야 하는데, 이게 제때 제때에 나와주질 않는다. 어디 갔지? 왜 안 나오지?

어느 3학년 여학생이 상당히 정확하게 표현했다.

"수업 중이었는데요, 머리가 멍~하면서 저도 모르게 딴생각이 들어요. 어릴 때 있었던 일이 갑자기 생각나는 거예요. 며칠 전까지도 생각이 안 나서 애쓰던 것이거든요. 이게 생각이 나니까 그동안 안 풀리던 것들이 하나씩 풀리기 시작해요. 아주 느릿느릿하게요. 이럴 때는 선생님 말씀이건 뭐건 아무 것도 안 들리죠."

어릴 때 일이 갑자기 생각난다고 했는데, 생각났던 것을 하나만 얘기해줄래?

"자세히는 모르겠어요. 그런데 뭔가 생각이 나면 저는 되게 반가워요. 잃어버렸던 신발 한 짝을 찾은 것 같기도 하고요, 잠겼던 제 책상 서랍이 열린 것 같기도 해요. 안 열리던 서랍을 몇 달 만에 열게 되면 거기엔 제가 아끼는 여러 가지 물건들이 많이 있잖아요? 그거 하나씩 보노라면 얼마나 재미있는데요."

다른 모습으로 멍 때리는 학생을 보자. d 역시 3학년 여학생으로 겨울방학 때 얘기다. 평소에 d는 배려심이 좋아 상대방의 기분을 상하지 않게 말하고, 선생님을 아주 편하게 해주는 아이다. 너무 욕심이 없어 보여서 엄마 D가 걱정을 했는데, 실은 대단한 야망을 가지고 있다는 것도 알게 되었다.

그런데 겨울방학이 되면서 d가 달라졌다. 자주 힘들다고 하면서 그토록 좋아하던 피아노, 미술 학원을 쉬려고 했다. 아예 끊으라고 하니까 그냥 오늘만, 또 한 번만, 이러면서 쉬고 싶다는 말을 반복했다. 한 번씩 혼자 울기도 했다. 어느 날은 결심했다면서 열심히 청소하고, 숙제하고, 공부하고, 책도 읽었다. 또 어떤 날은 피곤하다고 잠을 늘어지게 자다가, 한숨 쉬다가, 원래 느린 아이가 더 느릿느릿 움직였다. 이유는 자기도 모르겠다고 했다. 정말 마음은 그게 아닌데, 책상 앞에 앉아 있는 것이 이상하게 안 된다는 것이었다. 멍 때리고 있다는 아이의 머릿속 상황이 조금은 이해되시리라 믿는다.

초등 4학년 이전 균형발달 아이들의 뇌들보 사진(190쪽)과 같은 상태라고 보면 된다. 뇌들보 조직이 아직 완성되지 않았으니 끊어진다리나 마찬가지다. 우뇌에서 무엇인가 새로운 정보를 처리해서 넘겼다. 그런데 넘어갔는지, 가고 있는지, 물에 빠졌는지 모르는 것이다. 혹 2~3년이 걸려서 넘어갈 수도 있을 것이다. 돌아오는 것도 마찬가지다. 새로운 정보를 처리하려면 이미 저장해둔 정보를 활용해야 하는데, 그것이 잘 안 되는 것이다. 넘어오고 있는지, 물에 빠졌는지, 애당초 저장이 안 된 건지, 알 수가 없는 것이다.

타입 3 아이들의 뇌 속에서 이런 혼란이 일어나고 있으니 아이가 멍때리게 된다. 이런 현상을 그저 사춘기 증상으로 치부해버리는 부모도 있는데, 잘못이다. 완성되지 않은 뇌들보 조직이 빨리 완성되도록 도와주어야 한다. 돕는 방법을 모른다고? 간단하다. 아이를 믿고 격려하기만 하면 된다.

좌우뇌를 연결하는 다리가 뇌들보인데 대개는 만10~11세에 완성된다. 그래서 균형발달 아이들이 4학년 이전에 배운 것들은 머리 속에서 행방불명되는 수가 많다. 저 다리 위의 피난민 신세다. 4학년 이전 아이들이 점수에 연연할 필요가 없는 이유다. 수학이 특히 더하다. 저런 부실한 다리를 오가며 가장 논리적인 수학을 연마해두어본들 나중에 별 활용도가 없게 된다. 차라리 뇌들보가 원만하게 완성되도록 환경을 조성해주는 것이 더 현명하다. (사진 '대동강 철교'는 한국전쟁의 참상을 가장 잘 표현했다는 평가로 1951년 퓨리처상을 받았다.)

## 우유부단하다 : 저는 신이 아니에요

타입 3 아이들은 우유부단하다는 말을 많이 듣는다. 어느 엄마가 초2 아들과 상담을 왔다. 균형발달 아이였다. 설명을 듣고 나니 막혔던 가슴이 뻥 뚫렸다며 일어서다가 쑥스러운 듯 한 마디 더 물었다. 마트에 갔는데 음료수나 빙과류를 사달라기에 허락을 하면, 고르는데 한 10분은 걸린다는 것이다. "쟤 왜 저래요? 저 버릇 좀 고쳐줄 수 없을까요?"

이럴 때 타입 2 아이들은 색깔이나 모양이 예쁘면 얼른 집는다. 미리부터 찍어놓은 것을 집을 수도 있다. 1초도 안 걸린다. 타입 4 아이들은 다르다. 서너 가지를 비교해보고 고른다. 1분쯤 걸릴지도 모른다.

타입 3 아이들은 전혀 다르다. 일단 대상을 주욱 훑어본다. 어디에 무엇이 있다는 것을 기억해둔다. 일 단계로 범위를 좀 좁힌다. 전혀 먹을 생각이 없는 것들만 제외하는 것이다. 그리고 나서 하나하나 검토한다. 저건 어제 먹었지. 저건 그저께 먹었지. 요건 비오는 날 먹어야지. 이건 내일 사달래야지. 그 옆에 것은 맛이 너무 시큼하더라. 그런데 저것은 '왠지' 먹고 싶지가 않아, 왜 그렇지? 이상하네. 그 옆에 것은 내가 먹어본 일이 있던가? (한참 지나서) 맞아, 맞아 언젠가 먹어본 것 같아…. 말하자면 뇌에 입력되어 있는 정보와의 대조작업을 거쳐야 한다. 그런데 뇌가 얼른얼른 답을 해주지 않는 것이다. 완성되지 않은 뇌들보를 가진 아이의 비극(?)이다.

이 버릇(?)을 어떻게 고치겠다는 말인가? 왜 고친다는 말인가? 걱정하지 마시라. 힘들어도 저렇게 심사숙고하는 습관 덕분에 저 아이는 앞으로 승승장구다. 중학교에만 가도 성적이 단연 두각을 나타내게 되니까. 그리고 우유부단처럼 보이는 이 행태가 어른이 되면 아주 다른 모습으로 나타난다. 뭇 사람들이 고개를 숙이게 만드는 합리적 처신으로. 행복은 고치려 말고 꽉 잡아야 한다.

타입 3 아이들은 운동을 잘 안 한다. 초5 이전에는 대부분 그렇다. 다른 아이들이 운동하는 것 구경하기를 더 좋아한다. 세발자전거 타는 것조차 반가워하지 않는다. 보는 것만 좋아한다. 이런 아이들에게 억지로 배워주겠다고, 너도 타보라고, 재미있다고 부산을 떨면 안 된다.

운동을 관장하는 신경은 정수리 부분에 분포하는데(두정엽의 일부), 좌뇌에도 있고 우뇌에도 있다. 마주보고 있으며 당연히 뇌들보로 연결된다. 뇌들보 기능이 정상화되면 이 아이들은 갑자기 운동이 하고 싶어진다. 그때 시켜주면 된다. 지금 구경하기를 더 좋아하는 것은 앞에서 얘기한 '어슬렁거리는' 과정이다. 다 보아두고, 기억해두는 것이다. 내가 하면 저렇게 안 하지. 저보다 더 멋있게 할 거야.

괜히 부모님들이 욕심부려서 아이 망치지 마시기 바란다. 우리 부모님들 욕심은 정말 한이 없다. 국영수사과는 물론, 운동, 예능, 무엇이든, 어릴 때부터, 남보다 잘하기를 원한다. 신(God)을 낳은 것도 아니면서 웬 Oh my God?

## 왜 이럴까? : 체험해보면 이상할 정도로 저장이 잘 되거든요

타입 3 아이들은 실험을 좋아한다. 공부실험이 아니고 인생실험이다. 비를 직접 맞아보려 하고, 친구에게 맞아보기도 한다. 혼자 놀아보기도 하고 같이 놀아보기도 한다. 수업시간에 질문을 해보기도 하고, 조용히 있어 보기도 한다. 할아버지에게 사실대로 얘기해보기도 하고, 입을 다물고 있어 보기도 한다. 이 아이들은 경험으로 배우려고 한다. 그것이 더 잘 기억되고, 나중에 더 유용한 까닭이다.

엄마의 눈치를 보는 것도 사실은 눈치 보는 것이 아니다. 엄마 마음은 이미 알고 있는데, 엄마가 자신을 왜곡하여 이해하지 않을까 염려하는 것이다. 엄마가 잘 못 될까봐 걱정하는 것이다. 학원을 일곱 곳이나 다니는 것이 정말 힘들지만, 엄마가 아빠에게 야단맞지 않도록, 낮에 혼자서 우는 일이 없도록, 즐거운 척 해드리는 것이다. 부모나 선생님들은 이 아이들 손바닥의 손오공이다.

이런 아이가 왜 부모를 황당하게 만들까? 간단하다. 아이의 상상력을 부모가 못 따라가기 때문이다. 아이의 실험정신을 이해 못하기 때문이다. 만약 상상력이 풍부하고 실험정신이 강한 어른이 있다면 얘기가 달라진다. 그는 이런 아이들을 보아도 절대로 황당해하지 않는다. 오히려 흐뭇하게 웃는다.

이 아이들은 5학년이 지나면 부모를 절대로 황당하게 하지 않는다. 절대로 뒤죽박죽인 모습을 보여주지도 않는다. 그러나 상상력은 여전하다. 아니 더 발전한다. 실험정신도 여전하다. 아니 더 발전한다. 그 사이에 부모를 황당하게 하지 않는 방법까지 터득하는 것이다. 뇌들보 기능이 정상화되면 아이도 정상이 된다.

그럼 어슬렁거리는 것은? 이런 습성은 죽을 때까지 간다. 균형발달인만의 특성이다. 고치려고 애쓸 필요가 없다. 고칠 수도 없다. 오히려 격려할 일이다.

## 가정교육은 어떻게? : 버럭질이 첫째 상극

그럼 초등학교 5학년까지의 균형발달 아이들을 어떻게 교육해야 하나? 학교교육은 뒤에서 설명하겠기에 가정교육만 먼저 얘기한다.

제일 첫째, 이건 정말 중요한 사항이다. 아이를 때리면 큰일 난다. 가끔, 나쁜 버릇(?) 고친다고 아빠가 나서서 작심하고 패는 경우가 있는데, 사자를 낳아서 토끼로 변화시키는 짓이다. 도대체 아이를 죽기 살기로 패면 버릇이 고쳐진다고 가르친 자가 누구인가? 일제 치하의 일본인 교사들인가? 신식교육을 처음으로 도입한 미국 선교사들인가? 아니면 조선시대의 마을 훈장인가?

아이를 가끔 때려서 길러야 한다는 것은 우뇌아이들에게만 해당된다. 그것도 작심하고 패라는 것은 아니다. 때때로, 따끔하게, 따뜻하게 때려주라는 것이다. 자세한 것은 제6장 3절에서 설명한다. 그나마도 타입 3 아이에게는 절대 해당되지 않는다.

앞의 1학년 여학생 c가 얘기했다. "엄마가 집에서 숙제 봐줄 때 꿀밤을 자꾸 먹여요." 아플 정도로 먹이셔? "네. 머릿속이 찌릿찌릿해요. 엄마 손가락도 아프대요." 독자들께서는 아이 머릿속이 찌릿찌릿하다는 말을 곱씹으시기 바란다. 뇌들보 조직이 형성되는 시기에는 뇌들보 자신은 물론 뇌 전체가 예민해진다. 외부 충격에 약하다는 뜻이다.

e는 중학교 3학년 남학생이다. 키가 185센티에 몸무게도 80키로가 넘는 거구였다. 두뇌검사 결과는 균형발달인. 그런데 이상한 점이 한두 가지가 아니었다. 공부를 하기 싫다고 했다. 좋아하던 합기도도 집어치웠다. 무슨 학원이든 2~3달 다니면 끊었다. 더 큰 문제는 학기 초마다 선생님들과 크게 부딪친다는 것이었다. 초등 2~3학년부터 그랬다는 것이다. 새 선생님들과 무난하게 지나려면 보통 서너 달이 지나야 했다.

필자 눈에도 이상했다. 우선은 이것저것 눈치를 자꾸 봤다. 눈치볼 나이는 한참 지났는데. 참을성도 없었다. 빨리 집에 가자고 엄마 E를 졸랐다. 시간이 갈수록 더 불안증세를 보였다. 이 학생이 지적장애인가, 자폐인가, 공황장애 초기인가, 도저히 판단이 안 될 정도였다. 일단은 학생을 보냈다. 나중에 아빠 엄마만 따로 불러서 캐물었다. 어릴 때 큰 충격 받은 일이 있었지요?

있었다. 아이가 초등 1학년 때였다. 아이가 무슨 말을 어떻게 잘 못했는지, 담임에게 엄청 맞았다. 선생이 의자를 집어던지고 실내화를 벗어 따귀를 때렸다. 초등학교 1학년 꼬마에게 때릴 곳이 어디 있으며, 때릴 일은 무엇일까? 선생이 '버럭질'이었던 것 같다. 그 뿐 아니었다. 그 날 이후 매일 맞았다. 아이는 학교를 울며 다녔다. 아이 등에 멍자국이 보였는데도 엄마 아빠가 짐작조차 못했다. 저희들끼리 놀다가 그랬으려니 했다. 아이도 말하지 않았다. 몇 달 후 다른 엄마가 애기해주어서 알았다.

아이가 이상하게 변해갔다. 맞기 전까지만 해도 어른들을 웃기던 아이다. 뒤죽박죽이면서도 총명하던 아이였다. 그런데 돌변한 것이다. 아이가 3학년 때는 정신병원 상담까지 받았다. 이제 이 아이에게 선생이란 물리쳐야 할 적이다.

e가 필자에게 말했다. "제가 화를 잘 내요. 공부할 때 집중이 안 되고요. 기억하려 해도 잘 안 돼요. 잠을 너무 많이 자고요. 이런 거 고칠 수 있을까요?" 눈물이 나려는 것을 억지로 참고 대답했다. 당연히 고칠 수 있지. 고치는 방법을 어머니께 다 알려드릴 테니까 앞으로 엄마가 하자는 대로만 잘 따라 하렴.

"네, 그럴게요. 그런데요 교수님, 제가 2~3분씩 멍 때리는 일이 자주 있는데 그건 왜 그래요?" 177쪽과 같은 그림을 모니터로 보여주며 답해주었다. 뇌들보라는 것이 있는데, 너는 이 조직이 지금 만들어지고 있는 과정이란다. 엄마에게 해드린 처방대로만 잘 따르면 1년 안에 뇌들보가 완성될 거야. 그 후에는 멍 때리는 일도 없고, 화도 안내게 되고 기억도 잘 된단다. 아무 걱정하지 마라.

독자들이여, 열, 열한 살이면 완성되는 뇌들보가 열네 살인데도 미완성이라면 너무 참담하지 않은가? 그것도 버럭질 선생 하나 때문에! 한 번 더 말씀드린다. 초등 5학년 이전의 균형발달 아이들을 작심하고 패면 그 아이는 '완전히 망가진다.'

### 슬픈 이야기 : 아이가 키만 크고 있습니다.

f는 중학교 1학년 남학생이고 타입 3다. 대부분의 균형발달 아이 특성을 다 갖추고 있었다. 그러나 결정적인 몇 가지가 필자를 난감하게

했다. 첫째로는, 언어구사력이 초등 3~4학년 수준이라는 점이다. 문장이 안 되고 토막토막 끊어서 얘기했다. 아빠 앞에서 더 심했다.

세기의 미녀 엘리자베스 테일러의 미모는 자기가 만든 것이 아니다. 그렇게 타고났다. 대단한 행운이다. 우리 주위에도 행운의 기회는 많다. 타입 3, 즉 균형발달의 머리를 타고나는 경우다. 복이 넝쿨째 굴러들어온 것이다. 그러나 이런 아이들 중 절반쯤이 초등 5학년 이전에 망가진다. 그 부모나, 선생님들에 의해서! 망가트리는 기술(?)은 딱 두 가지. 죽기살기로 패거나, 쥐잡듯 휘어잡는 것이다. 저런 세기의 미녀도 패거나 쥐잡듯 할 텐가? 안 하겠지. 눈에 보이니까. 사실은 눈에 보이지 않는 뇌 속에 더 많은 복이 숨어 있다.

둘째로 이상한 점은, 공부 의욕이 없다는 점이다. 열심히 하면 성적이 올라간다고 했다. 본인도 그랬고 부모도 인정했다. 그런데 정작 본인이 열심히 하겠다는 의욕이 없는 것이다. 자신도 이상하다고 했다. 셋째는, 운동을 좋아하기는 하는데 잘하지는 못한다는 점이다. 열심히 운동해서 뛰어난 실력을 갖추기보다는, 그저 뛰고, 달리고, 땀 흘리는 것을 좋아한다는 얘기였다. 넷째는, 초등 4학년부터 수학이 확 떨어졌는데 회복이 안 된다는 것이다. 영어만 좋다는 것이었다.

타입 3 중학생에게 위 네 가지 현상은 있을 수 없는 일이다. 필경 무슨 사건이 있었다는 뜻이었다. 부모는 자백(?)을 원치 않았다. 억지로 다그치기도 어려운 사이여서 제3자를 통해 알아보았다. 과연 사건이 있었다.

f가 초등 저학년 시절 야뇨증이 있었다고 한다. 취학 전에 시작되었

을 것이다. 부모는 인내와 정성으로 치료하려 애썼다. 좋다는 처방은 다 받아보았다. 그러나 별 효험이 없었다. 뇌 특성을 모르고 약물에만 의존했을 것이니 당연하다. 이럴 경우 우리 부모들은 꼭 충격요법을 쓴다. 죽자고 패는 것이다. 조선시대에도 이런 전통이 있었다. 키를 씌워서 옆집에 소금 얻으러 보내고 동네 어른들 매를 다 맞게 만들었던 것이다. 타입 3 어린아이는 이런 폭력을 이겨내지 못한다.

이렇게 맞은 것이 f가 2~3학년 때이었던 것 같다. 이때부터 f의 뇌 들보 조직은 성장을 멈춘 것이다. 순두부 같이 말랑거려야 하는 뇌가 두부처럼 꾸득꾸득하게 변하지 않았을까? 그 뒤의 여러 가지 현상들이 이를 증명한다. 징말 인다끼운 일이다.

F의 한 마디가 필자를 정말 가슴 아프게 했다. "아이가 커간다는 기분이 들질 않아요." 키는 컸지만, 지적으로는 아직도 초등 저학년 같다는 것이다. 그 이유가 자신의 충격요법 때문이라는 것을 알게 된 F는 십자가에라도 달리고 싶다고 했다. 그러나 그럴 필요 없다. 아이에게서 충격의 흔적이 씻겨나가기만 하면 된다. 그 방법을 하나하나 알려드렸다. 2년 정도면 거의 다 씻겨나갈 것이다.

## 믿어주고, 즐기자 : 대학 졸업 전에 수억 원 벌어드린다니까요

두 번째 가정교육 방법이다. 뒤죽박죽이고 황당하게 구는 균형발달 아이들을 집에서 어떻게 대해주는 것이 좋을까? 아이를 믿고 격려하면 된다. 정말 꽈아악 믿어야 한다.

격려도 필요하다. "옆집 형아도 꼭 너처럼 뒤죽박죽이었는데, 저렇게 멋진 중학생이 된 거란다." 또는 "큰 아빠네 사촌언니도 초등 때는 너처럼 황당무계 어리버리였는데 지금은 큰 아빠네 보물이 되지 않았니?" 좀 더 화끈하게 격려하려면, "처칠 수상은 어렸을 때 너보다 훨씬 더 뒤죽박죽에 중학생 때도 5% 부족이었단다. 그런데 저렇게 세기의 위인이 된 거야. 너는 과(科)가 처칠이나 링컨 과란다. 한턱 쏠 거지?" 이렇게 해주시기 바란다.

세 번째 방법도 있다. 뒤죽박죽, 황당하게 굴 때마다 흐뭇하게 웃으시라. 저 녀석이 앞으로 학원에도 별로 안 다니고, 공부도 잘하고, 나중에는 CEO가 된다는 말이지. 오늘도 뒤죽박죽인 걸 보니 틀림없는 균형발달이로구나. 고맙다, 고마워. 절대 때리지 않고, 네 말이라면 무조건 믿어줄 테니 잘 자라만다오, 하하하. 부모가 행복하면 아이도 행복하다.

## 03
## 초등 6학년~중학생

이 기간에 균형발달 학생들은 균형발달인으로 완성된다. 완연히 타입 3의 모습을 보이는 것이다. 우뇌아이들이 초등 1~2학년 때, 좌뇌아이들이 4~5학년 때 특징을 모두 보여주는 것에 비하면 많이 늦다. 그러나 타입 3 중학생은 벌써 타입 2 아이들, 타입 4 아이들을 저만치 따돌린 어른이다. 철이 빨리 들었다는 말을 듣게 되는 것인데, 배려를 실천하기 때문이다. 시야가 좁고 짧은 부모는 저래가지고 세상풍파를 견뎌내겠느냐고 걱정한다. 아이가 욕심도 없이 양보만 자꾸 하는 것 같아 보이는 까닭이다. 걱정도 팔자다. 행복이 넝쿨째 굴러들어온 거다.

### 어느 날 와락 들어왔다 : 인생 단 한번 비상의 순간

"어느 날 머리에 확 들어왔다." 또는 "멍 때리던 머리가 어느 날 갑자기 맑아졌다."고 토로하는 사람들이 있다. 또는 "친구 애들 본드 맡는다는 기분이 이런 기분일까? 그 날 하루 종일 온 세상이 내 것 같았다."고 표현하기도 한다. 모두 타입 3, 균형발달인의 고백이다. '어느 날'이 언제일까? 초등학교 고학년 때, 그 중에서도 6학년이라는 답이 대다수다. 이 때 머릿속에서는 팡파레와 함께 성대한(?) 뇌들보대교

개통식이 열렸을 것이다. 그동안 좌뇌나 우뇌에 격리 저장되어 있던 수천 억 개의 정보들이 자기 자리를 찾아 와르르 건너가고 건너왔을 것이다. 멍 때리던 머리가 갑자기 맑아지는 순간이다.

본인이 이런 변화를 느껴보지 못한 분도 적지 않다. 잠자는 동안이었을 수도 있다. 뇌들보 완전 개통의 순간은 안개처럼 다가오기도 한다. 반면에, 대단한 박수를 받는 순간일 수도 있다. 우연인지 모르지만, 대형 덤프트럭의 경적 소리를 듣는 순간이었다고 털어놓는 분도 있었다.

그 부모들의 느낌은 비슷하다. 여름방학 때, 혹은 겨울방학 때 아이가 놀랄 만큼 달라진 것을 발견했다고 회상한다. 뇌들보 개통식이 꼭 방학 때 이루어졌다는 뜻은 아니다. 방학 때 스트레스를 적게 받는 아이들이었다면 완성이 촉진되었을 수도 있다. 어느 날, 아이가 갑자기 어른이 된 느낌을 받았다고 하는 부모도 있었다.

## 저장용량이 우뇌인의 4배 : 마구잡이로 저장하면 골치 아픈 인물로

4장에서 타입 4의 저장용량에 대해 얘기했다. 용량이 우뇌인에 비해 3배나 크고 저장상태도 질서정연하다고 했다. 타입 3는 저장용량이 얼마나 될까? 우뇌인의 4배쯤 된다. 그 이상일 수도 있다. 왜 그럴까? 분명하다. 우뇌용량이 하나라면 좌뇌용량은 셋이고, 좌우뇌가 모두 발달했으니 1+3=4는 당연하다. 그 이상일 수도 있다는 추측은 왜 가능할까? 시너지 효과다. 뇌들보의 역할도 있다. 그러나 이 부분은 좀 더 연구를 진행한 후에 밝히기로 한다. 아무튼 창고 크기는 줄잡아

우뇌인의 4배다. 이런 저장용량은 뇌들보 완성 이후, 그러니까 초등 6학년이 지나면 대부분 완성된다.

저장상태는 어떤가? 유동적이다. 저장하는 사람이 질서정연하게 차곡차곡 저장하면 그렇게 저장되고, 마구잡이로 저장하면 마구 저장된다. 무슨 정보든, 뇌 속에 저장할 때는 질서정연해야 한다. 제대로 된 도서관 서고 같아야 한다. 하다못해 비디오 가게 진열장만큼은 되어야 한다. 이렇지 못하고 재래시장 좌판 펼쳐놓은 모양이 되었다가는 저장용량이 아무리 커도 소용없다. 오히려 찾는데 시간만 많이 걸릴 뿐이다.

타입 3의 머리는 쇠뇌인 머리에 비해 마구잡이로 저징될 가능성이 더 크다. 좌우뇌의 소통이 자유롭다보니 자유롭게 저장하는 우뇌의 영향을 받기 때문이다. 이러한 자신의 두뇌특성을 알고 질서 있게 저장하려는 노력이 필요하다. 질서정연한 저장법은 6장에서 설명한다.

타입 3 학생들은 지적갈증이 엄청나다. 이유는 짐작하실 줄 믿는다. 저장용량이 우뇌의 4배나 되기 때문이다. 빈 창고는 채워야 창고다. 우전두엽의 활동도 활발하다. 새로운 정보를 맞이해서 처리하는 능력이 우뇌인에 못지않고, 이를 받아 숙련시켜서 저장하는 과정도 원활하다. 창고를 빠르게, 많이 채울 조건을 제대로 구비한 것이다. 뇌가 이런 상태면 사람은 새로운 정보를 향해 대쉬한다.

타입 3가 지적갈증을 충족시키는 방법은 세 가지다. ① 공부와 독서, ② 영화나 음악회나 전시회 등의 보고 듣기, ③ 경험이다.

타입 3 학생은 초6~중학생 시절 책을 엄청나게 읽는다. 많이 읽어야 정상이다. 독서가 싫다는 학생은 뇌에 이상이 있다는 뜻이다. 균형발달인의 머리는 평생을 채워도 채워지지 않는 머리다. 이 시기의 학생들이 독서를 기피할 때는 전문가의 상담을 받아보는 것이 좋다.

책의 종류도 유의해야 한다. 이 시기의 균형발달 학생들이 문학류를 많이 읽을 수도 있고, 비문학류를 많이 읽을 수도 있다. 읽다 보면 대개 한 쪽으로 쏠리는 현상을 보인다. 초6~중학생 시기란 비로소 본격적인 저장이 이루어지는 시기다. 거의 백지에 그림을 그리기 시작했다고 표현할 수도 있다. 따라서 이 시기에 무엇을 많이 저장했느냐에 따라 나중 능력의 발현도 그 분야에서 나타나게 된다. 초5 이전에 보이던 현상이 유전적인 것이었다면, 초6 이후는 내가 나를 빚어가는 시기다. 후천적 인지능력이 가장 많이 더해지는 시기라는 뜻이다.

음악을 듣고, 영화를 보고, 그림을 감상하고, 운동을 하는 등, 여러 가지를 해보는 것도 중요하다. 많이 해볼수록 좋다. 교회나 동아리 등 대인관계를 많이 가져보는 것도 중요하다.

타입 3 학생은 창고를 채워가는 동안 스스로 사물의 원리를 파악한다. 상대의 마음을 읽고, 마음을 장악하는 방법을 터득한다. 넓은 안목을 갖추게 된다. 상대 못할 사람도 가려낸다. 이것은 뇌가 여러 가지를 종합하여 새로운 능력을 만들어냈다는 의미다. 타입 3 학생의 무서운(?) 점이다.

## 헬리콥터를 타는 객관성 : 자신까지 함께 구경하는 구경꾼이 되어

타입 3, 즉 균형발달 학생의 또 다른 특징이 있다. 느리지만 정확하다는 점이다. 좌뇌학생들처럼 말이나 행동이 느리다는 것이 아니다.

판단이 느리다는 것이다. 판단 중에도 특히 상대방 파악이 느리다.

우뇌인들은 사람을 척 보면 안다. 저 남자 바람둥이다, 저 여자 똑순이다, 저 남자는 남편이 아니라 애인이다, 저 여자는 선생인가보다, 저 사람에게 대시하고 싶다…. 맞는 경우도 많고 비슷한 경우도 많다. 이런 능력은 우뇌인 특유의 직관력이다.

좌뇌인은 어림도 없다. 상대의 말을 충분히 들어봐야 한다. 그래도 파악이 안 되면 집에 와서 검색하거나 무슨 방법을 쓴다. 며칠 걸린다. 좌뇌인은 직관력은 없어도 검증력은 좋다. 대개 비슷하게 맞춰낸다.

타입 3는 다르다. 같은 반 학생일지라도 몇 달을 관찰한다. 수업시간에 힌 행동, 쉬는 시간에 한 행동과 말, 점심시간에 한 말, 체육시간에 한 동작, 음악시간에 취한 자세…. 이런 걸 모두 기억하고 종합한다. 그리고 때가 되면 저절로 판단이 나온다. 아 저 녀석은 이러이런 애야. 물론 이런 판단을 입 밖에 내지 않는다. 혼자 기억해둔다. 꼭 필요할 경우에만 말한다.

타입 3 학생의 이런 판단은 상대가 자신을 아는 것보다 더 정확하다. 이들은 상대에 대한 확신이 서기 전에는 능동적으로 다가가지 않는다. 상대가 확실히 판단되면 그 때는 스스럼이 없다. 균형발달 학생의 이런 현상 중 어느 한 면만을 보고 외향적이니 내성적이니 속단하는 것은 뭘 모르는 말씀이다.

균형발달인만의 특별한 특징이 또 있다. 중학생 정도면 완성되는 능력이어서 이 항목에 넣었다. 숲이 있다. 숲을 걷는 사람은 발 앞에 떨어져있는 나뭇잎, 나뭇가지 따위를 본다. 그 잎이나 가지에 대해 깊게 생각한다. 대개 좌뇌학생들이 이렇다. 이와 달리, 우뇌학생은 앞에 서

있는 나무 한두 그루, 또는 몇 그루를 본다. 바위가 있으면 바위도 본다. 그 모양을 감상한다. 그 아름다움을 머리에 새겨 넣는다.

타입 3 학생은 다르다. 숲속을 걸어보고, 나무를 보고, 숲을 본 다음에는 반드시 헬리콥터를 타고 오른다. 숲 전체를 돌아다니며, 호수도 보고, 낚시터도 보고, 전체 모양도 본다. 숲 근처의 마을도 보고, 길도 본다. 의도적이 아니다. 타입 3는 저절로 이렇게 된다. 이렇게 파악을 하기 때문에 정확하다. 그래서 시간도 많이 걸린다. 세상에는 이런 능력이 꼭 필요한 분야가 있다.

타입 3는 특이한 능력을 가졌다. 타입 2가 나무를 본다면 타입 4는 나무 가지나 잎을 본다. 그런데 타입 3는 숲을 보고, 동네도 보고, 강도 보고, 길도 보는 것이다. 그래서 타입 2나 4는 좁은 분야를 깊이 파고들어 전문가가 되지만, 타입 3는 그런 사람들을 아우르는 조정자, 통솔자가 되는 것이다. 자신의 입장만이 아니라 여러 가지 입장을 고려하는 안목과 사고력을 가진 까닭이다. (사진 출처: 단양군청)

앞 절에서, 초4 이전 균형발달 아이들이 건방지게도 선생님의 교수법을 평가한다고 했다. 이런 능력은 중학생이 되면 선생님 아니라 어떤 상대에게나 발휘된다. 가장 먼저가 엄마다. 엄마들은 허점이 많다. 가정 모든 일에 관여해야 하는 까닭에 불가피한 현상이다. 이런 점을 제일 걱정하는 것이 균형발달 중학생 자녀. 엄마이 짐을 덜어주기도 하고, 위로하기도 하고, 달래기도 하고, 충고하기도 한다. 객관적 입장에서 말하기 때문에 목이 곧은 엄마들도 듣게 된다.

그 다음은 아빠다. 아빠에게는 대개 하고 싶은 말을 다하지 않는다. 아빠의 체면을 생각해서다. 그래도 슬쩍슬쩍 지나가듯 한 마디씩 한다. 물론 아무도 없을 때다. 아빠를 가장 잘 이해하고 힘이 되어주는 것도 이 아이들이다.

학교에서도 균형발달 학생들의 활약은 눈부시다. 이 아이들에게 '형편없는 선생'으로 찍히면, 전교생에게 그렇게 찍힌다. 학원 선생들도 마찬가지다. 타입 3 학생들에게 찍히면 어렵다. 공감이 가기 때문일 것이다. 이 아이들로부터 "XX학원의 OO선생 그거 날탕이더라."라는 평가가 떨어지면 그 선생은 멀리 다른 동네로 가야 한다.

## 분위기 조성 : 나보다는 전체를 먼저 생각하는 마음

타입 3 학생들은 좋은 분위기를 조성하려 애쓴다. 당연히 좋은 분위기를 깨는 것은 상상할 수 없다. 공부뿐이 아니다. 집에서 가족 간에도 마찬가지다. 네 식구가 둘러앉아 식사를 하는데 왠지 분위기가 썰렁하다. 이럴 때는 균형발달 자녀가 당연히 나선다. 웃기는 얘기를 한 마디 한다던가, 엄마가 아까 박수 받은 얘기를 꺼낸다던가 하는 식이다.

타입 3에게는 좋은 분위기가 상당히 중요하다. 항상 그런 분위기를 원한다. 이미 좋은 분위기 속에 대화가 진행되고 있다면, 여기에 가속 페달을 밟는 건 이들의 특기다. 항상 전체를 생각하는 것이다.

타입 3 학생들은 분위기가 좋으면 공부도 잘 된다. 학교 전체에 면학 분위기가 잘 조성되어 있는 학교에서 이 학생들이 좋은 성적을 내는 것도 그런 이유다. 집에 오면 누나도 공부하고 있고, 아빠도 서재에 계신다. 이럴 때 이 학생들은 더 신이 난다. 저절로 공부가 잘 되는 것이다.

균형발달 학생들은 분위기가 나쁘면 잡념이 많아진다. 우선은 분위기가 나쁜 이유를 찾는다. 일정한 시간이 흐르면 원인을 정확하게 잡아낸다. 문제는 대책이 없을 경우다. 자신의 능력 밖일 경우, 이 학생들의 고민은 깊어진다. 하다하다 안 되면 이들은 원인제공자와 아예 상대를 하지 않아버린다. 소위 '안 본다.'는 상태로 몰고 간다. 그만큼 균형발달 학생들에게 분위기는 중요하다. 전체가 먼저이고, 그 다음이 자신인 까닭이다. 우리나라 정치인들이 꼭 배워야 할 사고방식이다. 이런 사람이 나라를 다스려야 행복한 나라다.

### 동기부여 : 박차고 뛰어나가 더 멀리 달려가는 대평원의 사자

타입 3 학생들의 운명은 분위기와 동기부여가 좌우한다. 그럼 그 운명을 어떻게 나의 편으로 바꿀까?

우선 분위기를 보자. 좋은 분위기 조성은 노력하면 되는 일이다. 가족이 함께 노력하던, 학교에서 친구들과 노력하던, 선생님이 도와주시던, 학원을 잘 선택하던, 하려고 하면 된다. 좋은 분위기가 중요하다는 것만 알아두자. 분위기 조성 방법은 따로 제시하지 않겠다.

동기부여는 쉽지 않다. 노력만으로 되지 않는다. 스스로 부여할 수도 있고, 남이 붙어넣어 줄 수도 있다. 균형발달인에게 동기를 가장 잘 부여하는 사람은 본인이다. 자신을 가장 잘 아는 사람인 까닭이다. 그 다음이 선생님, 부모, 친구다.

타입 3의 동기부여란 재능발굴이 아니다. 스스로 박차고 뛰어나가게 만드는 계기 만들기다. 균형발달인은 스스로 하려고 덤빌 때 못할 것이 없다. 이런 능력을 가졌기 때문에 어슬렁거리는지도 모른다. 아무 때건 작심만 하면 문제없다는 생각일 것이다. 건방이고 교만이다. 이런 게으른 생각을 깨고 달리게 만드는 것이 동기부여다.

해답은 역시 뇌에 있다. 타입 3의 머릿속은 복잡하다. 생각이 많다고도 표현한다. 학생들도 마찬가지다. 이 복잡한 머리를 어떻게 정리해서 일목요연하게 만드느냐? 열쇠는 바로 이것이다. 머리가 정리되면 타입 3 학생은 자신의 좌표를 알게 된다. 헬리콥터를 타는 능력이 있기 때문이다.

걷기를 권한다. 성인 평균속도가 시간당 4킬로미터라면, 5~6킬로 정도로 걸으면 된다. 평소 걸음보다 조금 빠르다. 속도가 일정해야 한다. 그래야 리듬이 생긴다. 리듬을 얻지 못하면 헛수고다. 걸음이 리듬을 타기 시작하면 복잡하던 머릿속이 천천히 정리된다. 본인도 느낄 것이다. 명쾌해지고, 맑아진다. 이렇게 되면 내가 무엇을 해야 할지, 그 일을 하려면 어떻게 해야 할지 보이게 된다. 아마도 한 시간 이상 걸어야 할 것이다. 잘 안 되면 그 이튿날 다시 시도하면 된다. 과학자나 철학자들이 좁은 방안을 끊임없이 왔다갔다 하는 모습을 영화에서 보았을 것이다. 칸트가 매일 일정한 시간에 두 시간씩 산책했다는 얘기를 들었는가? 그들은 모두 몸 전체에 리듬을 일으켜 머릿속을 정리하고 있었던 것이다. 걷기로 머릿속을 정리하고 동기를 찾는 것은 타입 3에게만 해당되는 일이다. 타입 2는 원래 단순 명쾌한 머리라 굳이 이렇게 할 필요가 없다.

　타입 3 학생들은 동기가 부여되면 사람이 달라진다. 평소에는 느리고, 어슬렁거리고, 헬리콥터 타던 친구들이다. 뒷짐 지고 다니는 할머니, 할아버지를 연상하게 하던 친구들이다. 그런데 이 사람들이 출발선상을 박차고 나가는 것이다. 균형발달 학생들은 이런 동기를 만날 때마다 두어 단계씩 도약한다. 이들의 성공여부는 평생 이런 동기를 몇 번이나 만드느냐에 달려 있다.

## 창의적이고 논리적이다 : 선진국이 가장 필요로 하는 인재

　흔히들 균형발달인을 21세기형 인재라고 말한다. 우뇌적 능력과 좌뇌적 능력을 고루 갖추었기 때문일 것이다.

　우뇌는 새로운 정보를 처리한다. 따라서 호기심이 많고 진취적이다. 상상력도 좋고 직관력도 발달했다. 당연히 창의적 능력이 발달할 수밖에 없다. 우뇌는 이해력이 대단히 좋다. 따라서 순발력이 좋고, 순간기억력도 좋다. 뇌가 항상 워밍업 상태이므로 따뜻하다. 그래서 우뇌인은 머리도 따뜻하고 가슴도 따뜻하다. 감성이 풍부한 것이다. 타입 3는 우뇌의 이런 특징을 상당 부분 가지고 있다.

　반면에, 좌뇌는 우뇌에서 받은 정보를 숙성시켜서 저장한다. 저장상태도 질서정연하다. 좌뇌는 이해는 느리다. 저장 전문이기 때문이다. 대신 장기기억을 잘한다. 비교도 잘하고 분석도 잘한다. 논리적 능력이 발달할 수밖에 없다. 좌뇌는 차다. 그래야 논리력을 높일 수 있다. 그래서 좌뇌인은 머리도 차고, 가슴도 냉철하다. 이성적이라는 뜻이다. 타입 3는 좌뇌의 이런 특징도 상당 부분 가지고 있다.

종합해보자. 타입 3는 창의적이면서도 논리적이다. 감성적이기도 하고 이성적이기도 하다. 이해력도 좋고 장기기억력도 좋다. 빠르기도 하고 때로는 느리기도 하다. 직관력도 있고 분석력도 있다. 게다가 좌뇌나 우뇌에서 볼 수 없는 전혀 별개의 능력도 가지고 있다.

|  | 필요한 능력 | | 해당 두뇌 |
|---|---|---|---|
| 선진국 | 없는 것을 만들어 내는 능력 | 인재를 적재적소에 배치하는 능력 | 균형발달뇌 |
| 중진국 | 있는 것을 개선하는 능력 | 일을 스스로 찾아서 하는 능력 | 우뇌 |
| 후진국 | 손재주, 잘 베끼는 능력 | 시키는 일을 잘 해내는 능력 | 좌뇌 |

이 중에서 창의력도 좋고 논리력도 좋다는 것은 대단히 중요한 의미를 가진다. 국가가 필요로 하는 인재 측면에서 그렇다. 후진국, 중진국, 선진국으로 나누어 비교해보자.

후진국 인재들이 가장 필요로 하는 능력은 모방능력이다. 중진국, 선진국 사람들이 해놓은 것을 베끼는 능력이다. 우리나라도 6.25 직후부터는 그렇게 먹고 살았다. 드럼통을 두드려 펴서 미군 지프차 비슷한 것을 만들었고, 라디오-TV도 일본제를 분해해서 보고 베꼈다. 농사짓는 방법, 주방용품 만드는 방법까지 배워다 사용했다. 선진국에 유학을 아니 갈 수 없었다. 기술도입이 홍수를 이루었다. 이 때 가장 많은 활약을 한 사람들이 좌뇌인이다. 치밀한 두뇌와 뛰어난 손재주를 이용해 감쪽같이 베껴냈다.

중진국 인재들이 가장 필요로 하는 능력은 창의력이다. 아이디어가 풍부하고 진취적이어야 한다. 남보다 더 잘 만들어야 한다. 우리나라가 굶주림과 헐벗음을 청산하고 중진국으로 올라섰을 때 이런 역할을 잘 감당한 것이 바로 우리나라 우뇌인들이었다. 우리나라는 우뇌인 비율이 절반이다. 최근 30~40년간 이들이 조선, 자동차, 가전, IT 등에서 보인 활약은 정말 눈부시다. 이들의 넘치는 창의력 덕분이었다

선진국 인재들이 가장 필요로 하는 능력은 무엇일까? 융합능력이다. 창의력과 논리력을 한 곳에 녹여서 전혀 별개의 것을 만들어내는 능력! 이 능력이 없으면 결코 선진국이 되지 못한다. 산업도 학문도 마찬가지다. 요즘 우리나라 대학들이 융합을 내세운 계열이나 대학원 과정들을 신설하고 있다. 바로 이런 취지다. 문과적, 이과적 능력이 따로 놀지 말고 섞어찌개를 만들어보자는 것이다. 여기에 예술적 능력까지도 녹아들면 더 좋다. 이과적, 문과적, 예술적 능력이 무엇인가? 바로 좌뇌적, 우뇌적 능력에 다름 아니다.

이런 융합능력, 좌우뇌적 능력, 논리력과 창의력을 동시에 갖춘 것이 바로 타입 3, 균형발달인이다. 물론 이런 학문적 융합이나 산업적 융합이 균형발달인 혼자서 할 일은 아니다. 좌뇌인, 우뇌인이 힘을 합쳐야 한다. 그러나 융합의 구상이나 설계, 추진은 타입 3의 몫이다.

모처럼 21세기에 알맞은 능력을 가지고 있는 학생들이다. 전체의 4분의 1쯤 된다. 미국은 절반이 균형발달인이다. 미국보다는 직지민, 우리의 타입 3 학생들을 잘 키우고 활용하면, 선진국에 안착한다.

## 대통령의 머리 : 넓게, 멀리 보고, 더 많은 것을 고려해야

타입 3 아이들은 중학생이 되면 생각이 더 많아진다. 중3 균형발달 여학생이 문득 물었다. 필자가 잘 아는 학생이었다. "쓸데없는 생각이 자꾸 떠오르는 건 왜 그래요?" 이성 관련 얘기를 물으려나보다 하고 잔뜩 긴장했는데, 이런 얘기였다. "학교에서 옆반 친구한테 문자를 보냈어요. 점심 같이 먹자고요. 한 시간이 지나는데도 답이 안 오는 거예요. 저는 그 한 시간 동안 별의별 생각을 다 해요. 아무리 줄잡아도 백 가지 경우는 생각할 거예요. 얘가 나한테 삐졌나? 어디 아픈가? 벌 서고 있나? 배터리가 없나? 못 봤나? 한 번 더 보내볼까? 그럴 필요 없지… 아무튼 한도 끝도 없이 별별 생각이 다 떠올라요. 안 그러면 좋겠는데. 이거 왜 그래요?"

이것이 타입 3 학생들의 머리다. 10대 중반부터 본격적으로 복잡해지기 시작한다. 이유는 간단하다. 첫째는 저장용량이 너무 크기 때문이고, 둘째는 저장상태가 좌뇌 특성을 따라 질서정연하기도 하고, 우뇌 특성을 따라 자유롭기도 한 까닭이다.

비유로 설명한다. 음식을 만드는 조리대가 있다고 치자. 우뇌는 가장 적당한 크기의 조리대. 좌뇌라는 조리대는 신문지 반 장만한 크기다.

좌우뇌가 모두 발달하면 사정이 크게 달라진다. 특성이 다른 두 가지의 창고가 있는데다가, 이런저런 정보가 모두 연관성이 있다. 그래서 어떤 주제의 정보건 판단을 위해서는 관련된 모든 정보를 벌려놓아야 한다. 다 벌려놓으려면 조리대가 커야 한다. 그래서 타입 3의 조리대는 탁구대 크기만 하다. 한 쪽에서는 찌개가 끓고 있고, 다른 한 쪽에는 밀가루 반죽이 놓여 있다. 다른 한쪽에는 나물 무치는 그릇과 양념들이 있고, 다른 한 쪽에서는 밥이 뜸들고 있다. 칼도마며 칼이며 접시며 젓가락들이 여기저기 흩어져 있다. 완성된 음식도 한 쪽에 줄지어져 있다.

타입 3 학생들의 머리가 복잡한 이유가 바로 이것이다. 비관적으로 생각하면 '쓸데없는' 생각이 자꾸 떠오른다고 하겠지만, 긍정적으로 보면 이건 대단한 능력이다. 이렇게 여러 가지를 동시에 고려해야 하는 직종이 많다. 앞에서 얘기한 융합학문이나 융합산업이 그렇다. 그뿐 아니다. 한 나라의 대통령도 반드시 이런 머리를 가져야 한다. 그래야만 '야당이 반대해서 대통령 못해먹겠다.'는 소리를 안 한다. 링컨, 처칠, 루즈벨트, 레이건의 머리가 이랬다. 세종대왕, 마오쩌둥(毛澤東), 도쿠가와 이에야스(德川家康)의 머리가 이랬다. 대기업 CEO들도 대부분 이런 두뇌구조다. 아니면 견뎌날 수가 없다.

타입 3의 복잡한 머리는 고칠 수가 없다. 고칠 필요도 없다. 천형이 아니라 특유의 장점이다. 이 특징을 잘 활용할 줄 알아야 21세기가 필요로 하는 인물이 된다. 타입 3의 복잡한 머리에 비하면 세상은 오히려 좁다.

# 04 고등학생~성인

좌뇌인이나 우뇌인만으로 구성된 조직은 오래 못 간다. 워낙 충돌이 잦기 때문이다. 이들을 가운데에서 조정하는 사람이 균형발달인이다. 뚜렷이 깨닫지 못하는 사이에 전체를 아우르는 것이다. 이런 능력을 가진 줄도 모르고 좌뇌인처럼 한 우물을 파려는 타입 3가 있다. 당연히 재미를 못 본다. 우뇌인처럼 앞에 나서려는 타입 3도 있다. 당연히 재미를 못 본다. 무대체질이 아니기 때문이다. 타입 3는 아우르는 자리, 조정자의 길, 통합-추진의 길로 가야 한다.

## 아우르는 능력 : 히딩크, 오케스트라 지휘자의 그 것

균형발달인이 고등학생쯤 되면 그는 이미 성인이다. 우뇌인 고등학생은 아직 놀기 바쁘다. 연애하기 바쁘고, 어깨 힘주고 폼 잡기 바쁘다. 속말로 아직 철이 덜 든 것이다. 좌뇌인 고등학생은 모범생이다. 계속 착한 학생이다. 학교에서도 성적 이외에는 존재감이 별로 없고, 집에서도 조용하다. 아직 여리다.

타입 3 고등학생은 좀 다르다. 그는 시끌벅적하지도 않고, 폼을 잡지도 않는다. 착한 것 같기도 한데 존재감이 없지도 않다. 동아리에서는 중책을 맡는다. 공부는 별로 하는 것 같지 않은데 시험성적은 잘 나온다. 그의 말 한마디에는 언제나 무게가 실린다. 생각이 많은 균형발달 머리가 이미 그를 성인의 반열에 올려놓은 것이다.

타입 3 특유의 장점 중 하나는 아우르는 능력이다. 찬성과 반대가 맞붙어 결말이 나지 않을 때, 중간에서 이를 멋지게 조정해내는 것이 대개는 균형발달인이다. 파란 사람, 빨간 사람, 노란 사람, 까만 사람이 뒤섞여서 각양각색의 목소리를 낼 때, 여기에서 한 가지 색의 목소리를 만들어내는 것도 추적해보면 균형발달인이다. 누구도 이의를 달지 못할 만큼 멋진 판결문을 쓰고 법적용을 정확하게 하는 판사도 대개는 타입 3다. 우뇌인은 튀는 판결은 할지언정 솔로몬의 판결은 어렵다.

타입 3는 갈등의 요소를 미리 제거하는 능력도 뛰어난다. 어느 조직에나 암세포 같은 인물이 있기 마련이다. 매사에 토를 달더니, 발전해서 딴지를 걸더니, 더 발전해서 무조건 반대로 나서는 사람들. 이들의 정체를 정확하게 파악하고 대책을 세우는 것도 대개는 균형발달인이다. 앞에서 설명한 것처럼 헬리콥터를 타고 내려다보는 능력 덕분이다.

타입 3는 스스로 아우르는 자리를 찾아간다. 필자의 20시간 강좌를 수강한 어느 어머니가 간곡히 부탁했다. 남편 두뇌검사를 부탁한다는 것이었다. 그 남편은 어느 오케스트라의 클라리넷 연주자였다. 무슨 사연이 있나보다 하고 응했다. 검사 결과가 나온 후 필자가 던진 첫 마디는 이랬다. "남편께서 그 악기 계속 부신대요?" 안 하면 어떻게 해요. 그걸로 먹고 사는데. "지휘하고 싶어 하실 텐데요." 네에? 부인이 입을 딱 벌리고 한참을 있더니 되물었다. 어떻게 아셨어요? "그걸 아니까 저도 먹고 사는 거죠, 하하하."

그 남편은 몇 년 전부터 클라리넷 연주만으로는 뭔가 부족했다. 그래서 지휘공부를 시작했다는 것이다. 그리고 지금은 적당한 지휘자 자리를 찾는 중이라고 했다. 이런 사실을 듣지도 않고 맞춰냈으니 그 부인은 필자가 '신내린 철학자'쯤으로 보였을 지도 모르겠다.

아우르는 능력이란 융합능력이다. 구성원 개개인은 제각각이었지만, 이들을 묶고 엮어서 새로운 것을 창조하는 능력이다. 야구도, 축구도, 합창단도, 오케스트라도, 회사도, 그리고 국가도, 이런 지도자가 필요하다. 좋은 구성원으로 좋은 성적을 낸다면 그는 로또 지도자다. 좀 부족한 구성원을 이끌고 좋은 성과를 일구어내는 그가 바로 참된 지도자다. 이런 일은 타입 3의 몫이다.

균형발달인은 아우르는 일을 잘 한다고 했다. 반면에 어느 조직의 n분의 1인 하나의 구성원으로는 오래 견디어내기 힘들다. 전체가 보이고 들리는데 일부의 역할만 강요당하면 고역이다. 영화감독의 재능을 가졌는데 배우노릇을 계속해야 한다던가, 제작자의 능력을 가졌는데 조명감독역에 안주하지는 못한다. 클라리넷에 안주하지 못하고 지휘를 원했던 것은 그의 아우르는 능력이 자꾸 고개를 들었던 까닭이었다. 그가 균형발달인이어서 그렇다는 것을 안 부인은 더 이상 남편에게 바가지를 긁지 않았다고 한다. 이런 것이 상담자의 행복이다.

어느 분야나 마찬가지다. 히딩크는 선수 시절 무명이었다. 정말 존재가 미미했다. 그러나 그는 축구감독으로 세계적 명성을 날렸다. 능력에 걸맞는 역할을 발견하자 존재감이 한없이 확대되는 것이다. 히딩크는 선수들을 잘 아우르는 타입 3인 것이다. 홍명보 감독도 경우가 비슷하다. 홍 감독은 선수 시절 풀백으로도 손색이 없었지만, 2002 월드컵에서 대표팀 주장으로, 그리고 런던올림픽에서는 감독으로 그의 능력을 활짝 꽃피웠다. 홍 감독이 선수들을 어떻게 조련하고 어떻게 격려했는지 스포츠 신문을 찾아 주의 깊게 읽어보시기 바란다. 그것이 균형발달인의 아우르는 능력이다.

여담이다. 히딩크 이전에는 국가대표 감독 중에 타입 3가 없었을까? 있었다. 여러 명 있었다. 그런데 왜 명장으로 피어나지 못했을까? 정치인들 때문이다. 당시는 대표선수 선발을 정치인, 고관대작들이 했다. 축구협회장이나 감독에게 전화 걸어서 "아무개 선수를 대표로 꼭 뽑아라." 하면 뽑아야 했다. 이건 약과다. "아무개 선수를 이번 시합에 레프트 윙으로 써라." 하면 그렇게 써야 했다. 모든 포지션이 위에서 내려왔다. 감독은 완벽한 로봇이었다. 로봇은 전기만 넣어주면 움직인다. 로봇은 균형발달인이라는 게 없다. 다 똑같다.

## 왜 잘 아우르나? : 사람들의 머릿속이 보이고, 전체가 보인다

타입 3의 아우르는 능력은 어디에서 나올까?

첫째는 긍정적 마인드다. 타입 3는 누구의 생각을 면전에서 반박하지 않는다. 윗사람은 물론 아랫사람의 경우도 그렇다. 오히려 그 사람의 생각을 이해하려 애쓴다. 그의 행동이 무슨 이유가 있을 것이라고 전제한다. 그리고 헬리콥터를 띄고 그의 이모저모를 살펴본다. 때로, 상대의 생각이 틀렸을 수도 있다. 그러나 균형발달인은 일단 상대의 생각을 보완해주려고 한다. 틀렸다고 헤집어대지 않는다. 탁구대처럼 넓은 조리대를 가졌기에 가능한 것이다.

둘째는 배려심이다. 잘 알려진 프로야구 감독 얘기다. 그는 게임이 끝나고 나면 선수들에게 이런 요지의 얘기를 했다. "너희들 오늘 정말 마음에 들더라. 포수 너는 이러이런 점이 정말 좋았고, 숏스톱 너는 수비를 정말 잘했어. 그리고 중견수 너는…." 그러나 게임에 졌을 때는 이런 식으로 말했다. "오늘 정말 미안하다. X회 때 내가 사인을 잘 못 냈어. 저쪽 팀이 그런 식으로 나올 줄 몰랐거든. 그리고 투수를 너무 늦게 바꿨어. 선발투수 기록을 도와주려다가 그만 지나버린 거야. 다음엔 내가 정신 차릴게." 이 감독은 분명 균형발달인이다. 자기 잘못이라고 말한다. 비보리서 그런 것이 아니고 선수들에 대한 배려요 승복시키는 방법이다.

한편, 우뇌인 감독은 정반대다. 잘한 것은 자기 때문이고 못한 것은 선수 때문이다. 악의가 있어서 그러는 건 아니다. 우뇌가 그렇게 작동하기 때문이다. 자신의 뇌를 안다면 감독 같은 일은 맡지 않아야 한다. 아우르는 일은 지식만으로 되지 않는다. 배려하는 능력이 필수다. 이걸 못하니까 팀의 승률이 떨어지고, 그러다보니 단명감독이 된다.

일본인은 어려서부터 '폐를 끼치지 마라(메이와쿠迷惑 가케루나)' 교육으로 유명하다. 남에게 폐를 끼치지 않는다는 것은 질서를 지켜야 한다는 신념에서 나왔다. 언제나 침착해야 한다는 정신의 발로다. 일본인다운 인성교육이다.

어떤 이는 남에게 폐 끼치지 않는 것이 배려심이라고 말하기도 한다. 그렇지 않다. 질서 지키고, 침착하게 행동해서 남에게 폐 끼치지 않는 것은 각자 독립된 울타리를 전제로 한 생각이다. 배려는 각자의 울타리를 쌓지 않는다. 모두가 한 울타리 안에 있다고 전제할 때 베풀어지는 언행이다. '메이와쿠 가케루나'는 좌뇌인적 사고이고, 배려는 균형발달인적 사고다.

## 타고난 리더십 : 넓고 긴 안목에 배려심, 장악력까지

리더십(Leadership)이 강조되는 세상이다. 초등학교 저학년 아이들도 리더십을 기른다고 별도로 학원에 다니기도 한다. 리더십이 그만큼 중요하다는 데에는 전혀 토를 달 생각이 없다. 문제는 리더십이 기른다고 길러지느냐 하는 점이다.

먼저, 리더십이 무엇인지 쉬운 말로 다시 정리한다.

진정한 리더는 (1) 구성원이 승복하여 협력하게 하고, (2) 일하기 좋은 환경을 만들어주고, (3) 마무리까지 잘하는 사람이다. 이 정도면 이해가 되실 줄 믿는다. 뇌과학의 입장에서 하나씩 생각해보자.

(1) 구성원을 승복시키는 능력은 어디서 오나? 앞의 어느 프로야구 감독처럼 나 잘났다고 떠들면 구성원은 절대 승복하지 않는다. '그래? 그렇다면 다음 시합은 잘난 당신 혼자 힘으로 이겨봐.' 한다. 너무 친절하고 예의바르게 행동해서 만만하게 보여도 상대는 승복하지 않는다. 알맞게 긍정하고, 알맞게 배려하고, 알맞게 포용해야 한다.

(2) 일하는 여건 조성을 잘 하려면 어떤 능력이 있어야 하나? 우선은 상황파악이 정확해야 한다. 구성원들이 지금 더위하는지, 추워하는지, 배가 부른지, 고픈지 정확히 알아야 한다. 경쟁 관계의 조직에서는 어떤 대우를 해주고 있는지, 얼마나 많은 인원이 얼마나 많은 일

을 하는지 정확히 파악해야 한다.

또, 조직원들이 희망을 갖게 해야 한다. 동기부여 능력이다. 암담한 심정으로 열심히 일할 사람은 없다. 현재의 대우를 충분히 해주든, 미래의 보상을 약속하든, 가치관을 다시 심어주든, 조직원들의 의욕이 넘치게 해주어야 한다. 누가 이런 뇌를 가졌을까? 타입 3, 균형발달인이다.

(3) 마무리를 잘하는 사람은 어떤 사람인가? 첫째로 필요한 능력은 균형감각이다. 욕심에 지배당해서는 안 된다. 목표가 달성되었으면 마침표를 찍어야 한다. 조정경기에서 배가 결승점을 통과했으면 서야 한다. 계속 노를 젓게 하면 뭍으로 올라가는 것과 마찬가지다. 둘째는 멀리 보는 안목이다. 하나 달성했다고 취해버리면 다음을 생각하지 못한다. 목표달성과 동시에 그 앞을 내다보는 안목이 있어야 한다. 앞을 위해 대비하는 예지력이 있어야 한다.

요약하면 이렇다. 진정한 리더는 배려심, 추진력, 진취성, 통솔력, 솔선수범의 정신, 넓고 긴 안목을 갖추어야 한다. 이런 여러 가지 능력을 구비한 것은 타입 3가 단연 첫째다. 물론 그 안에서도 정도의 차이는 있겠지만. 둘째는 2-A와 4-A다. 3만큼은 못하겠지만 크게 뒤질 것도 없다.

다시 돌아가서 처음의 질문에 대해 답할 차례다. 리더십이 키운다고 키워지나? 키울 수 있다. 그러나 바탕이 있어야 한다. 유전적 바탕 위에 적합한 훈련이 더해지면 좋은 리더가 될 수 있다. 아예 리더가 되려는 노력을 하지 않는 것이 좋은 사람도 있다. 극우뇌인(타입 1)이나 극좌뇌인(타입 5), 2-B나 4-B가 그러하다. 완전히 불가능하지야 않겠지만, 투입하는 노력과 시간에 비해 얻는 것이 너무 적을 터이다.

## 합리성과 실용성 : 배우자를 택할 때, 부모에 효도할 때에도

요즘은 장례 관련산업이 뜨고(?) 있다. 왜 이런 업체들이 우후죽순처럼 생겨날까? 뭐니뭐니 해도 돈이 잘 벌리기 때문이다. 왜 돈이 잘 벌릴까? 사람이 많이 죽어서? 천만에다. 요즘은 수명이 늘어서 70이 넘은 할아버지가 아이를 낳는다. 80대 노인들은 골골거리긴 해도 잘 잡숫고 잘 마시며 90고개까지 버틴다. 유명 관광지에 가면 이런 어르신들이 절반이다. 죽질 않는다. 그런데 왜 죽음 관련산업이 호황을 누릴까?

유족들이 돈을 펑펑 쓰기 때문이다. 유족들 중에는 누가 가장 잘 쓸까? 두뇌별로 다르다.

장례 관련업자들을 먹여 살리는 건 단연 우뇌인이다. 업자들은 우뇌인이 누군지 알 턱이 없지만, 뭐든 최고로 (제일 비싼 것으로) 하겠다는 사람이 우뇌인이라고 보면 크게 틀리지 않는다. 유족 중 우뇌인이 맏이라면 이건 확실하다. 그는 장례식장부터 제일 큰 방으로 잡는다. 영정사진이나 주변의 꽃도 제일 좋은 것으로 하고, 손님용 음식도 제일 비싼 것으로 주문한다. 입관 때 입히는 수의도 최고로 하고, 화장장-납골당(또는 공원묘지)도 제일 비싼 곳으로 잡는다.

왜 우뇌인이 돈을 펑펑 쓸까? 따뜻한 뇌를 가신 까닭이다. 가슴이 뜨겁기 때문이다. 우뇌인은 남이 나를 어떻게 볼까?를 매우 중요시한다. 게다가 장례비용은 대개 부의금으로 충당이 된다. 이렇게 돈 쓰기 좋은 경우가 흔치 않다. 공돈(?)이 들어왔고, 효도(?)를 보여줄 기회인데 아낄 이유가 없다.

좌뇌인은 대개 다른 형제들 의견에 따라간다. 물론 속으로는 계산을 다 해본다. 나갈 비용이 들어올 부의금 범위를 벗어나느냐 아니냐? 계속 계산하고, 계속 부의금 중간집계를 해본다.

자, 이제부터 본론이다. 균형발달인은 어떨까? 타입 3는 실용적이지 않은 일은 하지 않는다. 매사에 합리성을 추구한다. 영정사진 주위에 국화꽃을 대문짝만큼 치장해놓을 이유가 무엇인가? 누구 좋으라고 하는 일인가? 문상객이 비싼 식사 먹으러 오는가? 한두 시간 후면 한 줌 잿더미가 될 텐데 수백만 원짜리 수의가 왜 필요한가? 부의금은 다 써버려야 하나? 그거 전부 품앗이 아닌가? 남는다면 가족 중 어려운 이를 도와주는 것이 고인의 뜻에도 맞지 않을까? 합리적 사고다.

타입 3는 물건 하나를 살 때도 실용성과 합리성을 생각한다. 소파를 새로 들여놓는다고 하자. 우뇌인은 보기 좋은 것, 남들이 감탄할 것을 고른다. 좌뇌인은 싸고 튼튼한 것을 고른다. 균형발달인은 편리한 것을 고른다. 애인을 정할 때도 마찬가지다. 옷을 살 때도 마찬가지고, 집을 살 때도 마찬가지다. 뇌가 시키는 대로 해야 행복해지는 까닭이다.

## 깊이 파지 않는다 : 넓게 보고 조정하는 직종을 찾아야

고2 겨울방학이 되었어도 문과, 이과를 정하지 못하는 학생들이 있다. 왜 그럴까? 문과 과목 성적도 괜찮고, 이과과목 성적도 괜찮은 까닭이다. 어느 한쪽 성적이 1~2등급이 팍 나와주면 좋겠는데, 모든 과목이 2~3등급이 나오는 것이다. 이처럼 답답한 일이 없다. 어디로 가란 말인가?

　결론부터 말하면, 이건 학생들 죄가 아니다. 전국의 모든 고3 학생을 딱 둘로 나누겠다는 교육당국의 죄다. 예체능 계열이 있다면 셋으로 나누는 것인데, 왜 모든 고3 학생을 둘 아니면 세 부류로만 나누어야 하나? 대학은 계열로만 따져도 20개가 넘고 과로 나누면 100개가 넘는다. 고3 학생들을 20개 계열로 나누지는 못한다 하더라도, 7~8개 정도 계열로 나누면 국가적 손실이 클까?

　이순신 장군은 당초 무과에 합격했다. 무과란 요즘으로 치면 군인 장교다. 조선 시대에는 공무원을 문반과 무반으로 나누어 뽑았고, 이 둘을 합쳐 양반이라고 불렀다. 이순신 장군은 군인 장교가 된 후, 각 지방 책임자를 거쳐 군인으로는 최고의 자리에까지 올랐다.

| 문과(文科) | 잡과(雜科) | 무과(武科) |
|---|---|---|
| 각종 행정관료 | 역과(통역), 율과(법률), 의과(의료), 음양과(천문) | 군인 장교 |
| 우뇌인 기능=양 | 균형발달인 기능 | 좌뇌인 기능=음 |

조선시대의 과거제도를 보면 조상들의 혜안에 다시금 놀라게 된다. 당시에는 모든 것을 음과 양으로 2대별하는 시대였다. 그럼에도 인재를 구할 때는 음양의 구분 외에도 그 중간 능력이 있음을 인정했다. 명칭이 잡과라서 현대 언어와는 다른 느낌을 주기도 하지만, 그 선발분야가 요즘 균형발달인(타입 3) 적성분야와 너무나도 일치한다.

　여기에서 눈여겨 볼 것은, 이순신 장군께서 무인(武人)의 능력만 가졌는가 하는 점이다. 그의 난중일기나 왕에게 올린 서신, 부하들의 사상이나 애국심을 교육한 것, 그 밖의 행정능력을 볼 때, 그는 문인(文人)으로서도 빼어난 자질을 보여주고 있다. 그는 문무 양반을 겸한 인물이었던 것이다. 이런 재능을 가진 사람을 빨갛지도, 파랗지도 않다고 해서 손가락질 할 수 있는가? 세상에는 이처럼 양쪽 능력을 고루 가진 사람이 일정 수 존재하기 마련이다. 좌우뇌 균형발달인, 타입 3다.

위에서 늦도록 문과 이과를 정하지 못하는 학생이 있었다. 이는 그가 우유부단해서가 아니다. 그가 갈 수 있는 계열이 고등학교 안에 없기 때문이다. 그는 문과도 아니고 이과도 아니다. 문과 이과 이외에, 이런 학생에게 맞는 과가 새로 생겨야 한다. 필자는 이를 균형과(均衡科)로 부르겠다. 균형과가 필요한 고능학생이 열 명 중 2~3명이다. 결코 적은 숫자가 아니다. 미국은 열 명 중 5명이나 된다. 이들은 양쪽 능력을 고루 가진 학생들이고, 이 점이 바로 이들의 특성이다.

타입 3는 여러 분야에 능력이 고루 발달했다. 그래서 어느 한 분야에 몰두하지 못한다. 중고등학교 시절 공부할 때부터 그 특성을 나타낸다. 한 과목만 오래 파지 않는 것이다. 사회에 나가서도 마찬가지다. 이것저것 집적거린다. 극단적으로 표현하면, 죽을 때까지 자신의 적성분야를 만나지 못하는 사람도 있다. 소위 '밥벌이 직종'을 못 찾는 것이다. 대학을 나왔다면 전공한 분야를 살리지 못하는 경우가 대부분이다. 이런 사람은 여러 직종을 거친다. 직장도 자주 옮긴다. 남 밑에서 월급쟁이도 해보고, 뛰쳐나와서 자영업도 해본다. 이것이 정상이다. 그래야 늦게라도 자신의 '밥벌이 분야'를 찾는 까닭이다.

타입 4 의사가 있었다. 그는 의대 교수가 되었고, 종합병원 의사를 겸했다. 그는 평생 심장을 연구했다. 그것도 소아(어린이)심장만을 연구했다. 그는 그것으로 만족하며 살았다. 한편, 타입 3 의사가 있었다. 그는 어느 작은 분야를 파고드는 것이 싫었다. 종합병원에 잠간 근무하다가 나와서 동네의원을 개업했다. 다방면에서 치료성과가 좋았고 환자관리까지 잘해서 의원이 일취월장 발전했다. 그는 지금 지방 종합병원의 원장이다. 자신이 설립했다. 환자 치료는 별로 하지 않는다. 대신 의료사업 면에서 뛰어난 능력을 발휘하고 있다. 샘솟는 아이디어를 병원에 적용하자, 해외환자들이 꾸역꾸역 몰려들고 있는 것이다.

 균형발달인의 '밥벌이 직종'은 좁은 한 곳을 파는 일이 아니라, 다양한 여러 가지를 아우르는 일이다. 이건 어느 특정분야에만 있는 것이 아니다. 의료사업에도 있고, 호텔사업에도 아우르는 일이 있다. 오케스트라에도 있고, 영화판에도 아우르는 일이 있다. 건축업도, 언론사업도, 교육사업도, 연구소도, 유통업도 전체를 조화롭게 아우르는 사람을 필요로 한다. 타입 3는 취업 때 회사를 보고 가면 안 된다. 어떤 일을 할 것이냐를 보고 가야 한다.

 타입 3는 좁은 분야의 일을 깊이 파는 일을 추구하면 실패한다. 전문성을 키운답시고 작은 분야에 매달리지 말아야 한다. 좁게 파고들어본들 얼마 못가서 내던지고 나올 것이기 때문이다. 균형발달인은 문무 양반의 뇌 특성을 살려야 성공한다. 그는 옛날 말로 하면 잡과다. 잡스러워야 행복하다.

### 유내와 매너 : 헬기를 타고 어슬렁대는 사람의 특권

 처칠이 수상일 때다. 애틀리 당수를 비롯한 노동당은 대기업을 국

타입 3. 균형발달인 중에는 역사의 주인공이 참으로 많다. 세종대왕, 이순신 장군, 백범 김구 선생은 뛰어난 통찰력과 리더십과 추진력으로 이 나라의 지도자가 되셨다. 정주영, 김우중, 이건희 회장은 진취성, 조직장악력, 창의성으로 세계적 기업을 일구어냈다.

김응룡, 홍명보, 히딩크 감독은 부하를 잘 조련하고 승복시키는 힘으로 엄청난 팀워크를 이뤘다.

레이건, 아이젠하워, 루즈벨트, 처칠, 대처, 마오쩌둥은 길고 넓은 안목, 합리적 판단력으로 세계를 이끌었다. 다빈치는 창의적, 논리적, 예술적 능력을 두루 갖춘 인물로 첫손 꼽힌다. 명실공히 CEO Type의 대표인물들이다. 이들 모두의 공통점은 무엇일까? 자기 자신보다는 전체를 먼저 생각했다는 점이다. 이것이 바로 타입 3의 가장 큰 장점이다.

유화하자고 했고 처칠은 민영화가 옳다며 첨예하게 맞섰다. 처칠이 화장실에 들어섰는데 애틀리가 소변을 보고 있었다. 처칠은 두세 칸 떨어져 자리를 잡았는데, 애틀리가 가시 돋친 인사를 해왔다. 수상께서 저에게 죄지은 일 있습니까? 왜 그리 멀리 도망가세요? 처칠이 응수했다. "당신네들은 큰 것만 보이면 전부 국유화하자고 덤비니까 겁이 나서 그럽니다."

미국 레이건 대통령이 재선에 도전할 때다. 73세였다. TV토론에서 56세의 먼데일 후보가 레이건의 약점을 파고들었다. 귀하의 나이가 국정을 수행하기에는 너무 많다고 생각하지 않으십니까? 레이건이 이렇게 대답해서 전 국민이 폭소를 터뜨렸다고 한다. "나는 귀하가 국정 수행이 어려울 만큼 어리다는 것을 정치적 목적으로 사용할 생각이 없습니다." 레이건은 재선되었다.

조선 연산군 때 한 신하가 왕을 알현하러 왔다. 그는 예법대로 정중하게 절을 올렸다. 그러나 연산군은 보았는지 못 보았는지 아무 반응이 없다. 그가 괴팍한 인물이라는 것은 독자들께서도 아실 터이다. 조금 기다리던 신하는 다시 공손하게 절을 올렸다. 이와 동시에 벼락이 떨어졌다. 너는 왜 살아있는 임금에게 재배하느냐? (두 번 절하는 것은 죽은 사람에게만 하는 것이 우리나라 대대로의 예법이다.) 당장 능지처참하리로다!! 이건 정말 역모죄에 버금가는 죄다. 살아있는 임금을 죽은 자 취급했으니 말이다. 그러나 신하는 느릿느릿 이렇게 대답하였다고 한다. "첫 번째 절은 왔다는 절이옵고, 두 번째 올린 절은 간다는 절이옵니다."

위의 세 사람은 모두 대표적 균형발달인이다. 이들의 뛰어난 유머감각은 어떤 두뇌특성에서 나올까? 어슬렁대는 습관, 헬리콥터에서 보는 능력, 긍정적 마인드, 아우르는 능력, 창의력 덕분이다. 이런 다섯 가지 능력이 분명하고 더 좋을수록 유머감각이 더 좋아진다. 다른 말로 하면 우뇌인이나 좌뇌인도 좋은 유머를 구사할 수 있다는 뜻이다.

개중에는 멋진 유머에 시비를 거는 사람이 있다. 때로는 싸우자고 덤비기도 한다. 참 난감한 일이다. 앞에서 처칠 수상과 애틀리 노동당 당수의 화장실 유머를 소개했다. 이 때, 처칠의 한 마디에 애틀리는 박장대소했다고 한다. 분쟁의 멋진 봉합이다. 그러나 애틀리가 만약 이렇게 대응했다면 어떻게 되었을까? "당신이 그거 좀 크다고 자랑하는 기냐? 나잇실이나 먹고서노 자랑할 것이 그렇게 없냐? 내가 할 일이 없어서 당신 냄새나는 물건을 국유화하자고 하겠냐?" 그것도 모자라서, 이 사람이 동네방네 이런 식으로 떠들고 다닌다면? 유감스럽게도 우리 사회에 이런 일이 흔하다. 이 사회를 치유하기도 힘든 분열로 몰고가는 처사다. 타입 1이나 2-B, 타입 5나 4-B가 유머에 극단적으로 대처하는 경우가 많다. 자신을 돌아볼 일이다. 불행을 자초할 필요는 없다.

타입 3는 매너가 좋다. 매너라고 하면 흔히 문 잘 열어주거나, 인사 잘하거나, 존댓말 잘하는 것쯤으로 아는 분들이 계시다. 틀린 건 아니지만, 그건 매너의 일부에 불과하다.

박정희 대통령이 72년 어느 날 현대 정주영 회장을 불렀다. 정 회장, 우리도 조선소를 만듭시다. 50만 톤급을 만들 수 있어야 하오. 이건 어려운 지시가 아니라 날벼락이었다. 당시 우리 1인당 국민소득은 500달러 수준, 국가 경제력은 세계 100위권 밖이었다. 50만톤급 선박은 당시 7대 강국에서나 가능한 일. 그러나 정 회장은 싹싹하게 대답했다. "네, 준비하겠습니다." 이것이 정 회장의 매너였다. 물론, 즉석에서 난색을 표시할 수도 있다. 그러나 부정의 뜻을 표하더라도 나중에 하면 된다는 것이 정 회장의 생각이었다. 타입 3는 이런 매너가 있다.

회사로 돌아온 정 회장은 참모들을 불렀다. 50만 톤급 조선소 설립 계획서를 만들라고 지시했다. 모두들 입을 벌리고만 있었다. 아예 반대 의견을 주르르 읊어대는 참모도 있었다. K가 나선 것은 이 때였다. 그의 말은 간단했다. "계획을 세워보겠습니다."

재미있는 사실을 하나 알려드린다. 박정희 대통령은 균형발달인이었다. 정 회장도 K도 균형발달인이었다.

### 음흉하다 : 멀리 가고 오래 버티는 힘

성에 관련된 얘기가 아니다. 우리가 '크렘린'이라고 부르는 사람들이 있다. 속을 알 수 없는 사람이다. 도대체 무슨 생각을 하고 있는 건지, 좋다는 건지, 나쁘다는 건지…. 머릿속이 얼굴에 잘 나타나는 타입 2 입장에서 보면 이렇게 답답할 일이 없다. 타입 3는 감정표현을 안 한다는 표현이 정확하다. 표현을 억제하는 것이다. 하려고 마음먹으면 잘 한다. 그러니 크렘린 소리를 듣는 것이다.

타입 3가 감정표현을 자제하는 데는 이유가 있다. 이늘은 머릿속이 복잡하다. 탁구대만한 조리대 위에 완성도가 다른 여러 가지 생각들이 여기저기 널려 있는 것이다. 밖으로 표현이 잘 되려면, 이런 여러

## 토종닭처럼 키워야 되는 아이

미국민들이 그들에게 '다시 돌아와주기 바라는 대통령'으로 레이건과 케네디를 꼽았다. 새삼스러울 것도 없다. 그들의 소통능력과 문제 해결 방식, 그리고 그들의 유머를 너무도 사랑하기 때문이다.

영국의 처칠은 2차 대전의 영웅이다. 2002년 BBC가 조사한 '위대한 영국인 100명'에서 아이작 뉴턴과 셰익스피어를 제치고 처칠이 1위를 차지했다. 처칠은 영국민의 자부심인 것 같다. 우리나라만 존경받는 대통령이 없다. 존경받는 저들 대통령의 공통점은 무엇일까? 모두가 타입 3, 균형발달인이라는 점이다.

타입 3 아이들은 키우기가 어렵다고 한다. 그 깊은 속을 알기가 어려워서이다. 한 미디로 소소한 간섭을 하지 않아야 한다. 모르는 것은 당연히 가르쳐야 하지만, 한번 가르친 것은 되풀이하지 않아야 한다. 이건 아이가 부모 슬하를 떠나기 전까지, 꼭 지켜야 한다.

타입 3 학생들은 자신의 머리에 맞는 공부법을 찾기도 힘들다. 그러나 찾기만 하면 바로 정상권으로 뛰어오른다. 공부방법을 다른 누가 찾아주려 애쓸 필요가 없다. 네 머리에 맞는 공부방법이 있다는 것만 알려주면 된다. 자기 스스로 찾게 해야 한다.

타입 3 아이들은 내 '자녀'라고 생각하지 않는 것이 좋다. 내 의논상대라고 생각해야 한다. 이 아이들은 6~7세부터 좋은 대화상대가 된다. 타입 3 아이들은 일찍 부모 슬하를 떠날수록 크게 된다는 말이 있다. 잔소리가 많은 부모일수록 이 말이 맞다.

레이건은 자신을 만든 것은 어머니의 낙관주의라고 회고했다. 깊은 뜻이 담겨있다. 처칠은 학교에서 말썽꾸러기 낙제생이었다. 선생님의 평가는 참담했지만, 그 부모는 그를 믿었다. 삼수 끝에 해군사관학교에 입학한 처칠은 150명 중 8등으로 졸업했다. 자기 공부법을 찾았을 터이다.

타입 3 아이들은 토종닭처럼 키워야 한다. 마당도 마음대로, 동네도 마음대로 돌아다니며 자라게 해야 한다. 알이나 쑥쑥 낳으라고 (부모의 틀 속에) 가둬키우면 우유부단의 대명사가 되고 만다.

가지 생각들이 잘 분류되고 정리되어야 한다. 평소에는 그런 상태를 유지할 수 없으니 표현을 자제하는 것이다.

돌다리도 두드려보고 건넌다고 한다. 이건 타입 4를 두고 하는 얘기다. 타입 2는 돌다리건 섶다리건 다리만 있으면 건넌다. 균형발달인은 어떤가? 돌다리를 열심히 두드리기에 '이그, 어느 세월에?' 했는데 어느새 건너가 있는 것을 발견하게 된다. 음흉하다는 소리를 들을 만 하다.

음흉의 대명사는 중국의 유비 현덕이다. 어떤 역사가는 유비를 후안흑심(厚顔黑心, 두꺼운 얼굴과 검은 마음)의 인물이라 평했다. 그는 한나라를 다시 일으켜 백성을 구한다는 큰 꿈이 있었다. 그래서 그는 필요하다면 때와 장소를 가리지 않고 무릎을 꿇었다. 그는 타입 3였다. 반면에 단순무지 항우는 단 한 번의 패배로 자결하고 말았다.

## 정면돌파한다 : 만 원짜리 한 장으로 수백 억을 빌리기도 하고

타입 3는 문제가 있을 때 빙빙 돌지 않는다. 정면으로 돌파한다. 물론, 그 전에 심사숙고한다. 돌파할 가치가 있다고 판단되면 돌파한다. 역사적으로 이런 사례가 많다. 지금까지 필자가 타입 3라고 거명한 분들만이라도 한번 확인해 보자.

처칠은 2차대전 당시 히틀러와의 전면전, 미국 루즈벨트 대통령과의 줄다리기, 스탈린이라는 악어 길들이기 등에서 뛰어난 돌파력을 보여주었다. 세종대왕은 일부 신하들의 반대를 무릅쓰고 한글을 창제하는 과정에서, 이순신 장군은 수적 열세에도 불구하고 왜군을 격파하는 과정에서 정면돌파의 시범을 보여주었다. 정주영 회장은 빈주먹으로 영국에 가서 조선소 차관을 들여왔고, 박정희 대통령 역시 담보가 될 수 없는 광부들의 미래 급여를 담보로 독일에서 차관을 얻어왔다. 수백 년 영국병을 고친 대처 수상은 발목잡는 반대세력을 정면돌파로 물리쳤고, 부패한 장개석 정권을 대만으로 내쫓은 마오쩌둥(毛澤東)이나, 우주개발 반대세력을 잠재운 레이건 대통령 역시 정면돌파로 성공한 경우다.

타입 3가 정면돌파를 택하는 것은 자신감의 발로이다. 앞에서도 얘기했지만, 균형발달인은 파악이 느리지만 판단은 정확하다. 정확한 판단이 서면 무서운 돌파력이 생기는 건 당연하다. 균형발달인이 정면돌파하는 것은 의도적이라기보다는 자연적이다. 뇌가 그렇게 명령하는 것이다. '이건 되는 일이다. 힘껏 밀어붙여라.' 정면돌파란 합리성과 정당성의 바탕 위에서 이루어진다.

밴 플리트 장군은 타입 3다. 한국전이 한창일 때 미 8군 사령관으로 부임했다. 중공군의 개입으로 서울이 다시 떨어질 위기였다. 그는 승리를 외치며 폭격기 조종사이던 그의 외아들을 한국전에 불러들였다. 당시 중위였다. 장병들의 사기가 충천한 것은 물론이다. 그 힘으로 그는 서울을 사수했으나 그의 아들은 폭격임무 중 산화했다. 그는 나보다 전체를 먼저 생각하는 참 군인이었다. (이승만 대통령과 담소하는 밴 장군, LIFE지에 실렸던 사진)

●뇌과학자가 쓰는 육아서 - 총론

# Chapter 6
## 행복한 학교로 가는 길: 두뇌 맞춤교육

우리나라 교육계처럼 '질퍽거리는' 곳도 드물 것이다. 학교는 서로 다른 아이를 다같이, 똑같이 가르친다. 부모는 귀동냥이나 파편적 상식으로 양육한다. 당연하다. 어느 누가 이들에게 올바른 자녀교육방법을 가르친 일이 없는 것이다. 교육자들은 이념이나 세력다툼의 진흙탕 싸움을 벌이고 있다. 이러는 사이 사교육은 온갖 수단-방법을 동원해 학부모들 호주머니를 턴다. 유치원 아이들도 선행학습을 시켜야 한다고 겁을 주는 현실이다. 무지한 부모들은 뇌 조직이 아직 완성되지도 않은 아이들에게 학교-학원-과외-학습지 뺑뺑이를 돌린다. '아이들 머리를 다치게 하기 위해' 혈안이 된 사람들 같다.

우리나라에 이렇게 질퍽거리는 분야가 또 있을까? 이제는 불운의 고리를 끊어야 한다. 여기 뇌과학을 접목한 대안을 제시한다. 행복한 학교를 만들기 위한 근원적 해결책이다. 교육선진국에서는 이미 여러 가지 모습으로 근본대책을 도입하여 괄목할 성과를 거두고 있다. 우리 정책당국이 모른 척하고 있을 뿐이다.

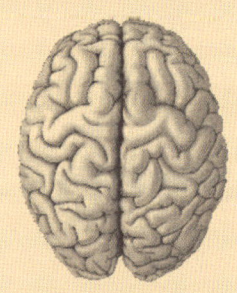

## Chapter 6
## 행복한 학교로 가는 길 : 두뇌 맞춤교육

### 가. 행복한 선생님
1. 학교는 밥 먹이는 곳인가?
2. 성적은 운명인가?
3. 국가부터 학교폭력을 중단하라
4. 독서 많이 시키는 비결
5. 일기로 들여다보는 머릿속
6. 카이스트 학생이 왜 자살할까?
7. 학교폭력의 주인공 미리보기

### 나. 행복한 학생
1. 돌팔이 선생에게 드리는 충고
2. 노력해도 성적이 안 나와요 = 영어(국어)
3. 노력해도 성적이 안 나와요 = 수학
4. 노력해도 성적이 안 나와요 = 단순암기과목
5. 노력해도 성적이 안 나와요 = 선행학습
6. 맞춤 진로 : 동으로 갈까, 서로 갈까?

### 다. 행복한 엄마
1. '좋은 엄마'의 조건
2. 칭찬하는 방법, 때려주는 방법
3. 예습과 복습을 다 같이 똑같이?

## 가. 행복한 선생님
### 지금 제도로는 행복할 수가 없다

우리나라 초-중-고등학교에서 선생님이란 무엇인가? 샌드위치다. 희생양이다. 위로는 교육당국으로부터 온갖 시집살이와 잔심부름을 다 견뎌내야 한다. 옆으로는 학부모로부터 온갖 모욕과 항의와 비아냥거림을 들어야 한다. 밑으로는 학생들로부터 얻어맞지 않으면 다행이다. 여선생이 남학생들에게 성희롱을 당하고, 치마 속을 찍은 사진이 인터넷에 돌아다닌다. 남선생은 중학생 꽃뱀에게 물려 폐인이 되기도 한다.

그런데 왜 너도나도 교사가 되지 못해 안달일까? 쥐약 때문이다. 재직 중, 단 하루도 늦는 일이 없이 꼬박꼬박 나오는 봉급, 상여금, 아무 말 없이 점잖게 있어도 해마다 또박또박 인상되는 급여. 세월만 지혜롭게 보내면 부장도 되고 교장도 되는 승진제도. 정년 전에 잘릴 우려가 없는 철밥통. 은퇴하면 죽을 때까지 풍성풍성 먹고 쓰게 해주는 연금. 게다가 일반 공무원보다 나은 점이 몇 가지 더 있다. 그야말로 완벽한 평생 보장이다. 이런데 몸부림치지 않을 사람이 어디 있을까?

이건 역시 쥐약이었다. 돈을 보고 직업을 택했으니 돈맛이나 즐겨라. 이것이 배 아픈 것을 못 참는 사람들의 심술일지도 모른다. 그래서는 안 된다. 선생님들은 제도의 희생양이다. 탐욕의 샌드위치다. 선생님이 행복해야 학생이 행복하다. 학생이 행복하면 학부모도 행복하다. 온 나라가 행복해진다.

# 01 학교는 밥 먹이는 곳인가?

교육에 문외한인 정치인이 교육을 좌지우지한다. 아는 게 없으니까 공짜로 밥 먹이자, 수업료 면제해주자, 수능시험 문제를 쉽게 내겠다… 이런 소리나 한다. 모두가 자신의 이익, 정파의 이익만을 위한 꼼수다. 학생들 잘 되게 하자는 것이 결코 아니다. 우리나라 교육의 백년대계를 세울 참교육자는 없는 것일까?

우리나라는 공(公)교육이 무너진 나라다. 전문가, 당사자들이 이를 인정하기 시작한 것이 벌써 4반세기 전이다. 공교육이 왜 무너졌을까? 유감스럽게도, 이 근본원인을 진단하고 처방하려는 집권자를 아직 본 적이 없다. 표 떨어질까 눈치 보느라 그랬을까? 이런 멍청하고, 허약하기 짝이 없는 정치가가 앵무새처럼 외우는 호언장담이 있다. "사교육을 잡겠다."

지금, 무너진 우리 공교육을 보완하는 것이 사교육이다. 3040은 자녀 사교육비로 가계예산의 30~40%를 지출하면서 사교육에 매달린다. 부인은 알바까지 뛴다. 사교육 그거라도 필요하기 때문이다. 문자 그대로 각자도생이다. 이럴 경우, 집권자는 공교육을 바로 세우겠다고 해야 정상이다.

허나, 정상은커녕 거꾸로 가는 것이 우리나라 역대 대통령이다. 무너진 공교육은 ㄱ자도 못 꺼낸다. 사교육을 잡으면 공교육이 바로 서나? 수요자가 넘치는데 무슨 재주로 공급자만 때려잡나? 알콜중독, 인사불성인 애비 대신, 돈 벌고 애들 키워주는 엄마가 있는데, 엄마를 때려잡으면 아이들은 어쩌란 말인가?

더 가관인 것은 그 다음이다. 사교육을 잡는다던 대통령이 사교육 번창을 위해 빛나는 공로를 세우는 것이다. 누구 하나 예외가 없었다. 사례를 보자.

학교에서 멀쩡히 공부 잘하던 학생들이 있었다. 어느 순간, 이들을 모조리 학원으로 달려가게 만든 괴물이 있다. 고교평준화다. 학생 자신의 수준에 맞는 수업이 불가능해졌던 까닭이다. 군인들의 획일적 두뇌에 의해 시행된 평준화는 당시 '단과강좌 학원' 수준이던 우리나라 사교육을 단숨에 '종합교육산업'으로 일으켜 세웠다.

그 후, 객관식 수능시험, 내신제도, 3불정책, 수시모집, 특목고 설립, 논술시험, 수능과목 축소, 학원영업시간 제한, 물수능, 영어몰입(?)교육, 자율고 확대, 입학사정관제.... 어느 것 하나 예외도 없었다. 이런 시책이 나올 때마다 사교육은 팽창을 거듭했다.

불편한 진실은 여기에서 끝나지 않는다. 학원가에 우스갯소리가 있다. 만약, 대학이 가위-바위-보로 신입생을 뽑는다면, 가위-바위-보를 가르치는 학원이 성업할 것이란다. 학생이 몰려올 테니까. 왜? 학생은 학교를 믿지 않으니까.

'사교육비 반으로 줄이겠다.'던 MB 5년간 공교육은 더 처참하게 무너져 내렸다. 이젠 중학생들끼리 죽고, 죽이는 지경이 되었다. 한두 명이 아니다. 학생이 선생과 맞장 뜨는 것이 다반사가 되었고, 성난 학부모들이 학교로 달려와 교사를 패는 것은 이제 뉴스거리도 아니다. 이런 와중에, 선생끼리는 "열심히 한다고 봉급 더 줘?" 학생에게는 "학원에서 다 배웠지?" 이런다.

'행복한 학교'를 공약으로 내세웠던 박근혜 대통령 4년 동안에는 어떠했나? 공약 자체는 참으로 그럴 듯했는데, 아무도 행복해졌다는 학생이 없다. 행복해졌다는 선생님도 없다. 방과후학교라는 것이 생겨서 희망을 걸었지만, 역시 지엽적인 처방이었음이 증명되었다. 피날레를 국사 국정교과서 파동으로 마무리했는데, 이건 교육싸움이라기보다는 정치싸움이었다.

오호라, 이 참담한 현실이여!! 교육이라는 당뇨병 환자가 이제는 합병증까지 앓고 있다. 발가락이 썩고, 눈이 침침하다. 나랏님(?)들께서는 이 환자의 썩는 상처에 반창고나 붙이고, 안경 도수나 높이겠다고 한다. 이래서 당뇨병이 치유되나?

당뇨병은 돈으로 치료하는 병이 아니다. 적당한 운동이 필요하고, 맑은 공기와 1급수의 물이 필요하고, 알맞은 주거환경이 필요하다. 적절한 음식 섭취와 생활습관도 뒤따라줘야 회생이 가능하다.

우리나라 공교육이 딱 중증 당뇨병 환자다. 그런데 집권자들은 돈으로만 해결하려 든다. 공짜로 밥 먹여주고, 수업료 면제해주고, 시청각 기자재 잔뜩 사주고, 건물 새로 지어주고, 선생들 철밥통 만들어주는 식이다. 소프트웨어는 보이지 않고, 하드웨어만 보인다. 이러면 공교육이 바로 설까?

2012년 12월 대통령 선거가 끝난 겨울방학 기간 중 여러 명의 고등학생을 만났다. 그야말로 이구동성. 부모님까지 같은 뜻의 의견을 말했다.

"고등학생들 수업료를 국가가 부담해준다고 달라지는 것이 하나도 없다. 지금 고등학생들 앞에 가로놓인 치명적 문제점이 얼마나 많은가? 대학입시, 진로 찾기, 외국어, 특목고 학생과 경쟁, 인성교육, 사교육비… 이런 문제들에 대해서는 해결의 기미조차 안 보인다. 그런데 수업료 몇 푼 면제해주고 나머지는 각자가 알아서 하라는 것인가?"

교육 당국자들에게 간곡히 권한다. 공교육을 바로세우라. 이것이 가장 큰 복지다. 3040들은 자녀의 장래가 불투명하니까 아예 아이를 낳지 않겠다고 버틴다. 결국 출산율 세계 최하위!! 인구감소로 인한 국력추락이 코앞에 다가왔다.

망가진 공교육의 대안은 근원적 수술이다. 얼마든지 되살릴 수 있다. 죽어가는 교육나무의 뿌리와 줄기를 어떻게 살릴 것인지 치열하게 연구하라. 뇌과학을 도입하고, 암적 요소는 과감히 제거하라. 학생들 공짜로 밥 먹이고, 수업료 부담해주겠다는 것은 교육에 무지한 정치꾼들이 '표플리즘'에 불과하다. 헐벗고 굶주리던 조선시대의 인재양성 편법에 불과하다.

우리도 교육 백년대계를 새로 세워야한다. 행복한 학교는 수업료나 급식으로 만들어지지 않는다. 합리적 소프트웨어를 도입해야 한다. 그것이 교육개혁이다.

행복한 학교는 학생이 행복해야 한다. 정치인이 행복하다면 그건 '무너진 공교육'이 파멸의 길로 가고 있다는 뜻이다.

# 02
# 성적은 운명인가?

> 선생님은 만능인이 아니다. 우체국으로 말하면 우편배달부요, 여행으로 말하면 현지 가이드다. 허파로 말하면 허파꽈리요, 혈관으로 말하면 실핏줄이다. 선생님이 우체국이나, 여행사나, 허파나, 심장이기를 기대해서는 안 된다. 될 수도 없다.
> 중학교에 진학하면 성적이 추락하는 아이들이 있다. 이건 누구의 책임일까? 제도를 만들고 운영하는 교육당국의 책임이다. 심장의 책임이지 실핏줄의 책임이 아니다.

서울의 어느 유명한 교회 목사님이 들려준 얘기다. 아이가 네 살이 되자 그리도 총명하더라는 것이다. 한글이나 영어를 초등 고학년 아이처럼 구사하는가 하면 수학도 하나를 가르치면 둘을 알았다. '오호라, 이 아이가 아인슈타인 같은 천재로구나!' 그래서 그 아이에게 아인슈타인 우유를 먹이기 시작했다. 초등 2~3학년이 되니까 계속 총명하기는 한데 천재는 아닌 것 같았다. 그러면 서울대학에라도 들어가거라 하는 마음을 담아 서울우유로 바꿔 먹였다.

초등 고학년이 되니까 계속 상위권은 유지하는데 영재는 아닌 것 같았다. 그러면 역사 깊은 명문대학도 괜찮다 하는 마음으로 연세우유를 배달시켰다. 중학생이 되니까 그것도 아니구나 싶어서 건국우유를, 고등학생이 되어서는 하위권에서 놀기에 우유를 아주 끊었다는 것이다.

목사님이 우유의 품질을 논한 것은 아니었다. 대학의 등급을 매기자는 것도 아니었다. 설교라는 것이 원래 지루하니까, 교인들이 졸지 않게 해주고 싶었을 것이다. 그러나 필자는 심장이 떨려왔다. 아이들 성적 떨어지는 것이 이제는 개그거리로 전락하고 말았다니!!

현재 우리나라에는 이런 식으로 추락하는 아이들이 한두 명이 아니다. 열 명 중 4~5명꼴이다. 물론 여기에는 환경여건으로 공부를 제대로 하지 못하는 학생들은 포함되지 않는다. 왜 이 아이들은 성적이 추락하는가? IQ 때문이 아니다. 재능(두뇌특성)을 무시한 교육 때문이다.

242쪽 표를 보자. 목사님 개그의 대상이 된 아이들은 두 개의 빨간 점선이다. 학년이 올라갈수록 성적이 떨어지고 있다. 맨 아래 12년 내내 바닥을 기는 빨간 점선은 지진아들이니 원인규명에서 제외하자.

추락하는 빨간 점선 중 아래는 타입 2-B이다. 초4~중학교 입학할 즈음에 급추락하는 아이들이다. 위의 빨간 점선은 타입 2-A이다. 중학교 졸업 때까지는 그럭저럭 버티다가 고등학교에 진학하기가 무섭게 날개가 꺾이는 학생들이다. 중요한 점. 이들은 열심히 하는데도 추락한다는 사실이다.

왜 추락할까? 초등학교 때 천재나 영재로 인정받던 그들이 미리를 크게 다치기라도 한 것일까? 전체의 절반 정도나 되는 학생에게 무슨 일이 생긴 것일까? 이유가 있다.

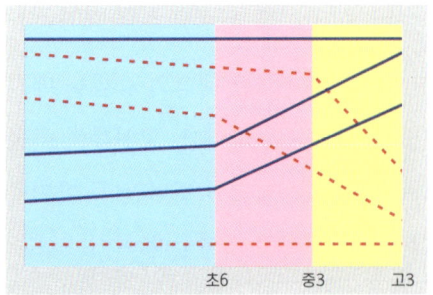

12년간 성적 변화

두 개의 빨간 점선. 학년이 오를수록 성적이 떨어지는 학생들. 아무리 열심히 해도 안 되니 더 참담하다. 좌절한 나머지 눈물이나 폭력으로 중고 시절을 보내는 이들은 적게 잡아도 10명 중 네다섯 명. 참으로 기구한 운명이다. 왜 한국에서 태어났지?

첫째 이유는, 일제시대를 답습한 편향적 교육 때문이다. 현재의 중–고교를 보자. 국영수사과로 대표되는 중–고교 학과목은 논리력, 분석력, 장기기억력을 요구한다. 일본인들이 많이 가지고 있는 능력이다. 뇌로 보면 좌뇌능력이다.

따라서 시험도 좌뇌능력을 검증하는데 주력한다. 좌뇌능력이 좋은 학생은 저절로 우등생이요, 모범생이요, 좋은 대학에 진학한다. 중–고교 교사들 죄가 아니다. 교과서가 그렇게 편찬되어 있고, 수능시험이 그렇게 나오니 당연하다.

반면에 논리력은 없지만, 진취적이고, 창의적인 우뇌학생들은 어떤가? 한민족은 우뇌인들이 전체의 절반 이상을 차지한다. 일본인과는 반대다. 당연히 이들은 찬밥이다. 일제시대부터 그래왔다. 이들의 순발력, 상상력, 직관력은 획일적 수업을 하는데 가장 큰 걸림돌이다. 따라서 학교는 이들의 우뇌능력을 인정해주지도 않고 키워주지도 않는다. 학교 운동회나 예술제 때 한 번씩 써먹으면 그만이다.

우뇌학생들이 우유마저 못 마시게 되는 비극이 여기에 있다. 논리력이 부족하니 중학교에 들어가기가 무섭게 국영수사과는 추락을 시작한다. 음체미나 단순암기과목 성적은 조금 낫지만 우등생은 어림없다. 아무리 노력해도 안 된다. 그렇기로소니, 우리 중고교생들은 무조건 국영수사과를 잘해야 한다. 학교가 그렇게 강요하고, 부모가 그렇게 강요한다. 선진국 학자들이 "한국의 중-고교는 우뇌학생들의 무덤"이라는 표현이 실감난다.

국가는 왜 70년 가까이 좌뇌인 위주의 교육을 계속할까? 구미 선진국들은 이미 좌뇌인, 우뇌인 모두를 고려하여 교육 중인 것을 모를까? 일본인과 우리의 두뇌특성이 같다고 생각하는 것일까? 정확한 이유를 알 수가 없다. 집권자들이 자기 배 채우느라 바빠서일까? 추측만 해본다. 우리나라에서 우뇌학생은 정말로 행복하지 않다.

둘째 이유는 객관식이라는 괴물이다. 객관식시험이란 5개 중 정답 하나를 골라야한다. 맞추면 만점이고 틀리면 영점이다. 완전한 흑백논리다.

'전과목' 5자택일 시험은 국적 불명이다. 우리나라에서는 5.16 후, 군인들 명령에 의해 시작되었다. 당시 대학시험, 중-고교 시험은 주로 서술식, 풀이식에 약간의 객관식이 가미되어 있었다. 군인들은 이런 방법에 부정이 많다고 판단했다. 누가 채점해도 같은 점수가 나오는 방법으로 바꾸라고 명령했다. 그 해 한 해 동안, 우리나라 전 과목의 모든 시험이 객관식으로 바뀌었다.

객관식이 왜 괴물인가? 생각해보자. 만약에 '월레'라는 딘이를 주고 여러 명에게 짧은 글짓기를 시켰다고 하자. 이때에도 만점 아니면 영점을 줄 텐가? 중간 점수는 인정이 안 되나? 만약에 $\frac{2}{3}+\frac{3}{5}$이라는 문제를 풀도록 했다면, 이때에도 풀이과정은 보지 않고 만점 아니면 영점을 줄 텐가? 어떤 문제를 놓고 인간의 능력을 만점이나 영점으로 나눈다는 것은 참으로 비교육적이요, 비인간적이다. 인간의 뇌는 유연하다. 변화무쌍하다. 만점 아니면 영점 받는 하드 디스크가 아니다.

객관식이 괴물이라는 이유는 또 있다. 답을 왜 5개 안에서만 골라야 하나? 필자가 상담한 타입 2-A, 2-B의 학생들이 한결같이 얘기했다. 5자택일 문제를 보면 가슴이 갑갑~해진다는 것이다. 머리가 하애진다는 학생도 있었다. 부산에서 서울로 갈 때 기차, 승용차, 고속버스, 비행기, 자전거 중 어느 것을 이용하는 것이 가장 좋을까? 라고 묻지 말고, 각각의 장단점을 얘기하라고 하면 얼마든지 대답하겠다는 것이다. 창의적이고 상상력이 뛰어난 그들로써는 당연했다. 그러나 우리나라 교육과정은 이런 학생들의 입장을 인정하지 않는다.

2-A, 2-B 학생들은 5자택일 시험의 경우 대개는 찍는다. 다섯 개를 논리적으로 비교-분석하지 않는다. 분석력이 부족하기 때문이다. 느낌에 의존한다. 그래서 이 학생들은 시험시간이 항상 남는다. 학년이 올라갈수록 찍기의 정확도는 떨어진다. 제도적으로 성적이 떨어지게 되어 있다.

우뇌학생들이 추락하는 이유와 원리를 알아보았다. 우리나라 현 교육제도 하에서는 추락을 막을 길이 없다. 그러나 희소식이 있다. 예표증상이다. 특히 타입 2-B 아이들은 초등학교 시절 '제가 중학교에 가면 바닥에서 놀 것입니다.' 하는 예표증상을 분명하게 보여준다. 비오기 전날 달무리인데 무지한 어른들이 못 알아볼 뿐이다. 그 증상 20가지가 우리 연구소 카페에 상세하게 실려 있다. (cafe.naver.com/brain-power234, 카페명: 네 머리를 알라) 지면 사정으로 이 책에 싣지 못한 점 양해해주시기 바란다.

다시 표(242쪽)를 보자. 맨 위의 파란선은 12년간 정상권을 지키는 아이들이다. 전체의 0.5% 정도 된다. 중간의 파란선 두 개는 좌뇌아이들과 균형발달 아이들이다. 초등 저학년 때는 두각을 나타내지 못한다. 이유는 제4장과 5장에서 설명했다. 그러나 학년이 올라갈수록 성적이 좋아진다. 행동도 모범생답게 변한다. 이들은 전체의 약 40% 정도 된다. 한국에서는 그야말로 행운아들이다. 이런 아이들도 초등 저학년 때나 미취학 시절 예표증상을 보인다. 4장에서 충분히 설명했다.

아이들은 이렇게 다르다. 다른 아이를 어떻게 교육해야 하나? 간단하다. 각자에 맞는 방법으로 키워야 한다. 그것이 선생님도 학생도 행복해지는 길이다.

## 03 국가부터 학교폭력을 중단하라

학과목 수를 줄이겠다, 수능 시험문제를 쉽게 내겠다, 중학교 1학년은 시험을 없애겠다, 집중이수제도를 어찌어찌 하겠다, 등교시간을 늦추자... 교육계와 정치계에서 오가는 말이다. 교육의 진정한 뜻을 손톱만치도 모르는 잡인들의 잔머리 같다. 어디에도 학생들에게 학과목 선택권을 주겠다는 말은 없다. 그걸 하고 싶으면 대학에 갈 때까지 기다려야 한다. 12년간 똑같이 배우라는 명령. 고3까지는 적성도 재능도 다 똑같다는 말인가? 이보다 더한 학교폭력이 있을까?

얼마 전 중2 맏아들을 둔 A 어머니가 상담차 방문했다. 분노가 엄청 났는데, 자기 아들 걱정이 아니었다.

요즘은 학교에서 학부모들을 자꾸 학교로 끌어들인다. 나쁜 현상은 아니다. 학부모회의나 공개수업을 내세우는 고전적 방법에서부터, 등하교 시간에 교통정리를 해달라, 식사당번을 해달라, 시험감독을 해달라... A는 화답했다. 시험감독을 하겠다고. 몇 년 간 수학과목 보습학원을 운영하는 입장이라 교실 분위기도 궁금했을 것이다.

첫 감독이 중2 수학시험이었는데, A는 졸도하는 줄 알았다. 시험지를 받은 한 학생이 앞면을 주욱 읽더니 바로 답안지에 표시하더란다. 히야, 저 아이가 전교 1등 아니면 수학천재겠구나. 그런데 A가 곧 현기증을 느낀다. 다른 학생들도 비슷하게 행동했기 때문이다.

5분이나 지났을까, 이번에는 천둥치는 소리가 들려온다. 그 천재학생(?)이 뒷면 문제는 아예 보지도 않고 나머지 답을 모두 찍고 나서는 시험 시작 단 10분도 안 되어 엎드려 자더란다. 게다가, 20분쯤 되니까 뒤따라 엎드려 자는 수학영재(?)가 절반을 넘더라는 것이다.

이것이 무엇을 의미하는지 아시는가? 이것은 '국가가 자행하는 학교폭력'이다. 아무리 건강에 좋아도 전 국민에게 하루 한 시간씩 수영을 강제하지는 못한다. 아무리 정서함양에 좋아도 전 국민에게 매일 피아노를 강제하지도 못한다. 아무리 국위를 선양해도 전 국민에게 피겨스케이팅을 매일 연습시키지는 못한다. 그런데 국가는 왜 폭력적으로 100% 중학생에게 수학을 주입하려 하는가? 박태환이나 김연아가 초등 6년간 배운 수학으로는 세상을 살아갈 수 없는가? 중학교부터는 수학도 수학적 DNA를 가진 학생에게만 가르치면 안 되는가?

저 잠자는 영재(?)들은 필경 인문계나 예체능계 학교로 가야할 아이들이다. 저들은 중학교 수학을 이해도 못하고 기억도 못한다. 이런 중학생들이 그들의 꽃다운 청춘, 그 고귀한 시간을 왜 허비해야 하는가? 저 학생들이 수학을 배우면서 좌절하는 그 시간에, 저들 나름의 DNA를 좀 더 키워주는 것이 보다 교육적이지 않을까? 국가부터 학교폭력을 중단해야 한다.

2012년 4월 교육과학기술부가 눈이 번쩍 뜨이는 자료를 공개했다. '학교폭력 실태조사'라는 것이다. 이에 따르면, "우리 학교에 일진학생이 있다."고 응답한 비율이, 일반계 고교는 15.4%, 전문계 고교는

9.4%... 라는 것이다. 엄청난 차이다. 전문계 고교라면 예전의 공고, 상고다. 여러분은 전문계 고교에 왜 폭력학생이 적다고 생각하시는가? 교과부 관계자는 '취업이 잘 되기 때문'이라는 해설을 달았다. 여러분은 이 해설에 동의하시는가?

만약 그렇다면 다음 통계는 어떻게 설명할까? 역시 교과부 발표다. "우리 학교에 일진학생이 있다."고 응답한 비율이, 과학고는 0.5%, 외국어고는 0.6%, 예술고는 4.6%…. 라는 것이다. 이들 고등학교가 전문계 고교처럼 취업이 훨씬 더 잘 되는 학교인가? 과고, 외고, 예고는 대학 진학경쟁이 일반고 이상으로 치열한 곳이다. 고졸 간판 가지고는 취업을 꿈도 못 꾼다. 그런데도 학교폭력이 거의 없는 이유를 어떻게 설명할까?

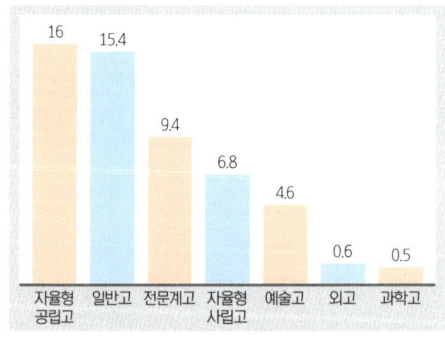

일진학생 있다 응답 비율
*서울지역 고교 유형별  *단위 : %  *자료 출처 : 교육과학기술부

자율형 공립고나 일반고에 비해 전문계고의 일진학생 비율이 절반 정도라고 한다. 우리의 상식을 완전히 뒤엎는다. 예술고는 전문계고의 또 절반 수준이다. 여기에서 분명한 해답이 나온다. 학교에서 자기가 배우고 싶은 것을 배우면 폭력 따위에 한눈팔지 않는다는 점이다. 학생들의 적성을 살려주면 행동도 이처럼 달라진다.

우수한 학생들만 모여 있어서 그렇다고? 그동안 자판이 닳도록 설명했다. "노력해도 안 되는 국영수사과 강제로 시키면 절망감에 빠져 폭력학생이 된다." 반대로 "노력하면 재미있고, 성적까지 잘 나온다면 말려도 그 일에 몰두하게 된다."고.

예고야말로 올림픽 정신이 도입된 학교다. 국영수사과 강제로 시키지 않는다. 어떤 분야든 자신의 재능을 키우도록 밀어준다. 예고에 진학한 학생들은 못하는 수학 안 해도 되고, 좋아하는 음악 미술 실컷 할 수 있어서 간 아이들이다. 나머지 과목은 안 해도 된다. 이런 아이들은 성취의 기쁨을 맛볼 수 있고, 최고가 되리라는 '희망'이 있다. 이런 아이들은 주먹질을 하지 않는다.

지금 우리나라 학교폭력이 가장 심한 곳은 중학교다. 왜 중학교일까? 진짜 이유를 보자. 초등 때는 국영수사과 무엇이든 노력하는 만큼 결과가 나온다. 그러나 난이도가 높아지는 중학교부터는 가진 재능이 없으면 불가능하다. 성적의 판도가 중학교 때 '완전히' 바뀐다. 왜 그럴까? 잠재능력(두뇌특성)이 발현하기 때문이다.

그러나 우리나라 중학교는 이런 재능의 차이를 인정하지 않는다. 세계를 지배한다는 유태민족은 초등 이전부터 달란트(재능)교육을 시킨다는데, 우리는 중학교까지, 아니, 고등학교 2학년까지도 획일적이다. 모두가 똑같은 과목을, 똑같이 배우고, 똑같이 시험 쳐야 한다. 국영수사과 재능 없는 아이들이 짜증내고, 주먹질 안 할 수 있겠는가?

이제 대답은 분명해졌다. 두뇌특성이 활짝 꽃피는 중학시절부터 각각의 재능을 꽃피울 학교를 '선택'하게 해주어야 한다. 이것이 근본대책이다. 지금 세계 어느 나라가 재능을 완전히 무시하고, 초1~고3의 12년간에 걸쳐서 획일적 교육을 실시하는가?

다음 셋 중에서 골라보시라. 성공하려면 가진 재능을 키우는 것이 유리할까, 없는 재능을 새로 만들어내는 것이 유리할까, 가진 재능을 다른 재능으로 바꾸는 것이 유리할까? 답이 너무나 뻔한 질문이다. 그런데 우리 국가는 역행하고 있다. 수학적 재능, 언어적 재능이 없는 학생까지도 수학이나 영어를 잘해야 국력(?)이 신장된다는 논리다. 70년 가까이 그렇게 해왔다. 과연 성공했는가? 사교육만 키웠다. 학교폭력만 키웠다. 국력손실만 초래했다.

## 대안학교가 그나마 대안이다

우리나라 초중고교는 학교를 선택할 권리가 없다. 가라는 대로 가야 한다. 배우라는 대로 배워야 한다. 약간의 예외는 있지만 이것이 큰 흐름이다.

문제는 우리 아이들이 다 똑같지 않다는 점이다. 가라는 대로 갈 수 없는 아이들이 많은 것이다. 성격이나 재능이 독특한 아이들이 너무 많은 것이다. 교육당국은 왜 학교를 다 똑같이 만들려고 할까? 왜 선택을 할 수 없게 만들었을까? 부작용을 겁내는 까닭인 것 같다.

초등 3~4학년만 되어도 학습이 어려운 아이들이 있다. 다른 학생에게도 많은 피해를 준다. 이처럼 독특한 아이들을 제대로 가르쳐줄 중학교는 없을까? 예술중학교 등이 몇 군데 있기는 한데, 바늘구멍이다. 그나마 예술적 재능이 없는 아이는 어떡하라고?

대안학교라는 곳이 있다. 근래에 많이 발전했다. 이곳은 독특한 아이들의 특성과 장점을 키워주려고 창의력을 다하고 있는 곳이다. 덕분에, 한참 자라나는 아이들의 뇌 손상이 예방되는 기대 밖의 소득까지 있으니, 일거양득이다.

독특한 아이는 대안학교를 권한다. 일반학교에서 억지 공부를 하다보면 필경 뇌를 다친다. 한번 다치고 나면 재기도 어렵다. 주의하실 점도 있다. 학교의 외형적 규모를 기준해서 선택하시면 낭패를 보게 된다. 중요한 건 소프트웨어다. 커리큘럼, 수업방식, 선생님, 생활지도 방식 등으로 결정하시기 바란다. 대안학교의 소프트웨어에 관하여는 올해 출간 예정된 제2권 〈우뇌아이 키우기〉에서 다룰 예정이다.

# 04 독서 많이 시키는 비결

어느 저명한 교수가 자신의 출판기념회에서 하객들에게 인사했다. "오늘 일부러 오셔서 축하해주신 여러분께 제 저서를 한 권씩 선물하겠습니다. 대신 독후감을 몇 줄씩이라도 꼭 보내주시기 바랍니다. 제가 구상 중인 다음 저서의 귀한 자료로 사용하겠습니다." 300여 명의 하객 중 선물을 받아 간 사람은 일본인 하객 두 명뿐이었다고 한다.

엄마 1: 애가 도대체 책을 안 읽으려고 합니다. 때려도 마찬가지예요.

엄마 2: 6학년인데도 아직 만화만 보려고 합니다. 그냥 놔두나요?

엄마 3: 잠자리에 누워서도 읽고, 걸어가면서도 읽어요. 어떻게 말리죠?

엄마 4: 괴상한 책만 계속 읽어요. 요즘은 공룡 박사가 되었네요.

엄마 5: 책을 소리 내어 읽게 하면 왜 그리 더듬거리죠? 말은 변호사인데….

초등 선생님 1: 아이들 독서 잘하게 하는 방법이 없을까요?

초등 선생님 2: 독후감이랍시고 개발새발 겨우 두세 줄 써내네요. 벌세워야 되겠죠?

초등 선생님 3: 독후감에 느낌을 안 씁니다. 달랑 줄거리만 써와요.

초등 선생님 4: 책은 읽었다고 하는데, 독후감은 죽어도(?) 안 쓰네요. 요것들이.

독서!! 우리나라 엄마들, 그리고 초등 선생님에게 독서는 영원한 갈등요인이다. 어릴 때 영양가 좋은 책 많이 읽고, 지혜와 총명이 무럭무럭 자라주면 좋겠는데, 주야장천 TV 아니면, 게임 아니면, 스마트폰이다. 저러다 눈 나빠지면 어떡하지? 아니 벌써 갈 데까지 간 것 같아. 이래서 우리 엄마, 아빠, 그리고 선생님들은 행복하지 못하다. 아이들 역시 불운의 바다에서 헤어나지 못한다. 어른들을 잘 못 만난 탓이다.

해결책이 있다. 먼저 어른들에게 묻겠다.

1. 일 년 가야 신문 한 쪽은커녕 책 제목조차도 읽어보지 않는 분들 계실 터이다. 왜 안 읽으시는가?
2. 업무적으로 꼭 읽어야하는 서류이거나 파일인데, 글자가 빽빽하면 짜증부터 나는 분들이 계실 터이다. 왜 짜증이 나시는가?
3. 신문이라면 제목과 사진, 사진설명 정도만 본다. 책이라면 대개 처음 몇 십 쪽만 읽거나, 중간에 그림만 보고는 던져버리는 분들이 계실 터이다. 왜 보기만 하고 읽지는 않으려 하시는가?
4. 독서를 즐기지는 않지만, 재미난 책이 있으면 열심히 읽는다. 그런데 다 읽고 나면 뿌듯한 느낌은 남아있는데, 도대체 줄거리(내용)가 무엇이었는지 기억을 못하는 분들이 계실 터이다. 왜 기억을 못하시는가?
5. 독서를 꽤 하는 편인데, 독서 중에 정신이 자꾸 다른 데로 팔리는 분들이 계실 터이다. 왜 집중을 못하시는가?

위에 제시한 질문은 바로 '독서의 문제어른' 5대 유형이다. 왜 어른인데도 신문조차 읽기 싫을까? 왜 빽빽한 글을 보면 짜증부터 날까? 혹 손에 잡았더라도, 왜 그림이나 사진, 제목만 보고 던져버릴까?

답은 간단하다. 뇌 속에 '문자해독 기능'이 아주 적은 까닭이다. '운동 기능'이 부족하면 아무리 연습해도 수영, 축구, 탁구…를 못하는 것과 마찬가지 원리다. 그렇다면 대부분 문자를 읽고, 이해하고, 기억해야 하는 공부는 어떻게 했다는 말인가? 그 답도 간단하다. 하기는 했겠지만 필경 성적이 나빴다. 못 하는 걸 강요당했으니까.

그렇다면 '문자해독 기능'이 약해서 독서도 싫고 공부도 못하는 사람이라면 살아가면서 의사소통은 어떻게 했다는 말인가? 걱정하지 마시라. 다 사는 방법이 있다.

첫째, 이런 사람은 대개 무엇을 '듣고' 그것을 이해하고 기억하는 능력이 뛰어나다.

둘째, 이런 사람은 문자 대신 '형상'이나 '이미지'를 잘 이해하고 기억한다.

이런 사람이 누구인가? 대부분 우뇌가 발달한 사람이다. 대부분의 타입 1이나 2다. 타입 3도 일부 있다. 이들이 피치 못하게 문자를 읽어야 한다면 대개 문자의 모양(형상)을 읽는다. 읽는다기보다는 형상을 보고, 그대로 기억한다(Photographic Memorry). 당연히 정확도가 떨어진다. 문자의 뜻을 분석해서 이해해야 하는데, 그 과정 없이 기억만 하는 까닭이다. 명함까지 주고받았는데, 이름은 생각 안 나고 얼굴만 떠오르는 경우가 이 경우다. 이런 사람에게 독서를 권장, 강요한다면 무지의 소치다. 수영 소질이 없는 사람에게 건강을 위해 수영 자주 하라는 것과 같기 때문이다. 이런 어른에게는 큼직한 글자가 띄엄띄엄 보이는 유아용 그림책이나 만화가 제격이다.

아이들도 어른과 똑같다. '문자해독 기능'이 내장되지 않은 아이들에게 독서란 경원의 대상이다. 교과서도 처삼촌 묘 벌초하듯 하고, 필기도 쓰는 게 아니라 그린다.

시험을 쳐도 글자를 모양으로 본다. 자연히 틀린 게 많아지는데, 허구한 날 핑계가 '착각해서' 틀렸단다.

이런 아이들에게 독서를 강요하거나, 독후감을 요구하는 것은 역효과다. 갈등만 증폭되고, 아이들은 책을 더 멀리하게 된다. 대책은 없나? 좋은 대책이 있다. '문자 해독기능'이 부족한 우뇌아이들의 독서 증신내책을 보자.

첫째, 글자보다 그림이 많은 책을 읽게 한다.

'문자 해독기능'이 약한 우뇌아이들에게 글자만 빽빽한 책이란, 마치 검정 선글라스를 쓰고 보는 책이다. 밤중에 자갈밭 걷기다. 뭐가 뭔지 안 보이는 것이다.

만화가 좋다. 큼직한 글자가 조금 있고, 그 글 내용을 보충설명하는 그림이 있다. '문자 해독기능'이 부족한 아이들에게는 적격이다. 이해가 잘 되는 '형상'이 곁들어져 있는 까닭이다. 어른들에게도 마찬가지다. 요즘은 만화가 봇물을 이루고 있다. 과거에는 액션, 연애, 판타지가 주류였다. 일본만화의 영향이었을 것이다.

최근에는 학습만화가 쓰러져가던 출판사들을 살리고 있다. 학습만화는 누가 볼까? 당연히 '문자 해독기능'이 약한 우뇌아이들이다. 또 있다. 좌뇌학생도 본다. 재미있으니까. 이해가 잘 안 되던 부분도 이해가 잘 되니까, 눈의 피로도 적으니까, 진도가 잘 나가니까.

학습만화 출판은 누구의 아이디어일까? 우뇌인들이다. 우뇌인들은 어렸을 적에 대부분 만화를 즐겨 보았다. 만화와 친숙하다. 만화를 사랑한다. 공부도 만화로 한다면 얼마나 좋을까? 이것이 그들의 꿈이었다. 그 꿈을 그들 손으로 이룬 것이다. 좌뇌인들이 지배하던 출판계가 우뇌인을 중용하자 생명의 동아줄도 함께 내려왔다.

사각형 칸 속에서 이루어지는 만화와는 달리, 그림책은 칸이 없다. 더 우뇌적이다. 글자의 양도 만화보다 적은 경우가 많다. 그래서 그림책은 '문자 해독기능'이 거의 없는 유아용으로 쓰인다.

그림책 역시 책 읽기 싫어하는 청소년이나 어른들에게 좋은 책이 된다. 전혀 부끄러워할 일이 아니다. 그림책 중에는 글자의 양이 적은 것도 있고 많은 것도 있는데, 자기 수준에 맞춰 읽으면 된다. 독서는 남에게 보여주기 위해서 하는 것이 아니다.

필자가 참여하는 독서동아리에 B라는 분이 계시다. 교장으로 은퇴하신 분이다. 그 동아리에서 읽을 책이 정해지면 B는 가급적 학생용을 읽고 오신다. 〈지나간 미래-학생용〉, 〈생각의 탄생=청소년용〉, 〈어린이 논어맹자〉... 이런 식으로 골라 읽는다. 그래도 B는 동아리의 다른 어느 회원들보다 내용 이해가 정확하고, 독서도 마냥 즐겁다. 물론 토론에서도 안타와 홈런의 연속이다. 무엇이든 자기 머리에 맞추면 행복하다.

둘째, 독후감이다.

우선 좌뇌학생과 우뇌학생의 독서 특징을 간단히 정리해보자. 이 특징은 학생뿐 아니라 어른들에게도 거의 그대로 해당된다.

좌·우뇌 학생의 독서 특징

| | 좌뇌학생 | 우뇌학생 |
|---|---|---|
| 단어 읽기 | 의미를 이해하고 기억한다 | 형상을 보고, 느낀다 |
| 읽는 속도 | 의미를 파악하므로 늦다 | 좌뇌학생보다 3배 정도 빠르다 |
| 줄거리 기억 | 대단히 잘 한다 | 거의 기억 못 한다 |
| 느낌 | 주로 사건을 비교-분석한다 | 풍부하다 |
| 독후감 쓰기 | 줄거리 위주로, 잘 쓴다 | 포괄적 느낌만, 몇 줄 쓴다 |
| 독후감 내용 | 짜임새 있고 주제 분명하다 | 산만하다 |

　표에서 보듯이 우뇌학생은 독서 후에도 줄거리나 책이 전하고자 하는 메시지가 별로 남지 않는다. 재미있었다던가, 무서워서 조마조마 했다던가, 그런 느낌만 남게 마련이다. 이런 우뇌학생들은 독후감이 겁난다. 쓸 것이 없는데 무엇을 쓴다는 말인가?

　그러나 우리 엄마들이 이걸 그냥 둘 리가 없다. 몽둥이라도 들어서 쓰게 만든다. 이런 고역이 또 있을까? 아이는 그나마 즐기던 독서 그 자체가 아예 혐오의 대상이 된다. 대단한 악순환이다. 선생님도 마찬가지다. 독후감을 잘 써왔으면 독서 숙제를 인정해주지만, 서너 줄 휘갈겨온 것을 보면 안 읽었거나 읽다 만 것으로 간주해 버린다. 독서 권장이 아니라 독서 정 떼기를 하는 것이다.

　그렇다면, 독서도 잘 하고 독후감도 그럴 듯하게 써내는 좌뇌학생은 전체의 얼마나 될까? 초등학생의 경우 30% 안팎이다. 우리나라 독서지도는 지금까지 3분의 1 위주였고, 나머지는 들러리였다는 말이 된다. 학교가 우뇌학생의 무덤이라는 말이 실감난다. 문제의 본질은 우뇌학생이다. 전체의 3분의 2에 육박한다. 이 학생들이 책을 즐겁게 읽고 독후감도 술술술 쓰게 할 방법은 없을까? 당연히 있다. 다만 발상의 전환이 필요하다.

해답은 '말로 하는' 독후감이다. 독후감을 꼭 글로 써야 한다는 법은 어디에도 없다. 꼭 글로 쓰라는 것은 꽁생원 선생님의 발상일 지도 모른다. 아니면 일제 치하 찌꺼기일 지도. 좌뇌인이 60%가 넘는 일본인에게는 이처럼 쓰게 하는 것이 효과적이다.

독후감을 말로 시키면, 처음에는 횡설수설할 수도 있다. 한두 시간쯤 후에 다시 시켜본다. 조금 나아질 것이다. 이런 정도에서 글로 쓴 독후감이나 마찬가지 대우를 해준다면 우뇌학생은 상당히 신이 날 것이다. 독후감 쓰는 부담을 덜었으니 신이 나고, 말을 실컷 해서 에너지를 얻었으니 (3장 참조) 더욱 신이 나지 않겠는가?

명백한 증거를 하나 보여드리겠다. 독서토론이라는 것이 있다. '말로 하는 독후감'이 발전한 형태다. 몇 명씩 그룹을 지어서 토론을 시키면 대단히 신기한 현상을 발견하게 될 것이다. 평소 독후감을 잘 쓰는 좌뇌학생들은 발언을 조금밖에 하지 않지만, 독후감을 못 쓴다고 타박을 받던 우뇌학생들은 대단히 활발하게 발표한다는 점이다. 그야말로 술술술 나온다. 우뇌학생에게는 '말로 하는 독후감'을 권하는 이유가 바로 이것이다.

어른들의 경우를 보자. 이해가 더 쉽게 될 것이다. 좌뇌인 거의 전부와 균형발달인의 절반 이상은 독서를 아주 즐긴다. 화장실에도 신문을 들고 들어가고, 지하철이나 그 밖의 장거리여행에서도 무슨 책이든 꼭 읽는다. 심지어는 걸어가면서도 읽는다. 이 사람들은 문자를 눈으로 읽어야 이해가 잘 되고, 지적 갈증을 해소시키는 즐거움까지 누리게 된다. 독서 애호가에서부터 문자중독자(?)까지 포함되는데 우리 국민의 35~40% 정도다.

우뇌인의 대부분과 균형발달인의 일부는 독서를 하지 않는다. 못한다는 표현이 더 정확할 것이다. 신문을 본다면 제목과 사진 정도만 본다. 전자제품 따위를 사도 사용설명서가 두툼하면 아예 읽으려 하질 않는다. 인터넷 검색을 해도 제목만 읽거나, 본문 도입부 한두 줄 읽으면 그만이다. 뇌 때문이다. 이들의 시신경은 문자를 읽고 이해하는 데는 익숙하지 않다. 우뇌인의 시신경은 형체와 색을 보는 일에 더 능숙하다.

대단히 중요한 점이 하나 더 있다. 이들은 문자보다는 귀로 듣는 것이 훨씬 이해도 잘 되고 즐겁다. 그래서 TV를 항상 켜놓으려고 한다. 잠이 쏟아져도 끄지 않는다. 신문은 구독 자체를 하지 말자고 한다. 이런 사람이 우리 국민의 60% 이상이다. 우리나라에서는 출판업이나 서점이 일본처럼 성장하지 못하는 이유가 짐작되실 것이다.

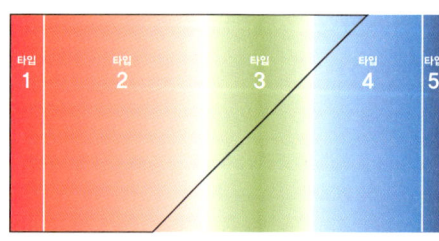

어른의 독서습관을 도식화했다. 우리나라 최초의 조사보고다. 굵은 검정선 안에 속하는 사람들은 소위 독서라는 것은 하지 않는다. 신문도 제목이나 사진 정도만 본다. 힘든 일이라 경원하는 것이다. 물론 생업에 직접적으로 연관되는 글이야 읽겠지만, 이런 국민들을 상대로 출판업이나 서점을 운영하면 승산이 적다. 만화나 그림책이 쏟아져 나올 수밖에.

## 05 일기로 들여다보는 머릿속

> 일기는 아이들의 민낯이다. 민낯은 관상쟁이에게는 미래를 점칠 수 있는 자료가 되겠지만, 부모-선생님에게는 아이들의 머릿속을 들여다볼 수 있는 거울이다. 일기는 정말 다 보여준다. 표현력, 논리력뿐 아니라 기억력, 분석력, 언어중추의 발달 정도, 판단력, 가치관, 창의력…. 보여주는 것을 볼 줄 알아야 잘 가르칠 수 있다.

일기 쓰기는 사람의 인지기능을 높인다. 생각해 보시라. 자기 전에, 하루 일어났던 일을 생각해보고, 정리해서, 중요한 것을 기록한다. 이런 과정에서 뇌 속 저장창고가 얼마나 질서정연해지겠는가?

이럼에도 요즘 우리나라는 일기 열풍이 사라지는 추세다. 선생님들의 일기검사가 사생활 침해니 뭐니 말이 많아진 까닭이다. 한편, 정반대의 측면도 생각하지 않을 수 없다. 일기를 열심히 써서 제출해본들 아무 득이 없더라…는 회의적 시각 때문은 아닐까? 하기야, 일기 걷어서 고무도장 하나 쿵 찍고 다시 나눠주는 선생도 적지 않다. 이보다는 좀 정성을 들인답시고 댓글을 달아주는데, 정말 수준 낮은 댓글을 다는 선생님도 '천지 삐까리'다. 이래서 사생활 침해 어쩌구 하는 이의를 제기하는 것은 아닐까? 영어나 음악선생님 따로 두듯, 글쓰기 지도선생님도 따로 모실 날이 오기 바란다.

  필자는 초등학교 교사연수 때, 항상 일기지도 방법을 구체적으로 일러드렸다. 일기를 걷어서 검사해주되, 검사하는 방법, 댓글 달아주는 방법까지 일러드렸고, 아이들이 각자의 두뇌특성에 따라 일기를 어떻게 다르게 쓰는지도 함께 확인했다.

  여기에 소개하는 일기 아홉 편은 모두 3~5학년 학생들이 쓴 것이다. 일부러 좌뇌아이, 우뇌아이, 균형발달아이가 쓴 것을 각각 3편씩 추렸다. 답을 보기 전에 각자가 구별해보시기 바란다. 각 일기 사이에 많은 차이점이 있는데, 그런 차이점이 보인다면 대단한 안목을 갖춘 분이다. 맞춤법에 어긋난 것은 원문 그대로 올렸다.

### 5월 00일 금요일 / 제목 : 횡성댐 ①

  오늘은 오빠의 친구네 엄마와 함께 횡성댐을 갔다. 엄마와 아빠, 나 모두 그 가족과 친하여서 어색함이없이 신나게 출발했다. 오늘 낮에는 무척 더웠다. 나는 자리가 없어서 횡성댐까지 제일 뒷자리에 앉아서 갔더니 더욱 더웠다.

  우여곡절 끝에 횡성댐까지 도착하였다. 횡성댐은 물이 무척 깊었다. 그런데 신기한 것은 댐에도 귀여운 물고기가 사는 것을 봤다. 내 팔뚝만한 물고기가 떼지어 돌아다니고 있었다.

횡성댐 근처의 정자에 자리를 잡고 도시락을 펼쳤다.

  컵라면을 먹었다. 다 먹고 오빠들과 축구를 했다. 그런데 오빠 친구가 공을 차다가 댐으로 빠져버렸다. 나는 공이 너무 불쌍하였다. 내가 밖으로는 센척해도 마음은 여자이다. 그래도 우리와 함께 살던 공인데 저렇게 버리려니 아까웠다. 너무 더워서 땀이 비 오듯 주룩주룩 흘렀다. 오는 길에 막국수를 먹었는데 맛없어서 안 먹었다. 저녁인데 안 먹으니까 지금 배가 너무 고프다.

### 3월 00일 / 제목 : 선생님 ②

선생님 저 정연이예요 요즘 아침에 늦으시네요. 그래서 별로 청소도 하시고 말이예요.

아침밥이 너무 맛있어도 8시40분까지 오는 것은 센스예요 선생님도 조금 센스도 있어야죠 *^o^* 댓글은 일기쓴 거에 다해주셔서 감사해요. 저는 댓글 써주시면 읽는게 재미있거든요.

일기를 섬세하게 검사해주고 하나하나 써 준것이 정말 좋았어요.

저희가 만난지 한달도 되지 않았는데 생일도 챙겨주시고 정말 감사해요 선생님 생신때는 제가 챙겨드리고 싶네요 *^^* 선생님 앞으로도 잘해주세요 저도 좋은 제자가 될께요.

### 4월 00일 수요일 / 제목 : 나의 꿈 ③

나는 커서 과학자가 되고 싶긴 하다. 그러나 과학자 보다 더 되고 싶은 것은 여행가다. 난 꿈은 어떤 직업을 가지는 것이라고 생각해서, 자기소개를 할 때나 학습지에 쓸 때 두 번째로 되고 싶은 과학자라고 한다. 여행가는 직업이 아니라고 생각하기 때문이다.

여행가가 되어서 전 세계 곳곳을 다니며, 산이나 강에 가서 관찰을 하고 싶다. 새랑 물고기, 그 외 많은 것들을 관찰해 기록하고 싶다. 또 내가 4학년 때 '로빈슨 크루스'라는 책을 보고, 나도 아무도 모르는 섬에서 직접 물고기, 동물들을 잡아 직접 요리하고, 생활용품도 다 내가 만들어보고 싶다는 생각이 많이 들었다.

난 모험이 재밌을 거라는 생각에 수업시간에 가끔 모험 생각에 빠질 때도 있다. 물론, 불도 직접 피우고 식수도 직접 구해야 하니, 꽤 힘들 거라는 생각도 한다. 하지만 난 좀처럼 여행가가 되고 싶은 꿈을 버리지 못할 것 같다.

### 3월 00일 화요일 흐리고 비

나는 어제 저녁에 이빨이 빠졌다. 나는 베개 아래에 넣고 자면 이빨새가 사 가지고 간다고 해서 한번 넣고 자보았다. 그런데 신기한일이 생겼다. 바로 내가 이빨을 넣고 잔 자리에 이빨은 온데간데 없고 동전

500원이 있었다. 나는 정말 신기하고 믿기지가 안았다. 나는 우리반 친구들에게도 말했는데 애들이 믿기지가 않는다고 했다. (선생님 그런데 이빨새는 진짜 있어요?) 궁금해요.

### 5월 20일 목요일 / 제목 : 낚시  ⑤

오늘 아람단에서 치악산을 갔다. 우리는 올라가서 좀 쉬고 있는데 설명하시는 분이 계셨다. 그 선생님은 치악산에 관한 것을 설명해 주시고 만났던 곳에서 점심을 먹었다. 먹고 나서는 세렴폭포까지 갔는데 2조가 1등으로 도착하였다. 그리고 엄마가 치악산에 같이 계셔서 우리조가 먼저 내려가서 나는 가족과 먼저 집으로 가려는데 낚시터가 있어서 들려서 오리 배를 타고 낚시를 하였다. 우리는 아주 많이 잡았다. 나는 10마리 넘게 잡았다. 동생은 0마리, 엄만 1마리, 아빠는 9마리 정도 잡았다. 나는 아빠에게 왜 안 잡히냐고 계속 말을 하였다. 하지만 그런 얘기를 안 하고 기다리니까 물고기가 모여 들어서 많이 잡았다. 그래서 우리는 집에 가서 체육대회 때 받은 라면과 고기를 넣어 라면 매운탕을 먹었다.

### 제목 : 부침개  ⑥

밖에 비가 내리는 우중충하고 축축한 날씨였다. 나는 이런 날씨를 무척 싫어한다. 왜냐하면 몸이 축축한 건 너무너무 싫기 때문이다. 아무튼 우리는 감자를 사고 이것저것 사다가 맛있는 부침개를 해먹었다. 먼저 나하고 은우는 감자를 갈았다. 감자가 사각 사각 소리가 나면서 점점 작아졌다. 그런데 은우는 그냥 한 번에 다 갈고 떨면 될 것이지 조금하고 떨고 조금하고 떨고 하는 것이었다. 게다가 나는 아까 분명히 은우가 코딱지 파는걸 보았다. 그리곤 손도 안 씻고 감자를 갈았다. 참 더러웠다.

우리는 후라이팬에 지글지글 굽고 얼른 먹었다. 끝이 바삭바삭해서 좋았다. 우리는 이걸 접시에 담아서 옆집도 갖다 주었다. 역시 비오는 날엔 부침개이다.

### 4월 XX일 월요일 맑음 ⑦

　나는 오늘 집에서 놀고있는데 전화가 왔다. 따르릉 "여보세요" 전화를 받았는데 김민혁이었다. 민혁이는 같이 놀자고 했다. 나는 "알겠다"고 하면서 놀았다. 우리는 놀고 있는데 현태를 만났다. 나는 민혁이와 현태랑 같이 놀았다.

　'숨박꼭질'이랑 '무궁화 꽃이 피었습니다' 등 많은 놀이를 했다. 2단지에 갔다가 현대아파트까지 가 보았다. 나는 현대아파트에서 놀다가 바지에 구멍이 뚫렸다. 나는 이상했다. 그리고 놀다보니 해가 꼴딱 졌다.

　나는 "집에 가야한다"고 말했다. 나는 민혁이랑 내일 학교에서 만나자고 하면서 집으로 왔는데 엄마가 너무 늦게까지 놀았다고 하셨다. 나는 안 그런다고 하며 목욕을 했다.

　나는 이제는 조금만 놀고 집으로 갈 것이다. 그리고 엄마는 이제 외출금지라고 하셨다. 나는 이제는 절대 안 나가고 부모님과 함께 다닐 것이고 부모님 말씀을 잘 듣고 공부도 열심히 할 것이라고 약속을 했다.

### 4월 28일 수요일 / 제목 : 친구 ○○랑 싸운 날 ⑧

　오늘 아침엔 ○○와 싸웠다. 왜냐하면 나와 ○○는 복도에서 뛰었는데 나는 경고를 주고 ○○한테는 경고를 주지 않았다. 그리고 ○○는 나한테 무슨 말을 했다. 그때부터 말다툼을 하면서 싸움이 생겼다.

　나는 성격이 난폭해지면 참을 수가 없어서 친구를 때리거나 싸움이 벌어진다. 나는 ○○를 때리고 ○○는 나한테 기분 나쁜 말을 해서 싸움이 벌어졌는데 애들이 선생님한테 일러서 화해를 하고 싸우지 않겠다고 결심했다.

　싸움을 하더라도 조금씩 참아주면서 해야겠다. 근데 △△△이 갑자기 쓸데없는 말을 했다. 나는 △△△만 보면 얄미워서 짜증난다.

### 제목 : 비겁한 내 모습 ⑨

　비겁한 내 모습이다. 아침공부는 하지 않고 재잘재잘, 쫑알쫑알, 교실에선 다다다다, 쿵쿵, 쿵쾅쿵쾅 선생님은 화가 나시어 소리를 버럭 지르시고, 쉴 새 없이 화장실은 들락날락, 왔다리 갔다리 , 복도에선 쿵

쾅거리며 달리기를 한다. 공부시간에 손을 번쩍 들어 발표도 자신 있게 못한다. 급식소 갈 땐 쿵쿵쿵, 다다다, 급식 먹을 땐 시끌벅적 시끄럽고, 식판과 젓가락, 숟가락을 쨍덕쿵, 퍽, 집어 던지고 선생님이 열린 뜰에서 오실 때면 "선생님 오신다" 소리를 지르며 애들에게 알린다. 수업이 끝나고 가방 메고 나갈 땐 또 쿵쾅쿵쾅, 쿵쿵쿵 애들이 다 가면 선생님은 그제서 한숨을 휴 쉬신다.

## 일기로 보는 두뇌 타입 : 머릿속을 거울로 비추듯

차이가 잘 느껴지시는지? 우선 글의 특징부터 살펴보자. 어떤 두뇌 타입의 학생이 어떤 일기를 쓰는지 알게 될 것이다.

①번 글, 〈횡성댐〉. 우선 다녀온 과정을 순서대로 잘 쓴 것이 보인다. 우뇌아이들은 이렇게 순서대로 쓰지 못한다. 게다가 이 학생은 주변 환경이나 여건에 대해서도 잘 살피고 있다. 안목이 넓다는 증거다. 느낌도 군데군데 보인다. 이건 균형발달 학생만이 쓸 수 있는 글이다.

②번 글 〈선생님〉은 어떤가? 일기를 통해 선생님에게 점잖게 충고하고 있다. 균형발달 학생은 선생의 교수법을 평가한다고 제5장에 썼다. 기억하는지? 균형발달 학생은 헬리콥터를 타고 보는 능력이 있다는 말 기억하는지? 이 역시 타입 3의 일기다.

③번 글 〈나의 꿈〉을 읽으면 학생의 머릿속 특징이 짐작되시는가? 상당이 많은 사항을 고려하여 종합적으로 사고하고 있다. 절대로 단순하지가 않다. 또 이 학생이 헬리콥터에서 '자신'을 내려다보고 있다는 느낌은 들지 않는지? 이 학생도 타입 3다.

④번 〈이빨〉에 관한 글은 참 단순하다. 순진하다. 자기 생각을 잘 정리하여 분명하게 풀어내고 있다. 질서정연한 좌뇌 머리의 특성이 보인다.

⑤번 글 〈낚시〉 역시 하루 일정을 순서대로, 빠짐없이, 분명하게 기록하고 있다. 더 뚜렷한 특징은 그 날의 느낌이 하나도 없다는 점이다. 일기를 회사의 '업무일지'처럼 쓰는 것은 타입 4 학생만의 특징이다.

⑥번 글 〈부침개〉는 '업무일지'까지는 못 되지만, 역시 하루 일과를 충실하게 기록했다. 느낌은 극히 적다. 부침개를 비오는 날과 연결시켜서 쓴 것을 보면 우뇌도 약간 발달했을 것으로 보인다. 그렇다고 안목이 넓은 것은 아니다. 좌뇌학생 글이다.

⑦번 글, 〈민혁이 친구〉를 읽고 산만하다는 느낌이 드셨다면, 어느 정도 감각을 가지신 분이다. 우선은 필요없는 말이 많이 보인다. 특히 큰따옴표 안의 말들을 왜 넣었을까? 그것도 일종의 '느낌'이다. 말이 오가던 순간의 느낌을 회상하며 그렇게 쓴 것이나 자신의 느낌이 전달되지는 않고 있다. 전형적인 우뇌학생이다. 말로 해보라고 했으면 아주 실감나게 잘 했을 것이다.

⑧번 〈싸운 얘기〉는 참 우습다. 자신의 성격을 묘사한 점이 그렇고, 그걸 비판하는 점도 그렇다. 약속을 쉽게 하는 점, 등장인물이 두서없이 마구 튀어나오는 점도 눈에 뜨인다. 아주 산만하고 다혈질인 우뇌학생이다. 타입 1이나 2-B일 것 같다. 말할 기회기 적고, 칭찬은 많이 고파서 문제학생이 되지 않을까 걱정된다.

⑨번 글 〈비겁한 내 모습〉은 특이하다. 아주 산만하지만, 남다른 자

질이 보인다. 소리에 관한 어휘력도 좋지만, 음악적 리듬감이 뛰어나다. 느낌도 풍부하고, 나름의 정의감도 엿보인다. 잘 키우면 예술적 능력을 발휘하겠다. 타입 2 학생이다.

## 댓글 달아주기 : 조금만 생각을 바꾸시면...

자 이번에는 위의 일기들에 대해 댓글을 달아보자. 일기 댓글은 일정한 원칙하에 써야한다. 아이들 행동의 지침이 되어야 하고, 가치관의 기준이 되어야 한다. 격려가 되어야 하고 신뢰의 표시가 되어야 한다. 선생님 댓글이 신민하면 안 된다. 소설 쓰듯 장황해도 안 된다. 일기 댓글을 잘 달아주면 어떤 교육적 효과를 보는지 아시는가? 평소 아무리 애써도 이루지 못하던 인성교육 효과를 단칼에 보게 된다. 아이들 장악과 통솔도 쉬워진다. 마음으로 따르는 까닭이다.

①번 〈횡성댐〉. 짚어줄 대목은 버스 뒷자리에 앉아서 갔다는 점, 공이 댐에 빠졌다는 점이다. 짚어줄 포인트를 잘 찾아야 한다. 이런 일기에 [막국수가 그렇게 맛이 없었니? 내가 좋은 집 소개해 줄게.] 이런 댓글을 다는 선생은 정말 무자격자다.

〈털털거리는 뒷자리에 앉아 가느라 힘들었겠구나. 그래도 건강한 너니까 잘 견뎌냈네. 정말 수고 많았다.〉 라던가, 〈그 공은 물고기들의 좋은 장난감이 될 것 같다. 너무 걱정하지 말렴.〉 이런 식으로 짚어주어야 학생들은 행복하다.

②번 글. 선생님께서 답해줄 곳은 지각에 대한 충고와 앞으로 계속 잘해달라는 대목이다. 지각에 대해서는 절반 정도의 연수교사들이 변명성 댓글을 달고 있었다. 이건 학생에게 말려들어서 당하는 모습이다. 교사는 학생들보다 한두 계단 올라가서 내려다보아야 한다. 〈선생님 지각을 안타까워하는 걸 보니까 정연이가 많이 컸구나.〉 또는 〈점잖은 충고 정말 고맙다. 정연이가 친한 친구같이 느껴지는구나.〉 이런 식이 되어야 한다. 미안하다거나, 이해하라거나, 앞으로 늦지 않겠다거나... 이런 식의 얘기를 쓰면 학생은 선생을 내려다보게 된다.

마지막 부문은 〈정연이 같은 제자가 있어서 자랑스럽다.〉 또는 〈정연이는 내가 교단에 선지 X년만에 만난 제일 멋진 제자야. 힘껏 밀어줄게.〉 이런 식이면 좋겠다. 그래야 서로 행복하다. 주의할 일이 있다. [내 생일을 차려주겠다니 정말 기대되는구나.] 제발 이런 말 좀 쓰지 마시라. 선생님들은 '받아먹는' 일에 워낙 익숙해서 잘 모르시겠지만, 뭐든 한 번 대접받을 때마다 자신의 품위나 인격이 깎이고 있음을 알아야 한다.

③번 글 〈나의 꿈〉에서 짚어줘야 할 대목은 무엇일까? 직업에 대한 가치관과 적성에 맞을까 하는 점이다. 일기만 놓고 볼 때, 이 학생의 과학자적 재능이 2등급이라면, 여행가–모험가적 재능은 1등급이다. 과학자는 아주 작~은 부분을 깊~이 파고들기 마련인데, 이 학생은 과학자가 되기에는 시야가 너무 넓다. 물론, 어린 학생들의 꿈이 자꾸 바뀌기는 하지만.

'학생의 일기 쓰기+선생님의 댓글과 평가 = 최고의 인성교육 수단'이라는 공식에 이의를 제기하는 교육자는 없을 것이다. 그러나 '과연 최고의 효과를 얻고 있느냐?라는 질문에는 고개를 가로젓는 사람이 많다. 왜? 한마디로 선생님의 능력 부족 때문이다. 하기야 선생님도 이런 교육방법을 배운 적이 없으니 유능할 수가 없는 것은 당연하다. 고무도장으로 성의 표시를 해보지만, 초1 때나 통한다.

아무려나, 가치관과 적성에 대해 용기를 주는 댓글을 달아야 한다. 가까이에서 관찰한 선생님의 소감이 가미된다면 더 효과적일 것이다. 〈여행가도 모험가도 직업이란다. 관련되는 책들을 많이 읽어두렴.〉 또는 〈그동안 선생님이 관찰한 바로는 네가 아주 훌륭한 모험가가 될 것 같아.〉 또는 〈훌륭한 과학자가 되면 여행도, 모험도 실컷 할 수 있단다.〉 이런 방향이면 좋겠다.

④번 글 〈이빨새〉는 티없이 순진한 아이에게 부모가 유머러스하게 대해주는 모습이 선하다. 선생님도 멋진 유머를 보여준다면 최고의 댓글이 될 것이다. [선생님은 잘 모르겠는데, 아마 어머님이 아실 거야.] 이런 식으로 쓴다면 정말 멋대가리 없는 선생이다. 〈궁금하면 하나 더 빼보렴.〉 또는 〈하나 더 빼면 이빨새를 만날 지도 몰라.〉 부모까지 행복해질 수 있는 유머 아닌가?

⑤번 글 〈낚시〉. 이런 일기에 선생님들 댓글은 대개 비슷하다. [열 마리나 잡아서 좋았겠구나.] 또는 [매운탕이 정말 맛있었겠네. 선생님도 침 넘어가는구나.] 그야말로 천박한 댓글이다. 이런 댓글 때문에 사

생활 침해 어쩌구 하는 거부반응이 나오는 지도 모른다.

　이 일기는 '업무일지'다. 선생님의 댓글은 이 점에 착안해야 한다. 그렇다고 [다음부터는 느낌도 많이 써넣도록 해.] 이런 식의 권고는 아무 효력이 없다. 소심한 아이에게 '내일부터는 대범하라.'는 권고나 마찬가지다. 느낀 점을 회상할 수 있는 동기를 부여해야 한다. 이런 식이다. 〈아빠가 너희들과 함께 낚시를 하셨으니 얼마나 행복하셨을까?〉〈네 가족이 단란한 하루를 보냈구나? 그 중에는 누가 가장 즐거웠지?〉〈다음에는 매운탕을 네가 끓여서 엄마 아빠께 대접해보렴.〉 이렇게 써주면 학생도 어떤 느낌을 갖게 되지 않을까?

　⑥번 〈부침개〉는 5학년 여학생 글인데, 약간의 결벽증이 있는 것 같다. 타입 4 아이 중에도 여학생이 흔히 보이는 현상이다. 이런 학생 역시 '즐거운 상상'을 하는 분위기를 조성하는 댓글이 필요하다. 〈사운드 오브 뮤직'에서 맏딸은 비 오는 날 무얼 했지?〉〈비 오는 날이 싫으면 구름 위에 올라가서 햇볕 쬐는 상상을 해보렴.〉〈아무개는 의성어(소리시늉말)를 아주 멋지게 사용하는구나.〉 이런 식이면 좋겠다. 좌뇌아이들은 자신감을 가질 때 행복하고, 가장 좋은 능력을 발휘한다.

　주의할 점!! [다음에 감자부침개를 만들면 선생님에게도 갖다주겠지?] 이런 댓글 쓰지 마시라. 절대로 유머라고 생각하지 않는다. 사람만 추해진다.

　⑦ 이것저것 참 여러 가지를 다룬(? 집적거린) 일기다. 대충 세어보니 아홉 가지 사건을 거론했다. 어느 것 하나 내용이 충실한 것이 없

다. 이런 일기에는 간결한 댓글 한두 문장 달아주어서 어떤 효과를 보기가 어렵다. 기간을 좀 잡더라도 '주제가 있는 일기'를 쓰는 훈련을 시키는 것이 좋겠다. 또는, 일기검사 후 따로 불러서 이러저러하게 쓰라고 설명해 주는 게 보다 효과적이겠다. 우뇌아이들은 말을 하는 것도 좋아하지만, 메시지 전달도 문자보다는 말로 해주는 것을 더 잘 알아듣는다. 댓글로는 무언가를 참 잘했다는 내용을 달아주면 된다. 우뇌아이들에게 칭찬은 삶의 에너지원이다.

⑧번은 5학년 학생 글이다. ⑦번보다 한 학년 위라서 그런지 산만함은 조금 덜한 듯하지만, 백지 한 장 차이다. 우선은 칭찬의 댓글을 달아주어야 한다. 이 일기에서는 칭찬 요소가 딱 두 가지 있다. 싸웠으나 화해했다는 것, 앞으로는 조금씩 참아주기로 결심했다는 것. 이 내용으로 적절히 달아주시면 된다. 다음 챕터에서 우뇌아이들의 칭찬과 체벌에 관해 자세히 설명하는데, 참조하시기 바란다. 일기 댓글로는 칭찬만 해줄 수밖에 없다.

⑨ 타입 2 중에도 여학생으로 보인다. 반성하는 마음을 갖고 있다는 것은 좌뇌도 어느 정도 발달했다는 뜻이다. 이런 자세를 격려하는 것은 당연하다. 〈너처럼 걱정해주는 학생이 있어서 선생님은 큰 보람을 느낀단다.〉 〈쉬는 시간 너희들 떠드는 소리는 선생님 귀에는 음악소리지, 하하하.〉 〈OOO는 요즘 수업시간에 떠들지 않아서 정말 고맙다. 다른 학생도 너를 보고 조용해지겠지.〉 우뇌학생에게는 사실과 반대이더라도 이런 칭찬을 댓글을 달아줄 필요가 있다. 이유는 다음 장에서 설명한다.

# 06 카이스트 학생이 왜 자살할까?

> 류현진 선수가 다저스 동료들과 조깅 중 낙오했다. 하체가 상체 무게를 감당하지 못한 때문이라고 한다. 만약 김연아 선수를 체육대학에서 역도 전공을 시켰으면 어떻게 되었을까? 영원히 낙오했을 것이다. 인생원리도 같다. 적성에 맞지 않는 것을 자꾸 시키면 낙오하거나, 죽거나, 크게 사고를 친다. 여성 피의자를 모텔로 데려간 검사도 그 때문이다. 공부하는 중학생도 대학생도 마찬가지다.

카이스트나 과학고에는 누가 갈까? 아이큐 좋은 사람이 갈까? 교수는 어떤 사람들일까?

카이스트나 과학고에 갈 수 있는 머리는 따로 있다. IQ와는 별 상관관계가 없다. 우선, 그 머리는 지극히 논리적이어서 비교-분석-검토를 잘 한다. 또 그 머리는 저장용량이 매우 크고 장기기억에도 아주 능하다. 그리고 그 머리는 정확, 치밀하고, 이치에 맞지 않는 것을 싫어하여서 원리원칙이나 질서를 잘 지킨다.

반면에 그 머리는 창의성이나 직관력은 좀 부족하고 이해력이나 순발력도 떨어진다. 이해하지 못하면 저장이 되지도 않는다. 외국어 능력도 좀 떨어진다. 문자로 표시되는 외국어(Reading, Writing)는 이해와 기억을 웬만큼 하는 편인데, 말하거나 듣기(Speaking, Hearing)는 많이 부족하다. 소위 문과 학생들의 언어능력과는 정반대다.

이런 학생은 논리적인 좌뇌는 발달하였지만, 고급언어를 관장하는 우측두엽이나 새로운 정보를 처리하는 우전두엽이 덜(적게) 발달했기 때문이라는 것이 최근 여러 신경학자들의 연구 결과다.

그래서 이들은 사교적이지 않으나 꾸준하고, 순발력-융통성이 없으나 계획성이 많고, 무대체질은 아니나 자기확신이 강하다. 카이스트 교수들도 마찬가지이고, 이공계 학자들도 대부분 이렇다고 보면 틀림없다. 이런 부류의 사람들을 타입 4(좌뇌인)라고 부르자.

2010년대 초반 카이스트 학생 자살소동으로 서남표 총장이 국회에 불려나가 추궁을 받았고, 국회의원이라는 분들은 한결같이 사퇴를 다그쳤다. 대안 제시라는 것은 없고 60년 이어져온 고정 레퍼토리를 반복한 것을 보면 국회의원들은 학문에 관한 한 아직도 3~4류에 머물고 있는 것 같다. 그 머리로 일류대 총장을 청문회(Hearing)에 불렀으니 들을 것이 없다. 국회의원들 IQ가 낮다는 것이 아니라 논리적이지 못하다는 뜻이다. 감성만으로는 본질 접근이 불가능하다.

윤송이 박사는 SBS 드라마 '카이스트'의 실제 모델로 잘 알려진 천재소녀. 윤 박사는 KAIST를 우수한 성적으로 졸업한 후, 만 24세 2개월의 나이로 MIT 미디어랩에서 '인공지능'에 관한 연구로 공학박사 학위를 받았다. 윤 박사는 강한 좌뇌인으로 판단된다.

두뇌과학도의 입장에서 본 사건의 본질은 이렇다.

첫째, 서 총장이 카이스트 학생에 대해 '죽기살기식' 공부를 시켰다는 점. 이는 지극히 당연한 처사다. 요즘 언론들이 죽기살기식이라는 과장된 표현을 쓰니까 과하다고 느끼시는 분이 많겠지만, 서구의 제대로 된 대학들은 거의가 우리 카이스트처럼, 또는 그 이상으로 공부를 시킨다. 그동안 우리나라 대부분의 대학이 놀고먹는데 길들여져서 거부감이 느껴질 터이다. 이런 점에 대해 서 총장이 여론이나 학생들 불평에 개의치 않고 공부하는 학교로 밀어붙인 점은 높이 사주어야 한다. 더욱이, 요즘 우리 사회에서 포퓰리즘에 휘둘리지 않는다는 것은 참으로 고귀한 가치다. 논리적이고 자기확신이 강한 타입 4이기에 가능했다.

올림픽 국가대표로 선발되는 선수들을 보자. 그들은 각자의 분야에서 우리나라 최고의 선수들이다. 더 연습할 것이 없어 보일 정도다. 그럼에도 그들은 2~3년 동안 지옥훈련을 거친다. 물론, 국가가 모든 비용을 부담하지만 훈련과정에서 무단이탈하는 선수도 생긴다. 그러나 이런 과정을 거뜬히 이겨낸 선수들이 세계 정상을 다투는 것이다. 카이스트는 우리나라 최고의 인재양성 기관이다. 그래서 국가가 대부분의 비용을 부담하며 이들에게 지옥훈련을 요구한다. 그들은 세계 정상을 다투어야 할 재목들이다.

둘째, 100% 영어수업은 타입 4의 두뇌특성을 고려하지 않은 처사다. 우선 교수들을 보자. 전공과목 교수 중에 영어강의를 모국어 구사하듯 할 수 있는 사람이 얼마나 되는가? 초등학교 시절부터 영어권 국가에서 생활한 사람이나 가능할 것이다. 그렇다 하더라도, 대부분의 교수는 영어 원서를 읽거나 영어로 논문을 쓰는 일에는 별 불편을 느끼지 않을 것이다. Speaking, Listening English에는 약하지만 Reading, Writing English에는 강한 타입 4의 두뇌특성 때문이다.

학생들도 마찬가지다. 논리력이나 기억력이 뛰어나서 과고나 카이스트에 합격했지만, 그들 대부분은 언어, 예체능, 사교, 위기극복 능력 등이 부족하기 마련이다. 인간은 만능이 아니다. 있다면 레오나르도 다빈치 정도인데, 그도 음악적 재능이 있다는 얘기는 들어본 적이 없다.

게다가 우리 학생들은 후천적 조건까지 부정적이다. 이들은 12년 내내 다섯 개 중에서 하나 골라내는 훈련만을 받아왔다. 영어로 친구들과 재미있는 얘기를 해본 적도, 다투어본 적도 없고, 영어로 부모에게 야단을 맞아본 적도, 영어로 누구와 싸워본 적도 없다. 미국 영화를 봐도 한글자막이 없으면 보나마나인 것이 이들이다.

이런 두뇌적-환경적 배경을 가진 학생들에게 다짜고짜 영어수업을 강요한 것은 과욕이다. 정 영어실력을 올려주고 싶다면, 그들의 문자(Reading, Writing)적 두뇌능력을 활용하면 된다. 필자도 대학시절(이과였다) 수업은 우리말로 하되, 모든 필기를 영어로만 해주는 교수님의 수업을 받은 적이 있었다. 그 때 우리 모두는 참으로 행복했다. 영어실력이 부쩍부쩍 느는 것을 체감했기 때문이었다.

셋째, 수업료란 제공하는 서비스에 대해 받는 것이다. 결과에 대해 받는 것이 아니다. 학점이 낮은 학생에게 더 많은 수업료를 받는다는 것은 논리적 타당성이 없다. 수업이란 누구에게나 똑같이 제공했으므로 수업료도 동일해야 한다. 음식을 남기건 다 먹었건 똑 같은 음식값을 받는 것과 마찬가지다.

다만, 성적에 대하여는 상벌을 분명히 할 필요가 있다. 그런 것이 바로 학사경고요, 장학금의 차등지급이다.

넷째, 타입 4의 두뇌특성을 갖지 않았는데도 카이스트에 합격한 학생들이다. 이들은 문과적 특성이 강한 사람일 수도 있고, 타입 4적 특성이 희미한 사람일 수도 있다. 비유하자면 역도나 수영선수의 능력을 갖고 있는데 어쩌다가 달리기 시합에 나온 경우다. 백전백패다. 이런 학생은 빨리 자기 갈 길을 찾아야 한다. 수업료 없다는 점이 탐이 나서, 또는 졸업 후에 취직 잘 되는 점이 탐이 나서 뭉개다가는 인생을 망치게 된다. 혼자 판단이 서지 않으면 교수와 상담을 하던지, 전문기관의 조언을 구하던지 할 일이다. 물론, 대부분의 타입 4가 자신의 속마음을 제3자에게 잘 털어놓지 않는다는 두뇌특징을 갖고 있기는 하다. 그렇다 하더라도, 카이스트의 학사운영방침을 이런 두뇌특성 부족자의 기준에 맞추어 완화하거나 폐지해서는 안 된다.

# 07
# 학교폭력의 주인공 미리보기

덩치가 크고 근육질인 중학생이 있다. 장미란 선수를 상상해도 될 것 같다. 이런 학생에게 강제로 탁구를 배우게 했다. 일 년을 하루같이 탁구장에서 살게 했다. 하루 6~8시간씩. 아니 그것도 모자라서 매일 5~6시간씩 사교육도 시켰다.

이 학생이 2년쯤 후에 어떻게 되었을까? 필경 다른 탁구선수를 때려잡았거나, 탁구 선생 멱살을 잡았거나, 고층 아파트에서 떨어졌거나, 자포자기하고 손목을 그었을지도 모른다. 어른들의 폭력이 폭력적인 아이들을 만든다.

---

학교폭력이 무섭게 진화하고 있다. 죽고, 죽이는 수준이다. 주인공도 꽃봉오리 같은 중학생들이고 이제는 초등학생까지 등장한다. 교육의 어디가 잘못된 것일까?

현대교육이 확립된 것은 18~19세기다. 우리 귀에도 익숙한 루소, 페스탈로치, 존 듀이, 쿠지네 같은 분들에 의해서다. 이들이 정립한 교육학, 아동심리학, 상담학, 가정교육학 등에 따라 인류는 200여 년 간 양육되었고, 괄목하게 발전했다.

그런데 지금, 왜 문제아들이 양산될까? 저 분들의 이론은 한 가지 치명적 모순점을 내포하고 있다. '모든 아이들은 같다.'는 전제 하에 이론을 수립했다는 점이다. 20세기 중반까지는 이런 전제가 대충 통했다.

  지금은 이런 획일적 교육에 못 견디는 아이들이 많다. 미치도록 못 견딘다. 두뇌특성상 새처럼 창공을 날고 싶은 것이다. 이런 아이들이 열 명 중 무려 여섯(6) 명이다. 획일적 교육의 피해자가 바로 학교폭력의 잠재적 가해자군(群)이며, 이 중에서 학교폭력의 주동자들이 배출(?)되는 것이다.

  그러나 실망하실 필요는 없다. 이들 폭력학생 재목(?)들은 초등학생 시절 미리 어른들에게 암호를 보낸다. "저는 중학생이 되면 폭력배가 될 것 같아요." 뜻밖에도 그 암호는 해독이 아주 쉽다.

  독자 여러분께 양해를 구한다. 이들 암호(30여 개)와 그 설명은 지면 사정으로 여기에 싣지 못하니, 2017년 중에 우리 연구소가 출간할 〈우뇌 아이 키우기〉를 참조하시기 바란다.

## 나. 행복한 학생 :
### 중고생들을 위한 두뇌별 맞춤공부법

성적에 가장 영향을 크게 미치는 능력은 **이해력**과 **기억력**이다. 아무리 이해를 잘 해도 곧 잊으면 공부 하나마나이고, 아무리 이해가 늦어도 기억을 잘 하면 언제든지 두각을 나타내게 된다. 이해도 잘 하고 기억도 잘 하면 즉시 정상권이 된다.

문제는 두뇌타입별로 이해하는 능력이나 기억하는 능력이 다르다는 점이다. 유전적인 영향이다. 그러나 희망의 소식이 있다. 이런 유전적 능력이 가변적이라는 점이다. 후천적 노력에 의해 얼마든지 변한다는 뜻이다.

우리가 잠잘 때 머릿속에서는 대청소가 이루어진다. 새로운 저장공간을 확보하기 위해서다. 매일같이 기억에 관여하는 단백질이 쌓이기 마련인데, 불필요한 것은 청소해버려야 기억력도 좋아지고, 이해력도 빨라진다. 하루 잠을 못 잤더니 사람이 몽롱해지고, 이틀 계속 못 잤더니 머리가 터져나가더라 하는 경험들 해보았을 것이다. 머릿속 청소를 못했기 때문이다.

문제는, 꼭 필요한 것도 지워지는 수가 많다는 점이다. 그래서 두뇌타입별로 공부방법이 개발되었다. **기억해야 할 지식은 지워지지 않게 하자는 연구**다. 학생들에게는 행복의 지름길이다. 기껏 공부한 것이 새벽 쓰레기차에 다 실려간다면 이 얼마나 억울한가?

# 01 돌팔이 선생에게 드리는 충고

포털 사이트에서 공부관련 고충을 찾아보다가 '경악'했다. 다름 아닌 '성적 올리는 방법' 때문이다. 왜 놀랐을까? 그 중 몇 가지 '방법'을 함께 검토해보자.

> 처방 1: 학년이 올라가고 수준이 높아질수록 이해하고 받아들일 수 있는 능력의 한계에 다다릅니다. 해답은 단순합니다. 학습체력을 키우십시오. (이 뒤의 장황한 얘기는 생략.)
>
> 처방 2: 예습과 복습이 올바른 방법입니다. 꾸준히 하는 것만으로도 초등생은 상위 1%, 중학생은 상위 10%를 유지할 수 있습니다.
>
> 처방 3: 아이 성적 올리는 좋은 아빠가 되시려면 1.함께 하라,

2.관여하라, 3.모범이 되라, 4.애정을 표현하라, 5.공평하라, (이하 7가지는 생략, 미국의 한 일간지에 나왔다고 함.)

처방 4: 1.숙면을 위해 따뜻한 물샤워, 2.베개 높이를 적당히, 3.자연광에 가까운 조명, 4.아침 먹기, 5.과식 피하기, 6.브레인 푸드로 머리 좋아지기 등 (우먼센스)

처방 5: 동기부여→ 목표수립→ 독서 많이→ 수학은 기초 튼튼히→ 영어는 문법예문과 회화예문 통째로 외우기→ 스트레스는 의무라 생각하고 극복→ 자신의 위치 깨닫기... 등의 방법으로 154등에서 1등으로 올랐다. (조선일보)

독자들에게 묻겠다. 몸이 아픈 환자에게 의사가 처방을 내렸다. 처방대로 했더니 두세 명은 나았는데, 나머지는 병이 도지거나 차도가 없다. 이 의사가 돌팔이일까? 정상적 의사일까? 명의일까? 위 처방들이 명의 처방인지 돌팔이 처방인지 함께 확인해 보자.

**처방 1:** 학습체력이라면 공부능력이라는 뜻일 텐데, 성적 올리려면 공부능력을 키우라니? 듣기 좋은 말잔치다. 환자에게 '건강해야 합니다.'라고 말해서 건강해지는 환자가 있을까?

**처방 2:** 통계에 의하면, 학생 열 명 중 다섯 명은 예습이 해롭거나 불필요하다. 또 다른 통계는 예습이 성적향상에 도움이 된다 경우가 37%라고 보고하고 있다.

**처방 3:** 아마도 공부환경을 만들어주라는 애기인 것 같다. 동기부여에도 도움이 될 것이다. 그러나 이렇게 해줘도 성적이 제자리인

학생이 70% 이상이다.

**처방 4:** 이것은 성적 올리는 방법이 아니라 건강 지키는 방법이다. '건강=성적 향상'이라는 공식은 없다. 이대로 철저히 이행하면 10명 중 2~3명은 '약간의' 효과를 볼 것이다.

**처방 5:** 이 방법은 초등생에게는 해당되지 않는다. 다만, 중고생 30% 정도에게는 좋은 처방이 될 것이다. 이 기사의 주인공과 비슷한 두뇌특성을 가진 학생이 100명 중 24명꼴이다.

다른 사례들을 더 검토해보자.

> **처방 6:** 국어는 쌤 말씀만 잘 듣고 교과서 몇 번 정도 읽으면 되구요. 수학은 문제를 많이 풀어보세요. 저는 수학이 갑자기 30점 떨어져서 인강을 듣고 90 넘었답니당*^^*
>
> **처방 7:** 아무도 이 사람을 이기지 못합니다 → 그 성적이 절실한 사람!!
>
> **처방 8:** 공부는 환경에 많은 영향을 받습니다, 집에는 컴퓨터가 있고 tv가 있어서 방해가 되죠. 그러므로 집주변 독서실이나 도서실을 활용하셔야 합니다.
>
> **처방 9:** 1등 하는 친구의 공부 습관을 따라 했어요. - 혼자 공부하는 시간을 늘려, 예습과 복습을 철저하게 했어요.
>
> **처방 10:** A의 방법이 B에게 맞지 않을 수 있습니다. B의 방법은 B가 찾는 것이죠. 가르치는 학생을 봐도, 성적이 좀 나와주는 학생들의 공부방법은 각각 다릅니다. (학원 영어 강사)

위 처방들은 어떤 처방인지 함께 검토해보자.

**처방 6:** 수학 인강 듣고 30점 올릴 수 있는 학생은 10명 중 1명이다. 국어교과서 몇 번 읽는 것만으로 된다는 학생도 10명 중 2~3명에 불과하다.

**처방 7:** 어느 대학생의 주장이다. 죽기살기로 노력하라는 뜻 같은데, 통계에 의하면, 아무리 노력해도 안 되는 학생이 10명 중 여섯(6)명이다.

**처방 8:** 중고생의 경우, 독서실을 이용해서 성적 향상된 학생이 30%가 채 안 된다. 자신의 두뇌타입에 어긋나게 공부하면 아무리 장소를 바꿔도 성적은 변함이 없다.

**처방 9:** 전형적인 돌팔이 처방이다. 1등 따라 해서 우등생 된다면, 전원이 우등생 되겠네? 또, 혼자 공부가 가능한 학생은 30% 이하이다. (고3은 약 60%)

**처방 10:** 명의가 되실 분이다. 사람은 서로 다르다는 것, 그래서 공부 방법도 달라야 한다는 것을 터득하신 분이다. 앞으로 뇌과학 원리만 이해하신다면 필경 명의 선생님이 되리라 믿는다.

앞에 소개된 아홉 가지 공부법이 돌팔이 처방임을 확인하셨을 것이다. '돌팔이'란 단어가 기분 나쁘게 들릴 수도 있겠지만, 겨우 20~30% 정도의 학생에게나 효과적인 공부방법이니 엉터리라고 단정할 수밖에 없다. '경악'스러운 일은, 실제로 많은 학생들이 이런 비법(?)에 따라 공부하고 있다는 점이다. 당연히 성적이 오르지 않는다. 학생들은 자기 머리가 나쁜 줄로만 알고 좌절하고, 포기한다.

왜 이 학생에게 매우 효과적인 공부방법이 저 학생에게는 듣지 않을까? 사람은 서로 다르기 때문이다. IQ 문제가 아니다. 두뇌 특성, 즉 각각의 재능이 서로 다르기 때문이다. 그래서 공부 방법도 서로 달라야 한다. 앞의 아홉 가지 비법(?)은 그래서 처방이라기보다는 개인적 경험담에 불과하다.

 획일적으로 모든 학생의 성적을 올릴 수 있는 공부법은 존재하지 않는다. 만약 그런 것이 있다면, '모든' 학생이 '모든' 과목에서 만점을 받을 것이다. 그렇다면 시험이라는 것도 존재하지 않았을 것이다.
 언론이나 블로거들도 이제는 비법 전수를 중단하시기 바란다. 공부비법, 성적 올리는 법… 이런 말 대신 '아무개의 체험담을 소개한다.'고 밝히기를 권한다. 순진한 학생들은 특정인의 경험담이 모두에게 통하는 비법인줄 믿고 흉내 낸다. 이렇게 병만 더 깊어가는 학생이 10명 중 7~8명이나 된다.
 '맞춤공부법'이 필요한 이유가 바로 여기에 있다. 우등생이란 누구일까? 시행착오를 거듭한 끝에 자신의 두뇌특성에 맞는 공부법을 터득한 학생이다. 아니면 아주 우연히 (이게 바로 로또1등!!) 자신에게 딱 맞는 공부법에게 걸려든(? 하하하) 학생이다. 이제부터는 '맞춤 공부법'의 원리와 적용방법을 알려드린다. 이처럼 서로 다른 사람을 3~5대별하여 각각의 두뇌에 맞는 맞춤공부법을 제시하는 것은 우리나라 최초로 안다. 대부분 효과가 검증된 방법이다.

# 02 노력해도 성적이 안 나와요 = 영어(국어)

## 타입 2-B

E 어머니는 플루트학원 원장이다. 외아들 e가 공부를 너무 못 해서 5학년 때 눈물을 머금고 대안학교로 보냈다. 거기서도 모든 과목의 성적이 안 나왔다. E는 결국 6학년 1년을 '패죽이는 한이 있더라도 공부하게 만드는 해'로 설정했다는 것이다. E를 달래고 달래서 아이를 데리고 오게 했다. 검사 결과 e는 타입 2-B였다. 그렇다면 영어나 국어 성적이 잘 나와야 맞는데, 이 무슨 변고일까?

해답은 학원 선생이었다. e군이 4~5학년 때 다닌 영어학원 선생님은 문법 귀신이었다고 한다. 자신이 좋은 대학 다니게 된 이유가 영어를 문법 위주로 공부했기 때문이라고 매일같이 노래를 불렀다는 것이다. e군의 불운은 여기에서 시작한다. 논리력 없는 e군이 하필이면 논리적인 영어선생을 만나 추락하는 새가 된 것이다. "영어학원 가는 날마다 두통약을 먹었어요. 영어학원 안 가면 엄마한테 맞아죽을 거예요." e가 목이 메어 말하는데 듣는 필자도 눈시울이 뜨거웠다.

타입 2-B는 어린아이가 말 배우듯이 영어를 배워야 한다. 문법은 쳐다보지도 말아야 한다. 2-B는 많은 지문, 시, 수필, 교과서 등을 그냥 외우기 바란다. 또, 영어를 자꾸 듣고, 말해보는 것도 중요하다. 2-B는 영어를 눈이나 손이 아니라 입과 귀로 배워야 한다. 미국 아이들 흉내 내기가 타입 2-B의 영어공부 지름길이다.

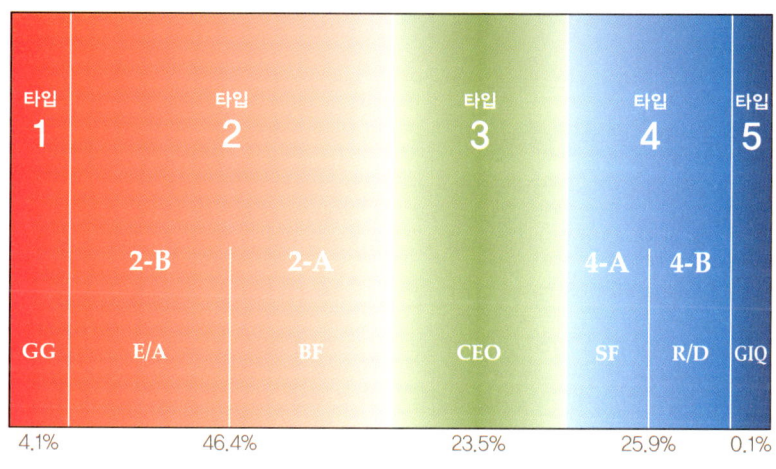

한국인 두뇌타입 구분

빨간색이 진한 쪽에 속하는 학생들일수록 고급언어중추가 더 발달하게 마련이다. 고급 언어중추는 문법같은 논리적인 면은 관장하지 않고, 아름답고 감성적 표현을 주로 관장한다. 시인의 언어구사를 생각하면 된다. 이런 우뇌학생들은 국어나 영어 등 언어적 능력이 좋으며, 특히 Speaking과 Listening 능력이 뛰어나다. 이런 학생들은 언어공부를 당연히 말하기 중심으로 해야 한다.

국어 공부도 영어와 마찬가지다. '이것'은 무엇을 가리키는가? '저것'

은 과거인가 미래인가? 이런 식으로 따져서 공부하면 2-B는 금방 흥미를 잃게 된다. 당연히 국어를 문제집 위주로 공부하면 꼴도 보기가 싫어진다. 기억이 되지도 않겠지만, 혹시 기억했더라도 밤새 다 지워지고 만다. 이것저것 따지지 말고, 그저 많이 읽고, 많이 느껴야 한다. 2-B는 영어나 국어에서 과목에 대한 호감만 잃지 않으면 일단 성공이다.

## 타입 2-A

결론부터 말하자면 2-A는 영어공부하기에 가장 적합한 두뇌다. 제2, 제3 외국어도 마찬가지다. 좌우뇌비가 3:7 안팎이고, 우뇌에는 고급언어중추가 잘 발달했기 때문이다. 대부분의 외교관, 국제무대에서 맹활약하는 비즈니스맨들, 다국어에 능통한 분들, 동시통역사들이 대부분 2-A라고 보면 틀림없다.

언어적 능력이 뛰어나려면 두뇌특성상, 직관력, 순발력, 이해력, 그리고 동시적 사고능력(Parallel Thinking)이 뛰어나야 한다. 그런데 2-A의 두뇌특성이 딱 이렇다. 언어가 뛰어날 수밖에 없다.

앞에서 2-B는 영어공부 때 문법을 '전혀' 따지지 말라고 말씀드렸다. 2-A는 그 정도는 아니지만, 굳이 수치로 설명한다면, 문법 vs 독해를 2:8 비율로 공부하는 것이 좋다. 아주 기본적인 문법 정도만 살펴가면서 공부하라는 뜻이다. 이것이 2-A의 두뇌특성을 최고조로 발휘하는 영어공부 방법이다.

대단히 중요한 점 하나. 2-A나 B는 5자택일 영어문제집으로 아무리 공부해봐야 별 효과가 없다. 풀어볼 당시에는 답을 제대로 골라낸 성취감을 맛볼 수는 있을 것이다. 그러나 그때뿐이다. 기억이 안 되는 것이다. 한 달쯤 후에 같은 문제집을 풀어보시라. 지문은 대충 기억이 날 테지만, 이런 문제가 있었나? 하는 생각이 들 것이다. 한 달 전에 맞혔던 문제를 틀리는 수도 많이 생긴다. 타입 2가 선택지형 문제를 풀어보는 것은 시간 죽이기에 불과하다. 밤새 대청소의 대상이 되는 까닭이다.

나머지는 2-B의 영어 공부방법과 거의 비슷하다. 어린아이가 말 배우듯이 영어를 배우면 된다. 많은 지문, 시, 수필, 연설문, 교과서 등을 그냥 외우고, 또, 영어를 자꾸 듣고, 말해보라. 영어 관련 동아리를 만들어서 회화를 연습하면 아주 효과적이다, 한글 자막없이 영어 영화보기, 방송듣기도 참 좋다. 이렇게 해야 지워지지 않는다.

다시 요약하면, 미국 초등학생들 흉내 내기가 타입 2의 영어공부 지름길이다. 타입 2가 어학연수를 다녀오면 누구보다 큰 효과를 보는 것도 이 때문이다.

## 타입 3

타입 3는 '좋은 성적'과는 아주 기묘한 인연을 가진 두뇌타입이다. 타입 3는 뇌검사에서 대개 직관력, 순발력, 이해력, 동시적 사고능력이 2~4등급이다. 2~3등급만 되어도 좋겠는데, 2~4등급이다. 턱걸이도 이렇게 안타까운 턱걸이가 없다. 반대로 논리력과 분석력은 1~3등급씩(!!)이나 나온다.

필수적인 것은 조금 모자라고, 부차적인 것은 차고 넘친다. 그럼, 영어공부를 잘 할 머리인가, 못 할 머리인가? 정말 아리송하다. 사실로도 그렇다. 그래서 타입 3의 영어 공부방법은, 다른 타입과는 달리, 좀 복잡하다.

첫째, 타입 2-A의 영어공부방법을 그대로 따라 해본다. 미국 초등학생이 자기 나라 말 배워가듯이 해보라는 것이다. 이렇게 하노라면, 이 중에서 자신에게 맞는 공부방법이 몇 가지 찾아질 것이다. 안 맞는 것도 있다. 그래서 '맞는 것을 찾는' 개념이 중요하다.

둘째, 문법공부를 좀 해야 한다. 이런 식이다. 영어단어를 외울 때는 어원을 반드시 찾아본다. 파생어도 함께 알아둔다. 문장구조를 뜯어보고 이유를 이해한다. 중요한 단어는 그 단어가 들어있는 문장을 통째로 외워서 용법까지 익힌다. 역시 이 중에서도 자신에게 잘 맞는 공부방법을 '찾아야' 한다.

마지막으로, 타입 3에게 가장 효과적인 공부법 하나를 추가한다. 영어로 짧은 글짓기를 하루 5~10문장씩 해보라는 것이다. 물론 쉬운 것부터 해야 한다. 맞게 했는지 어디가 틀렸는지 봐주는 분도 있어야 한다. 잘 되면 조금씩 어려운 것으로, 글짓기 개수도 점점 늘리면 더 좋다. 이 방법이 타입 3에게는 기억도, 효과도 제일 뛰어난 영어 공부방법이다. 균형발달한 좌뇌와 우뇌의 소통을 원활하게 하는 것이 그 첫째 이유요, 이렇게 기억한 것은 잘 지워지지 않는 것이 그 둘째 이유다.

## 타입 4

타입 4는 A, B 타입을 구분하지 않고 설명한다. 큰 차이가 없기 때문이다. 타입 4는 외국어에 가장 불리한 두뇌 특성을 갖추었다. 고급언어중추가 그리 발달하지 않은 까닭이다. 그러나 '성적'은 가장 좋게 받을 머리를 가졌다. 특히, 우리나라와 일본에서는.

타입 4는 두뇌특성 검사에서 대개 논리력, 분석력, 장기기억력이 7단계 등급 중 1~3등급으로 나온다. 반면에, 정작 언어습득에 필요한 직관력, 순발력, 이해력, 동시사고력은 4~6등급이 나온다. 외국어를 잘 할 수가 없는 조건이다.

그러나 우리나라 초중고의 영어시험은 거의 5자택일 객관식이다. 5자택일은 우리 뇌 능력 중 논리력-비교분석력의 몫이다. 그런데 타입 4는 이런 능력이 1~3등급이니 귀신같이 정답을 골라낸다. 시간은 좀 걸린다. 시험시간이 항상 모자란다. 그래도 성적은 좋다.

타입 4는 언제나 이치를 먼저 따진다. 이치를 잘 설명해주면 이해도 빠르다. 이치 없는 단순암기는 당연히 어렵다. 따라서 외국어를 언어가 아니라 논리로 배워야 한다. 단어는 어원부터 알아야 한다. 자연히 파생어, 숙어도 알게 된다. 문장은 문장구조나 시제 등을 따져봐야 한다. 이처럼 문법적으로 확실하게 분석을 마치면 자동으로 기억된다. 웬만해서는 지워지지도 않는다.

타입 4는 그래서 영어를 문자로 보고 이해하는 능력이 아주 좋다. 반대로 Listening이나 Speaking에는 약하다. 위의 두뇌타입 검사처럼 언어적 능력이 4~6등급이니 할 수 없다. 그러나 Writing에는 아주 강하다. 한국-일본인 중에 영어소설을 쓰면서도 말을 더듬거리는 분들이 대개 타입 4다.

타입 4에게는 5자택일 문제집이 아주 좋은 훈련교재가 된다. 물론, 문법 설명을 자세히 해주는 참고서도 따로 필요하다. 그래서 타입 4는 미국이나 호주로 어학연수를 갈 필요가 없다. 원어민들은 말은 잘해도 문법은 전혀 모른다.

# 03 노력해도 성적이 안 나와요 = 수학

우리나라 수학 학원의 가장 많은 고객은 누구일까? 고3!! 아니 아니 여학생!! 이런 식으로 대답하는 분은 '맹모'급이다. 맞기는 하지만, 구시대 인물이다. 정답은 타입 2, 우뇌학생이다. 더 구체적으로 말하면 이렇다.

① 초4~6 과정의 수강생은 대부분이 타입 2-B이고,
② 중1~3 과정의 수강생은 대부분이 타입 2-A와 타입 2-B이고,
③ 고1~2 과정의 수강생은 대부분이 타입 2-A이고,
④ 고3 과정의 수강생은 타입 2-A, 타입 3, 타입 4가 비슷하게 섞여 있다.

위 통계에 대한 아래 해설을 음미해보시기 바란다.

① 타입 2-B는 초3~4부터 수학 벽에 부딪친다. 난이도가 조금 높아진 까닭이다.
   - 그러나 2~3년간 잘 해왔기 때문에 조금만 더 노력하면 계속 잘 할 거라 생각한다.
   - 본인도 속고, 부모도 믿으니까 당연히 학원에 보낸다.
② 타입 2-A는 중2부터 수학이 어렵다. 난이도가 또 높아진 것이다.
   - 이들 역시 지난 6~7년간의 영광된 시절을 회상하며 학원으로 달려간다.
   - 반면, 타입 2-B는 중2 과정부터 대부분 수포자가 된다.
③ 고등학교에 진학하면 타입 2-B는 수학학원 가는 일이 거의(? 전혀!!) 없다.
   - 아무리 노력해도 성적이 안 나오는 것을 확인, 재확인한 것이다.
   - 그러나 타입 2-A는 마지막 안간힘을 쓴다. 아직 포기할 정도는 아니다.
④ 고3 과정의 2-A 대부분은 문과수학을 위해 학원엘 간다.
   - 타입 3 일부는, 문과든 이과든, 수학의 원리 이해와 개념정리를 위해 간다.
   - 타입 4 일부는 90점 맞는 수학을 95, 100점을 맞기 위해 학원에 간다.
   - 타입 4가 수학학원에 가는 것은 고3 때가 처음이자 마지막일 것이다.

수학학원 VIP 고객이 타입 2 학생이라는 말 이해가 되시는지?

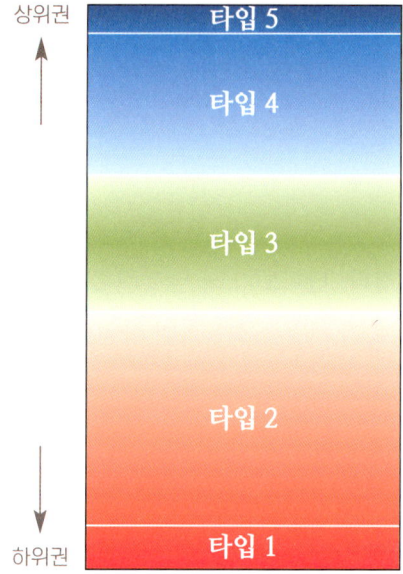

**수학 성적과 두뇌타입 상관관계**

수학성적이 좋은 학생부터 나쁜 학생까지 줄을 세워보면 이런 표가 만들어진다. 285쪽에서 영어를 설명할 때 제시한 표와 어딘가 닮지 않았는가? 사람의 좌우뇌 발달 정도는 이처럼 과목별 성적에도 절대적인 영향을 미친다.

수학은 좌뇌가 많이 발달한 학생일수록 성적이 좋고 우뇌가 많이 발달한 사람일수록 나쁘다. 예외도 아주 적다. 그래서, 수학 학원의 최대 고객은 단연 타입 1, 2의 우뇌 학생이다.

## 타입 2-B

타입 2-B와 수학은 평생 불공대천의 원수 사이다. 뇌과학적으로도 명확히 설명된다.

꼼꼼한 남편이 덜렁대는 부인에게 새해부터는 가계부를 쓰라고 권한다. 부인은 쓴다고 약속하지만, 한두 달도 못쓰고 만세를 부른다. 남편은 부인이 왜 가계부를 안 쓰는지 탐색한다. 시비가 아니고 탐색이다.

그러나 탐색을 알아차린 바로 그날 무조건 화끈한 부부싸움이 터진다. 부인은 오히려 쩨쩨하고 구질구질한 남편의 버릇을 고쳐주려고 덤빈다. 쓴 돈은 꼭 쓸 필요가 있어서 쓴 것인데, 돈을 정확히 지출했으면 됐지, 왜 수입-지출=잔액이 딱 맞아 떨어져야 되냐고? 꼼꼼한 남편은 묻는다. 그게 어떻게 안 맞을 수가 있냐고? 아무리 안 맞아도 백만 단위는 맞아야 될 거 아니냐고? 이 부인이 필경 타입 2-B다.

타입 2-B는 4학년부터 수학성적이 떨어진다. 빠르면 3학년이다. 그 전까지는 수학시험을 치면 하나둘 틀릴까 말까 그랬다. 그러나 3~4학년부터는 예사로 대여섯 개씩 틀린다. 문제를 잘 못 봤다느니, 착각했다느니 둘러대는 말도 모두 같다.

그러니 5~6학년 수학은 말할 필요도 없다. 설명 듣고 풀어볼 때는 다 아는 것 같은데 그 이튿날엔 깨끗하게 잊는다. 문장으로 된 문제는 식 자체를 세우지 못한다. 논리적-분석적인 뇌가 없는데다가 장기기억력까지 약하기 때문이다.

타입 2-B가 복습에 복습을 거듭해서 억지로 10시간 공부하면 타입 4가 10분에 하는 양 만큼 따라갈 수도 있다. 그러나 미련한 짓이다. 차라리 그 시간에 언어, 사탐, 예체능에 노력을 기울이면, 수학에서 얻을 점수의 10배, 100배를 얻게 된다.

타입 2-B의 수학 공부방법은 간단하다. 초등 6년간은 지난 학년 때 배운 것 복습에 주력한다. 초등수학만 잘 기억해도 대성공이다. 중2 수학부터는 깨끗이 포기!! 이 때 만세를 불러야 삶의 어깨가 가벼워진다.

수학을 안 해도 되는 중학교가 있다면 그리 보내는 것이 최고의 대안이다. 아이 기죽이지 않고, 어쩌면 출세도 빨라질 것이다.

# 타입 2-A

학원가의 어느 유명인사가 신문기자와의 대담에서 이런 말을 했다.

"정부가 사교육 때려잡겠다고 이리 뛰고 저리 뛰는데, 뭘 몰라도 한참 모르는 얘기다. 해답은 수학 선택제! 이거 한방이면 아마 전국 학원 30%가 문을 닫을 거다."

타입 2-A는 수학과 불공대천의 원수는 아니지만, 참으로 얄궂은 인연이다. 삼국지에서 조조가 말한 계륵이 딱 이 경우다. 포기할 수도 없고, 계속 하자니 힘이 너무 많이 드는 것이다.

타입 2-A는 다음과 같은 각도에서 판단-결정하는 게 훨씬 정확하다. 2-A의 진로는 크게 두 부류다.

(가) 음악, 미술, 연예, 예능, 체육, 디자인, 이벤트, 프리랜서, 아이디어….

(나) 영업, 무역, 군인, 외교관, 방송, 광고, 언론, 문학, 법학, 경영….

(가) 방향으로 가고 싶은 학생은 고등학교부터 수학을 포기하시라.
  – 포기하고 남는 시간이나 노력을 재능 갈고닦기에 집중하는 게 유리하다.
  – 이 분야는 대학입시에서 수학 비중이 낮거나 면제되는 경우도 많다.

(나) 방향으로 가고 싶다는 학생은 고3까지 수학과 씨름해야 한다.
  – 비단 좋은 대학에 들어가기 위해서만이 아니고,
  – 이런 업종에 종사하기 위해서는 어느 정도의 수학적 배경도 있어야 한다.
  – 또, 2-A는 이를 악물고 수학에 도전하다보면, 논리력이 보강

되기도 한다.
- 타입 2-A가 수학공부에서 명심할 점이 있다. 저학년 수학을 철저히 해두라는 것이다. 고1부터 1년에 두 번씩 저학년 수학을 복습하기 바란다. 초4~중3 수학을 다 훑는데 한두 달이면 될 것이다. 고2가 되면 초5~고1 것을 복습하는 식이다.
- 저학년 수학의 어떤 심화문제도 100점을 받는다면 2-A는 일류대도 가능하다. 수학은 앞의 것을 잘 모르면 뒤의 것은 절대로 풀 수 없다.

# 타입 3

어른들 중에 만능 스포츠맨을 보았을 것이다. 테니스-탁구 잘 치고, 축구-야구도 잘 하고, 수영-등산-골프도 수준급이고…. 이런 사람들에게 공통점이 있다. 초등 4학년까지는 시험성적이 0점~100점까지 나오는 만능(?)학생이었다는 점, 초5부터 서서히 중위권으로 진입했다는 점, 중고교 때는 지식욕에 불타올랐는데 성적까지 솟아오르지는 않았다는 점.

이들이 타입 3다. 한 우물을 파지 않는 사람, 뜻밖의 어떤 일과 마주쳐도 겁을 내지 않는 사람. 무엇을 하든 수준급이긴 한데, '최고'로 잘하지는 '않는' 사람, 그렇지만 다른 누가 최고인지 분명히 알아보는 사람.

타입 3는 수학을 얼마든지 잘 할 수 있다. 때로는 타입 4만큼도 한다. 그러나 약점이 있다. 대충한다. 왜? '수준급'만 되면 만족해버리기 때문이다. 큰 원리만 파악하면 흥미가 떨어지는 것이 그의 두뇌특성인 까닭이다. 타입 3가 수학을 잘하려면 우선 기초가 튼튼해야 한다. 앞의 타입 2-A에서 얘기한 것처럼 3도 저학년 수학을 수시로 복습해 두기 바란다. 필수사항이다.

3가 '최고'의 수학성적을 올리기 위해서는 두 가지 동기를 부여해야 한다. 첫째 동기는 원리-개념의 터득이다. 오케스트라 지휘자도 그 곡의 원리-개념을 터득해야 좋은 지휘가 가능하다. 3는 헬리콥터를 타고 숲을 파악한 후에라야 수학나무가 예뻐지는 것이다.

둘째 동기는 누군가를 가르쳐야 한다는 책임감이다. 타입 3는 어려운 것을 배워서 쉽게 가르치는 특이한 두뇌능력을 가졌다. 그런데도 가르칠 일 없이 배우기만 하라면 저절로 신드렁해진다. 이처럼 타입 3에게 두 가지 동기만 있다면, 수학의 최고가 되는 것은 시간문제다.

## 타입 4

타입 4 학생들은 초5~6부터 수학적 재능을 보이기 시작한다. 이런 학생들에게 필자가 수학 공부법을 말한다는 건 실례일 것 같다.

예외가 있다. 타입 4 학생인데 수학성적이 잘 안 나오는 경우다. 열심히 해도 그렇다. 될 듯 될 듯한데 계속 3~4등급에서 머무는 것이다. 이유가 있다. 좌뇌의 저장상태가 질서정연하지 않기 때문이다. 과거에 저장이 잘 못 되었다는 뜻이다.

방법이 있다. 초등학교 1학년 수학부터 철저히 복습하면 된다. 어떤 문제가 나와도 100점 받도록 복습해야 한다. 그래봤자 초등 6년치 복습하는데 한 달, 고3이라면 중고 5년치 복습하는데 두 달이면 충분하다. 이 정도면 저장상태가 어느 정도 바로 잡힌다.

IQ 210의 천재소년 김웅용은 다섯 살 때 4개국어를 말하고 미적분을 풀었다. 사진은 일본 TV에 출연해서 공개적으로 수학문제를 푸는 광경이다. 그는 타입 5다. (사진 출처: 중앙일보 12.10.9)

수학 1등급을 받으려면, 11년치를 한 번 더 복습해야 한다. 이때 재미있다는 기분이 든다면 성공이다. 특히 중고 5년치 중 어떤 심화문제도 다 만점을 받는다면 1등급은 확실하다. 저장전문인 좌뇌의 저장상태가 질서정연해졌기 때문이다. 저장이 단단하게 되면 밤새 지워지는 일도 없다.

# 04
# 노력해도 성적이
# 안 나와요 = 단순암기과목

### 우뇌학생 (타입 2)

단순암기과목이라면 대부분의 사탐과목, 언어과목과 과탐 일부를 말한다. 아무런 이치나 논리가 연관되지 않는 사람이름, 역사적 사실, 지명, 연도, 인체기관명, 영어단어 따위가 포함될 것이다.

타입 2인 우뇌학생은 일반적으로 단순암기에 매우 강하다. 어려운 것보다는 쉬운 것을 좋아하는 특성도 있지만, 사실은 우뇌가 형상, 이미지, 도형 등을 잘 기억하기 때문이다. 암기과목과 형상기억력이 무슨 관계가 있느냐고? 큰 관계가 있다.

3년 전에 만난 R이라는 중1 여학생은 암기과목 성적이 아주 좋다. 시험 전날 50~100쪽쯤 외우는 건 보통이다. 그러나 남다른 점이 있었다. 1. 뜻을 잘 몰라도 외운다는 점, 2. 시험 끝나면 바로 잊는다는 점.

이런 현상은 문자의 뜻을 이해하기보다는 한 쪽 전체를 '촬영'할 때 가능하다. 우뇌가 집중하면 이처럼 사진 찍는(Photographic Memory) 것이 가능해진다. 좌뇌는 절대 못한다. 심지어는 왼쪽정렬의 글일 경우 각 줄 길이의 차이로 생기는 오른쪽 들쭉날쭉한 모양도 기억이 된다. 우뇌의 이런 집중력은 장시간 계속되지는 않는다. 10~20분쯤 집중하다가 5~10분씩 쉬는 패턴으로 훈련해보시라. 촬영이 된다.

문제는 빨리 잊는다는 점이다. 초등 시절 무리한 수학공부로 뇌를 다쳤을수록 더 빨리 잊는다. 뇌가 중요하지 않은 줄 알고 스스로 지워버리는 것이다. 뇌는 새로운 것을 저장하기 좋도록 공간을 자꾸 만들어 두려고 한다.(2장 3절 참조) 그래서, 내신시험은 당일치기, 벼락치기로 버텨낼 수가 있지만, 모의고사나 수능시험, 취직시험 등은 이렇게 해서는 좋은 점수가 안 나온다.

해결책은 1. 복습, 2. 요점정리, 3. 말로 해보기이다. 우뇌는 반복을 워낙 싫어하니까 복습하기가 어렵다. 그래도 해야 한다. 다른 참고서로 바꾸어서 복습하면 짜증이 덜 날 것이다. 다 외웠다 싶으면, 부피를 확 줄여서 (요점정리) 한 번만 더 입력시키시라. 이렇게 해주면 뇌는 중요한 것으로 판단하고 스스로 지우지를 않는다.

## 좌뇌학생 (타입 4)

어느 학자는 '우뇌인은 입으로 생각한다.'고 표현한다. 좀 거친 표현이긴 하지만, 그렇다고 우뇌인들이 기분 나빠할 것까지는 없다. 우뇌인은 기억한 것을 말로 해볼수록 기억이 더 오래 간다. 앞에서 우뇌학생들은 누구에게 대답하듯 '말로 반복해보라.'고 한 이유가 이것이다.

그러나 타입 4, 좌뇌인은 사정이 전혀 다르다.

임진왜란을 잘 아실 것이다. 이게 몇 년도에 일어났을까? 임진왜란 1592, 임진왜란 1592, 임진왜란 1592, 임진왜란 1592, 임진왜란 1592. 우뇌학생은 이렇게 중얼중얼 외우면 외울 수 있다. 그러나 좌뇌학생은 어림도 없다. 아무 이치도 원리도 없으니까. 그럼 어떻게 하나? 이렇게 외우는 좌뇌학생을 본 적이 있다. 멋진 아이디어였다.

"이러구(159) 있을(2) 때가 아닌데 당파싸움만 하다가 왜놈들에게 당했다." 이 학생은 한 달 동안 못 외우던 것을 1분만에 외웠다고 했다.

그 뿐이 아니다. 조선이 건국한 해가 1392년인데, 그냥은 절대 안 외워지더니, 임진왜란보다 정확히 200년 전에 건국했다는 걸 아니까 저절로 기억되었다. 보너스가 또 있다. 콜럼버스가 미국 대륙을 발견한 건 1492년이란다. 하하하.

좌뇌에게 무조건 기억하라는 요청은 받아들여지지 않는다. 우뇌가 처리를 해주어야 저장이 된다. 그러나 우뇌가 발달하지 않았으니 좌뇌가 처리-저장의 과정을 도맡아야 한다. 이치나 원리를 깨닫게 해주어야 저장이 된다는 뜻이다. 게다가 시간도 많이 걸린다. 머리에 역행하면 되는 일이 없다. 좌뇌에게 단순암기란 고역 중의 고역이다.

"외울 때는 인과관계를 따지거나, 문제와 그 해결법을 함께 묶어 외우면 힘들이지 않고 잘 외워지더군요. 영어 단어는 잘 외웠습니다. 그런데, 연도문제는 정말 안 외워지더라고요. 중고등학교 때, 과학은 1시간을 공부해도 100점이 나왔는데, 사회는 1시간이 아니고 이틀 사흘을 해도 80점밖에 안 나왔습니다." 강력한 좌뇌를 가진 우리 회원님의 고백이다.

이렇듯 좌뇌는 따지거나 연결해서 외워야 외워진다. 우리 머리는 참 묘하다. 우뇌처럼 뜻도 모르고 외우는 머리도 있고, 좌뇌처럼 살살 달래야 외우는 머리도 있다. 그러니까 친구 따라서 하다보면 성적이 안 나온다. 친구 머리와 내 머리가 다르기 때문이다.

| | |
|---|---|
| 159있을 때가 아닌데… 임진왜란 | 1592 |
| 임진왜란 꼭 200년 전에 이성계가 조선 건국 | 1392 |
| 그 사이 꼭 100년 차이로 아메리카 대륙 발견 | 1492 |
| 임진왜란이 터진 건 내가 태어나기 몇 년 전? | ? |

단순암기는 이런 식으로 연결고리를 만들면 기억하기 쉬워진다. 만들 때는 시간이 좀 걸릴 수도 있지만 일단 만들고 나면 좀체 잊지 않는다. 잠자는 시간 대청소 때, 연결된 기억들은 잘 지워지지 않기 때문이다. 일거삼득, 일거사득이 된다.

좌뇌학생은 논리적이고 분석적이다. 또 다른 특징이 있다. 문자에 아주 강하다. 글을 읽고(Reading) 쓸(Writing) 때 이해와 기억을 잘 한다는 뜻이다. 우뇌학생이 Listening과 Speaking에 능력을 보이는 것과는 매우 대조적이다. 좌뇌학생은 단순지식 암기 때 이 점을 활용해야 한다.

이미 경험해본 분도 많겠지만, 쓰면서 외워보라. 큰 효과를 볼 것이다. 쓴다는 것에는 여러 가지 방법이 있다. 금방 읽은 것을 한 단어씩, 한 줄씩 써보는 학생이 있던데, 이건 돌쇠 스타일이다. 노트 한 쪽이나 두 쪽을 할애해서, 나름대로 정리를 해보기 바란다. 지도가 있으면 복사해서 붙이고, 중요한 자료는 써넣고, 핵심사항은 중앙에, 아직 못 외운 것은 잘 보이는 여백에, 잘 틀리는 문제는 그 이유를…. 좌뇌는 이렇게 만들어가는 동안에 이미 절반쯤은 기억하게 된다. 그 뒤로 두어 번만 더 읽어보면 장기저장 완료다.

쓰면서 외우는 좋은 방법이 또 있다. 표를 만들어보라. 임진왜란을 예로 들면, 당시 일본과 우리나라의 대비표를 만들어보는 것이다. 우리나라에 쳐들어온 일본군이 몇 명, 방어에 나선 우리가 몇 명, 전사자는 양쪽이 몇 명씩, 선박 수는 양쪽이 몇 척씩, 일본의 두 장수 가토(加藤)와 고니시(小西)의 특징은 무엇이고 우리 이순신 장군이나 권율, 그 밖의 장수들은 어떻게 싸웠는지, 진주성 싸움에서 양쪽 장수와 군사들은 각자 어떤 특징을 가졌는지….

비단 임진왜란뿐이 아니다. 모든 암기사항을 이런 식으로 해보라. 두세 가지 외울 내용에 대해 비슷한 점, 차이점을 찾아 대비하는 것이다. 대비표를 만든다는 것은 논리적, 분석적인 행위다. 당연히 논리와 분석에 강한 좌뇌가 좋아한다. 기억도 잘 해줄 것이다. 단순한 '지식과목'을 사고력, 응용력과 연관시켜주는 것, 이것이 좌뇌 공부법이다. 학년이 올라갈수록, 단순지식보다는 종합–분석적 능력을 요구한다는 사실을 알아야 한다.

## 균형발달학생 (타입 3)

2000년대 중후반에 걸쳐서 논술광풍이 불었다. 논술에 가장 유리한 학생은 누구일까? 바로 좌우뇌가 비슷하게 발달한 균형발달학생이다. 사고력(=창의력+논리력)과 전체를 보는 능력을 요구하는 것이 논술시험인데, 타입 3, 즉 균형발달학생이 그런 능력을 제대로 갖춘 까닭이다.

　균형발달학생은 단순암기과목도 이런 각도에서 접근하면 아주 잘해낼 것이다. 을사늑약(1905)을 예로 든다. 먼저 전체를 보자. 을사늑약 이전에 조선의 주변정세는 어떠했나? 조선 내부는 어떠했나? 일본에는 내부적으로 어떤 일이 일어나고 있었나?

　이 정도를 보았으면, 다음은 을사늑약 그 자체를 가까이서 볼 차례다. 세세한 과정, 등장인물, 직접적으로 연관된 사건, 뒤에 미친 영향… 이 과정을 '흐름 파악'이라고도 하는데, 암튼 통합적(거시적+미시적) 관찰이다.

　균형발달학생이 을사늑약을 이 정도 훑으면 이미 전체 그림이 머리에 들어온다. 다음 단계는 잡힌 전체 그림에 대해 '만약'을 대입해보는 것이다. 논술 구상하듯이, 창의력과 논리력을 동원해서 이런저런 '가정'을 해보라는 것이다. 이 단계면 균형발달학생의 을사늑약 공부는 끝난 것이다. 아마, 나중에 복습할 필요도 없을 것이다.

　균형발달학생의 암기과목 공부에 중요한 점이 두 가지 더 있다. 첫째는 목차다. 타입 3는 목차만 잘 보아도 전체를 어느 정도 파악하는 능력이 있다. 둘째는 지도와 도표 등 시각적인 자료다. 타입 3는 문자적으로도 능하지만, 형태적인 것에도 이해와 기억이 잘 된다. 문자와 형상, 이 두 가지 자료를 병행해서 활용하면 능률은 배가될 것이다.

　이런 설명을 할 때마다 불만스레 손을 드는 학생들이 있다. "말씀대로 다 하려면 시간이 너무 많이 걸리는데요…."

　그래? 비유로 설명한다. 아름드리 소나무를 자른다. 톱으로 자른다.

조금 느린 듯하지만 깨끗이 잘라진다. 톱밥이 조금 나온 것 외에는 목재 손실도 거의 없다. 이번에는 성질 급한 사람이 도끼로 찍는다. 힘이 좋아서 금방 자를 것 같았는데, 시간은 더 걸린다. 허튼 곳을 찍어서 목재 손실이 엄청나다. 숨이 차고 땀이 나서 내일 다시 찍기로 한다. 질문한 학생은 어떤 방법으로 공부하고 싶은가?

시간이 좀 걸려도 단번에 잘라야 한다. 그래야 깨끗하게, 오래 기억된다. 바늘허리 매어 못 쓴다.

### 초등 6년간은 아직 모자라는 머리

사람의 뇌 '조직'은 만3세 때 80%, 만8세 때 90%, 만15세 때 100%가 만들어진다는 것이 신경학계의 정설이다. 조직이 시기별로 이렇게 완성되니까, '기능'은 이보다 1~2년 늦다고 보면 된다.

만15세에 조직이 완성된다면, 인간의 뇌가 제 '기능'을 발휘하는 것은 만15세 이후다. 즉 고등학생 시절부터 완전한 뇌가 된다는 뜻이다.

초등 5~6학년이라면 뇌 '기능'이 90% 정도일 때다. 이 시기에 뇌들보도 완성된다. 학업에 전념하기에는 아직 모자라는 머리다. 뇌가 건강하고 싱싱하게 자라도록 해주어야 할 시기다. 세계적으로 중학교 입학시험을 없애버리는 이유를 알 것 같다.

초등 6년 과정 동안에 아이들이 배우는 지식의 총량은 얼마나 될까? 이걸 숫자로 밝혀낼 수야 없다. 그러나 짐작은 가능하다. 뇌가 정상적으로 완성된 중학 1학년생이라면, 초등 6년 과정 전부를 마스터하는데 5~6개월이면 충분하다고 한다. 초등 6년을 놀더라도, 뇌만 건강하면 중고 6년이 즐겁다는 얘기다.

중학교 입학시험이 없는 이유를 헤아리시기 바란다. 초등 때 아이 머리를 다쳐놓으면 패자부활전에 나갈 기회조차 없어진다.

# 05 노력해도 성적이 안 나와요 = 선행학습

### 수학

 어느 겨울방학 때였다. G 어머니가 새 학기에 중학교에 들어갈 아들을 데리고 오셨다. 검사해보니 우뇌 편중의 타입 2이긴 했는데, 안타깝게도 초등4학년 정도의 학습능력을 가진 지적장애 학생이었다.

 G를 칠판 앞으로 모셔다가 소군소군 대책을 말씀드리는 중이었는데, 저쪽에 앉아 뭔가 열심히 풀고 있는 g의 모습이 보였다. 신기하기도 하고 의아하기도 해서 가보았다. 수학 문제집이었다. 그것도 중학교 1학년 것!! G는 자기가 시켰으며, g도 열심히 한다고 자부심이 대단했다. 이런 단무지라니!!

 필자는 이럴 때, 한 사람의 교육자 그리고 뇌과학도로서, 깊은 무력감에 빠진다. 수학이란 앞의 것을 모르면 뒤의 것은 안 되는 과목이다.

다른 모든 과목은 중1이 고1 것을 공부한다고 크게 안 될 일은 없다. 음악, 미술, 체육도 마찬가지다. 그러나 수학은 절대 아니다. 분수, 소수, 심지어는 곱셈, 나눗셈도 엉금거리는 아이에게 집합이나 함수, 수열이 무슨 의미인가?

학원 선생이 연출하고, 엄마 주연, 학생이 조연하는 이 선행학습이란 것은 왜 생겼고, 이들 각자에게 어떤 의미가 있을까?

필자는 우리나라 학원이 한국 교육에 기여한 공로나 그 필요성을 인정한다. 무너진 공교육의 보완기능을 충실히 해냈다. 또 가정-학교를 잇는 부분 중 사각지대를 잘 메워주기도 했다. 그러나 선행학습은 그 반대다.

선행학습의 유래에 관한 정확한 기록은 잘 찾아지지 않는다. 아마도 천재들의 일화에서 파생되지 않았을까 추측할 뿐이다. 초등학생이 대학과정을 공부한다던가,
중학생 나이에 박사과정을 밟고 있다던가… 매스컴은 이런 얘기를 유난히 좋아해서 자주 보도 되었다. 과장도 없지 않았을 것이다.

이런 기사를 접할 때마다 우리의 엄마들은 자녀들을 한번이라도 더 쥐어박거나 질책의 수위를 한껏 높인다. 배고픈 건 참아도 배아픈 건 못 참는 분들이니까. 소비자의 이런 심리를 간파한 학원 마케팅이 바로 선행학습이다.

우선 엄마들 입장을 보자. '우리 아이가 고학년 수학 2~3년 치를 미리 배우고 있다.'는 상황이 설정되면, 천재, 수재까지는 못 돼도 영재성은 믿으려고 한다. 일종의 자기최면이다. 자신의 학생 시절, 영재의 반대편에 있던 엄마들, 또는 우뇌엄마들이 특히 심하다. 그들에게 자

녀는 소유물이고, 소유물은 허영심을 채워줘야 한다.

자기 학년의 수학시험에서 평균 80점 정도를 받는 학생이 있다. 이들에게 수학 1년치, 또는 2년치 선행학습을 시키면 어떻게 될까? 첫째, 무언가 즐거움을 찾아 방황한다. 주로 만화, 게임, 동영상 등 이미지적인 것이다. 두 번째로는 유난히 화를 잘 낸다. 상대를 가리지 않고 화를 낸다. 세 번째로는 싸움이 잦아진다. 뇌를 다쳤기 때문이다.

학원 입장은 어떨까? 학원에게 가장 큰 스트레스는 학교시험에 나타나는 성적이다. 낼모레 시험을 위해 열심히 준비를 시켰는데 성적이 엉망으로 나온다. 이건 심각하다. 학생 잘못이건 학원 잘못이건, 책임은 학원이 지게 된다. 대개는 잘린다.

선행학습은 그럴 염려가 전혀 없다. 학교에서 선행학습에 대해 검증하는 일이 '절대로' 없으니까. 결과에 대해 책임질 일이 없으니 세상에 이렇게 속 편한 장사가 또 있을까? 결국 선행학습은 누이 좋고 매부 좋은 일이다. 요즘은 유치원 아이들에게도 선행학습을 강요한다. 문제는 학생이다. 머리를 다치는 것이다.

타입 2 아이들은 논리적인 좌뇌가 거의 발달하지 않았다. 그래서 이 아이들은 초등시절 우뇌로 수학을 공부한다. 우뇌는 논리력은 없지만,

직관력이 워낙 좋아서, 웬만한 셈은 느낌으로 다 된다.

논리력과 직관력은 어떻게 다를까? 비유하자면, 직관력은 갓 나온 연두색 잎사귀처럼 부드럽고 예민하다. 논리력은 마치 나무 둥치 같다. 웬만한 바람에는 꿈쩍도 하지 않는다.

타입 2가 수학을 한다는 것은 이처럼 연약한 직관력을 혹사한다는 뜻이다. 그래서 2-B는 초3~4부터, 2-A는 중1~2부터 수학이 매우 어려워진다. 연약한 직관력에 상처가 많이 났다는 뜻이다. 그나마 2-A는 약간의 논리력이 있어서 직관력과 합동작전으로 버티는 것이다.

이런 학생들에게 2~3년 후에 배울 수학을 선행학습 시키면 어떻게 될까? 직관력, 창의력은 물론 순발력까지 다 망가지게 된다. 없던 논리력이 생기는 것도 아니고, 있던 우뇌능력은 다 잃게 되는 것이다.

초등 때 그토록 총명하고 재치 있던 아이들이 중-고생이 되자 공부는 뒷전이고, 게임이나 다른 '즐거움'을 찾아 헤매는 경우를 보셨는가? 머리가 망가졌다는 증거다. 우뇌아이들만의 귀중한 재산인 직관력, 창의력, 순발력을 다 잃으면 그 삶이 뭐가 될까? 정신적 노숙자가 된다.

그래서 우뇌만 발달한 타입 2 아이들에게 수학 선행은 '절대' 금물이다. 건질 것이 전혀 없다. 돈 버리고, 시간 버리고, 뇌는 망가진다. 예습조차도 절대 시키면 안 된다. 아는 것을 또 배우면 짜증만 난다. 오히려 그런 시간에 창의력, 직관력, 순발력을 살리는 훈련을 하는 게 현명하다. 영어 수필, 연설문 하나라도 더 읽고, 시 한편이라도 더 외우도록 하라.

## 그 밖의 선행학습

모든 학생은 다 다르다. 중1~2 때 토익에 도전해서 900점 이상을 받는 학생이 있다. 이 학생이 천재라서가 아니다. 언어관련 두뇌능력이 좀 뛰어난데다가 영어 선생님을 잘 만난 까닭일 것이다. 반면에, 중1~2인데도 초등학생 영어를 더듬거리는 학생도 있다.

독자 여러분, 언론에서 악덕 의사 얘기 심심찮게 보셨을 것이다. 오진하는 의사? 이건 그냥 돌팔이다. 고의적으로 이런저런 검사를 많이 한다던가, 사람 심리를 악용해서 죽을병 걸린 듯 겁을 주고 바가지를 흠뻑 씌운다던가, 이 밖에도 의도적으로 여러 가지 형태의 과잉진료를 하는 자가 악덕 의사다. 지금 학원들이 이 짓을 하고 있다. 학원이 주도적으로 선행학습을 권하기도 하고, 학부모가 조르기도 한다. 단무지 학부모들 때문에 학원이 살판 난 것이다. 엄마들이 얼마나 멍청했으면 유치원에서도 선행을 시켜야한다고 밀어붙일까?

놀랍게도, 악질 교사도 적지 않다. KBS 게시판에서 본 것인데, 몇 개월 선행학습할 범위를 정해준다는 것이다. 선생이 가르쳐주지도 않고 시험은 이 범위에서 나오기 때문에 학원 가서 선행 듣지 않으면 점수가 전혀 나오지 않는다는 것이다. 교사는 손 안대고 코풀고, 부모는 돈 버리는 동안 학생들의 머리는 거꾸로 망가지고 있는 것이다.

선행학습은 철저하게 개인 능력에 따라야 한다. 다른 학생 따라서 우르르 몰려다니면 사랑히는 자녀를 천치로 만든다.

# 06
## 맞춤진로 :
## 동으로 갈까, 서로 갈까?

B양이 우리 연구소를 찾은 것은 그녀가 막 고3이 되었을 때다. 혼자 온 것이 아니고 어머니 손에 이끌려왔다. 모녀는 상담 중에도 서로 눈을 흘기는 등, 보는 사람이 민망할 정도였다. 사연은 이랬다. B양이 고2까지 대학을 정하지 못할 때만 해도 그런가보다 했다. 막상 고3이 되자 심각해졌다. 매일 저녁 네 식구가 논쟁을 벌인다는 것이다.

모녀의 말을 다 듣고 필자가 막 웃었다. 학교 진학담당 교사가 합격률 높이려고 강제로 등 떠미는 상황과 비슷했던 까닭이다. 바로 B 학생의 두뇌능력을 검사해보았다. 결과는 창의력 3등급, 직관력 4등급, 순간기억력 3등급, 이해력 3등급, 언어구사력 2등급, 집중력 3등급, 논리력 2등급, 장기기억력 2등급….

이 학생은 창의력, 직관력 등이 낮아 음대로 가도 좋은 연주자는 못

된다. 그러나 논리력, 장기기억력 등이 좋으므로 음악을 가르치는 일은 꽤 해낼 것이다. 언어구사력, 이해력, 창의력을 볼 때 사회계열은 중간에서 놀겠고, 이과계열이나 의대 쪽은 이 정도 논리력이나 이해력으로는 매우 어렵다.

모녀에게 얘기했다. "그 중, 언어구사력, 논리력, 장기기억력이 가장 좋으므로 경상계열이나 교직을 택하면 능력을 십분 발휘할 것입니다."

어머니가 화답했다. "속이 다 뻥 뚫리는 기분입니다. 오늘부터 우리 집 전쟁은 완전 끝입니다." 당사자인 학생 역시 그렇게 환하고 예쁜 얼굴을 보여주었다. 합리적으로 판단할 때만 얻는 선물이다. 생각해보시라. 적성 무시하고 10위권 대학 아무 학과에나 들어간 사람과, 적성 따라 가다보니 20위권 대학에 들어간 사람과, 사회에 나가면 누가 더 능력 발휘할까? 누가 더 행복할까?

최근, 여성 환자와 불장난하다가 죽여서 한강변에 내다버린 의사가 있었다. 여성 피의자를 모텔에 데려가서 벗겨놓고 추궁(?)한 검사도 있었다. 이성적이고 냉철해야 될 자리에 호기심 많은 사람이 앉으면 이렇게 된다. 독수리의 성정을 가진 여성이 약사가 된 분을 보았다. 아버지의 강요 때문이었는데, 여태껏 두통을 비롯한 각종 병마에 시달리고 있다.

사람은 누구나 재능이 한두 가지씩 있게 마련이다. 대학이건 직장이건, 그 재능대로 찾아가기 바란다. 그래야 양학선도 되고 빌게이츠도 된다.

대학에는 계열이나 과가 참 다양하다. 과는 수백 개는 될 것이고, 계열도 30개를 훌쩍 넘는다. 그러나 주의해서 보아야 한다. 대학의 계열이란 특정인 기분 따라서, 또는 구색 맞추기로 만든 것이 아니다. 교육선진국 제도를 도입한 덕분인지, 대단히 합리적이다. 다음 표의 계열을 잘 보아주시기 바란다. 그 많은 계열을 16개로 압축하다보니 약간의 무리도 있을 것이다. 또 이처럼 선을 딱 그어서 나눌 수 없는 분야도 있을 것이다. 취지만 이해해주시기 바란다.

대학의 과는 사람의 두뇌특성에 실로 교묘하게(?) 맞추어진 조합이다. 어떤 재능이나 적성을 가진 사람도 소화가 된다. 67쪽의 표와 맞추어보시면 이해가 더 잘 되실 것이다. 표 아래 부분은 타입별 적합한 학과범위를 보여주고 있다.

두뇌타입별 적성에 맞는 계열

| 1 | 2 | 3 | 4 | 5 | 6 | 7 | 8 | 8 | 7 | 6 | 5 | 4 | 3 | 2 | 1 |
|---|---|---|---|---|---|---|---|---|---|---|---|---|---|---|---|
| 음악·미술 | 연기·영상 | 체육·무용 | 예체능교육 | 어문 | 인문과학 | 법학 | 상경 | 자유전공 | 건축·생활과학 | 약·치·수의학 | 의학 | 생명과학 | 연구·교육 | 공학 | 기초과학 |

←―타입2-B―→　　　　←―――타입3―――→　　　←―타입4-B―→
　　←―타입2-A―→　　　　　　←―타입4-A―→

## 타입 2-B

타입 2-B는 우뇌인 중에도 매우 강한 우뇌인이다. 정이 많고, 예술적 감각이 좋고, 창의적이고, 언어능력과 순발력 뛰어난다. 대신 다혈질이고, 많이 튀고 싶고, 앞에 잘 나서고, 잘 오버한다. 2-B는 열 명 중 두 명꼴이다. 적지 않다. 그러나 이 중 대학에 진학하는 경우는 (지잡대까지 포함해서) 10% 수준이다. 고등학교 시절 성적이 워낙 나쁜 까닭이다. 꼭 대학에 가려면 예중, 예고로 방향을 잡는 게 요령이다.

위의 표를 다시 한 번 보자. 타입 2-B의 화살표 범위가 미술·음악부터 문학, 어학까지다. 1~4 범위다. 모두가 높은 창의성을 요구하는 계열들이다. 다른 계열은 쳐다보지도 마시라. 성적도 되지 않겠지만, 하하하.

예고나 체고를 꼭 가지 못해도 다른 방법이 있다. '위탁교육'이라는 과정으로, 3학년 1년 동안 조리사 과정이나 실용음악, 악기 등을 배울 수 있다. 우리가 잘 아는 가수 휘성이 그런 학교를 다녔다. 조리나 옷 만들기, 퀼트, 조율사, 악기 제작자, 트레이너 등의 분야는 예술적 감각이 필요한 분야니까, 예고를 못 가도 도전해볼만 하다.

## 타입 2-A

타입 2-A는 우리 사회의 꽃이다. 좌우뇌비가 3:7~4:6이다. 우선 말을 매끄럽고 예쁘게 한다. 성격도 명랑, 쾌활, 활발하다. 새로운 아이디어가 넘치고, 정이 많은데, '버럭질'은 별로 없다. 그래서 외교관, 법조인, 연예인, 방송인, 광고인 등으로 성공한 경우가 많다. 성인의 30% 정도가 이들이다.

그러나 고등학생의 경우는 좀 심각하다. 수학성적이 잘 안 나오니까 여기에 시간, 노력을 워낙 많이 투입해야 하고, 때로는 언어영역,

어떤 학생은 영어까지 속을 썩이는 경우가 있다. 그래도 타입 2-A는 노력한 만큼은 성적이 나온다. 행운이다.

표에서 보듯이 2-A는 인문-사회계열의 주인공이다. 3~7번, 즉 어문 계열에서부터 법학, 경상계열까지다. 때로는 예체능계로 가서도 한몫을 하니까 범위가 상당히 넓다. 그러나 주의할 점이 있다. 그럭저럭 한 사람 몫을 하는 것과, 두각을 나타내는 것은 천지차이라는 사실이다.

## 타입 3

타입 3란 좌우뇌기 균형발달한 사람이다. 전체의 4분의1쯤 된다. 좌우뇌 비율은 45:55에서 50:50, 55:45까지이다. 타입 3는 타입 2나 4의 장점을 고루 갖추었지만, 그만큼 뛰어나지는 않다. 오히려 통합 조정하는 능력, 추진력, 기획력, 통솔력, 문제 해결능력이 돋보인다.

타입 3는 이 사회의 조정자다. 타입 2와 4를 소통시키고 아우른다. 2나 4가 각각 자신의 입장에서 생각하고, 자신을 위해 일하는 스타일이라면, 3는 타인의 입장에서 일하고 생각한다. 자신의 머리를 모르는 타입 3 고등학생은 정말 갑갑하다. 특별히 못하는 과목도 없고, 특별히 잘하는 과목도 없으니 우왕좌왕이다. 고3이 되도록 이과-문과를 헤매는 학생도 있다.

타입 3는 그 특성대로 진학 범위가 상당히 넓다. 앞의 표에서 보면 5~8번과 8~3번이다. 이론적으로는 모든 과를 다 가도 되는 능력의 소유자라고 할 수도 있으나, 좀 억지다. 통합조정하고, 아우르고, 통솔하는 분야로 가면 큰 능력을 발휘한다. 이런 능력은 타입 3만이 가진 능력이다.

　법대를 나와서 법조인이 되어 이 사회의 분쟁 해결에 앞장선다던가, 의사가 되어 개업한 후 지역주민의 등불이 된다던가, 경상 분야를 공부하고 CEO의 길을 걷는다던가, 생명과학을 공부하여 의사들에게 큰 방향을 제시하고 사명감을 다져준다던가, 강단에 서서 자라나는 청소년들의 안목을 넓혀준다던가… 타입 3에게는 이런 일들이 가장 적합하고, 명예도 저절로 따라온다.

　균형발달인이 존재한다는 것은 오래 전부터 파악된 것 같다. 고려 광종 때부터라고 하는데, 문과, 무과 이외에 잡과라는 것을 뽑았다. 법(法), 산(算), 의업 분야로 요즘으로 치면 법률, 상경, 의약 분야와 일치한다. 현대 우리나라의 인재양성 제도는 고려시대에조차 뒤처진다.

## 타입 4-A

　타입 4-A는 좌뇌:우뇌 발달비율이 6:4~7:3 사이이다. 좌뇌가 강하지만, 우뇌도 필요한 만큼은 발달했다. 일 처리가 정확하고, 분명하고, 틀림없고, 성실하고, 책임감이 크다. 또 말이 잘 통한다. 이들과는 다툴 일도 거의 없다. 이들은 사회를 떠받치는 기둥이 되고, 질서를 유지하는 주인공이 된다. 타입 4-A는 전체의 18% 정도다.

　타입 4는 우등생, 모범생이다. 그중에도 4-A는 친구가 많은 우등생이다. 고등학교에 올라오면 성적이 단연 두각을 나타낸다. 수학, 과학이 뛰어나고, 국어, 영어도 잘 한다. 음체미도 별로 뒤지지 않는다. 그러나 분명히 알아두어야 할 점이 있다. 전 과목 성적이 좋은 것이 전 과목에 소질이 있기 때문은 절대 아니다. 타입 4들은 공부 요령을 잘 알고, 우리나라 중고교가 요구하는 능력을 가졌을 뿐이다.

4-A는 성적이 좋으니까 돈 잘 버는 과를 택하는 경향이 있다. 크게 후회하게 된다.

표를 다시 한 번 보자. 4-A는 각종 의사, 각종 교육직, 생활과학 계열, 생명과학 계열이 적성이다. 법대는 검사를 목표로 한다면 도전해도 좋지만, 나머지는 스트레스가 많을 것이다. 4-A는 경상계열도 무난하지만, 사회에서 전공을 살리기는 어려울 것이다.

4-A는 노력하는 이상으로 성적이 나온다. 우리나라에선 정말 행운아다. 부모님들은 이런 자녀에게 거는 기대가 엄청나다. 그러나 과욕에 끌려가면 안 된다. 4-A는 적성만 잘 찾아가면 대부분 성공하게 된다.

## 타입 4-B

타입 4-B는 좌뇌:우뇌 발달비율이 75:25부터 85:15까지의 사람들이다. 좌뇌가 강하고, 우뇌는 아주 미약한 사람이다. 한 마디로 냉철하다. 칼이다. 원리원칙에 철저해서, 법이나 규정을 120% 지킨다. 이들은 모범적 사회인이고, 나라의 법을 지키는 주체세력이다.

4-B 학생들은 중고교 시절 성적이 아주 좋다. 6년 내내 우등생이다. 음체미도 필기시험 성적은 잘 나온다. 논리가 있기 때문이다. 그러나 음체미 실기나 문학은 힘들다. 창의성이나 즉흥성이 부족한 까닭이다. 단순암기과목도 고전한다. 논리나 이치가 없으니까 외워도 곧 잊게 된다.

이런 학생이 능력을 발휘할 분야는 확실하다. 이공계 연구직이다. 논리적이고, 말을 많이 안 해도 되고, 한 번에 한 가지만 해도 되고, 집중 잘 하고, 사교적일 필요가 없고, 꼼꼼-정확하고, 천천히 해도 되는 까닭이다. 수학, 물리학, 화학, 핵물리학, 생리-의학, 유전학, 천문학….

4-B 중 교수나 교사 등 교직에 진출하는 분들이 꽤 계신다. 그동안의 통계를 감안하여 필자는 이들의 교직 선택을 별로 권하지 않는다. 해내기야 잘 하겠지만, 스트레스를 많이 받아 나중에는 각종 잡병에 시달리는 까닭이다.

얼마 전 생존하는 세계 10대 천재가 보도된 적이 있었다. IQ 높은 분들이다. 스티븐 호킹, MS 공동창업자 폴 앨런, PD 겸 작가 릭 로스너, 한국의 김웅용, 체스 그랜드마스터 게리 카스파로프, 페르마의 마지막 정리를 증명한 앤드루 와일즈, NASA 연구원 크리스토퍼 히라타, 체스 최연소 챔피언 주디스 폴가, UCLA 최연소 교수 테렌스 타오, 영화배우 제임스 우즈가 그들인데, 이들 중 8명이 4-B이거나 타입 5였고, 모두 연구가 주업이었다. 4-B는 '연구'로 명성을 날리시기 바란다. 가장 유리하다.

## 다. 행복한 엄마
### '청개구리 엄마'가 행복해지는 길

질문 하나. 4학년 아이를 6학년 반에 넣어서 공부하게 하면 이 아이가 6학년과 버금가는 성적을 낼까?
답. 세계 10대 천재라면 모를까, 절대 못 낸다.

질문 둘. 내 아이를 '전교1등'과 똑같은 학원에 보내고, 똑같은 문제집으로 공부하게 하고, 똑같이 먹이고 재우면 내 아이도 전교 1등이 될까?
답. 절대 못 된다. 내 아이와 그 아이는 다르기 때문이다.

질문 셋. 내 아이가 음체미문 어느 하나에 뚜렷한 소질을 보인다. 그러나 이를 무시하고 12년 내내 쥐 잡듯 국영수사과에 올인하게 만들어서, 다행히 '취직'이 잘 될 만한 대학에 보냈다. 내 아이가 멋진 인생을 살게 될까?
답. 환자를 한강변에 내다버린 의사, 여성 피의자를 모텔로 모시고 가서 속궁합을 추궁(?)한 검사, 직장에 다니며 평생 두통 따위에 시달리는 사람, 그 밖의 온갖 희한한 방법으로 사고를 치고, 국민 앞에서 거짓말을 늘어놓는 자들이 바로 적성을 무시하고 '취직'만 잘 된 사람들이다.

그런데 우리 엄마들은 자녀를 어떻게 기르고 있나?

# 01 '좋은 엄마'의 조건

H는 아들 딸 하나씩을 둔 엄마요 중학교 선생님이다. 좌뇌가 무척 강한 분으로 정확하고 치밀한 사람이다. 학교에서는 틀림없는 분으로 학생들과 동료 선생님들의 칭송이 자자하다.

H의 아들 h가 중학교 입학할 때 성적은 360명 중 15등이었다. 그 후 h의 성적은 50등 → 150등 → 3학년말에 200등으로 추락을 거듭했다..

h가 미끄럼을 탄 이유는 분명했다. H는 h가 우수한 성적으로 중학교에 입학하자 자부심이 대단했다. 자연 이 성적을 유지하기 위해 혼신의 노력을 기울였다. 캥가루 맘, 헬리콥터 맘이 된 것이다. 학원 선택, 강사 적정성 판단, 학원 수강과목 결정은 물론이고, 내 학년마다 필요한 스펙 쌓기, 학교시험의 오답 원인 분석하기…. 그뿐 아니다. 모든 일상생활도 치밀한 H의 계획에 의해 움직이도록 했다. 어긋날 경

우에는 질타의 화살로 심장을 쏘았다. 때론 매도 들었다. 소위 '엄마주도학습'을 강력하게 밀어붙인 것이다.

이렇듯 엄마가 지극정성(?)을 기울였는데 왜 아이의 성적이 곤두박질 친 것일까? h가 좌뇌학생인 까닭이었다. 좌뇌학생은 초4만 되어도 자기주도학습이 가능하다. 중학생쯤 되면 자기주도로 공부해야만 능률이 오른다. 이건 선택이 아니라 필수다. 좌뇌학생은 혼자서도 3~4시간 집중할 수 있고, 혼자 계획을 짜서 혼자 잘 실천할 수도 있다. 자기확신이 강한 것이다. 용량 큰 창고에 저장된 정보가 점점 늘어나는 덕분이다.

좌뇌학생에게 엄마주도학습이란 마약이다. 잠깐 편하고 기분 좋다가 몸만 버린다. 씨앗이 빨리 싹을 틔우라고 물과 비료를 과도하게 주는 격이다. 당하는 입장에서는 필사적으로 막고 싶지만 힘에서 밀리니 당하는 수밖에 없다. h에게 "지금 네 머릿속에 가장 크게 자리잡은 생각이 뭐지?" 하고 물었더니 1초도 지나지 않아 대답이 나왔다. "어떻게 하면 엄마에게 야단을 안 맞을까 하는 거요." 성적이 떨어질 게 당연하다. 씨앗이었다면 죽었을 것이다.

제4장에서도 여러 번 얘기했다. 좌뇌학생은 중학교에 진학하면 성적이 오르기 시작한다. 좌뇌의 저장용량이 크고, 질서정연한 저장상태 때문이라고 했다. 고등학교에 진학하면 그야말로 두각을 나타낸다. 이런 좋은 조건의 학생을 성적이 곤두박질치게 만들었으니, 엄마의 그 기술(?)이 정말 놀랍다.

H에게 이렇게 설명해드렸다.

"좌뇌 중학생이 성적 잘 나오게 하는 방법이 있다. 아이가 하겠다는 대로 해주면 된다. 엄마가 개입할 필요가 없다. 학원도 여러 곳을 다니려 하지 않는다. 꼭 필요한 곳 한 곳만 가려고 할 것이다. 오케이 하시라. 자기 방에서 서너 시간 꼼짝 않고 들어앉아 있을 것이다. 격려해주시라. 좌뇌학생들은 자신감이 생명이다. 자신감 갖도록 심적으로 밀어주시라. 엄마가 호랑이굴이 아니라 도피성이라는 느낌을 갖게 해주시라. 맹렬한 바람을 일으켜서 접근조차 힘든 헬리콥터가 아니라 작렬하는 햇볕에도 시원한 그늘을 만들어주는 느티나무가 되어주시라.

한 가지 더. 좌뇌인은 마음을 잘 열지 않는다. 웬만해서는 질문을 하지 않는다. 모르는 것이 있어도 혼자서 끙끙댄다. 인자한 선생님, 무엇이든 물어볼 마음이 생기는 선생님 한 분을 꼭 구해주시라. 이런 선생님만 확보되면 좌뇌아이는 상위권에 상주하게 된다."

그러나 H는 엄마주도학습의 뜻을 굽히지 않았다. 자신이 직접, 밀착 감시의 끈을 늦추어서는 안 된다는 생각이었다. 그리고 그 후로는 H와 연락이 닿지 않았다. 하소연하던 h의 눈빛이 선하다. H는 정말 마음을 열지 않는 분이었다.

J는 초등학교 선생님이다. 필자의 20시간 강좌를 수료하자마자 중1 아들을 데리고 왔다. 초등학교 6년 내내 우등생이던 j가 중학교 들어오더니 겨우 중간에서 논다는 것이었다. 학생에게 물었더니 대답이 놀라웠다. 공부를 하나 안 하나 성적이 비슷하게 나온다고 했다.

j는 앞의 h와는 반대로 우뇌학생이었다. 좌우뇌비가 25:75로 나왔으니 2-B에 해당한다. 우뇌 중에도 강한 우뇌였다. 성적은 앞으로 더 떨어질 것이다. j 역시 공부에는 별 흥미가 없었다. 해도 안 되는 까닭

이다.

j는 지금 탤런트를 희망하고 있고, 부모는 말리는 중이었다. 검사 결과, 연기자는 아니었다. 그래도 무대에는 서고 싶은 것이다. 감이 잡히는 것이 있었다. 중1 남자아이답지 않게 언어구사력이 빼어난 것이었다. 필자가 물었다. 너는 평소에 무엇을 제일 잘 하지? 아이가 3~4초 생각하더니 씨익 웃으며 대답했다. "수다요."

씨익 웃는 뜻을 아실 것이다. 부끄럽고 스스로도 한심하다는 뜻일 것이다. 우리나라 부모들이나 아이들 본인은 말 잘하는 것을 능력으로 생각하지 않는다. 순발력이 있거나 앞에 나서기 좋아하는 것도 능력으로 치지 않는다. 오히려 부끄러워한다. 오로지 국영수사과 점수 좋은 것만 능력으로 아는 풍토 때문이다. 이런 사기성 개념을 우리 국민들 머리에 주입한 것은 도대체 어느 '웬수'일까?

필자는 그 순간부터 약 30분에 걸쳐 '수다떨기'가 큰 재능임을 설명했다. 토크쇼의 전설적 인물인 오프라 윈프리와 래리 킹에 대해서 얘기했다. 이들의 걸레 같은 학생 시절도 얘기해주었다. 언수외사과에 그토록 무능했던 그들이 지금 세계적으로 얼마나 큰 영향력을 가진 인물인지도 얘기했다. 우리나라 김제동 씨나 돈 잘 버는 목사님들에 관해서도 얘기해주었다.

"너도 이렇게 입으로 먹고 사는 거 하고 싶지 않아?"

"정말 하고 싶어요."

"전제조건이 있어. 성공하려면 잡다한 종류의 지식을 폭넓게 알아야 해."

"그런 건 자신 있어요. 국영수사과만 싫은 거예요."

"그럼 중고등학교 성적은 중간선만 유지하고, MC 기초부터 닦아라."
"저희 어머니 설득 좀 해주세요."

J와 j가 합석한 자리에서 J에게 설명했다. 5분쯤 듣던 J가 놀랄만한 말을 했다. 아이 표정이 저렇게 밝고 행복한 걸 처음 봐요. MC 훈련 시키겠어요. 필자의 눈에는 J가 더 행복해보였다.

내 아이를 문제아로 만드느냐, 성공인으로 만드느냐 하는 것은 백지 한 장 차이다. 우등생, 모범생을 눈칫밥 먹는 사람으로 만들 수도 있고, 한심한 수다쟁이를 전설적 사회자로 만들 수도 있다. '좋은 엄마'는 자기 성질을 버린 사람이다. 자녀의 재능을 찾아내고 키워주는 사람이다.

## 02 칭찬하는 방법, 때려주는 방법

사람은 서로 다르다. 그래서 양육하는 방법도 달라야 한다. 공부방법도 달라야 하고, 가정교육 방법도 달라야 한다. 사람뿐인가? 밥짓기도 마찬가지다. 같은 쌀밥도 햅쌀이냐 묵은 쌀이냐에 따라 밥짓기가 다르다. 잡곡도 무슨 잡곡을 섞었느냐에 따라 다르다. 이런 걸 무시하고 획일적으로 짓다가는 누룽지만 잔뜩 생기던지 곤죽이 되고 만다. 하물며 사람이랴! 획일적 원칙하에 양육하다가는 내 아이가 새카만 누룽지가 되던지, 곤죽이 되고 만다.

조선시대에는 양반집 자식, 상놈의 집 자식이라는 말을 썼다. 요즘은 그런 말은 없지만, 다른 표현으로 은근히 구별한다. 뼈대 있는 집 자식, 또는 막 되먹은 집 자식. 구별이 되니까 구별하는 것이다. 금수저, 흙수저로 구별하는 것과는 개념이 다르다. 구미에서도 구별한다.

왜 이런 구별이 생기나? 가정교육의 영향이 가장 크다. 가정교육이 잘 되고 못 됨은 인성교육이 좌우하고, 인성교육의 대부분은 부모의 가치관, 솔선수범, 그리고 칭찬과 꾸지람이 차지한다.

칭찬이나 꾸지람을 얼마나 해야 하나? 이것은 상당히 어려운 문제다. 두뇌특성별 칭찬이나 체벌에 관해서는 3장, 4장, 5장에서 충분히 얘기했다. 여기서는 세 타입간의 차이를 정리하여 요점만 기록한다. 체벌은 초등~중학생 기준이다.

## 우뇌인(타입 2)

칭찬 많이 듣기와 말 많이 하기가 삶의 2대 에너지원이다. 그만큼 칭찬을 많이 들어야 한다. 어른 아이가 같다. 이것저것 생각 말고 인심 팍팍 쓰시기 바란다. 과장해서 칭찬해도 무방하다. 이왕이면 다른 사람 보는 데서 칭찬하면 더 좋다. 단, 이렇게 칭찬하면 반드시 오버한다. 그래서 한 번씩 따끔하게 야단쳐야 한다. 초중생에게는 9:1의 원칙을 적용하면 좋다. 9번 칭찬하고 한번 때려주는 것이다. 우뇌 초등학생들은 필히 맞아야 한다.

맞아야 한다니까 죽기살기로 패는 부모가 있다. 그건 아니다. 틱이나 난독증, 심하면 ADHD 증상이 나타나는 수가 있다. 아이를 이렇게 만들어놓고는 필자에게 와서 자기는 아이를 절대 안 때린다고 시침 뚝 딴다. 그러면 치료만 늦어진다. 때리는 부모가 열 받으면 안 된다. 맞이야 하는 이유를 설명하고, 다짐을 받으면서, 약속한 만큼만 때려주어야 한다. 사랑의 매이어야 한다.

어른에게도 9:1의 법칙을 적용해야 한다. 어른도 오버한다. 아랫사람이면 따끔하게 야단을 치고, 또래면 화끈하게 면박을 주고, 윗사람이면 멋지게 헤딩을 해주면 된다. 그렇지 않으면 칭찬해주는 사람을 밟는다.

## 좌뇌인(타입 4)

칭찬이건 체벌이건 이치에 맞아야 한다. 어른 중에는 아이들에게 칭찬하는 것이 다다익선(多多益善)이라고 생각하는 분들이 있다. 그렇지 않다. 다다익선은 우뇌인들에게만 해당한다. 좌뇌인 칭찬은 정확해야 한다. 칭찬받을 일이 있는데 안 해주면 노여워한다. 어른이나 아이나 마찬가지다. 과하게 해주면 한두 번은 그냥 지나갈지 몰라도, 바로 사리를 따져본다. 저 사람이 왜 나를 과하게 치켜세우나? 무엇에 이용해먹으려고 저러나?

좌뇌인 칭찬은 보태지도 빼지도 말아야 한다. 95점 받았으면 95점만큼만, 정리정돈을 잘 했으면 잘한 만큼만 해주면 된다. 성과에 딱 부합하게 해주라는 뜻이다. 인정하는 기분으로 해주는 게 좋다. 이건 어른이나 아이나 마찬가지다.

잘못에 대한 처벌은 어떻게 하나? 좌뇌인은 대부분의 아이들도 잘못을 되풀이하지 않는다. 이건 대단히 중요한 원리다. 따라서 좌뇌아이들이 잘못을 저지르면 그냥 말로 꾸짖으면 된다. 꾸짖되 논리를 동원해야 한다. 이것이 왜 잘못인지, 전에 어떻게 약속을 했었는지, 다른 사람에게 어떤 영향을 미칠 것인지 등을 따져서 공감을 이끌어내야 한다. 하나 더. 꾸짖기로만 끝내버리면 이치에 맞지 않는다. 걸맞는 불이익을 줘야 한다. 그게 논리적이다. 청소, 용돈 줄이기, 동생 업어주기, 설거지, 등.

거장 루벤스의 <삼미신>은 바로크 기법의 대표작이다. 그는 이 그림을 왜 그렸을까? 그의 아내를 칭송하기 위해서라는 것이 정설이다. 첫 부인과 사별한 루벤스는 53세 때 16세의 처녀와 재혼했다. 그림 맨 왼쪽 여신의 모델이 그녀라고 한다. 루벤스는 자신의 재능을 활용하여 공개적으로 그의 부인을 찬양하고 격려한 것이다. 들러리로 동원한 두 여신조차도 건강미와 청순미와 행복감이 넘친다. (당시에는 풍만함이 여성의 미적기준이었다고 한다.) 인간사회에서 칭찬은 필수다. 그러나 상대에 따라 칭찬의 방법은 달라야 한다. 나름대로 연구하는 지혜가 필요하다.

## 균형발달인(타입 3)

좌뇌인 칭찬하기보다 조금 더 어렵다. 좌뇌인처럼 성과에 딱 맞는 칭찬을 해주면 속으로 이렇게 생각한다. 그 정도 가지고 뭘 그래? 또는 거참 쑥스럽구먼. 또는 당신 요즘 철들었구먼!!

균형발달인이 더 중요시하는 것은 그 성과를 거쳐온 과정이다. 힘든 일을 해낸 것인지, 쉬운 일을 해낸 것인지, 그것을 알아주기 원한다. 이런 경우를 보았는가? 아이가 100점을 받아왔기에 막 칭찬을 했더니 "우리 반 애들 거의 다 100점 맞았어." 한다. 또는 "엄마, 문제를 보세요. 얼마나 쉬운데요." 한다. 이런 아이가 균형발달이다. 이런 성과는 본인도 성과로 치지 않는 것이다. 그래서 균형발달 아이들은 과정을 살펴서 칭찬해주어야 한다. 짝꿍이 대단한 장난꾸러기인데도 성적을 잘 유지한다던가, 이렇게 어려운 것을 80점씩이나 받았다던가, 시험기간인데도 집안 청소를 도와주어서 고맙다던가…. 신성한 가치를 알아주는 칭찬을 해야 한다.

우뇌인처럼 과장해서 칭찬하면 어떻게 될까? 그 사람을 경멸한다.

속으로는 이런다. 짜아식, 그 따위 말로 나를 휘어잡겠다는 거야? 또는, 너나 그런 칭찬에 해까닥 뒤집어지지. 난 달라. 또는, 이 사람이 뭘 알고 하는 소리야? 그냥 해보는 소리야?

균형발달 아이들에게 체벌은 전혀 필요 없다. 일단 맞을 짓을 하지도 않거니와, 혹시 하더라도 그건 유머이든가, 처음 당하는 일이라 실수한 것이다. 게다가 그냥 좋은 말로만 해도 120% 이행한다. 왜 100%가 아니고 120%인가? 말로 하는 부모의 마음을 훤히 읽고, 부모의 사기를 높일만한 행동까지 한다는 뜻이다.

이 아이들에게 제일 무서운 벌이 있다. 뭔가 실수를 했는데, 아무도 짚어주지도 않는다. 실수한 사실을 일고는 있을 텐데… 이럴 때 균형발달 아이들은 깊은 고뇌에 빠지게 된다. 이 아이들에게 최고의 꾸지람은 잘못을 알고도 모른 체해서 생각을 많이 하게 만드는 것이다.

한 때, '켄 블랜차드의 칭찬 10계명'이라는 것이 유행했다. 요즘도 초등학교에 여기저기 붙어있기도 하다. 누구에게나 획일적인 칭찬! 이야말로 무지의 극치다. 사람이 서로 다르다는 것을 모르고 만들어낸 말일 것이다.

# 03
# 예습과 복습을 다 같이, 똑같이?

## 우뇌학생(타입 2)

서울 목동에 사는 K의 아들 k는 중2다. 초등학교 6년 내내 정상에서 놀았다. 이런 아이가 중1 첫 학기부터 성적이 중상위권으로 내려앉은 것이다. 담임에게 상담했더니 이렇게 처방을 내려주었다. "매일매일 예습과, 6개월 선행학습을 시키십시오."

K는 우리나라 최고라는 공과대학의 1학년생을 개인과외 선생으로 붙여줬다. 월화수목금 그 이튿날 배울 것을 예습시켰다. 그러나 결과는 반대였다. 성적이 조금씩 떨어지는가 싶더니 꼭 1년이 지난 어느 날 아예 학교엘 가지 않겠다는 것이있다.

k는 우뇌가 대단히 발달한 아이였다. 이런 아이는 '새로운' 것을 보거나 들으면 금세 눈에 총기가 흐른다. 회사에 예쁜 여사원이 새로 들

어오면 눈빛이 달라지는 아빠들이나 마찬가지다. 활발한 우전두엽 때문이다.

우뇌는 '새로운' 정보를 처리한다. 당연히 속도가 빠르고 판단도 빠르다. 이미 처리했던 정보를 또 만나면 그건 전혀 새롭지 않다. 즉시 다른 '새로운' 정보를 찾아 나선다. 그래서 이미 배운 내용이 나오면 머리는 즉시 창공을 나른다.

바로 전날 예습하고 간 k는 수업시간마다 잡념에 휩싸였다. 엉뚱한 질문을 던져 수업 분위기를 바꾸어 놓기도 했고, 종이비행기를 접어 날리기도 했다. 때로는 선생에게 불려나가 따귀도 맞았다. 이렇게 되면 학교에 다니고 싶은 마음이 없어지는 게 당연했다.

이런 우뇌학생에게 예습은 절대 금물이다. 100% 복습만 해야 한다. 우뇌는 이해는 빠르지만 저장공간이 작아 장기기억력이 떨어진다. 이런 아이에게는 복습이 생명이다. 그런데, 우뇌는 반복을 싫어한다. 새로운 정보가 아닌 까닭이다. 따라서 복습할 때에는 종류가 다른 문제집이나 참고서를 이것저것 사용하는 것이 좋다. 그래야 조금이라도 '새로운' 기분이 든다.

우뇌학생은 복습 마무리도 해야 한다. 우뇌는 저장공간이 적기 때문에 밤새 스스로 지워버린다. 뇌가 알아서 지우지 못하게 하는 방법이 있다. 부피를 작게 만들어서 잘 안 보이는(?) 구석에 저장하는 것이다. 즉, 요점을 정리하여 저장하면 된다. 나중에 생각이 안 나면 어쩌나 걱정하지 않아도 된다. 요점이 생각나면 나머지도 어디선가 따라 나온다. 뇌는 정말 신기하다.

## 좌뇌학생(타입 4)

좌뇌아이는 정반대다. 좌뇌는 저장능력이 뛰어난 뇌다. 우뇌활동이 미약해서 '새로운' 정보를 처리하는 속도는 늦다. 그러나 우여곡절 끝에 일단 이해가 된 것은 확실하게 장기저장된다. 당연히 초등 저학년 때는 두각을 나타내지 못한다. 좌뇌라는 큰 창고에 저장된 것이 별로 없기 때문이다.

이해력이 떨어지는 좌뇌아이는 철저한 예습이 필수적이다. 다음 날 배울 것의 80~90%를 깨우치고 가서 정작 수업시간에는 확인하고 저장하는 단계로 삼아야 한다. 좌뇌아이는 확실히 이해하지 못한 것은 단 10분간도 기억하지 못한다. 반면에, 좌뇌는 아는 것을 또 들어도 절대로 짜증내지 않는다. 좌뇌는 아는 지식을 '숙련'시키는 것이 임무다. 좌뇌는 자신의 창고에 저장된 것을 열람-확인-출력하기를 즐긴다.

좌뇌아이는 복습할 필요가 별로 없다. 평소에 이해를 잘 했다면, 확실하게 장기저장 되었을 것이다. 시험 때라면 자신의 창고를 열람-확인만 하면 된다. 중간고사, 학기말 시험인데도 불구하고 시험과 관계없는 독서삼매경에 빠진 아이들이 있다. 이들이 필경 좌뇌아이들이다.

## 균형발달 학생(타입 3)

균형발달 학생들은 어떻게 해야 하나? 예습 vs 복습 시간을 2:8 정도로 배분하는 것이 좋다. 그러나, 좌뇌학생, 우뇌학생과 다른 점이 있다.

균형발달인들은 머릿속 작업대가 탁구대만하다고 했다. 그래서 머릿속에는 항상 무궁무진한(?) 생각이 오가고 있으며, 그래서 한 가지에 집중이 잘 안 된다. 정리도 잘 안 된다. 균형발달 학생들의 예습-복습은 이런 사실을 근거로 해야 한다.

 구체적으로 보자. 예습한답시고 배울 내용을 미리 건드리면 안 된다. 그건 집중력만 분산시킨다. 어떻게 할까? 배울 내용에 대한 '배경지식'을 예습해야 한다. 실제 균형발달 학생의 경험담이다. 피타고라스 정리를 배우기 몇 달 전인데, 우연히 어느 책에서 이에 대한 토막 상식을 하나 보게 되었단다. 씌어 있기를, '피타고라스 정리는 세상을 바꾼 열 가지 방정식 중에도 두 번째로 인정받는다.'

 그리고 얼마 지나서 학교에서 진짜로 피타고라스 정리를 배우게 되었다. 집중이 얼마나 잘 되는지 기억도 즉석에서 다 되어버리더라고 했다.

 예습은 이렇게 하면 된다. 배울 내용에 대해 배경지식을 훑어보고, 토막상식, 에피소드 등을 찾아보는 것이다. 균형발달 학생이 수업시간에 집중하게 만들어주는 방법으로는 이것이 최고다. 이들이 수업시간에 집중만 잘 하면 이미 정상권에 오를 준비가 된 것이다.

 독자들께서는 참고서나 문제집 중에 유난히 이런 얘기가 많이 담긴 책을 볼 것이다. 이런 참고서는 누가 썼을까? 바로 균형발달인이 썼다. 자기 자신이 효과를 많이 본 까닭이다. 다른 사람들 머리도 다 자기 같은 줄 아는 까닭이다.


 복습은 어떻게 할까? 이런 식으로 피타고라스 정리를 기억했다면 복습은 전혀 필요하지 않다. 그러나 균형발달 학생들은 대개 수업시간에 이 정도로 집중하지 못한다. 그래서 기억도 '엉성하게' 되기 마련이다.

　균형발달 학생들은 복습을 '무식하게' 해야 한다. 교과서 두어 번 읽어보고, 이 문제집, 저 문제집 다 풀어보고, 또 풀어보는 식이다. 이렇게 한다고 시간이 많이 걸리지도 않는다. 균형발달 학생들은 반복적으로 복습해도 우뇌학생들처럼 짜증이 나지 않는다. 인해전술식으로 복습하는 것이 최고다. 5학년 이후의 학생에게만 해당하는 방법이다.

　더 좋은 복습 방법도 있다. 누구를 가르치는 일이다. 균형발달 학생들은 누구를 가르칠 때 가공할 정도의 집중력을 발휘한다. 〈노력해도 성적이 안 나와요〉 항에서 설명했다. 반대 사실도 알아야 한다. 균형발달 학생들은 인강을 들어서 별 효과를 얻지 못한다. 듣고 이해한 것만으로는 진정한 실력이라 할 수 없다. 가르칠 수 있어야 그게 진짜 실력이다. 균형발달 학생들이 특히 그렇다.

# 04 자기주도학습학원에 보내야 할까?

첫아이가 학교에 다닐 때 엄마의 소원이 영재라면, 둘째 아이까지 학교에 다니게 될 때 엄마의 소원은 자기주도학습이라고 한다. 엄마 귀찮게 하지 않고, 학원에도 별로 안 다니고, 성적은 잘 나오면 좋겠다는 뜻이리라. 그러나 그런 효자가 흔치 않으니 자기주도학습 방법을 가르치는 학원이 성업이다. 그 지도사를 배출하는 학원까지도 제철이다. 내 아이는 자기 혼자서 공부를 하는 아이일까? 아니면 자기주도학습 방법을 학원에 보내서 배우게 해야 할까? 두뇌타입별로 다르다. 살펴보자.

## 좌뇌학생 (타입 4)

저장용량이 크다. 이해가 늦다. 이 두 가지가 좌뇌학생의 자기주도

학습을 생각하는 기본 개념이다.

좌뇌학생은 이해력이 떨어진다. 우전두엽의 활동이 미약한 때문이다. 이해가 빠르지 못하니까 학교수업, 학원수업 등에서 고전한다. 그룹과외도 마찬가지다. 일대일 수업이 아닌 한 힘들다. 진도를 못 따라가는 것이다.

학교나 학원에서 배우긴 배웠는데 이해하지 못했다면 어떻게 하나? 혼자 끙끙대며 이해하려 애쓴다. 시간도 많이 걸린다. 다행인 것은 저장창고가 크다는 점이다. 풍부하게 저장된 정보들을 이것저것 열람하고 관련된 것을 찾아낸다. 이런 것들을 종합하여 결국은 스스로 이해하게 된다. 대신 시간이 많이 걸린다. '새로운' 정보를 재빨리 처리해주는 우전두엽이 미약하니, 대신 좌뇌가 나서서 어찌어찌 처리를 하는 것이다.

이런 과정에 누가 앞서서 이래라 저래라 하는 것이 좋을까? 아니다. 반드시 혼자라야 한다. 자기 스스로 속도를 조절해야 한다. 그래서 좌뇌학생에게 자기주도학습은 선택이 아닌 필수다. 대개 4학년부터 자기주도로 공부하려고 하는데, 믿고 밀어줘야 한다. 엄마는 그 이전까지만 옆에서 도와주면 된다.

완전히 자기주도학습을 시작한 좌뇌학생에게 꼭 필요한 사람이 하나 있다. 무슨 질문에든 후련하게, 친절하게 답해줄 사람이다. 능동적이 아니라 물어볼 때만 대답해주면 된다. 그는 좌뇌학생의 자존심을 건드리지 않아야 한다. 이렇게 못 알아듣느냐, 속 터진다, 이따위 소리 하지 않아야 한다. 답답하다고 한숨을 푹푹 쉬어도 안 된다. 이럴 거면 그 아이 공부 근처에도 가지 마시기 바란다. 그는 마음을 잘 열지 않는 좌뇌학생을 푸근하게 해줄 사람이어야 한다.

좌뇌학생에게 이런 마음의 후원자가 생기면 그 학생의 자기주도학습은 고속도로를 타게 된다. 당연히 좌뇌학생은 자기주도학습 방법을 가르치는 학원에 보낼 필요가 없다. 시간 낭비다.

우리 초중생 10명 중 4명(=우뇌학생의 80%)은 그림처럼 엄마주도학습이 필요하다. 그들은 계획표를 실행할 능력이 없다. 공부의 우선 순위나, 자신에게 맞는 공부방법도 잘 모른다. 그래서 그들에게는 지혜로운 엄마와, 지식을 잘 떠먹여주는 선생과, 자상한 모범생 친구가 필요하다.
나머지 6명은 자기주도학습을 잘 해낸다. 효과도 좋다. 제3자가 앞에서 끌고가는 것이 오히려 방해가 된다.

# 우뇌학생 (타입 2)

우뇌학생들은 국민 눈치만 보는 우리 정치가들처럼 자기확신이 없다. 말이 앞서고 몸은 따라주지 않는다. '새로운' 것을 보면 무조건 달려간다. 브레이크가 없거나 잘 안 듣는 자동차와 같다. 달려온 길을 되돌아보는 일은 아예 엄두조차 못 낸다. 이런 일이 쌓이니까 자신을 더 믿지 않는다.

자기확신이 없는 우뇌학생은 나름의 뚜렷한 기준이 없다. 제3자의 의견을 꼭 들어야 한다. 어릴 때는 '엄마 나 예뻐?'하고 하루에 몇 번씩 묻는다. 초등 고학년이 되어도 '엄마, 내일 준비물 뭐지?' 하고 묻는다. 중학생쯤 되면 '친구 따라 강남 간다.' 여행을 간다는 뜻이 아니다. 친구가 마음에 들면 간도 빼주고 쓸개도 빼어준다. 공부도 마음에 드는 친구가 하는 대로 따라하고, '노는 것'도 친구 따라 한다. 중고생 시절에 친구에 대한 의존도가 그만큼 커진다는 얘기다. 옛 어른들이 '자랄 때 친구 잘 사귀어야 한다.'고 하셨는데, 이 말이 우뇌학생들에게 해당되는 말이다. 이런 학생들이 어른이 되면 '팔랑귀'라고 불리게 된다.

그래서 우뇌학생은 고3이 되어도 자기주도학습이 잘 안 되어서 고생한다. 우선 오래 집중하질 못하는데 고등학생이라도 30~40분이 고작이다. 게다가 집중 후에는 충분히 쉬어야 한다. 쉬지 못하면 일단 정신이 없어지고, 조금 심하면 몸이 아프다. 자기 스스로 공부를 못하는 첫째 이유다.

둘째로 우뇌학생은 눈으로 읽고 이해-기억하는 일에는 서투르다. 귀로 들어야 이해-기억이 잘 된다. 친구나, 인강이나, 학원이 필요한 이유다.

셋째로 우뇌학생은 한꺼번에 여러 가지를 하려고 한다. 알맞은 크기의 작업대 덕분(?)이다. 이 과목 10분 공부하다가 금방 저 과목을 펴보고 싶어진다. '새로운' 것을 찾는 특성 때문이기도 하다. 대신, 벌리기는 잘해도 마무리가 안 된다. 여러 가지를 정리해줄 누군가가 반드시 필요하다.

넷째로 우뇌학생은 이해는 잘하는데 장기기억이 잘 안 된다. 요약을 하거나 핵심을 잘 짚어서 부피를 잔뜩 줄여야 그나마 기억이 되는데, 고3 정도나 되어야 이 축소화를 스스로 할 수 있을지 말지, 그렇다.

그래서 우뇌학생은 자기주도학습이 불가능하다. 엄마도 필요하고, 학원도, 과외선생도, 친구도 필요하다. 누군가가 옆에서 '너 지금 잘하고 있다.'고 확신을 심어주거나, 요점정리를 해주거나, 함께 머리를 식혀주어야 한다. 이런 학생을 자기주도학습 방법을 가르치는 학원에 보내면 어떨까? '뚜껑'을 열어서 고쳐준다면 보낼만 하다. 그러나 그런 기술은 앞으로 몇십 년 동안은 구경하지 못할 것이다. 그래도 자기주도학습 학원의 대부분은 우뇌학생들이다. 아마도 부모님들이 강제로 보냈을 것이다. 헛돈질이다.

## 균형발달 학생 (타입 3)

균형발달 학생은 선생의 교수법을 평가한다고 했다. 이유는 앞에서 설명했다. 선생이 해주는 것보다 더 좋은 설명방법을 찾아내기도 한다. 또, 가지나 나무보다는 숲을 보는 안목을 가졌다고 했다. 헬기를 타고 숲 위로 올라가서 숲도 보고 그 주위의 지형지물도 모두 본다. 이런 학생의 학습방법에 대해 누가 앞에서 끌어주거나 옆에서 도와주는 것은 그야말로 '재수없는' 짓이다.

자기주도학습이란 원래 균형발달 학생의 학습태도를 보고 생겨난 말이다. 누가 뭐래도 자기가 할 것을 찾아 스스로 공부하는 까닭이다. 단, 앞에서 설명했듯이, 균형발달 학생은 집중력 문제를 해결해야 한다. 잡념이 생기기 쉬운 머리이므로, 그 전에 궁금증을 잔뜩 키워주는 것이 제일 좋은 방법이다. 이를 위해서는 배울 내용에 대해 언저리 지식을 알아두는 것이 좋다고 했다.

또 다른 한 가지는 동기부여다. 균형발달 학생은 뚜렷한 동기만 생기면 누가 아무리 유혹해도 공부에 파고든다. 이후에는 자동으로 자신에 맞는 공부방법도 찾아낸다. 원리도 이해하게 된다.

균형발달 학생이 아무 것도 안 하려는 경우가 있다. 부모가 시시콜

콜 간섭하고 꾸중할 때, 이래라저래라 끌고가려 할 때다. 선생이 권위를 세우려고 쓸데없는 브레이크를 걸 때다. 균형발달 학생은 능동성을 살려줘야 한다. 매사에 신뢰를 보내야 한다. 균형발달 학생은 부모나 선생의 신뢰를 먹고 자란다. 균형발달 학생은 자신이 '하겠다'는 마음만 먹으면 전국 1% 안에 드는 것도 문제없다.

균형발달 학생을 자기주도학습 방법을 가르치는 학원에 보낼 필요가 있을까? 단연코 없다. 보낸다면 그 학원 선생들의 교수법 평가나 하고 있을 것이다. 교재가 잘못 만들어졌다고 콧방귀 뀌고 있을 것이다.

그러면 자기주도 학원에는 누가 가야 하나? 아무도 없다. 좌뇌학생은 혼자 잘 하니 갈 필요가 없고, 우뇌학생은 고치는 것이 불가능하니 갈 필요가 없고, 균형발달 학생은 원조격이니 갈 필요가 없다.

# 05
# 맞지 않는 선생이 80%

학생의 성적을 잘 올려주는 선생의 조건은 세 가지다. ① 원래 실력이 좋고, ② 교수법이 좋고, ③ 학생과 두뇌타입이 같아야 한다.

①번, ②번은 충족한다고 가정하자. 그래도 ③번 두뇌타입이 서로 다르면 최악의 사태를 맞게 된다. 자세한 사례는 〈노력해도 성적이 안 나와요=영어〉 편에서 자세히 설명했다.

중고등학생들은 학원을 대개 스스로 고른다. 때로 친구들의 평판을 참고하기도 한다. 성적 좋은 아이들이 "그 선생 잘 가르쳐." 하면 그 선생을 찾아간다. 딱한 얘기다.

초등학생은 대개 학원을 엄마들이 정한다. 다른 엄마들과 정보를 교환하거나 학원 강사의 학벌을 보거나, 인물을 보거나, 그런 식이다. 참 딱한 얘기다. 사교육비가 많이 들어갈 수밖에 없다. 왜? 학원비의 절반 이상은 성적 향상이 아니라 공부에 정떨어지는 훈련에 투자하는 까닭이다.

우리 연구소 회원 중에 아주 확실한 타입 4 선생님이 계신다. 이런 댓글을 달아주셨다.

"저는 독일어를 배울 때 원어민 선생님 수업을 들었는데요, 문법 설명이 거의 없으니까 이해를 할 수 없어서 결국 수업을 안 듣게 됐답니다… 어휴 저는 지금 학원에서 학생들을 가르칠 때 외국어 공부는 문법, 독해, 작문, 말하기 순으로 공부하라고 강조하는데 제 말 따라 하다가 망하는 사람이 나올지도 모르겠네요?"

필자가 답글을 이렇게 달았다. 망한 사람이 이미 나왔을 겁니다. 하하하하.

학생을 가르칠 때 '선생이 좋아하는' 방법을 강요해서는 안 된다. '제자가 좋아하는' 방법으로 가르쳐야 한다. 학생이 자신과 같은 타입의 선생을 만나면 대박이라는 말이 여기서 유래한다. 그런데 신기하게도, 반대 타입을 만나는 경우가 80% 가량이다. 학원-과외 선생님들이나 학부모님들은 꼭 기억하시기 바란다. 아차 하는 순간 가졌던 재능 다 망가지게 된다. 선생의 실력이 부족하거나 교수법이 나빠서가 아니라 뇌 때문이다. 다음을 보자.

## 선생-제자 간 만고불변의 진리

① 학생 때 암기기 특기이던 선생은     제자에게도 암기법 위주로 가르치고,

② 학생 때 논리로 재미본 선생은　　제자에게도 논리를 가르치고,
③ 학생 때 분석이 특기이던 선생은　　제자에게도 분석을 가르치고,
④ 원리 이해로 재미를 보았던 선생은　제자에게도 원리를 이해시키려 하고,
⑤ 수학을 도식화해서 성공한 선생은　 제자에게도 도식화 수학을 가르치고,
⑥ 배경지식의 중요성을 아는 선생은　 제자에게도 배경지식을 강조하고,
⑦ 영어를 문법 중심으로 배운 선생은　제자에게도 문법 중심으로 가르치고,
⑧ 문법을 모르는 영어 원어민 선생은　제자에게도 듣기, 말하기만 가르치고,
⑨ 실용성을 잘 따져서 성공한 선생은　제자에게도 실용성만 따지라고 하고,
⑩ '놀멘놀멘' 공부하다 졸업한 선생은　제자에게도 잘 놀 것을 강조한다.

위 열 가지 진리가 틀렸다고 말할 수 있는 분이 계실까? 대부분의 부모나 학생들은 이런 사실을 확인조차 해보지 않았을 터이다. 위의 진리처럼, 좋은 선생이라고 누구에게나 좋은 것이 아니다. 배우는 '나'를 잘 가르치는 사람이라야 좋은 선생이다. 다른 학생을 아무리 잘 가르쳐야 소용없다. 소위 스승-제자 간 궁합이다.

선생과 학생 간에 왜 맞아야 하는가? 왜 두뇌타입이 중요한가? 이 점은 〈노력해도 성적이 안 나와요〉 챕터에서 충분히 설명했다. 무슨 과목이든, 맞는 선생을 만나면 성적이 죽죽 올라가지만, 안 맞는 선생을 만나면 두통약을 먹어야 한다. 좋아하던 과목이 꼴도 보기 싫은 과목으로 변해버리는 것이다. 성적 좀 올려보겠다고 사교육을 받았는데, 성적은커녕 공부 혐오증만 생기게 되었다면 정말 쫄딱 망한 거다.

다시 한 번 기억해두자. 어느 선생이나 '자기가 재미본' 방법으로 가르친다. 따라서 그 선생이 '나'의 머리와 같은 타입의 선생이면 성적이

올라간다. 다른 타입의 선생이면 성적이 슬금슬금 추락하다가 그 과목을 포기하게 된다.

## 잘 가르치는 선생의 뇌

교수법이 좋은 선생과 실력 있는 선생은 근본적으로 다르다. 예를 들어, 미국의 음대에 가보면 유명한 연주자는 찾아볼 수가 없다. 명 '연주자'들은 세계무대에서 활약하는 중이고, 학교에는 명 '교수'만 계신다. 연주 실력은 세계 정상급이 아니지만, 학생을 가르치는 능력이 대단히 좋은 분들이시다.

골프의 세계적 톱랭커들을 보자. 상금만으로도 연간 수십, 수백 억 원을 버는 사람들이다. 그러나 그들에게도 골프를 지도해주는 선생이 있다. 세계 최고를 가르치는 이 선생들은 도대체 누구일까? 실력은 제자보다 못하지만, 교수법이 좋은 사람들이다. 자신의 제자(톱랭커)가 아무리 소소한 것이더라도 무슨 잘못을 하고 있는지, 그걸 어떤 방법으로 고쳐야 잘 고쳐지는지, 같은 말이라도 어떻게 말하면 더 잘 알아듣는지…를 훤히 꿰고 있는 것이다.

이처럼 가르치는 능력이 특출한 분들은 어떤 두뇌타입의 소유자일까?

가장 잘 가르치는 선생은 단연 타입 3, 균형발달인이다. 이들은 어려운 것도 자신이 소화해서 학생에게는 쉽게 가르치는 능력이 타의 추종을 불허한다. 요즘은 대학생들이 교수를 평가하는 것이 제도화되었다. 대학마다 차이는 있겠지만, 대개 교수들의 득점 평균이 80점 안팎이다. 이런 상황에서 94~5점이나 그 이상까지 받는 교수가 있다. 필경 균형발달인 교수다.

두 번째로 잘 가르치는 선생은 타입 4, 좌뇌인이다. 좌뇌인에게는 교직이 천직이라고 한다. 그만큼 잘 가르친다. 물론 어려운 것을 쉽게 가르치는 능력은 균형발달인에 뒤진다. 배우는 이의 머리 상황에 맞추어 가르치는 능력도 조금 못할 것이다. 그래도 가르치기에는 아무 부족함이 없다. 이치에 맞는 사고방식과 치밀함, 저장용량이 큰 정보창고를 가진 까닭이다.

가르치는 능력이 가장 떨어지는 사람은 우뇌인이다. 우뇌인은 2-A와 2-B로 나누어서 살펴보는 것이 좋겠다.

2-B는 교직자가 별로 없다. 예술 계통에서 연주자로 명성을 날리다가 교직에 눌러앉은 분들 뿐이라고 해도 과언이 아니다. 이 분들은 그야말로 실력은 좋은데 가르치는 능력은 많이 부족하다. 필자가 어느 유명인에게 난타를 배운 적이 있었다. 우리 눈으로 봐도 실력은 출중한데, 막상 가르칠 때에는 오락가락, 온탕냉탕, 사방을 헤매는 것이었다.

2-A 선생님은 적지 않다. 중고대로 갈수록 많아진다. 대개 음체미와 문학, 어학, 인문사회, 법정 분야다. 이 분들도 자신의 분야에 대해서는 실력가들이다. 그러나 가르치는 기술은 그리 신통치 않다. 교실에서 보면, 화려한 언변의 입담꾼, 속사포, 자주 껄껄거리는 사람, 현학적인 사람들이 이들이다. 학생들에게 인기는 얻을 수도 있겠지만,

막상 학생들이 건질 것은 별로 없는 선생들이다. 빛 좋은 개살구다. 중고생 시절에는 반드시 이런 선생을 피해야 한다.

## 선생을 어떻게 고르나?

선생은 어떤 분이 좋을까? 학교 선생은 운명이다. 선택권이 없다. 그럼 학원 선생, 과외 선생은 어떤 분을 골라야 하나? 잘 맞는 선생을 두뇌특성별로 제시한다.

두뇌타입별 잘 맞는 선생의 두뇌타입

| | 과목 | 이상적인 선생 | 좋은 선생 | 피해야 할 선생 |
|---|---|---|---|---|
| 우뇌 학생 | 영어 회화 | 원어민 | 2, 3 | 4 |
| | 영어 일반 | 3 | 2 | 4 |
| | 국어 | 3 | 2 | 4 |
| | 수학 | 3 | 4 | 2 |
| 좌뇌 학생 | 영어 회화 | 원어민 | 3, 2 | 4 |
| | 영어 일반 | 3 | 4 | 2, 원어민 |
| | 국어 | 3 | 4 | 2 |
| | 수학 | 4 | 3 | 2 |
| 균형 발달 학생 | 영어 회화 | 원어민 | 2 | 3, 4 |
| | 영어 일반 | 2(초등), 3 | 4 | 원어민 |
| | 국어 | 3 | 2 | 4 |
| | 수학 | 3 | 4 | 2 |
| 공통 | 초등예체능 | 3, 4 | 2-A | 2-B |
| | 중고예체능 | 2, 3(체육만) | 4, 2-A | 2-B |

표(345쪽)는 가르치는 선생이 두뇌특성에 걸맞는 능력을 충분히 발휘한다는 것을 전제로 한 것이다. 개인 사정이 있어서 정신이 딴 곳에 가있거나, 어떤 정신적-육체적 결함을 가진 분이라면 두뇌 타입이 아무리 적합해도 소용없다.

### 틱을 만들어주는 사람들

초1 후반기에 상담을 받고 갔던 아이가 반 년 만에 다시 왔다. 틱이 보였다. 작년 오셨을 때 예방조치가 필요하다고 했는데 왜 연락 없으셨어요? '괜찮은 것 같았다.'는 것이 어머니 대답이었다. 대부분 부모들은 이처럼 병을 키워가지고 온다.

틱은 왜 생길까? 틱을 만들어주는 주범은 부모, 그 다음이 담임선생님. 영향력이 크기로는 담임이 먼저다. 틱은 무엇일까? 뇌속 신경체계 이상을 알려주는 SOS 신호다. 한 그루의 나무가 골병이 들었을 때 잎사귀가 변색하며 신호를 보내는 것과 같다. 신호 중에는 2단계 신호쯤에 해당한다. 틱이 보이기 전 아이들은 1단계 가벼운 신호를 먼저 보냈다. 부모가 못 알아보거나 무시했을 뿐이다.

틱은 치료가 잘 되나? 잘 된다. 우리 연구소라면 약물을 사용하지 않고 2~3주면 고쳐준다. 문제는 그 다음이다. 틱이 안 보이니까 안심하고 다시 성질을 부리는 부모, 선생님들이 계시는 까닭이다.

틱이 보이면 뇌속 이상을 먼저 걱정해야 한다. 틱이 안 보여도 뇌속 이상은 그렇게 빨리 없어지지 않는다. 3~4개월은 조심해야 한다. 3단계 신호도 있다. 아이가 짜증이 심해진다. 안 그러던 아이가 툭하면 울거나, 눈물을 글썽인다. 마음대로 안 된다고 소리를 지른다. 언제부터인가 식탐이 심해졌다…. 이런 증상 역시 뇌압이 상승하고 있다는 신호다. 좀 급한 SOS 신호다.

●뇌과학자가 쓰는 육아서 - 총론

# Chapter 7
# 행복한 학교: 독수리, 고래, 호랑이로 키워내자

우리나라 공교육은 당뇨병 환자에 비유된다. 이제는 툭하면 다리에 마비가 오고, 발가락이 썩고, 눈도 침침하다. 물론 기력도 쇠했다. 반세기 가까이 앓아온 중환자라 합병증까지 심해진 것이다.

교육 당국자들은 수십 년 동안 팔짱만 끼고 있었나? 아니다. 뭔가를 열심히 했다. '교육 코미디'였다. 중증 당뇨병을 고친답시고, 하나 같이 연고 바르고 반창고 붙이느라 바빴다. 당뇨병 환자도 웃었고, 학부모도, 학생도, 온 국민도 배를 잡고 웃었다. 아니 가슴을 쥐어뜯으며 울었다.

그 결과 우리는 수많은 오리를 길러냈다. 육해공에 능하다고 그 게 최고인 줄 알았던 까닭일까? 다행스럽게도 교육선진국에 나가서 독수리, 고래, 호랑이가 되어 돌아온 젊은이들이 있다. 지금 그들이 이 나라를 이끌고 있다면 과장일까? 우리도 우리 손으로 독수리, 고래, 호랑이를 길러내자. 얼마든지 된다.

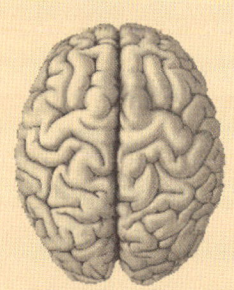

## Chapter 7
### 행복한 학교 : 독수리, 고래, 호랑이로 키워내자

들어가는 말
가. 학교가 왜 무너졌나? 그 문제점
나. 무너진 학교에서 퍼지는 독성물질
다. 행복한 학교 새로 짓기
라. 행복한 학교가 내뿜는 향기

## 들어가는 말

우리나라에서 바닥을 기던 중학생이 있다. 단순히 도피의 수단으로 미국엘 갔는데 놀랍게도 깃발을 날린다. 우등생이 되는 것이다. 이것이 무슨 변고인가? 필자는 이런 경우를 수도 없이 목격했다. 심지어 어떤 미국 선생님으로부터는 "이렇게 총명한 아이가 한국에서 바닥이었다니 그곳 중-고생은 모두 빌게이츠이고 아인슈타인입니까?" 하는 전화도 받았다. 조롱당하는 기분이었다.

이유는 분명하다. 현재 우리나라 중고교 교육은 좌뇌학생만을 위한 교육이다. 이건 우리나라 어느 집권자의 의도가 아니다. 교육전문가의 프로그램도 아니다. 이 땅에 신식교육을 처음 도입한 일본인들이 그렇게 했으니까 그렇게 따라하고 있는 것이다. 일본인은 좌뇌인이 60%를 넘는다. 좌뇌인 위주로 교육하는 것이 당연하다. 그러나 우리나라 좌뇌학생은 25% 수준인데도 일본식을 답습하고 있는 것이다.

이 상처는 깊고 치명적이다. 이처럼 적절한 양육을 외면당한 75%가 나라를 혼란의 도가니로 만드는 것이다. 개인적 비극이 누적되어 국가적 재앙이 된 것이다.

우리 주위를 자세히 보라. 당연한 국가적 사업에 사사건건 트집을 잡고 발목을 거는 사람, 군사적으로 대치하고 있는 상대국 집권자에게 아부하는 사람, 나라 경제의 버팀목이 되는 기업들의 약점을 파고들어 거머리가 되는 사람, 생떼 같은 소리를 진리인양 큰소리로 떠드는 사람, 툭하면 '배째라'하고 드러눕는 사람, 이제는 어린이를 성폭행하고 일생을 짓이기는 사람까지…. 이들이 귀엽게 양육받은 25%라 생각하는가? 아니면 외면당하고 조롱받던 75% 중에 속한 사람이라 생각하는가?

어떠한 이유로도 국가가 교육 양극화를 주도해서는 안 된다. 저쪽 사람들은 빌게이츠나 처칠은 물론 노벨상 수상자 수백 명을 키워냈다. 화성에 무인우주선을 착륙시키고, 핵우산까지 만들며 세계를 호령한다. 이것이 무슨 힘이라고 생각하는가? 학교에서 점심 먹인 덕분인가? 아니다. 우뇌능력도 좌뇌능력과 똑같이 인정해주고 키워주는 교육 덕분이다.

생각해 보시라. 국가 인적자원을 100% 양육하여 국가 재목으로 쓰는 나라와 인적자원의 25%만 양육하는 나라가 맞설 수 있겠는가? 소중한 인적자원을 천대해서 반국가세력으로 키우면 그대들의 기득권이 더 잘 지켜지는가? 왜 스티브잡스가 될 사람을 정치판으로 몰아내서 이리 뛰고 저리 뛰게 만드는가?

앨빈 토플러가 말했다. "한국 학생들은 학교와 학원에서 자신들의 장래에 필요하지 않을 지식을 배우느라 하루 15시간씩 허비하고 있다." 타임지의 평가도 같은 맥락이다. "최근 한국에서도 경직된 교육제도가 학생들의 창의력을 키워주지 못해 경제성장이 정체될 것이란 우려가 널리 퍼지고 있다. (중략) 만일 교육열이 최고인 한국이 교육개혁을 제대로 한다면 이것이 곧 다른 사회의 모델이 될 것이다."

우리도 교육 백년대계를 새로 세워야한다. 밥 먹이고 수업료 면제해줘서 인재를 키우는 건 조선시대 얘기다.

국가가 취할 정답은 간단하다. 우리 중고등학교에 올림픽 정신을 도입하면 된다. 모든 종목의 선수에게 메달을 주는 것이다.

올림픽은 어떠한 능력을 가진 사람이건 공평하게 대접한다. 올림픽은 골프나 테니스 같은 신사게임에 당연히 메달을 주지만, 권투나 유도나 태권도처럼 유능한 폭력배(?)에게도 메달을 준다. 올림픽은 공이나 연장을 잘 다루는 사람에게도 메달을 주지만, 맨손의 재주꾼에게도 메달을 준다.

올림픽은 지구력이 좋은 사람에게도 메달을 주지만, 순발력이 좋은 사람에게도 메달을 준다. 피겨 스케이팅이나 체조처럼 창의력이 좋은 사람에게도 메달을 주지만, 과학적이고 논리적인 사람에게도 메달이 돌아간다. 올림픽은 파워가 좋거나 뱃장이 두둑한 사람에게도 메달을 주지만, 연약하나 아름답고, 섬세한 사람에게도 메달을 준다. 개인기가 좋은 사람에게도 메달을 주지만 팀워크가 좋은 사람들에게도 영광을 안겨준다.

올림픽은 두뇌특성이 서로 다른 사람들의, 서로 다른 능력을 모두 인정한다. 그래서 올림픽은 뇌과학이다. 올림픽은 헤비급과 페더급을 싸우게 하지 않는다. 말 탄 사람과 맨발인 사람에게 속도 경쟁을 시키지 않는다. 항상 공평한 조건에서 능력을 겨루게 한다. 그 결과에 따라 줄을 세우기 때문에 누구도 승복한다. 많은 용이 배출된다. 공정한 경쟁은 최고의 선이다. 이로 인해 우리 모두가 동기를 부여받고, 한없는 희망을 가지게 되었으며, 이로 인해 인류가 발전했다.

뇌과학이 우리 공교육에 도입되어야 하는 이유가 바로 이것이다. 육

우리나라 중고교는 마치 철인 10종 경기장이다. 국영수사과음체미 성적을 모두 합쳐서 줄을 세운다. 불가사의한 일이다. 이처럼 10가지도 넘는 과목에 모두 능한 사람을 길러내서 어디에 쓰겠다는 말인가? 그런 사람이 있기는 한가? 세계 어느 나라가 이런 만능인간을 길러내는가? 우리 중고교에도 올림픽 정신을 도입해야 한다. 왜 대학에 가야만 적성을 인정하는가?

해공 오리가 아니라 하늘로 솟구치는 용을 길러내야 한다. 우리는 후진국, 중진국을 다 지내왔고, 이제 선진국 문턱에 섰다. 선진국은 독수리나, 호랑이나, 고래를 필요로 한다. 용은 이 중에서 나온다. 오리는 국민소득 몇 십 불짜리 국가에서나 필요하다.

행복한 학교란 학생이 행복한 학교, 선생님이 행복한 학교, 부모가 행복한 학교, 그리고 국가가 행복한 학교다. 행복한 학교로 가는 길은 의외로 넓고 곧다. 그 길로 올라서는 비밀번호를 알려드린다.

# 가. 학교가 왜 무너졌나?
# - 그 문제점

### 1. 거의 모든 교육을 사교육에 의존한다.
  = 한국 교사는 상위 5%, (학원강사 15%) / 싱가포르 30%, 핀란드는 20%,
  = 연간 교육예산 45조 (국방비는 33조)
  = 사교육비는 연간 40조 + α → 합치면 100조 이상의 금액을 교육에
     → 교육 빈곤층 증가 = 교육비 부담으로 삶의 질 떨어진다 : 84%
  - 프랑스 사교육비 3조 2천, 독일 2조 3천,
  - 사교육 : 보완재 기능 변질 → 착취기능까지 (유치원부터 선행학습…)

### 2. 재능을 무시하고 10년 이상 똑같이 교육한다.
  = 초, 중, 고 모든 학교에서 똑같이 국영수사과음체미를 교육하고, 평가
    (예외: 예술중학교 약0.1%, 특목고+특성화고등학교 약10%)
  - 독일은 초5부터, 덴마크는 중2부터, 핀란드는 초1부터 적성에 따른 교육
  - 핀란드는 무학년제 도입·완전 개별 맞춤형 학습·교육과정의 자율 운영
  - 교육 후진국이라는 호주도 고1부터 적성별 진로 선택

### 3. 사회는 전문인력 요구, 학교는 공부 안하는 풍조
  = 문제학생 10%가 90%의 학습권 방해 ← 학교는 뚜렷한 대책이 없음
  = 이제는 쉬운 시험, 문제 가르쳐주는 시험으로 변질
  = 과거의 산업 사회는 대중교육 필요 → 현재의 정보화 사회는 분야별 전문 인력 요구
  = 후진국은 모방능력, 중진국은 개선능력, 선진국은 융합 창조력이 있어야

### 4. 모든 교육의 초점을 대학입시에 맞추고 있다.
- = 대학진학률: 독일 36%, 일본 48%, 미국 64%, 영국 61%
- = 우리나라는 대학에 안 갈 학생은 고등학교, 중학교에 갈 필요조차 없어져
- = 주당 학습시간은 49.4시간 / OECD 평균은 33.9시간
- - 미국은 3,500개 대학 중 175개 대학만 경쟁이 존재.

### 5. 대학: 직업 세계의 대변혁에 전혀 대처 못해
- = 의사 빈곤층, 변호사 빈곤층 증가 / 한의사, 공인중개사 사양길
- = 사회 요구에 부응 못하고 학맥 쌓는 기관, 장식용 간판으로 변질
- = 기업은 실용중심 인력 요구, 대학은 연구중심에 편중 → 취업난 가중
- = 고등교육 이수율 세계1위 → 고등교육 경쟁률 46위, 고등교육의 질 47위
  → 대학교육이 사회요구에 부합하는 정도 세계 39위

## 나. 무너진 학교에서 퍼지는 독성물질

- **첫 피해자는 3040 세대**
    ① 정부 불신 : 자주 바뀌는 입시제도, 교육정책 불신
    ② 삶의 질 저하 : 사교육비가 근본적 원인
        → 사교육에 의존할 수밖에 없도록 만드는 교육정책, 제도가 문제
    ③ 내 집 마련 늦어져 : 과도한 교육비 지출의 결과
        → 교육을 각자도생해야 하는 사회 분위기 → 노후대책까지 불확실
    ④ 저출산 : 아이 키우는 자신감 상실 → 인구 감소
        → 아무리 열심히, 잘 키워도, 잘 되리라는 보장이 없어
    ⑤ 가정파괴 : 조기유학 등으로 기러기 가족 증가
        → 각자도생하려는 건전한 아이디어로 출발 → 삶의 무게를 이기지 못해
    ⑥ 학맥 저주 풍조 : 사회 역시 노력에 비례하지 않는다는 경험 때문
        → 구성원간 반목 → 항상 불만 분출구를 모색

- **사회에 미치는 악영향**
    ① 국력 저하 : 국론분열 등, 비생산적 요소에 막대한 비용 소모
    ② 양극화 : 1~2%만 승승장구 ← 탈법, 권력 유착의 경우가 대부분
        → 사회통합 저해의 제1차적 요소
    ③ 사회 불만세역에 동조자 늘어나 : 좌절감이 가장 큰 원인
    ④ 금전만능 풍조 : 금력으로 우등생 만들고, 금력으로 일류대 진학
        → 금수저, 흙수저 등 자조적이고 대치적인 사회분위기 형성
    ⑤ 개천에서 용 나지 않는 사회구조 형성
    ⑥ 소득구조 왜곡 : 국민소득 증가해도 빈곤감 해소 어려워

⑦ 청소년기 허송 : 고귀한 에너지를 비생산적인 곳에 낭비
　　→ 장래에 아무 쓸모가 없는 지식까지 경쟁적으로 배우느라 탈진 상태
⑧ 학원 폭력 : 자살 등의 극단적 행동까지 일으켜
　　→ 피해자-가해자 가족 간 갈등 유발 → 학교가 무서운 곳으로 변신

- 학교가 사회보다 더 사악한 집단으로
　① 교사들 무사안일 풍토 : 사명감, 정의감 실종
　　　→ 강성 노조, 귀족 노조의 눈치를 보거나 → 영합해야 하는 입장
　② 사회의 큰 요구에 비해 교사는 능력의 한계 봉착 :
　　　→ 교원양성 교육기관은 19~20세기 지식으로 가르치나
　　　→ 사회는 21세기에 필요한 인물을 요구 → 각자도생해서도 안 되는 풍조
　③ 1류 자원이 단순 노동자로 전락 :
　　　→ 교사는 상위 5% 이내의 성적 우수자 → 실제로는 시키는 일을 잘 해야
　④ 1020 세대는 교원 임용 위해 올인
　　　→ 편하게 살자, 노후에 대해 안전을 보장받자는 풍토 ← 야망과 패기 사라져
　⑤ 학교가 정치 이념 투쟁장소로 변질
　　　→ 노조, 교육감 선출제도 등이 주요 원인 → 선출 후 주어지는 권력에 눈이 멀어
　⑥ 하드웨어 천국 : 교육예산을 시설비, 식비 위주로 집행
　　　→ 업자 유착 등 부조리 심화 → 교육의 질적 향상을 생각할 겨를이 없어.

# 다. 행복한 학교 새로 짓기

**해결방안 1 : 중학교부터 4대 계열로 나누고, 학생이 선택한다.**

- 사람의 재능은 대부분 초등 5~6학년 때 발현한다.
- 국민으로서의 기본교육은 초등학교 6년 동안 마치고, 중학교부터는 적성에 맞는 교육

| 예술 | 문과 | 균형과 | 이과 |
|---|---|---|---|
| 음악<br>미술<br>체육 | 언어<br>문학<br>인문학<br>사회과학 | 경상<br>법률<br>생활과학<br>교육직 | 의-약학<br>자연과학<br>기초과학<br>공학 |

- 교과 과목(Curriculum)은 각 계열에 맞게 비중을 조정한다.
- 재학 중 계열간 이동을 허용한다.
- 지망 비율은 예체능 : 문과 : 균형과 : 이과 = 2 : 3 : 3 : 2 로 추정된다.

## 해결방안 2 : 고등학교는 8대 계열에, 마이스터 과정을 둔다

| 음악<br>미술 | 체육 | 어학<br>문학 | 사회과학<br>교육학 | 경상<br>법학 | 생활과학<br>교육학 | 생명과학<br>의-약학 | 기초과학<br>공학 |
|---|---|---|---|---|---|---|---|
| 일반 과정<br>(기존의 외고, 과고, 예고 등은 일반과정에 속함) ||||||||
| 마이스터 과정<br>(기존의 특성화고교, 각종 기술고, 예고 일부는 마이스터 과정에 속함) ||||||||

- 8대 계열별 교과 과목은 계열 특성에 맞게 조정한다.
- 재학중, 인접 계열에 한해 이동을 허용한다.
- 마이스터 과정은 고교 졸업후 바로 산업계나 기업, 관공시 등에 취업 가능한 인력을 양성한다. (현행 특성화고 등을 포함함)
- 동일 계열 내에서 일반과정과 마이스터 과정간의 이동은 학교장 재량으로
- 일반과정(현행 외고, 과고 포함)은 대학 연구과정으로 진학하는 인력을 양성한다.
- 고교 마이스터 과정으로 부족한 산업분야는 대학 마이스터 과정으로 진학하여 2년, 또는 4년 더 수학한다.
- 중-고-대를 체계화하면 이런 개념이다.

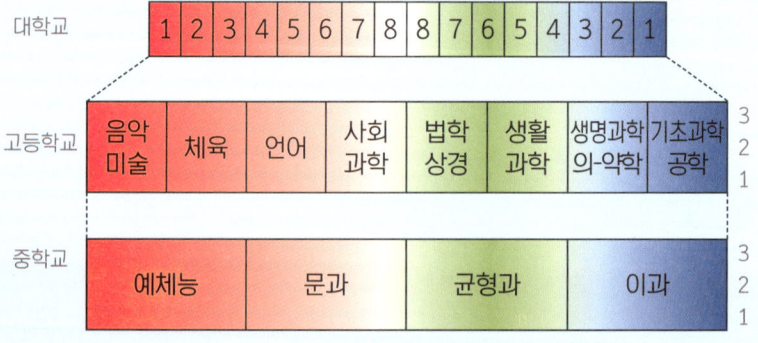

**해결방안 3 : 초중고 학급당 학생수를 20명으로 줄인다.**

|  | 현재 학급당 학생 수 | 조정 후 | 교사 1인당 현재 학생 수 |
|---|---|---|---|
| 초등학교 | 32.0(25.5) | 20 | 17.3 |
| 중학교 | 33.0 | 22 | 17.3 |
| 고등학교 | 33.1 | 20 | 14.8 |

- 현재 학급당 학생 수는 교사 편의를 위주로 편성된 숫자임.
- 초중고 모두 현재의 교사만으로도 학급당 20명 편제가 가능하나, 일부 보충할 수도.
- 벽지-오지의 경우, 초등학교는 대부분 학급당 20명 미만 ←그대로 존치

- 교사 충원시 소요비용과 1인당 학생 수

|  | 현재 인원 | 충원 인원 (%) | 소요 예산 (억원) | 1인당 학생수 |
|---|---|---|---|---|
| 초등학교 | 180,623 | 14,400 (8.0) | 2,880 | 16.0 |
| 중학교 | 110,658 | 14,400 (13.0) | 3,600 | 15.3 |
| 고등학교 | 131,083 | 9,000 (6.9) | 2,250 | 13.9 |
| 계 | 422,364 | 37,800 (8.95) | 8,730 | 15.1 |

- 교실 증개축 소요 비용 (추산)

| | 현재 학급수 | 필요 학급수 | 증가 교실수 | 총 소요액 (억원) | 비고 |
|---|---|---|---|---|---|
| 초등학교 | 122,540 | 180,000 | 57,500 | 8,700 | 교실 1개당<br>신축: 3천만<br>개축: 천만<br>증축: 2천만 |
| 중학교 | 58,012 | 90,000 | 32,000 | 6,200 | |
| 고등학교 | 58,611 | 90,000 | 31,000 | 6,100 | |
| 계 | 239,163 | 360,000 | 120,837 | 2조 1천 | |

해결방안 4 : ① 초중고 부적합 교사를 퇴출-전직시킨다.
② 대학교수나 학원 우수강사 일부를 중고교로 영입.
③ 근속연수보다는 능력별 보수 체계를 세운다.

- 부적합 교사 : 능력 부족, 정치 지향, 불만 세력, 적성 부적합, 병약, 비리-추행
- 속아내지 못하면 불공정 사회 인정하는 것 ← 학생들이 제일 불만
- 전체의 10% 정도가 해당 ← 4~5%만 속아내면 나머지는 자정효과 예상돼
- 학급 수 증가로 부족한 교사 : 37,800명
- 퇴출-전직하는 교사 수 : 22,200명 (약 5% 수준)
- 신규 채용-영입할 인원 : 약 60,000명

## 해결방안 5 : 〈학부모 자격증〉 교육을 실시한다.

- 학부모는 공교육을 망가뜨린 중요 요소 중의 하나
- 자녀 교육에 대해 체계적으로 배운 일이 없는 것이 그 원인
- 현재, 단편적으로 정보 취득하여 자녀교육의 원칙으로 삼고 있음 ← 더 위험

- 국가가 체계적으로 교육할 필요 (18~60세) (단계적으로 확대)
- 약 4개월간 100시간 교육, 교육비는 수혜자:국가=2:8 수준으로
- 전문가의 커리큘럼 → 강사 훈련 → 지방교육청 파견
- 수료자는 국가자격시험에 의거 〈학부모 자격증〉 수여
- 자격증 소지자는 각종 혜택, 미소지자는 몇 가지 불이익


## 해결방안 6 : 4년제 일반대학은 연구과정 중심으로, 전문대학은 마이스터 과정으로 재편한다.

- 기존 4년제 대학은 연구 중심 대학으로 편성하되
- 이 중 30% 이내의 범위에서 마이스터 과정 (2~4년제) 설치
- 기존의 모든 전문대학은 마이스터 과정으로 보강-재편
- 그동안 시행해온 부실대학 정리는 앞으로도 계속

## 라. 행복한 학교가 내뿜는 향기

1. 중학교부터 학과목 선택권 자동 부여 (학과목 노예제 폐기 효과)
   → 공교육 최대 걸림돌 제거
   → 학생들 좌절+포기 → 보람, 행복, 희망

2. 올림픽 정신 자동적으로 도입됨
   → 종래의 국영수사과 성적에 의한 줄세우기 자동 해소 ← 오리 아닌 용 만들기

3. 학교 폭력 근본 요인 제거
   → 대학처럼 재능 따라 계열 선택 → 적성에 맞는 공부 → 폭력 욕구 줄어

4. 중고생 수준 자동으로 상향 평준화
   → 중학생부터 전공자 입장 → 대학생처럼 수업 → 잠자는 교실 사라져

5. 초중고생 학원 절반 정도 자연도태
   → 영어학원 40%, 수학학원 60%, 기타 30% 정도 문 닫게 됨

6. 학부모 자신감 회복
   → 재능 살리면 성공한다 → 누구나 1~2가지 재능 소유 → 출산율 회복

7. 양극화나 국가통합 저해요소 최소화
   → 개천에서 용나는 세상 재현 ← 지금은 재력, 학력, 학맥으로 출세

### 8. 학력이나 신분의 대물림 어려워져
→ 능력대로, 노력한대로 사는 세상 → 신분상승, 하락도 쉬워져

### 9. 국력손실, 국부유출 방지
→ 일류대 향한 헛노력 불필요, 조기유학, 해외박사 필요성 적어져

### 10. 35 → 20명으로 줄어든 초중고 교실의 눈부신 변화 :
① 개인지도 불가능 → 맞춤교육 효과 기대 가능
② 학생들 장악 불가능 → 인성교육까지 용이해져
③ 효율적 수업 불가능 → 사교육과 경쟁력 생겨
④ 학생, 학부모, 교사간 불신과 갈등 → 자동으로 줄어들어
⑤ 개별 상담 벅차고 파악도 힘들어 → 재능-적성 발굴 용이해져

### 11. 교사 사회에 예상되는 폭풍 변혁 :
① 중학교부터 계열화 → 거저먹기식 수업 없어져 ← 대학교수 같은 자세
② 학급당 학생수 축소 → 더 이상 비능률 핑계대기가 불가능
③ 부적합 교사 솎아내기 → 열심히 일하는 교사 사기충천 ← 근무환경 개선
④ 학교의 주인이 교사 → 학생으로 변화 ← 학부모는 학교 신뢰
⑤ 교사들 : 공정하게 경쟁 → 공부하는 분위기 → 교원평가 갈등 해소
⑥ 교사 지망생 : 경쟁에서 살아남을 자만 지원 → 무사안일 풍조 퇴치

## 귀한 내 아이를 동네 강아지로?

이름 있는 강아지 새끼를 한 마리 얻어왔다.
주신 분에게 묻고 물어서 제대로 키우는 방법을 배운다.
먹이기, 재우기, 훈련시키기…
그래도 부족하면 여기저기 검색한다.
모든 개가 아니라, 그 종자의 맞춤 기르기 방법을 배우기 위해서다.

사람을 잘 키우는 건 족보 좋은 강아지 키우기보다 훨씬 어렵다.
게다가 내 아이는 다른 아이들과 다르다.
모든 아이가 아니라, 내 아이 키우는 맞춤양육방법을 알아야 한다.
여기저기서 들은 파편적 지식으로는 ㄸ개 되기 십상이다.
내 아이는 비싼 개보다 수천만 배 귀하다.

내 아이지만, 부모가 원하는 길로 가지 않는 수가 흔하다.
세상에 딱 하나뿐인 아이인데다가,
그 양육법을 어느 누구에게서도 배워본 적이 없는 까닭이다.
게다가 선무당까지 나서서 헷갈리게 만든다.

행운의 편지 한 통!!
육아서를 쓰는 뇌과학자가 유튜브에서 맞춤육아를 설명한다.

〈일등엄마 교실〉

●뇌과학자가 쓰는 육아서 - 총론

# Chapter 8
# 행복한 세상의 비밀번호

세상은 정말 재미있는 곳이다. 뇌를 모를 때는 고개를 갸우뚱거리는 일도 많았고, 짜증나게 하는 사람도 많았다. 그러나 머릿속이 들여다보이기 시작하면 웃음이 나오지 않을 수 없다. 저 사람이 저런 행동을 하는 이유가 정확히 보이고, 그 사람의 다음 행동이 뻔히 보이는데 어찌 흥미진진하지 않을까? 뇌를 알면 재미보다 훨씬 더 큰 혜택이 따라온다. 장애아 낳을 확률을 확 줄일 수도 있고, 사기꾼을 피할 수도 있으며, 자영업이 번창할 수도 있다. 뇌를 알면 부부싸움 할 일도 줄어들고, 병에 걸릴 위험도 적어진다. 개인적으로 사회생활에 성공함은 물론이요, 국가적으로는 좋은 대통령을 뽑을 수도 있다. 뇌를 알면 우리 모두가 행복하다.

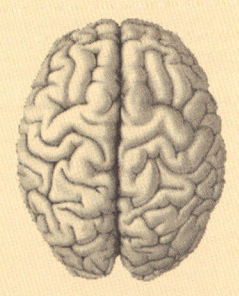

## Chapter 8
### 행복한 세상의 비밀번호

1. 낚는 자와 낚이는 자
2. 역전패의 주인공은?
3. 사람의 입은 서로 다르다
4. 시인과 목사와 축구선수
5. 바람의 자식들
6. 광속으로 달리는 세상
7. 한국인 3대 바보
8. 성격을 약물로 고친다는 돌팔이
9. 천기누설? 먼저 잡아야 먹고산다

# 01
# 낚는 자와 낚이는 자

요즘은 전화 받기가 겁난다. 많을 때는 절반 정도가 사기 전화다. 금융기관 행세, 수사기관 행세를 하는 사기꾼까지 활개를 친다. 이들은 누구일까? 왜 성업 중일까? 상식적이지 못한 사람들이 잘 걸려들기 때문이다.

얼마 전, 미국에서 엉덩이 확대시술을 받던 환자가 사망했다. 댄서로 활동하던 클라우디아(20) 양이었다. 정식 병원이 아니고 어떤 개인에게, 호텔에서, 공업용 실리콘 주사를 맞았다고 한다. 상식적으로는 이해되지 않는 행동이다. 이 아가씨는 어떤 머리를 가졌을까?

서울의 어느 호텔 지상주차장이었다. 필자가 차를 타기 위해 걸어가는데 어떤 남자가 접근했다. 가죽코트가 좋은 것이 있는데 사시라는 것이었다. 그 남자는 유창한 말솜씨로 필자의 주의력을 집중시키려 했다. 필자는 그 사람의 머릿속을 들여다보기에 바빴다. 국내 수출전문 업체 제품이라는 것, 생산부서 직원이 하나씩 훔쳐내왔다는 것, 유럽에서 우리 돈으로 200만원에 팔린다는 것. 수고비 20만원만 주시면 드리겠다는 것. 물건은 저 차에 있다는 것... 이 남자는 어떤 두뇌일까?

　A는 길거리 좌판에서 무언가를 자주 사들고 왔고, 그때마다 우리들에게 꼭 자랑했다. 한번은 접는 선글라스였다. 안경다리는 3분의 일로 접고, 앞면은 반으로 접으면 담배갑 절반 크기의 케이스에 쏙 들어갔다. 값도 놀랄 정도로 쌌다. 그뿐 아니다. 단 한 개로 일 년쯤 사용가능한 이쑤시개, 3단 칫솔, 한 개비로 두 번 쓸 수 있는 성냥… A는 뇌의 어떤 부분이 많이 발달했을까? 또 이런 물건을 만들어내는 사람들은 어떤 두뇌일까?

　B는 노후를 위해 전원주택을 사러 다녔다. 자영업으로 돈을 좀 모은 분이었다. 소극적인 부인은 아예 떼어놓고 혼자 나섰던 날, B는 땅을 만 평쯤 계약하고 왔다. 바로 앞에 4차선 도로가 나고, 건너편에 학교가 세워지고, 2킬로미터쯤 떨어진 곳에 고속도로 톨게이트가 생긴다고 해서, 바로 계약했다는 것이다. 평당 5만원씩 모두 5억이다. 누가 치고 들어오지 못하도록 계약금도 30%나 주고 왔다. 2년 후면 평당 100만원은 받을 수 있다는 것이다. 100만원씩 만평이면 100억이다. B는 부인에게 화려한 노후를 설계하며 기쁘고 또 기뻐서 어쩔 줄을 몰랐다. 부인은 B가 완전히 돌았다고 했다. B는 어떤 머리의 아저씨일까? 또, 이런 감언이설로 계약을 성사시킨 중개인은 어떤 머리일까?

　요즘은 보이스피싱이 엄청나게 진화했다. 초기에는 아이를 잡아놓고 있으니 몇 천만 원 보내라는 식이었다. 그 다음에는 택배가 도착했으니 어쩌구… 그 다음에는 은행계좌에 어쩌구… 개인정보가 새고 있으니 어쩌구… 요즘에는 금융감독원인데 어쩌구… 아무개 검사실인데 어쩌구… 이런 집단의 우두머리, 즉 아이디어를 구상해내는 사람들은 어떤 머리일까? 또, 이런 유혹에 잘 넘어가는 사람은 어떤 머리일까?

모두 우뇌인이다. 낚는 자도 우뇌인이고 잘 낚이는 자도 우뇌인이다. 왜 그럴까? 굳이 죄를 따지자면 우전두엽과 우뇌창고가 주범이다.

3장에서 설명한 것처럼, 우뇌인은 우전두엽이 발달했다. 우전두엽은 '새로운' 정보를 처리한다. 다른 말로 하면, 우전두엽이 발달한 사람은 '새로운' 것에 대단히 민감하다. 불을 보고 달려드는 나방만큼이나 저돌적이다. 이런 우전두엽은 200만 원짜리 가죽코트를 10분의 1 가격에 준다고 하면 지갑에 돈이 있는 한 즉시 달려든다. 작은 엉덩이를 키워준다면 돈을 모아서라도 그거 하고야 말며, 5억이 2년 후에 100억이 된다고 하면 그거 그냥 못 지나친다. 상식적이지 않아야 우뇌인에게는 '새로운' 것이다. '새로운' 것이기만 하면 우뇌인은 일단 달려든다. 이런 현상은 우뇌인 중에도 타입 1이나 2-B가 특히 심하다.

그렇다면 좌뇌인이나 균형발달인은 왜 당하지 않을까? 좌뇌라는 브레이크가 발달했기 때문이다. 좌뇌는 오랜 기간 축적된 정보의 창고다. 좌뇌인이나 균형발달인에게는 상식적이지 않은 것은 새롭기는 하지만, '이상한' 것이다.

이런 사기성 아이디어를 잘 생각해내는 것도 타입 1이니 2가 대부분이다. 우전두엽이 '새로운' 아이디어 구상을 잘 하는데다가, 회전도 엄청나게 빠르다. 좋은 쪽으로 발달하면 조조나 스티브 잡스 같은 천재가 된다. 그러나 불행하게도 동전의 뒷면으로 가서 사기꾼이 되어버린 것이다.

낚는 자도 타입 1이나 2, 거기에 낚이는 자도 1이나 2라는 것은 아이러니다. 그러나 할 수 없다. 음식도 자기가 싫어하는 것은 만들지 않는다. 자기 입에 맞게 만들었는데, 같은 입을 가진 사람이 덥석 무는 것은 당연하다.

타입 1이나 2의 샘솟는 아이디어가 동전의 앞면이 되려면 어떻게 해야 하나? 성장환경이 중요하다. 그러나 더 필수적이고 영구적인 방법은 좌뇌를 보강해주는 것이다. 가급적 초등학교 시절에 해주는 것이 효과적이다. 꾸준히 해야 한다. 2 A만 되어도 이처럼 낚고 낚이는 막장개그에는 끼어들지 않는다.

## 02 역전패의 주인공은?

오르막도 있고 내리막도 있는 것이 우리 삶이다. 독자들께서는 역전승, 역전패, 승승장구하는 인생 중 어느 것을 택하겠는가? 질문이 좀 멍청했다. 백이면 백 승승장구 인생을 택할 테니까. 그렇다면 그 방법은 아시는가? 이건 제법 총명한 질문이다. 스포츠를 통해 터득하시기 바란다.

인생 삶은 부침의 연속이다. 뜨기도 했다가, 가라앉기도 하는 등 굴곡이 심한 것이다. 평생 오르기만 하는 사람도 드물고, 평생 미끄러지기만 하는 사람도 드물다. 왜 이럴까? 그 많은 이유를 열거할 수야 없지만, 미루어 짐작할 수는 있다. 스포츠라는 삶의 단면을 통해서 우리 자신을 조명해보자. 스포츠는 룰을 엄격히 지키면서 승자와 패자를 가르는 게임이다.

지난 런던올림픽을 기억하시는가? 시합이 진행될수록 더 뛰어난 기량을 발휘해서 결국은 역전을 이룬 감동 스토리가 많았다. 여기에 이름을 일일이 적지 않는다. 물론, 상대가 어이없는 실수를 거듭해서 금메달을 헌납(?)받은 경우도 있었다. 반면에 안타까운 경우도 많았다. 평소 기록 면에서 당연히 금메달감이었는데, 막상 시합에서는 그 기록이 안 나오는 것이다. 격투기에서 월등한 실력을 갖고 있는데도 마지막에 가서 실력발휘를 못하는 경우도 있었다. 소위 뒷심 부족이다.

왜 이런 현상이 나오는가? 연습 부족이었나? 아니다. 한 마디로 답하면 '전적으로 뇌 때문이다.' 그 이유를 찾아보자. 부상, 오심 등 비정상적인 경우는 제외한다.

첫째, 역전패 당하는 선수들은 어떤 뇌를 가졌을까? 이들은 대개 좌뇌인들이다. 좌뇌인들은 무대에 서면 위축된다. 그 뇌과학적인 이유는 앞에서 설명했다. 좌뇌인은 많은 사람이 자신을 주시하고 있다던가, 꼭 이겨야 한다는 부담을 안고 있으면, 반드시 위축된다. 능력을 다 발휘하지 못한다. 게다가 경기 중에 부정적 잡념이라도 들면 위축은 더 심해진다. 어이없는 실수 반복으로 우리에게 금메달을 헌납한 외국 선수들도 좌뇌인일 터이다.

좌뇌인들이 역전패 당하지 않으려면 일단 연습을 많이 해야 하겠지. 그건 기본이다. 더 중요한 것은 경기할 때 주위를 다 잊어야 한다. 그야말로 무아지경이 되어야 한다. 완전히 기계가 되어서 기계적으로 싸워야 한다. 좌뇌인은 집중력이 좋으므로 어려울 것도 없다. 물론, 순간적으로 고도의 집중력을 발휘하는 것은 어려울 수도 있을 것이다. 그러나 이런 정도는 게임 이전에 자기통제 훈련을 통해 얼마든지 가능하다.

평소 연습 역시 마찬가지다. 기량도 중요하지만, 무아지경이 되는 연습도 그에 못지않게 연마해야 한다. 이것이 좌뇌인이 역전패 당하지 않는 지름길이다. 좌뇌인의 삶도 마찬가지다. 무아지경 속에서 한 우물을 열심히 파면 된다.

둘째, 처음부터 우세해서 끝까지 우세한 경기를 펼치는 선수가 있다. 이들은 대개 우뇌인들이다. 우뇌인들은 무대체질이다. 많은 사람이 자신을 주시하고, 조명이 집중되면 우뇌인은 없던 능력도 생겨난다. 큰 무대일수록 더 좋은 성적을 낸다는 뜻이다. 게다가 우뇌인은 저돌적이다. '새로운' 상대와 빨리 싸워보고 싶어서 안달이다. 두뇌특성 면에서 이처럼 능동적 구조를 가졌으므로 우뇌인은 큰 승부에서 훨씬 유리하다.

우뇌인은 단체경기보다는 개인기 승부에서 능력을 보인다. 우전두엽의 정보처리가 빠른 까닭이다. 정보처리가 빠르면, 판단력이 빠르고, 그래서 순발력, 순간집중력도 뛰어나게 된다. 자연히 민첩해지고, 순간적인 힘의 폭발력도 커지게 된다. '버벅거리는' 동료와 손발을 맞추지 않아도 되니 자유자재다. 이길 조건은 다 갖춘 셈이다.

그럼 우뇌인은 큰 경기에서 항상 이길까? 그렇지 않다. 지는 첫째 이유는 연습 부족이다. 우뇌인들은 일단 자신이 생기면 연습을 게을리 한다. 게다가 우뇌는 반복을 지독히 싫어한다. '새로운' 것이 아니기 때문이다. 과거 올림픽 국가대표로 선발된 후 태릉선수촌에서 합숙훈련 중 이탈했던 선수들이 바로 우뇌인이다. 이탈까지는 아니더라도 유난히 저녁마다 술을 즐기고 문제를 일으키는 선수들도 바로 이들이다. '이만하면 됐다.'는 생각이 드는 순간부터 우뇌인들은 반복적 연습이 싫어진다.

큰 승부에서 우뇌인끼리 만났다. 기량도 비슷하다. 누가 이길까?

물론 연습을 꾸준히 한 사람이 이기겠지. 그런데 아주 재미있는 점이 있다. 두 사람 다 연습을 꾸준히 했다면? 이 경우에는 상대를 잘 모르는 사람이 이긴다. 우뇌인은 '새로운' 것에는 강하다. 그러나 상대가 '나보다 이러이런 점이 세다.'라는 사실을 미리 알게 되면 의욕이 사라진다. 빨리 포기하고 싶어진다. 소위 근성(根性, 곤죠오)의 역작용이 일어나는 것이다. 반대로, 상대가 '나보다 저러저런 점이 약하다.'라는 사실을 미리 알았다면? 그것도 나쁘다. 상대를 얕잡아보고 '까불다가' 진다.

결론은 매우 밝다. 우뇌인이 위의 장단점을 충분히 반영하기만 한다면 그는 백전백승한다.

셋째, 역전승하는 선수들은 어떤 뇌의 주인공일까? 이들은 대개 균형발달인이다. 이들은 무대체질이라고 할 수도 있고, 때로는 그 반대라고 할 수도 있다. 다시 말하면, 큰 무대에서 능력 이상을 발휘하기도 하고, 때로는 평소 능력에 훨씬 못 미치기도 한다. 균형발달인은 매사를 단순하게 해석할 수 없다. 원래 복잡한 사람이다.

균형발달인이 능력 이상을 발휘하는 것은 언제일까? 우선은 무한한 신뢰를 받고 있을 때다. 균형발달인은 코치가, 감독이 자신을 철석같이 믿어줄 때 연습도 열심히 하고, 시합에서도 큰 능력을 발휘한다.

두 번째로는 분명한 동기가 있어야 한다. 금메달, 이런 것은 동기로는 약하다. 자신이 이겨야 자신이 몸담고 있는 조직이 잘 굴러간다던가, 그동안 자신이 써야했던 누명을 벗을 수 있다던가, 사랑하는 사람의 마음을 열게 된다던가, 이런 동기가 있으면 균형발달인은 엄청난 능력을 발휘한다.

　균형발달인이 역전패 당하는 경우도 있다. 첫째는 목표에 대한 부담을 잔뜩 줄 경우다. 균형발달인은 무슨 일이든 목표를 정해놓고 거기에 매달리면 되는 일이 없다. 그저 열심히 했을 뿐인데 어느 날 아침 유명해져 있더라… 이렇게 되어야 한다. 두 번째, 옆에서 이러니저러니 잔소리가 많다던가, 깐죽거리면 그는 필패다. 패하기 전에 안 하겠다고 집어치울 지도 모른다. 학생들 공부도 마찬가지다. 균형발달인은 균형 잡히지 않은 잔소리를 들으면 그 인간 자체가 싫어진다. 당연히 그 일 자체도 싫어진다. 균형발달인은 분위기나 매너 좋은 사람들에게 둘러싸여 있을 때 '역발산기개세'의 능력을 발휘한다.

　균형발달인은 지구력의 화신이다. 먼 길을 뚜벅뚜벅, 지치지도 않고 가는 사람이다. 당연히 끈기부족인 우뇌인이나 좌뇌인이 질려서 나가떨어지게 된다. 좌뇌와 우뇌가 협조를 잘 하니 놀라운 능력이 발휘되는 것이다. 그래서 균형발달인은 끈기로 승부하는 일에 적합하다. 그러나 아쉬운 점이 하나 있다. 균형발달인 중에 운동으로 국가대표가 되려는 사람이 많지 않다는 점이다.

　우리의 삶은 승패의 연속이다. 올라갈 때가 있으면 내려갈 때가 있고 그 반대도 있다. 예측하기가 쉽지 않다. 그러나 분명한 경우도 있다. 나의 두뇌특성에 맞지 않는 일을 하게 되면 자연히 추락한다. 공부도 그렇고 우리 삶도 그렇다. 역전승이냐, 역전패냐, 승승장구냐 하는 것은 모두 나 자신의 뇌에 달렸다. 내 욕심대로 살 것이 아니니 뇌 특성대로 살면 승승장구다.

# 03
# 사람의 입은 서로 다르다

> 초등 저학년 남자아이인데 한 시간이 멀다하고 대변을 보았다. 그런지 4~5년이나 되었다고 한다. 필자와 상담하는 동안에도 두 번이나 다녀왔다. 콧똥이었다. 이유를 밝혀냈다. 일 년 365일, 엄마가 좋아하는 음식만 먹인 것이다. 그러고는 장이 나쁜 아이라고 스스로 위로했다. 해로운 음식을 끊게 해주자 아이는 이틀 만에 콧똥이 사라졌다.

필자는 살아오는 동안 아내에게서 이런 말을 수도 없이 들었다. "으휴, 저걸 밍밍해서 어떻게 먹지?" 그럴 때마다 필자는 이렇게 응수했다. "누구 입으로 들어가는데?" 다름 아닌 김치 얘기다. 필자는 김치를 참 좋아한다. 많이 먹고 싶은데, 그렇게 못한다. 고춧가루 범벅 때문이다. 매운 김치를 많이 먹으면 반드시 배탈이 난다. 밀어내기 할 때도 고통이 크다. 해결책(?)으로 김치를 물에 헹궈서 먹기도 한다.

그래서 나온 대안이 백김치다. 필자는 이걸 밥보다 더 많이 먹는다. 막상 백김치를 마련해준 아내이건만, 맛있게 먹는 모습을 볼 때마다 하는 말이 저 말이다. "으휴, 저걸 밍밍해서 어떻게 먹지?" 무엇이든 얼큰~~해야 하는 아내에게 남편은 너~~무 유별난 인간이다.

자주 가는 순두부집이 있다. 일인분에 8천원인데도 손님이 유난히 많다. 이유가 분명하다. 주문을 받을 때 매운 맛, 보통 맛, 완전 하얗게 (일식집에서 말하는 '지리') 중 무엇으로 해드릴까요? 게다가 찌개에 넣는 재료도 선택적이다. 해물, 섞어, 조개, 굴, 소, 돼지, 버섯, 김치, 만두, 올갱이… 열 가지가 넘는다. 그렇게 반가울 수가 없다. 다른 손님들도 반갑기는 마찬가지다. 왜 그럴까? 이 식당은 '사람이 서로 다르다.'는 것을 인정하고 실천하는 까닭이다. 그래서 서로 다른 모든 종류의 사람이 몰려드는 것이다.

요즘(2016년도)은 식당 풍겨도 많이 변했다. 주문 받을 때 맵게, 보통, 맵지 않게를 묻는 곳이 많아진 것이다. 필자의 이 책 초판이 2013년에 출판되었는데, 이 책을 읽고 급감동해서 식당들이 태도를 바꾼 것이라고 생각하지는 않는다. 식당 주인이나 주방장들이 앞의 순두부집처럼, 손님이 많은 집에 갔다가 깨달음을 얻었으리라. 책을 읽고 반영하였으면, 순두부집처럼 훨씬 더 일찍부터 성업했을 텐데.

음식관련 장사 아이디어는 이제 시작일 뿐이다. 이제는 맵게, 덜 맵게 차원을 벗어나야 한다. 이건 초보단계다. 중요한 것은 음식의 종류다.

사람은 서로 다르다. 입도 다르고, 위도, 대장도 다르다. 그래서 다르게 먹어야 한다. 육해공의 짐승들은 이런 점에서는 천재적이다. 자신에게 해로운 것은 '절대로' 먹지 않는다. 오히려 동물들은 자신들이 아플 때, 아픈 종류에 따라 약초를 찾아 먹을 줄 안다. 인간보다 뛰어난 점이다. 인간은 음식 먹고 탈이 날 줄은 알아도 음식 먹고 병 고칠 줄은 모른다.

오래 전인데, 저 멀리 남쪽에 사는 지인으로부터 초청을 받았다. 밀린 얘기를 나누게 자기 초옥에 와서 하룻밤 자고 가라는 것이었다. 가마고 했더니, 무슨 음식을 좋아하느냐고 물었다. 다른 것은 필요 없고, 싱싱한 당근 숭숭 썰어서 쌈장에 찍어 먹게 해달라고 했다. 그런데 그 집에 가니 당근은 그림자도 없었다. 쥔이 먼저 양해를 구했다. 자기는 당근의 냄새도 못 맡는다고. 그러더니 소주와 함께 해물찌개를 내놓는데, 코를 쥐어야할 정도로 비린내가 역했다. 인간은 입만이 아니고 코도 이토록 다르다.

사람들은 먹는 면에서는 정말 무지하다. 남이 좋더라고 하면 자신도 무조긴 먹는다. 자신이 맛있으면 남도 맛있는 줄 안다. 짐승들이 알게 되면 무엇이라고 우리를 조롱할까? 조마조마하기 그지없다.


이 땅에 한 때 당근 태풍이 불었다. 그러나 태풍은 온대성 저기압으로 바뀌고 말았다. 아예 목구멍으로 넘어가질 않는다는 사람이 3분의 1, 나물무침 속에 몇 오래기 들어 있는 것 그냥 먹는 수준의 사람이 또 3분의 1, 그리고 그 나머지만 당근이 좋다고 했기 때문이다.

그 후에 포도 광풍도 불었다. 염소 열풍도 불었다. 사과 광풍도 불었다. 견과류 열풍도 불었다. 호박 열풍도 불고, 돼지 광풍도 불었다. 홍삼 태풍, 커피 광풍은 부는 중이다.

대부분의 음식은 저 당근처럼 3분의 1 원칙이 적용된다고 보면 된다. 두뇌특성 때문이다. 타입 2, 3, 4가 좋아하는 음식이 다르다. 필자는 귀납적 방법으로 찾아내기는 했지만, 그 정확한 이유는 아직 모른다. 신경과학자들이 증명해주리라 믿는다.

그럼 인간 모두는 정말 자신의 먹을거리에 대해 무지할까? 그렇지 않다. 날카로운 동물적 감각을 가진 사람이 있다. 어린아이다. 독자 여러분께서는 어린아이들이 어떤 음식을 먹지 않겠다고 투정부리는 경우를 많이 보았을 것이다. 이것은 투정이 아니다. 바로 동물적 감각이다. 그 아이들이 그 음식에 대해서 무슨 사전정보를 알고 있을까? 없다. 그저 동물적 감각이다. 이 음식이 내 몸에서 환영하는 음식인지 아닌지를 아는 것이다.

문제는 이 아이들에게 강제로 먹이려고 하는 엄마다. '아무 것이나 다 먹어야 한다.'는 신앙(?)을 가지고 행동으로 옮기는 엄마들이다. 이런 신앙은 어디에서 유래한 것일까? 누가 가르쳤나? 아마, 초근목피로 연명하던 조상들이 바로 '선택불가 신앙'의 창시자일지도 모른다.

사실 그 시절에는 아무 거나 다 잘 먹어야 했다. 그러다보니 평균수명도 40세 안팎이었다. 지금은 다르다. 100가지 중에 30가지만 잘 먹으면 된다. 그 중에도 각자가 필요로 하는 영양소가 다 들어 있다. 억지로 고르느라 애쓸 필요도 없다. '왠지 손이 안가는 음식'은 해로운 음식이다. 동물적으로 따르면 된다. 싫은 음식을 철저히 안 먹는 습관을 가진 분은 한결같이 건강하다. 장수하고 있다. 내가 먹기 싫은 것은 나에게 나쁜 것이다.

요즘은 싱겁게 먹기 열풍도 불고 있다. 1일 나트륨 권장량이 어쩌고 하면서 조금이라도 짜게 먹는 사람은 완전 죄인 취급이다. 여기에 필자는 강한 의문을 표한다. 타입 2는 땀을 많이 흘린다. 타입 3는 잘 때도 땀을 흘려야 좋다고 한다. 타입 4는 여름에도 땀을 거의 흘리지 않는다. 옛날 불한당(不汗黨)이라는 단어가 이들을 지칭한다고 할 정도다. 이렇게 다른 사람들이 소금 섭취량은 똑같아야 하나?

필자는 한여름에 테니스를 치다가 쓰러진 경험이 있다. 30대 시절, 세 번이나 당했다. 신기한 것은 소금 한 줌 입에 털어넣으면 금방 살아나더라는 점이었다. 물론, 필자와 같이 치던 친구는 한 번도 쓰러지지 않았다. '획일적'인 소금 섭취량 준수하다가 죽는 경우는 생기지 않을까?

한여름이 되면 부부간 다툼이 생긴다. 침실에 밤새 에어컨을 켜자는 측과, 그랬다간 백발백중 감기 걸리는 측이 있기 때문이다. 에어컨을 밤새 켜자는 사람은 타입 1이나 2다. 이들의 우뇌는 뜨겁다. 몸에 열이 많다. 더우면 화도 더 잘 낸다. 식혀야 한다. 반대로 한여름에 창문만 빼꼼히 열고 자도 감기 걸리는 사람은 타입 4, 5다. 차가운 좌뇌 때문이다. 이들은 여름은 쉽게 나는데 겨울에 조심해야 한다.

한여름 밤의 꿈을 아름답게 만드는 방법이 있다. 부부가 각방을 쓰는 것이다. 한여름 20일 정도면 충분하다. 그래야 두 분 다 건강에 좋다.


우리 동네에 깔끔한 식당이 하나 있다. 필자의 입에 맞는 메뉴가 많아서 애용했다. 하루는 주인이 자문을 구했다. 손님이 늘지 않는 이유가 무엇이라고 보시느냐? 그 집은 겨우 '문을 닫지 못할 정도'의 손님만 온다고 했다.

이유는 간단하다. 필자(와 같은 타입)의 입에 맞는 메뉴만 있다는 점이 치명적 결점이다. 나머지 두 타입이 올 이유가 없는 것이다. 음식이란 만드는 사람이 좋아하는 것을 만들기 마련이다. 식당의 주방장도 마찬가지다. 주방장이 혼자인 경우 그 집 메뉴는 뻔하다. 주방장이 좋아하는 음식 일색이다. 주방장과 같은 타입의 손님만 모이게 되어 있다. 어떤 처음 가는 식당에서 메뉴를 보니 '시킬 것이 하나도 없더라.'는 경험을 해보셨을 것이다. 이런 식당은 장래가 어둡다. 사람이 서로 다름을 인정하지 않는 까닭이다. 자기 입만 입인 것이다.

동네식당 주인에게 원칙을 일러주었다. 동네식당은 어차피 한두 가지 특정메뉴로는 승부를 걸 수가 없다. 타입 2, 3, 4 세 타입의 손님이 다 오도록 메뉴를 마련해야 한다. 각 타입이 좋아하는 식재료는 이러저렇게 다르다. 맛은 각 타입이 저러저런 것을 좋아한다. 반찬도 타입별로 좋아하는 것이 다르다. 타입별로 서너 가지씩만 준비해두라. 종합해보니 지금까지 내걸었던 메뉴보다도 숫자는 오히려 줄었다. 주방장이 만들기 꺼려하는 것은 자신과 부인이 만들기로 했다. 주인은 배수진을 치고 필자의 제안을 100% 받아들였다. 일 년 후다. 그 식당은 점심 저녁 때 '문 닫을 사이가 없을 정도'로 바글거리고 있었다. 사람의 다름을 전제하면 먹는 사업도 번창한다.

## 04
# 시인과 목사와 축구선수

> 우리 젊은이들은 큰 회사에 취직하는 것이 소원이다. 그 부모들은 더한다. 월급을 따박따박 받아야 안심이 되는 모양이다. 자녀가 자영업을 한다거나 프리랜서로 뛴다고 하면 난리가 난다. 애비 눈에 흙 들어가기 전에는 절대 못한다는 분도 계시다. 부모가 자식의 머리를 너무 모른다. 세상의 모든 대기업은 조그만 자영업에서 시작했다.

C는 올해 나이 40이다. 서울의 특급호텔 요리사였다. 두둑한 연봉을 받으며 승승장구할 즈음, 그의 삐딱선 모터가 돌기 시작했다. 일단 회사에서 상관들에게 슬슬 어깃장을 놓았다. 본인 말로는 전혀 고의적인 것은 아니었다고 한다. 그 말이 맞을 것이다. 저절로 그렇게 되었다. 그의 발달한 우뇌가 '새로운' 삶의 에너지를 찾았을 뿐이다.

외국인 경영자들이 그의 어깃장을 눈여겨보기 시작했다. 매사에 합리를 추구하는 이들은 감정적 처사를 용납하지 않는다. 세계 각지에서 글로벌 기업을 성공시킨 그들의 비결은 합리주의 그거 하나다. Y는 계속 튕겼다. 그의 신입사원 시절 그토록 그를 잘 이끌어주던 상관들이다. 그들이 설마 나를 어떻게 하랴 하는 믿음(?)도 컸다.

어느 날 결정적 순간은 아주 쉽게 찾아왔다. 회사 임원이 그에게 말했다. "미스터 C, 우리가 미스터 C의 요구에 맞춰드리지 못함을 유감스럽게 생각합니다." 잘린 거다. You are fired!! 이렇게 간단할 줄은 몰랐다. C는 속으로 외쳤다. 야, 이 새X들아, 내가 그동안 얼마나 열심히 일해줬는데 느들이 나한테 이렇게 나와? 드디어 C의 우뇌가 사고를 친 것이다. 열심히 일하는 것은 기본이다. 두둑한 봉급은 왜 주나? C에게는 팀워크에 대한 개념이 없었던 것이다.

C는 그 후 2년 사이에 세 직장을 전전하고 있다. 또 무슨 사고를 칠지, 아니 이미 쳤는지 알 수가 없다. C는 왜 이럴까? 팀워크를 용납하지 않는 그의 뇌 때문이다. 그는 타입 1에 가까운 2다. 브레이크 없는 자동차. 어디 벽에 부딪히거나, 대단히 큰 장애물에 걸리거나, 다른 차와 정면충돌해야 선다. C는 혼자 마구 달려도 되는 분야, 감속이나 제동이 필요 없는 직업분야로 전환해야 할 것이다.

필자는 어느 문인협회 회원이다. 문인협회란 글 쓰는 작가들의 모임이다. 그 문인협회에는 재적회원이 100명쯤 되는데 70명 정도가 모임에 잘 나오고 창작활동도 활발하다. 필자가 이 모임에서 놀란 점이 두 가지다. 첫째는 70명 중 시인이 67명, 소설가가 3명이라는 점이었다. 처음에는 그냥 웃고 넘겼다. 시가 쓰기 쉽다고 생각해서 아무나 시인이 되셨나다... 그런데 그게 아니었다. 두 번째로 놀란 점은 시인 67명 중 65명이 타입 1 아니면 2라는 사실이었다. 시인의 97%가 우뇌인이라는 사실!! 정말 **놀랍지** 아니한가?

시인은 언어의 곡예사라고 한다. 언어의 마술사라고도 한다. 언어의 연출자라고도 한다. 언어!! 이쯤이면 제3장이 생각나실 것이다. 우뇌에는 고급언어중추가 있다는 사실!! 시는 고급언어다. 시인은 고급언어를 자유자재로 구사하는 사람이다. 고급언어중추가 발달하지 않고서는 시인이 될 수가 없는 것이다.

시인 67명 중 65명이 우뇌인이라는 발견은 필자에게 '경악'이고 '충격'이었다. 가까스로 정신을 차리자 그 신경과학자들이 생각났다. 우뇌에 고급언어중추가 있다는 사실을 발견했다는 그들. 필자는 그들에게 큰 박수를 보내며, 필자의 작은 발견을 꼭 그들에게 선물하고 싶다. 좋은 검증 자료가 되리라 믿는다.

소설가는 3명뿐이어서 통계적 의미는 없다. 세 명 중에 타입 4는 없더라는 사실민을 밝혀둔다.

훌륭한 팀워크는 두 가지를 필요로 한다. 첫째는 합력하여 선을 이루려는 구성원이고, 둘째는 이들을 아우르는 지도자다. 조직 중에 타입 1, 2가 많으면 좋은 팀워크가 어려워진다. 그런 면에서 소녀시대는 대단한 성공 케이스다.

축구선수 이천수를 기억하시는가? 그는 타입 1이다. 팀이나 동료선수들과 팀워크를 이루지 못해 저토록 곤란한 입장에 처해 있다. 물론 그가 어려서부터 축구를 좋아하고 잘 했으니 축구선수가 되었을 것이다. 그러나 잘 하는 것과 조직의 일원이 되는 것은 전혀 다른 문제다. 타입 1이나 2의 경우에는 특히 그렇다. 조직이 요구하는 것을 얼마나 지켜낼 수 있는지 먼저 생각해야 한다.

김병지 선수도 마찬가지 경우다. 그는 골키퍼로 2002월드컵 대표선수가 되었다. 그러나 그는 대회가 끝나도록 한 번도 기용되지 않았다. 골문을 잘 지키라는 히딩크 감독의 말을 무시하고 툭하면 센터서클 근처까지 뛰어나가곤 했던 까닭이다. 그도 타입 1에 가까운 2다. 페널티박스는 그에게는 새장이었고, 감독의 지시는 형틀처럼 느껴졌을 것이다. 강한 우뇌인에게 조직이나 팀워크는 장애물이다.

목사도 마찬가지다. E는 도시 변두리 XX면의 목사다. 그가 창립한 교회는 현재 어른 교인이 20명쯤 되고, 개학하면 분교 캠퍼스의 대학생들이 몇 명 나오는 수준이다. 10여 년 전 초창기 때였다. 아주 열성적이던 F 청년이 있었는데, 입대하게 되었다. E 목사가 얼마나 아쉬웠을까? 그때, F가 E에게 놀랄만한 말을 했다.

"제 대신 제 부모님이 이 교회를 지켜주실 것입니다. 제 부모님은 아직 믿지 않으시지만, 목사님께서 잘 지도해주시기 바랍니다. 다음 주부터 교회에 나오시도록 하겠습니다."

E 목사가 얼마나 감동을 받았을 지는 자세히 쓰지 않는다. F가 군복무를 마치고 돌아왔다. 그의 부모는 그 교회를 잘 지키고(?) 있었다. F는 취직도 하고 결혼도 했다. E 목사는 F에게 찬양대 지휘를 맡겼다. 작은 교회에서는 재능이 있느냐 없느냐를 따질 겨를이 없다. 열심인 사람에게 중요한 자리가 돌아가게 마련이다. 마침 F의 부인이 예배 반주를 맡고 있었으니 모양새도 그럴 듯했다.

문제가 생기기 시작한 것은 최근 2~3년 전이다. 찬양대 지휘자인 F가 극도로 나태해진 것이었다. 예배시작 5분전, 10분 전에 교회에 도착해서, 연습은커녕 한 번 맞춰보지도 못하고 예배에 참여했다. 합창을 해본 사람이라면 이것이 얼마나 끔찍하고 비양심적 행위인지 아실 터. 일 년 내내 그랬다. 이유는 단 하나. 목사인 E가 적극적으로 두둔하기 때문이었다.

목사 E는 왜 열성이 식은 F를 계속 두둔할까? 그가 입대할 때 준 감동, 그 하나 때문이다. 회의 때는 더했다. F가 하는 말에는 무조건 동의-채택, 다른 교인의 이견은 기술적으로 묵살!! 이런 현상이 계속되자 E 목사에 불만을 표시하고 교회를 떠나는 교인들이 생겨났다.

자, 이제 본론. E는 교인이 떠나건 말건 F 두둔을 계속했다. 남은 교인들이 제일 놀라는 점이 바로 이점이었다. 일편단심 F 사랑, 지독한 편애, 그래도 당사자는 당연하다는 생각, 가히 연산군과 유자광의 관계에 비견할 만했다. 머리를 보면 답이 나온다. E 목사도 연산군도 타입 1, 팀워크가 안 되는 사람이었다.

한국에서 성공한 교회에는 반드시 두 가지 요소가 있다. 첫째는 목사가 설교를 잘 하고, 둘째는 나오는 교인 간 조직이 튼튼하다. 소위 팀워크다. E는 직업을 잘못 선택한 사람이었다. 특정인을 극진히 사랑하는 '감성'만으로는 팀워크가 생겨날 수 없다.

E는 주중에 카메라 가방을 메고 사방을 돌아다녔다. 사진의 질도 날이 갈수록 좋아졌다. 그는 처음부터 사진작가의 길을 걸었어야 했다. 그게 남을 괴롭히지 않는 길이고, 자신도 즐기는 길이다. 지금은 목사 타이틀만 달아도 존경받는 시대가 아니다. 머리가 받쳐줘야 서로에게 덕이 된다.

자, 이제 즐거운 얘기로 돌아가자. C, D와 이천수, 김병지 선수, 그리고 E 목사는 타입 1 또는 2-B다. 이들은 어떤 직업을 가져야 좋을까? 능력 발휘도 되고, 돈도 벌고, 주위 사람에게 피해도 안 주는 직업이 무엇일까?

한국에는 2만여 개의 직업이 있다고 한다. 통계를 낸 이후 한참 늘어났을 지도 모른다. 이들 직업을 다 살펴볼 수야 없지만, 크게 나누어볼 수는 있다.

타입 1이나 2-B는 혼자서 하는 직업이 가장 좋다. 팀워크를 이루는 것이 워낙 힘든 까닭이다. 동료와 서로 돕거나, 동료 뒷바라지를 하는 일은 잘 안 된다. 더구나 누구의 지시를 계속 받는 일은 불가능에 가깝다.

혼자서 하는 일이라면 사진작가, 작곡가, 소설가, 시인, 광고 카피라이터, 이런 직종들이 우선 생각난다. 컴퓨터 한 대로 재택근무하는 IT관련 프리랜서도 있다. 그 밖에도 많을 것이다.

K-Pop의 주인공들을 살펴보자. 싸이, 김기덕, 박진영, 비… 이들은 모두 강한 우뇌인 또는 극우뇌인들이고, 이들은 모두 혼자서 하는 일로 성공했다. 소녀시대 등 수많은 아이돌이 성공한 것은 뒤에 이수만 같은 출중한 CEO들이 버티고 있는 까닭이다. 팀워크를 잘 만들어내는 인물이 뒤를 봐주지 않는 한, 이들은 개인플레이가 최선의 길이다.

결론은 분명하다. 타입 1이나 2-B는 편중된 두뇌다. 평범한 머리가 아니다. 이 특성을 잘 살리면 크게 성공한다. 단, 팀워크를 이루어서 하는 일이나 큰 조직생활은 피하는 게 좋다.

# 05
# 바람의 자식들

> 우리나라는 바람의 나라다. 바람만 한번 타면 매출이 껑충 뛰어오른다. 돈방석에 앉는다. 묻지마 투자가 줄을 잇는다. 역풍도 마찬가지다. 한번 맞으면 끝없이 추락한다. 땅덩어리가 너무 좁아서 바람이 센가? 아니다.

한국인은 타입 2:3:4의 비율이 51:24:25라고 했다. 제1장 독도 편에서 국민성을 얘기하며 밝혔다. 타입 3는 때로 2의 특징을 보이기도 하고, 때로는 4의 특징을 보이기도 한다. 따라서 타입 2의 특성을 보이는 한국인은 얼추 60%를 넘을 것 같다. 일본인은 타입 2, 3, 4 비율이 25:20:55다. 한국인보다 조금 더 쏠렸다.

전 국민 중 한 가지 타입이 절반이 넘는다는 것은 그만큼 국민성이 뚜렷하다는 뜻이다. 모두가 인정하듯이 우리나라 국민성은 정말 뚜렷하다. 일본은 더 뚜렷한 것 같다. 물론 좋은 것도 있고 나쁜 것도 있다. 항상 동전의 앞뒤 면이니까.

한국인은 예술적이라고 한다. 종교적이라고 한다. 화끈하다고 한다. 다 맞는 말이다. 한국인의 예술성에 관해서는 긴 말이 필요없다. 다보탑, 석굴암, 무량수전, 강강수월래, 창(唱), 상감청자, 색동옷, 한글, 백남준, 정명화 자매, 조수미, 김연아, 김기덕, K-Pop 등이 증명한다. 저변확대도 엄청나게 이루어졌다. 전국에 넘쳐나는 노래방이나 스마트폰 판매량을 보라.

한국인은 종교적이다. 맞기는 한데 좋은 뜻으로만 말한 것 같지는 않다. 샤머니즘에서 시작하여, 무당, 불교, 천주고, 기독교… 웬만한 국민은 다 종교인이다. 우리나라 크리스천이 25%냐 30%냐 하고 시끄러울 때, 일본의 크리스천은 1%도 안 되었다.

한국민은 정말 종교적이다. 그런데 이상하게도 쏠림이 심하다. 하나의 교회에 수만 명이 출석해서 헌금(전부 현금!)이 처치곤란인 교회가 부지기수다. 반대로 교회 유지관리가 어려울 만큼 영세한 교회가 수천 곳이다. 서울이라는 하나의 도시에서만 이렇다. 교인들이 큰 교회로 몰린다는 뜻이다. 큰 교회에서는 복을 많이 받을까? 누구도 대답하지 못한다. 불교신자도 마찬가지다. 큰 절로, 큰 절로 향한다. 지방에서도 이런 부익부 빈익빈 현상은 서울과 조금도 다르지 않다.

3킬로미터쯤 떨어진 거리에 초등학교 두 개가 있다. 아파트 단지를 끼고 있는 초등학교를 G라고 하자. H 초등학교는 주택가에 자리잡고 있다. 집집마다 텃밭도 있고, 나무도 많아서 주거환경이 좋다. 그런데 신기한 현상이 발생했다. 2년 전에는 G 학교 학생이 850명, H 학교 학생이 200여명이었는데, 2년 후인 지금은 G 학교가 1,000명을 돌파했고, H 학교는 50명이 남았다. H 학교 학생이 G 학교로 전학을 가거나, 신입생이 모두 G 동네로 위장전입한 것이다.

교육선진국은 초등학교 한 반 학생 수가 대개 10~15명이다. 우리는 입 벌리고 그 걸 부러워하는 처지다. 그런데 한 반에 10명도 안 되는 H 학교가 싫다고 한 반 38명씩 되는 G 학교로 전학까지 가는 건 무슨 이유일까?

필자는 직업의식이 발동해서 관련된 부모들을 최대한 만나보았다. 교사들의 의견도 많이 들어보았다. 논리적으로 타당하거나 이치에 맞는 대답이 없었다. 그나마 고개가 끄덕여지는 대답은 다음 두 가지였다. ① 많은 쪽에 끼어야 안심이 된다. ② 부모의 교육적 기준이 산만하다.

그럴 수도 있겠다. 어느 교육기관이 학부모에게 설문조사를 했다. 왜 학원에 보내십니까? "남들이 보내니까 불안해서 보낸다."는 대답이 열 명 중 네 명이었다고 한다. 대단히 종교적이다.

묻지마 투자 광풍을 잘 아실 것이다. 필자가 IMF 후에 어떤 벤처기업을 2~3개월 자문한 적이 있었다. 어떻게 알아냈는지, 투자 희망자들이 필자의 사돈의 팔촌까지 찾아서 줄을 대고 접근했다. 이 회사는 그리 유망한 회사가 아니라고 설명해도 막무가내였다. 결국 그들은 원을 풀었다. 그러나 2년이 못되어 깡통만 차고 말았다. 바람이 불면 그 바람을 꼭 타야하는 사람들. 이것도 종교적 성향일 터이다.

한 때 '하우스 푸어'가 난동을 부린 적이 있었다. 많은 액수의 대출을 받아서 아파트를 샀다. 없던 사람은 자기 집을 마련했고, 있던 사람은 큰 평수로 키웠다. 이거 못하는 사람은 무능한 인간으로 낙인 찍혔다. 그리고 몇 년 동안 안락하고 품위 있게 살았다. 물론 그동안 원리금은 매달 얼마씩 갚았다.

그런데 왜 시끄러워졌을까? 아파트 값이 내렸기 때문이다. 아파트를 판다고 가정해보니까, 덧셈 뺄셈에서 손해로 나온다는 것이다. 팔아본들 대출금 갚고 나면 남는 게 없다는 얘기다. 그래서 자신들은 '집 있는 가난뱅이'이며 원흉은 '오르지 않는 아파트 값'이라는 것이다.

의문이 든다. 그럼 아파트 값은 하우스 푸어가 생기지 않도록 굳세게 올라야 하나? 그럼 현재 집 없는 사람은 평생 아파트 한 채도 마련 못하란 말인가? 매달 원리금 갚는 것이 아까운가? 거액의 대출을 받아 아파트를 산 것은 개인 각자의 신앙심(?)에 근거했다. 이제 와서 이 책임을 국가가 져달라는 것인가? 신은 인간의 죄를 용서하시고 사랑으로 감싸주신다. 그러나 국가가 신은 아니다.

더 참담한 일이 있다. 일간지, 주간지들의 제목을 한번 훑어보시기 바란다. 경악, 충격, 헉, 확, 발칵, 깜짝, 화들짝……. 그런데 본문기사를 보면 어디에도 놀랄만한 대목이 나오지 않는다. 대단한 과대포장이다. 옛날 한참 기세를 떨치던 사이비 교주 생각이 자꾸 떠오른다. 이제는 언론도 지성이나 논리가 아니라 혹세무민의 길로 가고 싶다는 것인가?

앞의 모든 현상은 냄비기질이라는 단어로는 잘 설명이 되지 않는다. 그래서 어떤 주한미군 사령관이 들쥐라는 별도의 해석을 내놓았는지도 모르겠다.

큰 곳, 사람이 많은 쪽, 남들이 다 하는 것으로 쏠리는 것은 '감성'이다. 이치나 논리가 아니다. 불쌍한 사람을 보면 도와주고 싶고, 누가 말춤을 추면 같이 말춤을 추고 싶은 것과 마찬가지 현상이다. 한국민은 그 뛰어난 감성 덕분에 예술적인 민족이 되었다. 종교적인 민족이 되었다. 물론 감성도 동전처럼 앞뒤가 있다. 앞으로 발휘되면 삶의 가치를 바꾸는 예술이 탄생한다. 뒤쪽으로 발현하면 그야말로 '감정적'이 된다.

한국민은 타입 1이나 2, 그러니까 우뇌인이 월등히 많다. 자, 이제부터 중요한 얘기다. 타입 1, 2를 3, 4로 바꾸기는 힘들다. 그러나 타입 2 내에서 '감성'적인 사람이 되느냐 '감정'적으로 처신하느냐 하는 것은 그리 어렵지 않다. 해당 프로그램에 따라 일성 훈련만 받으면 된다.

감성적인 사람은 칭송을 받는다. 능력도 발휘한다. 반대로 감정적인 사람은 자신의 가치만 깎아내린다. '들쥐' 소리를 들을 것까지야 없지 않은가?

# 06 광속으로 달리는 세상

요즘 세상은 어제 다르고 오늘 다르다. 정신줄 놓고 있으면 잠깐 사이에 '어르신'으로 밀려 올라간다. 국가라면 바로 추락해버린다. 개인도 국가도 정신 연령을 낮추는 것이 생존 비결이다.

요즘은 '곱하기 0.7 시대'라고 한다. 현재 나이에 0.7을 곱해서 생각해야 예전 나이와 비슷해진다는 것이다.

필자 또래들은 대부분 24~27세에 결혼했다. 처녀들은 21~24세였다. 대학 재학 중에 결혼하는 예도 흔했다. 환갑까지 살면 축하해주던 때라, 죽기 전에 할 일을 빨리빨리 해놓기 위해서 빨리빨리 결혼했다. 요즘 처녀 총각들은 30대 중반, 40대 초반 결혼이 예사다. 0.7을 곱하니 예전 나이와 딱 맞는다. 이렇게 늦게(?) 결혼해도 되는 것은 그래도 살 날이 50년 정도 남았기 때문이다. 요즘은 57세 여성도 아이를 낳고, 70대 남성도 아이를 만든다.

김응룡 감독이 현역으로 복귀할 때가 72세였다. 예전 같으면 허리가 구부러지고, 발음이 새고, 귀가 어둡고, 노망까지 들 때다. 그런데 그가 두뇌싸움의 사령탑이 된 것이다. 곱하기 0.7 하면 쉽게 이해가 된다. 얼마 전 김 감독보다 두 살 더 먹은 정치가가 대통령 출마를 선언했다. 한 50대 청년이 투덜거렸다. "저 사람은 죽지도 않고 또 나오냐?" 천만에다. 죽으려면 멀었다. 저 분 나이는 예전 나이로 겨우 그대 나이와 같다. 저 분은 앞으로 대통령 네 번은 더 출마할 거다.

나이의 개념을 바꾸어야 한다. 노인, 어르신이라는 단어는 90대에게나 써야 맞다. 요즘 70~80대는 에어로빅이나 헬스, 등산에서 펄펄 난다. 이 분들께 노인, 어르신 어쩌구 했다가 따귀 맞지 않겠나? 요즘은 3류 매표소 직원도 "경노세요?" 이런 발칙한 말을 쓰지 않는다. "할인 받는 거 있으세요?" 세상이 이렇게 변했다.

'65세 경노'는 어떤가? 이야말로 조선시대 얘기다. 요즘 60대 후반, 70대 초반은 성매매나 초등생 성추행의 주인공으로도 자주 등장한다. 이런 정력가들에게 경노대우라니? 조선시대가 아니다. 지금은 $65 \times 0.7 = 45.5$세로 봐야한다. 한참 일할 나이다. 경노 대우는 지금 수명으로 볼 때 80세부터가 가장 적당하다. 등산이나 헬스 다닐만큼 건강하고, 야구감독 할만큼 정신 말짱하고, 비아그라만 있으면 아이까지 만들 수 있는 사람에게 무슨 경노대우인가? 본인들이 더 불쾌할 것 같다. 혹시 경제적으로 어려운 분들이 계시다면 그 분들은 국가가 다른 방법으로 도와드리면 된다. 굳이 나이로 선을 그어서 획일적으로 도와드릴 필요는 없는 것이다.

요즘 70대는 경로당에도 가지 못한다. 형, 누나들이 심부름을 워낙 시키기 때문이란다. 지방도시의 어느 경로당에서는 93세 되신 '언니'

가 84세 되신 '애'를 때려준 일도 있었다. 전기코드로 여러 번 후려쳤는데 양쪽의 자녀들이 만나서 수습하느라 애를 먹었다고 한다. 자녀들은 모두 60~70대였다.

필자 친구들은 요즘 만날 때마다 걱정이다. 앞으로 최소 30년을 더 살아야 된다는데, 그 긴긴 세월동안 무엇을 하며 지내냐? 하는 것이다. 고민 중에 명답이 나왔다. "야이 바보들아, 곱하기 0.7 하고, 그 나이처럼 살아!!" 그렇지, 그렇다면 우리는 이제 '겨우 40대'다. 독신인 넘들은 색시 구해야겠구나, 하하하.

필자가 어린 나이에 월급쟁이를 청산하고 광고대행사를 차린 것이 1981년이었다. 당시 서울의 제일 번화가라는 충무로에 사무실을 열었는데 전화가 없었다. 신청하면 2년쯤 후에 나오는 시절이었다. 할 수 없이 열 배쯤 비싸게 주고 백색전화를 겨우 한 대 샀다. 지금은 어떤가? 필자 개인의 전용전화만 4대다. 세상은 빛의 속도로 달린다.

카메라도 마찬가지다. 70년대 후반만 해도, 졸업식이나 결혼식을 앞둔 사람은 '사진 찍어줄 사람' 구하는 것이 제1번 숙제였다. 당시는 독일제나 일제 카메라뿐이었고, 엄청나게 비쌌다. 웨딩이벤트 업체라는 것도 당연히 없었다. 사진관 아저씨가 와서 퍽! 하고 연기 나는 플래시 터트리는 한두 컷이 고작이었다. 축가, 주례자는 구했는데, 스냅사진 찍어줄 친구를 못 구해서 결혼식을 늦추는 경우도 생겼다. 30년이 조금 더 지난 지금은 온 국민이 엄청 비싼 카메라를 한두 개씩은 다 가지고 있다. 그것도 대부분이 메이드 인 코리아다.

1960년대 후반, 박 대통령이 마이카 시대를 열겠다고 했다. 전 국민이 깔깔대고 웃었다. 그러나 채 20년이 지나기도 전에 마이카는 마이하우스보다 우선순위를 차지하게 되었다. 1990년대에만 해도 백과사전 팔아서 성장한 출판사가 많았다. 지금은 백과사전이 사라진지 오래다. 인터넷에 들어가면 그 백과사전보다 10배 이상 자세하게 설명하는 공짜 백과사전이 수두룩하다.

70~80년대의 기업들은 열정적인 사람을 뽑았다. '미칠 줄 아는 사람을 찾습니다.'라는 사원모집 광고가 큼직한 광고상을 타던 때였다. 아이디어가 풍부하고 다이내믹한 청년이면 앞다투어 모셔갔다. 우뇌인이 우대받았다. 30년이 지난 지금은 어떤가? 성실성, 조직적응력, 애사심을 중시한다는 비율이 54%다. 균형발달인을 찾는다는 뜻이다.

1960년대 후반, 일본을 다녀온 기업인이 말했다. 일본은 휴대용(portable)으로 먹고 사는 나라다. 미국이 사과상자 크기의 라디오를 만들자 일본은 트랜지스터 라디오를 만들어냈다. 미국이 TV를 만들어내니까 일본이 4인치 포터블 TV를 만들어 냈다. 미국이 사람 키만 한 냉장고를 시판하자 일본은 머리맡에 두는 소형냉장고를 출시했다. 미국이 4천cc급 승용차를 팔고 있을 때 일본은 1,500cc급 소형승용차를 만들어 미국 주부와 젊은이들의 마음을 녹였다.

미국은 균형발달인이 주류인 나라다. 이것저것을 융합하여 새로운 것을 만들어낼 줄을 아는 것이다. 미국이 앞서가는 이유가 바로 이것이다. 베끼거나 약간 변형하는 것만으로는 앞서가지 못한다. 세상은 광속(光速)으로 달린다. 가히 광적(狂的)이다.

일본은 지금 추락중이다. 왜일까? 베낄만한 것, 포터블로 만들만한 것이 없기 때문이라는 대답이 나온다. 익살스럽기는 하지만 깊은 의미도 읽혀진다. 변화하는 세상에 순발력 있게 대처하지 못하는 이유가 보이기 때문이다. 일본은 좌뇌인이 주류다. 창의적인 면, 융합능력이 약하므로 계속 앞서가기가 어렵다. 일본이 앞으로 창의적, 균형발달적 두뇌개발을 게을리 하는 한, 한국제품을 베껴서 먹고 사는 날이 올 지도 모른다.

세상은 광속으로 변한다. 이 변화와 같이 달리지 못하면 낙오한다. 이왕이면 광속 변화를 주도하는 것이 더 좋다. 그러기 위해서는 창의적인 뇌, 균형발달한 뇌를 키워야 한다. 변화는 뇌가 주도한다.

2017년이다. 이 책의 초판본을 쓰던 2013년과 비교해서 세상은 또 얼마나 달라졌을까? 우선 일본을 보자. 추락하던 일본이 뜨기 시작했다. 어떤 힘 때문일까? 전문가들은 그 이유로 아베 신조 수상을 꼽는다.

아베 수상은 특이한 경력의 소유자다. 2006~07년에 걸쳐 일본 90대 수상을 지냈다. 그 후 일본은 2007년부터 정확히 일 년에 한 명씩 수상이 바뀌어서 2011년까지 무려 다섯 명을 배출(?)하더니, 2012년 아베가 다시 수상의 자리에 오른 것이다. 96대 수상. 일본의 수상은 우리나라의 대통령과 같다.

왜 일본 국회가 아베 수상을 다시 뽑았을까? 추락하는 일본을 구하고 싶었을 것이다. 일 년짜리 수상 다섯 명은 추락을 막지 못한다고 보았기에 바로바로 교체했을 것이다. 아베는 우리가 보기에는 얄밉기 그지없는 인물이다. 그러나 그는 일본의 추락을 상승기조로 바꾸어놓고 있다. 아베는 누구일까? 그는 우뇌인이다. 광속으로 변화하는 세상에 빠르게 대처해나가고 있는 것이다.

그동안 한국은 어떻게 되었나? 3만 불 문턱에서 주저앉은 지 오래다. 정치 외교적으로도 국제무대에서 조롱거리로 추락한 상태다. 왜 이처럼 뒤뚱거리는 오리 신세가 되었을까? 이명박, 박근혜 두 분의 리더십 부족이 가장 큰 요인이라고 한다. 뇌과학도의 눈으로 보면 전직 대통령 두 분이 모두 강한 좌뇌인이다. 대한민국의 잃어버린 9년이다.

미국은 어떨까? 이들은 대통령의 60~70%가 균형발달인이다. 그렇다면 나머지 좌뇌인, 또는 우뇌인 대통령 시절은 잃어버린 세월들이었을까? 절대 그렇지 않다. 이유가 무엇일까?

미국만큼 대통령에게 권력이 집중된 나라도 없다. 그래도 권력 분산하자는 소리가 나오지 않는다. 왜? 미국은 대통령 개인이 아니라 시스템이 움직이는 나라인 까닭이다. 요즘 트럼프 대통령을 보면 안다. 그가 아무리 럭비공처럼 이리 튀고 저리 튀어도 미국은 여전히 태산처럼 버티고 있다. 시스템에 의해 움직이고 있기 때문이다.

우리나라는 어찌해야 할까? 현실적으로 균형발달인만을 대통령으로 뽑을 수는 없다. 그렇다고 낙담할 필요는 없다. 시스템이 나라를 움직이도록 하는 일은 가능하기 때문이다.

요즘 우리나라에 권력분산 얘기가 패션처럼 번지고 있다. 웃기는 얘기다. 대통령과 총리가 외교, 내치를 나누어 갖는다? 나라꼴이 뻔하다. 4.19 직전 혼란기가 그리도 그리운가?

# 07 한국인 3대 바보

조선시대에는 '다 같이, 똑같이, 남들처럼'이 미덕이었던 것 같다. 유교사상이다. 제사도 그렇게 지냈고, 농사도 그렇게 지었다. '푸세식' 화장실도 그렇게 유지했다. 지금은 달라졌을까? 역시 '다 같이, 똑같이, 남들처럼'이다. 그뿐 아니다. 이유 없는 반대도 오백 년 전처럼 다 같이, 똑같이 해댄다.

우리 중에는 바보가 너~무 많다. 이처럼 빠르게 변화하는 세상인데, 아직도 4~5백 년 전 생각이나 악습에서 벗어나지 못하고 있는 것이다. 구태의연이라는 멋진(?) 단어가 생긴 이유를 알 것 같다. 지금은 그보다 더 심각하다. 혼자 구태의연한 것이 아니고 앞서가는 사람들의 발목을 잡는 것이다. 딴지를 걸고, 재를 뿌리고, 심지어는 멱살까지 잡는 것이다. 이러면 안 된다. 앞서가는 몇 사람이 국민을 먹여 살린다.

우리나라에는 3대 바보가 있다. 누구일까?
첫째는 획일을 주장하는 바보다. 사람은 서로 다르다. 달라도 너~~무 다르다. 그런데도 '다같이' 또는 '똑같이'를 주장한다.

대표적 사례가 우리나라 교과과정이다. 예를 든다. 현재 우리나라 중학교 1학년 학생은 약 64만명이다. 이들은 이미 자신만의 특징, 즉 남과 다른 점이 뚜렷하다. 성격, 적성, 재능 등이 분명하게 발현하고 있다는 것이다. 그런데도 국가는 이들 64만 명을 똑같이 가르친다. 교과서야 출판사별로 조금씩 다르겠지만 내용은 같다. 중1 뿐만이 아니다. 중3도, 고2도 똑같다. 물론 초등 6년간도 다 같이, 똑같이 배웠다. 같은 학년 64~5만 명의 학생은 무조건 똑같이 배워야 한다. 이 정도로는 부족(?)했는지 고교평준화까지 시행했다. 고3이 되어서야 겨우 문과-이과 정도로 나누어준다. 이것이 무슨 심술인가? 왜 11년간 전국의 모든 학생들이 다 같이 똑같이 배워야 하는가?

<아비뇽의 처녀들>은 피카소의 1907년 작품이다. 그림 속 여인들은 바르셀로나 시의 아비뇽 가를 무대로 하는 매춘부들이다. 이들의 자극적인 자세, 야만적 분위기, 왜곡된 체형, 기하학적인 묘사 등으로 당시 화단의 어마어마한 비난을 받았다. 10년이 지난 뒤에야 대중 앞 전시가 가능할 정도였다. 나중, 이 작품은 입체주의의 주춧돌로 인정받는다. 과거를 답습하지 않고, 새로운 기법을 창조한 까닭이다. 현대 미술사가들은 아예 이 작품을 '현대미술의 출발점'으로 자리매김한다. 천재로 인정한 것이다. 다같이, 똑같이, 남이 하는 대로 하도록 가르치면 '비난꾼'만 양산해낼 뿐이다.

서로 다른 재능을 재능대로 키워주지는 못할망정, 똑같은 로봇으로 만든다. 서로 다른 아이들을 똑같이 가르치고, 똑같이 먹이고, 똑같이 공 차게 하고, 똑같이 야단친다. 그러니까 다들 학원으로 달려가는 것 아닌가? 한국 교육을 보고 외국 어느 언론이 평했다. "한국민은 배고

픈 건 참아도 배 아픈 건 못 참는 민족이다."

 필자가 잘 아는 동네의원이 있다. J 내과다. 이 의원에는 대기 중인 환자가 항상 50명을 넘는다. 문자 그대로 공기 반 환자 반이다. 왜 환자가 넘쳐날까? 간단하다. 잘 낫기 때문이다.

 4년쯤 전이다. 파리 날리던 J 원장이 필자를 찾아왔다. 두뇌별 특징을 설명해달라는 것이었다. 맥을 짚어 맞춤진료하는 한의학의 장점을 도입하겠다고 했다. 그날부터 J 원장은 필자에게 10일간 20시간 강의를 들었다. J 원장은 뭔가 감이 잡힌다고 흡족해했다. 맥은 짚을 줄 모르지만, 두뇌특성은 치료에 반영이 되겠다는 것이었다. 그 후로 어떻게 되었는지 잊고 지냈다. 그리고 2년쯤 지나서 J 내과에 들렀다가 필자는 입을 다물지 못한 것이다.

 J가 설명했다. 같은 양약도 사람에 따라 잘 듣는 사람도 있고, 잘 안 듣는 사람도 있더라는 것이다. J는 이런 현상을 치밀하게 수집하여 통계적으로 분석했다. 그리고 3대 두뇌타입별로 적용해보니 답이 나오더라고 했다.

 서양의학에 맞춤치료를 도입한 J는 정말 앞서가는 사람이다. 시대의 변화를 읽고 그 변화에 부응하는 사람이다. 사람이 서로 다름을 인정하고, 획일적 치료를 거부한 것이다.

 결론은 같다. '획일'을 벗어나지 못하면 패한다. 학교도, 공부도, 건강도, 병원도, 자동차도, 식당도, 마찬가지나.

 둘째 바보는 무엇일까? 남이 하는 대로 따라 하는 바보다. 수능시험날 억지로 당근을 먹이는 엄마들을 신문에서 보았다. 그야말로, 죽자고 따라한다. TV는 그들의 교주다. 동화책에도 나온다. 피리 부는 소년을 신처럼 따라가서 몽땅 강물에 빠져죽는 쥐들의 이야기.

30년쯤 전에 유태종 교수라고 한참 날리던 영양학자가 계셨다. 강연회에서 답답함을 이렇게 토로했다. 자기와 같이 식사를 하러 가는 손님들은 먼저 주문을 하지 않는단다. 영양학교수가 시키는 것 따라서 시키려고 눈치를 보며 기다린다는 것이다. 이처럼 남 먹는 것 따라 먹는 사람은 절대 건강하지도, 장수하지도 못한다는 것이 그날 강연의 요지였다.

우리나라는 열풍의 나라라고도 한다. 유행에 미친 듯이 따라가는 것이다. 아니, 죽기살기로 따라간다는 표현이 더 정확한 것 같다. 부동산 투기 열풍, 주식 열풍, 조기유학 열풍, 포도 열풍, 부자되기 열풍, 해외 언어연수 열풍, 특목고 열풍, 홍삼 열풍, 성형 열풍, 그리고 커피 열풍, 수입 유모차 열풍, 그리고 이공계 열풍까지. 누구는 이런 현상을 '역동적'이라고 듣기 좋게 표현한다. 아무리 말을 그렇게 해도 기껏 남 따라 하는 것에 불과하다.

요즘 중고생들은 성적이 좋으면 무조건 법대나 의대에 가야 한다. 부모가 그렇게 내몰기 때문이다. 요즘 법대나 의대는 막차다. 상투 잡는 거다. 지금 개업의사의 3분의 1 정도는 의식주를 걱정한다고 한다. 지금 변호사의 98%는 빛 좋은 개살구라고 한다. 변호사의 1~2% 정도만이 변호사답게 살고 있다는 것이다.

수능 성적이 발표될 때마다 40년 동안 반복되는 뉴스(?)를 아시는가? 전국 수석합격자, 만점자를 인터뷰했다. 이들은 학원에 다닌 적이 없고, 규칙적 생활을 했고, 수면을 충분히 취했고, 예습과 복습을 철저히 했고, 학교 수업시간에 잘 들었고, 수학은 1~2년치 선행학습을 했고, 평소에는 잘 놀았고…. 하하하하.

기자님들께 부탁한다. 아마도 기자님들은 전국의 모든 학생들도 이들과 같은 방법으로 공부할 것을 권하고 싶을 것이다. 만약 그렇다면, 기자님들은 사기꾼 반열에 올라서게 된다. 얼른 뇌과학의 기초를 좀 들여다보시기 바란다. 이런 기사는 그대들 할아버지뻘 기자들이 다 우려먹은 것이다. 저 학생들은 수능시험이 요구하는 논리력이나 그 밖의 두뇌능력을 가졌기 때문에 좋은 성적을 낸 것이다. 저 학생들은 자신의 머리에 가장 능률적인 방법으로 공부한 것이다.

그리고 참고로 알려드린다. 앞의 저 만점자, 전국수석 학생들은 보나마나 타입 4 아니면 5다. 이게 무슨 말인지 모르겠으면 아무도 모르게 필자에게 전화하시라. 쥐도 새도 모르게 알려드리겠다. 전화번호는 010-3119-1559이다.


셋째 바보는 누구일까? 반사적으로 반대하는 사람이다.

가장 이해하기 쉬운 사례가 황윤길과 김성일이다. 조선 선조 때, 일본의 침략설이 온 나라에 파다했다. 일본에 통신사로 다녀온 두 사람 중 황윤길은 침략가능성이 크다고 보고했다. 김성일은 가능성이 없다고 보고했다. 나중에 안 일이지만 반대한 이유가 어이없다. 자신도 침략가능성은 크다고 보았다. 그러나 같은 보고를 하기 싫있고, 또, 전쟁준비에 허리가 휠 백성이 걱정되어 반대로 말했다는 것이다. 명분은 정말 뻔드르르하다. 결과적으로 백성들 허리가 휘지는 않았는데,

아예 부러져 죽었다.

　이런 반대는 오랜 역사를 자랑한다. 조선시대에 끝난 것이 아니다. 최근에는 한미 FTA 반대와 제주도 해군기지 반대사건이 그야말로 반대의 꽃(?)이다. 김성일 통신사의 반대보다 더 화려(?)하다. 이는 자신들이 집권 중에 추진하던 역점사업이다. 이걸 야당입장이 되자 기를 쓰고 반대하는 것이다. 물론 자그마한 꼬투리를 잡았지만, 뻔드르르하지도 못했다. 필자는 정치적으로는 어느 편도 아니다. 그러나 한미 FTA 반대와 해군기지 반대는 참으로 비열하고 천박한 반대 행위였다.

　초등 4학년 수업시간이었다. 선생님이 한참 설명을 하고 나서, 다들 알았지? 했고 아이들이 모두 "네!!" 했다. 거의 동시에 K가 큰소리로 "아니오!" 했다. 그날 K는 엄청 맞았다. K에게 물었더니 자기도 다 알아듣기는 했다는 것이다. 그런데 다 똑같이 네라고 대답하는 것이 '왠지 이상해서' 그랬다는 것이다. K는 그 이후에도 비슷한 일로 이 남자 선생님의 샌드백이 되곤 했다. 어머니가 닦달했다. 너네 담임 얼굴을 못 보겠다. 왜 자꾸 그딴 소리를 하냐? K의 대답이 가슴을 아프게 한다. "나도 모르게 입 밖으로 나와버리는데 어떡해요?"

　M은 40대 남성으로 어떤 영화동아리의 총무다. 그는 영화 쪽에서 박사학위를 받았고, 대학에 출강도 하고 있다. 직장에서는 부장이다. M의 동아리 회원들은 M을 어떤 호칭으로 부를까? 세 가지다. M이 좋아할 호칭으로 부르는 사람, 아무 거나 막 부르는 사람, 그리고, M을 최대한 끌어내리는 호칭으로 부르는 인간(!)이다. 부를 때마다 그 좋은 호칭 다 버려두고 M씨, M씨 한다. 죽어도 박사님, 교수님, 이렇게는 안 부르는 것이다. 정말 추하고 천박하다.

반사적 반대는 뇌 때문이다. 뇌의 어느 부위가 어쩌고 하는 설명은 하지 않겠다. '반사적 반대자'들이 결사적으로 시비를 걸까 겁(?)이 나기 때문이다. '반사적 반대자'들은 스스로도 안다. K처럼 마음대로 안 될 뿐이다. 노력하시기 바란다. 50대 이전이라면 어느 정도 고칠 수 있다. K는 깨끗이 고쳤다. '반사적 반대자'들은 스스로를 깎아내린다. 남들이 그의 말을 믿지 않게 만드는 것이다. 이런 바보 같은 모습에서 벗어나야 한다.

필자는 요즘 새로운 연구에 정신을 쏟고 있다. 우리나라 3대 바보, 이 사람들을 건설적이고 생산적으로 활용하는 방법이 무엇일까? 하는 점이다. 이들의 공통점은 에너지가 크다는 점이다. 파워가 남다른 것이다. 이런 에너지가 국론분열 따위에나 쓰인다면 우리 모두가 얼마나 힘들어지겠는가? 독자 여러분의 격려를 기대한다.

## 08 성격을 약물로 고친다는 돌팔이

> 우리 어른들이 세계적으로 명성을 날리는 것이 있다. 자신도 못 하는 것을 아이들에게는 막무가내로 요구한다는 점이다. 성적이 좋아야 한다, 씩씩해라, 대범해라, 덤벙대지 마라, 실수하지 마라, 좋은 친구만 사귀어라, 피아노 잘 쳐라, 운동도 잘해야 한다, 아무 거나 잘 먹어라, 말 잘 들어야지… 이젠 그것도 모자라서 눈동자의 움직임까지 시비를 건다. 어른이 말씀하실 때는 눈을 보아야지!!

필자가 고등학교 졸업 앨범사진을 찍을 때 일이다. 지정 사진관에 갔더니 사진사 아저씨가 친구 사진을 하나 보여주었다. "너 애하고 친하니?" 네, 바로 옆 반인데요. "그래? 그럼 애보고 내일이나 모레 다시 좀 오라고 해라." 왜 그러세요? "아, 글쎄 이 녀석, 분명히 카메라를 쳐다보는 걸 확인하고 찰칵했는데, 사진을 뽑았더니 땅을 보고 있네. 귀신이 곡할 노릇이지? 이 사진은 앨범에 도저히 못 넣겠어."

그 친구는 다음다음 날인가 다시 사진을 찍었다고 했다. 그러나 졸업앨범에는 역시 시선을 내려 깐 사진이 실려 있었다. 15년쯤 후, 이 친구와 술이 얼큰했을 때 그에게 물었다. 야, 카메라를 보라면 볼 것이지 왜 자꾸 아래를 봤어? 그의 대답이 필자를 상당히 놀라게 했다. "봤지. 렌즈를 보고 있었지. 그런데 찍는구나 하는 순간 나도 모르게 시선이 뚝 떨어져. 네 연락받고 두 번째 가서 세 번이나 찍었는데, 결국은 실패했어. 귀신이 곡할 노릇이지?"

그 후 또 15년쯤이 흘렀다. 신문에 그의 사진이 나왔는데, 동석자 세 명은 고개를 들고 카메라를 향해 환히 웃건만, 그는 식탁을 내려다보며 웃고 있었다. 그리고 또 몇 년인가 지나서였다. 이번에는 그의 단독 인터뷰 기사를 보았다. 당연히 그의 사진도 나왔는데, 필자는 이 한 장의 사진으로 학구열을 불태우게 된다. 필경 머리 좋은 사진기자가 그의 시선이 떨어지는 땅바닥에 누워서 찍었으리라. 더 떨어질 곳이 없는 그의 시선은 결국 카메라에 잡혔고, 필자는 처음으로 그의 사진에서 그의 눈동자를 보게 된 것이다.

이쯤 얘기하면 독자들 중에는 이명박 전 대통령(MB)을 떠올리는 분들이 많을 것이다. 관찰력이 대단하신 분들이다. 필자의 친구나 MB는 증상이 비슷하다. MB는 오래 전부터 그의 '시선 추락'에 대해 알고 있어서, 이를 막기 위해 노력도 많이 해오신 것 같다. 그러나 뜻대로 되지 않았다. 그는 대통령 취임 후에 TV 출연을 그리도 싫어했다. 대국민사과문을 발표할 때는 할 수 없이 나왔지만, 아마도 그의 눈동자를 본 분은 별로 없을 줄 안다. 심지어는 MB의 시선 추락 현상을 의도적인 것으로 잘못 알고 크게 비난하는 사람도 보았다.

이런 사정을 모르는 MB의 참모들은 정례 TV회견을 권했다. MB가 노변정담 (난로 가에 서너 명이 둘러앉아 조곤조곤 하는 얘기) 형식의 대화에 능하므로 국민과의 소통이 원활해지겠다는 아이디어였다. 그러나 MB는 응하지 않다가 결국은 라디오 정례담화로 대체하고 말았다. 모르는 사람에게는 귀신이 곡할 노릇이다. 세상에 TV 출연을 싫어하다니!!

왜 이런 '시선 추락' 현상이 생길까? 상대의 눈동자를 보지 못하는 이유가 무엇일까? 시선은커녕 카메라 렌즈도 못 본다. 사진기자들은 MB의 눈동자를 조금이라도 보이게 찍으려고 고성능 망원렌즈를 동원했다고 한다. MB가 의식하지 못할 때 찍으면 가끔 눈동자가 잡힌다는 것이다. 대단한 숨바꼭질이다. MB나 필자의 친구만 이럴까? 아니다. 우리 주위에는 이런 분들이 적지 않다. 백 명 중 다섯 명꼴이다.

건배란 기쁜 일을 축하하거나 건강을 기원하는 의례다. 허심탄회한 얘기를 나누자는 다짐이기도 하다. 이럴 때 시선을 내리깔면 안 된다. 특히 외교 무대에서는 대단한 결례다. 악수는 어떨까? 악수는 손의 모양을 감상하자는 것이 아니다. 친애-축하-환영의 의사표시다. 이런 사실을 알면서도 눈을 들지 못하는 사람이 있다. 성격이다. 병이 아니다. 이런 사람도 만만한 상대와 악수할 때는 시선이 얼굴로 올라온다. 이런 현상을 정신병으로 간주하는 서양의학은 너무 살벌하다.

결론부터 말하면, 이건 불가항력이다. 시선을 피하는 것이 아니다. 외면과는 전혀 다르다. 가까운 거리에서는 시선을 마주치지 못할 뿐이다. 한의학에서는 이를 '안력(眼力)이 약하다.'고 하는데 그럴듯한 표현이라고 생각한다. 반면에, 서양의학에서는 이를 공포증(phobia)의 하나로 본다. '시선공포증'으로 정신질환이라는 것이다. 필자는 이 의견에는 동의하지 않는다. 멀쩡한 사람을 환자로 만드는 무책임한 작명인 까닭이다. 심지어는 완화시켜 준다며 정신질환 약을 처방하는 의사도 있다. 이건 무지막지한 돌팔이다. 그렇다면 그토록 난처한 입장이던 MB는 왜 고쳐주지 못했나? 왜 저런 사진이 자꾸 나왔는가?

사람을 뚫어져라 쳐다보는 사람을 많이 보셨을 것이다. 내 얼굴에 뭐가 묻었나 싶어 거울을 볼 정도다. 얼굴만이 아니다. 식당에 들어가면 남이 먹고 있는 음식을 뚫어져라 들여다본다. 마치 뺏어먹을 기세다. 먹던 사람이 놀라서 눈으로 항의할 정도다.

필자는 강의 때 비슷한 경험이 많다. 20명이라면 7~8명 정도가 강사를 뚫어지게 바라본다. 놀라서 바지 지퍼부터 확인하게 된다. 강의 시간 내내 그런다. 잠시도 시선을 돌리지도 않는다. 눈에서 불이 쏟아져 나오는 것 같다. 처음에는 그저 열심히 듣는 분이로구나 했는데, 시선이 어찌나 강렬한지 필자가 눈 둘 곳이 없게 된다. 더구나 젊은 엄마들 몇 명이 이렇게 쏘아대고 있으면 목덜미가 서늘하다. 넓은 강당 먼 곳에서 이런다면 견딜만하지만, 좁은 교실 코앞에서 불을 뿜고 있으면, 이건 공포다. 절대로 애정의 표현이라고 생각되지 않는다.

전두환 전 대통령을 기억하실 것이다. 그는 '9시 땡선'이라는 비아냥거림을 들으면서도 매일같이 TV 9시 뉴스 첫머리를 장식했다. 그때 그 부라리던 눈길을 지금도 기억하는 이들이 많다. 혐오감이 들 정도였다. '시선 추락'을 막지 못해 안타까워하는 사람도 있는데, 불을 뿜는 시선도 있다. 참 사람은 서로 달라도 많이 다르다.

자, 이제 '시선 추락' 현상을 정신질환이라고 단정했다는 서양의학에 묻겠다. 이처럼 뚫어지게 쳐다보는 사람들도 정신질환인가? '시선 분출증'인가? 아니면 '공포시선 발사증'인가? 아니면 이런 사람만은 정상이라고 말하겠는가?

'시선 추락'은 그 정도가 다양하다. 필자는 편의상 이들을 네 형태로 구분한다.

L Type : 사람을 마주보고 얘기할 때, 상대의 목이나 그 아래를 보는 사람

E Type : 시선이 상대의 입 근처까지 올라오는 사람

F Type : 시선이 상대의 인중이나 코까지 올라오는 사람

T Type : 시선 추락은 없지만, 상대의 눈을 마주보다가, 피하기를 반복하는 사람

필자의 친구나 MB는 L Type이다. 시선 떨어트리는 사람 중에서도 가장 심한 경우, 귀신이 곡할 경우다. L Type에게는 다음과 같은 공통점이 있다.

1. 좌뇌인 중에서도 타입 5 아니면 타입 4-B에 속한다. (67쪽의 두 뇌특성표 참조)

타입 1, 2, 3와 4-A 중에서는 이런 사람이 전혀 발견되지 않았다.

2. 그 중에서도, 어린 시절 심한 굴욕, 강한 비난, 경제적 궁핍 등을

겪었다.
3. 맺힌 한을 풀기 위해 남모르게 뼈를 깎는 노력을 계속했다.

대단히 중요한 결론이 나왔다. '시선 추락'은 뇌 특성이라는 점이다. 결코 정신질환이 아니다. 우리 중에는 다혈질도 있고, 동작이 느린 사람도 있다. 표정이 풍부한 사람도 있고, 무표정한 사람도 있다. 말이 많은 사람도, 적은 사람도 있다. 우리는 이런 모든 현상을 정신질환이라고 하지 않는다. 두뇌특성이라고 해야 맞다. 마찬가지로, 사람을 뚫어지게 쳐다보든, 시선을 피하든, 이 역시 두뇌특성의 하나다. 결코 정신질환이 아니다. 만약 시선 추락을 정신질환이라고 한다면, 다혈질이나 버럭질은 정신질환보다 몇 배 심한 정신착란이라고 불러야 할 터이다.

참고로 얘기한다. 강사 눈이나, 남이 먹는 음식이나, TV카메라 따위를 '뚫어지게' 쳐다보는 사람은 타입 1 또는 2-B에만 존재한다. 그 밖의 타입에는 없다.

시선 떨어지는 현상을 개선할 수 있을까? 있다. 물론 약물치료로는 절대 불가능하다. 이걸 약물로 치료할 수 있다면, 버럭질도, 말이 빠른 것도, 무표정한 것도 약물로 치료된다는 뜻이다.

필자는 초등학생으로 F 타입이나 T 타입인 아이들의 시선을 바로잡아 준 경험이 몇 번 있다. 약물이 아니고 뇌 보강을 통해서다. 우뇌 보강은 말이나 체험을 도구로 한다. E 타입은 치료경험은 없지만 초등 저학년이라면 가능하리라 본다. 가장 심한 L 타입은 치료보다는 F나

T 타입 수준으로 완화시키는 것을 목표로 삼는 것이 좋을 것 같다. 물론 초등학생 때 시작해야 한다.

정리한다. '시선 추락'은 성격의 한 가지다. 병이 아니다. 약물 치료를 시도하다가는 사람만 이상해진다. 정도가 약한 시선추락은 우뇌 보강을 통해 고칠 수 있다. 심한 경우도 어려서부터 꾸준히 노력하면 얼마든지 완화된다.

시선 추락이 심한 분들은 손톱만큼도 고민하지 마시기 바란다. 아무나 뚫어지게 쳐다보는 사람, 개미 목소리 같은 사람, 다혈질인 사람, 눈이 유난히 작은 사람 등이나 마찬가지 경우다. 두뇌특성의 하나일 뿐이다. 세상에는 얼굴이 잘 생겼으나 허리가 약해서 평생을 고통 속에 보내는 사람도 있고, 키가 커서 좋아 보이지만 몇 년이 멀다하고 다리가 부러지는 사람도 있다. 장점을 살리고, 즐기며 사시기 바란다.

## 09 천기누설? 먼저 잡아야 먹고산다

1983년, 삼성그룹 이병철 회장은 반도체사업 진출을 선언했다. 당시 자금력이나 기술력으로 볼 때 무리가 많았다. 국내 지도층은 비판적이거나 수수방관하는 분위기였다. 그러나 그를 잘 아는 일본 지식인들은 오히려 이런 의견들이었다. '강한 나라를 향한 의지가 대단하다.' 30년이 지난 지금, 우리는 그것으로 배불리 먹고산다. 일본 지식인들의 안목대로, 그의 의지는 국부의 원천이 되었다.

---

귀하의 자녀가 원하는 외모와 원하는 능력을 갖고 태어나게 해주는 대가로 1000억을 내라면 내시겠는가? 귀하가 죽는 날까지 질병으로부터 완전히 자유롭게 해주는 병원이 있다. 그 병원의 회원 가입비가 500억이라면 회원이 되시겠는가? 2년만 먹으면 귀하의 피부를 20년 젊어보이게 만들어주는 약이 있다. 2년 약값이 200억이라면 처방 받으시겠는가? 귀하가 80세가 될 때까지 40대의 성적능력을 그대로 유지하게 해준다면 500억을 쓰시겠는가? 귀하가 독수리처럼 하늘을 날게 해준나면 100억을 내시겠는가? 돈만 있으면 모두 다 하시겠다고? 하하하, 필자도 마찬가지다. 전 세계에서 돈푼이나 있다는 사람들 모두가 이런 세상이 빨리 오기를 학수고대하고 있다고 한다.

20여 년 전이었다. 미국에 다니러 갔다가 고등학교 동창을 만났다.

의사였는데, 미국에서도 손꼽히는 종합병원에 근무 중이었다. 그의 성공에 대해 덕담을 건넸더니 빙긋이 웃었다. 으리으리한 의료시설? 이건 별거 아니야. 점심 때 구내식당에서 그의 지도교수라는 분과 합석했다. 우리 나이 또래로 보여서 더 화끈한 덕담을 건네려는 참인데 깜짝 놀랄 말을 들었다. 친구의 지도교수이시며, 우리보다 25년 연상이라는 것이다. 25년? 완전 아버지뻘이다.

유난히 숱이 많고 윤나는 그의 머리카락이며, 링컨처럼 기른 그의 턱수염이 크게 다가왔다. 피부도 영락없는 40대 초반이었다. 팔과 손등에는 건강미가 배어 나왔고, 목소리나 몸놀림은 오히려 우리보다 힘이 넘쳤다. 우리는 믿을 수 없다는 말을 합창했다. 식사 후, 그는 자신의 방으로 우리를 안내하더니 다짜고짜 바지를 내리고 아랫배 맨살을 보여주었다. 맹장 근처쯤 되는 곳에 1센티 정도의 수술자국이 보였다. 반대쪽에도 있었다.

그는 호탕하게 웃으며 거기에 회춘에 관한 자신의 비밀이 심겨 있다고 했다. 몇 가지 약성분을 조제해서, 무엇인가로 적절히 싸서, 몸 안에서 천천히 흡수되도록 심어놓았다는 것이다. 쥐가 아닌 자신을 실험재료로 쓴다며 또 크게 웃었다. 5년 전에 처음 심었고, 매년 새 것으로 갈아주고 있는데, 일단 지금까지는 대성공이라는 것이었다. 이건 대성공이 아니라 천기누설 수준이다. 저걸 상품화하게 된다면 100억만 받겠나? 세상 돈을 다 긁어모을 수 있지 않을까?

귀국해서 생명과학의 문을 다시 두드렸다. 대학 때 그 짜릿한 맛을 조금은 보았던 학문이다. 눈이 좀 뜨이려나 싶은데, 이번에는 비아그라라는 것이 나타나서 세상 돈을 다 긁어가기 시작했다. 속상했다. 미국 다녀온 지 10년쯤 후였다. 이 무렵 회춘 생체실험을 하던 그 교수의 부음도 함께 들었다. 의문의 교통사고였다.

당시 사업하는 사람들 사이에서는 이런 우스갯소리가 나돌았다. 세계 최고의 갑부가 되는 3대 비결, 그 첫째는 여자들이 먹으면 예뻐지는 약, 둘째는 남자들 아무 때나 잘 세워주는 약, 셋째는 피부노화를 늦추는 약을 발명하는 것이라고. 우스개는 당연히 한줌 웃음으로 끝나곤 했다. 농담인 줄 아니까. 그런데 그 셋 중 하나가 실제로 나타난 것이었다. 그 지도교수가 살아계셨다면, 나머지 두 상품도 모두 탄생했을 것 같다.

그동안 우리나라는 섬유, 가전제품, 자동차, 선박 등으로 중진국을 헤쳐나왔다. 연이어 IT 신제품, 원자력발전소 등 첨단기술력으로 선진국 문턱에 들어섰다. 이런 경쟁력 뛰어난 수출품 덕분에 우리는 석유, 식량은 물론, 각종 명품, 사치품까지 풍성하게 사다 쓰고 있다. 그뿐 아니다. 소고기까지 사먹고 있다. 참으로 다행스러운 일이다.

이런 다행은 얼마나 더 계속될까? 일본의 경우를 보면 분명해진다. 일본은 불과 10년 전까지만 해도 세계 2위의 경제대국이요, 일본 상품의 경쟁력은 그야말로 타의 추종을 불허했다. 그러나 저렇게 추락하고 말았다. 일본을 이끌던 굴지의 전자제품 회사들이 줄줄이 문을 닫고 있고, 세계 시장은 일본상품을 외면하기 시작했다. 현재의 일본의 모습이 10년 후 우리의 모습이 아니라고 장담할 수 있을까?

삼성그룹 이건희 회장의 걱정이 바로 이것이다. 우리가 10년 후에는 무엇으로 먹고 살 것인가? 우리나라 수출의 선봉장이요, 국부 창출의 최대 공로자가 이런 걱정을 할 때에는 그럴 만한 이유가 있다. 우리 모두가 함께 고뇌할 일이다.

비아그라가 성공한 이유가 무엇일까? 바로 뇌다. 비아그라 이전에도 각종 정력제가 많았다. 인류 역사와 함께 생겼을 것이니 수천, 수만 가지가 넘는다. 그러나 모두가 5% 부족, 10% 부족이었다. 정력은 독불장군이 아니다. 체력이 하모니를 이루어야 한다. 자연 팔랑귀들의 호주머니나 털다가 사라지곤 했다.

비아그라는 다르다. 정력제가 아니라 발기강제제다. 효과가 정확하다. 복용 후에도 잠잠하게 있다가, 성욕이 생기거나 이성을 접촉하면 바로 효력을 발생한다. 성욕이 생긴다는 것이 무슨 말인가? 뇌 속 성욕에 관여하는 중추신경에 '어떤 신경전달물질'이 생겼다는 뜻이다. 비아그라는 바로 이 신경전달물질이 생성되었을 때에만 작용한다. 아주 미량이지만 이 신경전달물질이 생기기만 하면 비아그라는 성기의 근세포 혈관을 강제로 확장시켜주는 것이다. 비아그라가 과거 모든 정력제를 평정해버린 힘은 바로 뇌의 성욕관여물질과 연동된다는 점이다.

여기서 우리는 아주 간단하지만 결정적 원리를 배운다. 인체 모든 병의 치료나 능력개선은 뇌와 연계되어야 한다는 사실이다. 이 책 제2장에서도 설명했지만, 인체의 일거수일투족은 모두 뇌의 지배를 받는다. 뇌가 인체의 사령부다. 따라서 사령부의 방침이나 지시를 따르면 '불가능도 가능으로' 바뀐다는 점이다.

필자는 여기서 조심스럽게 10년 후를 제안하고자 한다. IT 제품은

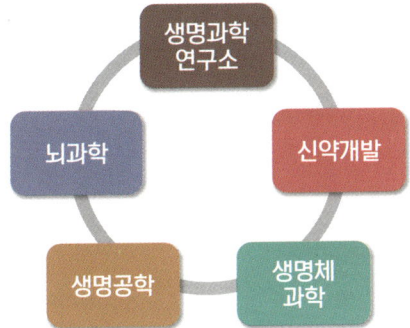

우리는 작은 나라다. 땅도 좁고 인구도 적다. 중국 23개 성(省) 중 우리보다 인구가 많은 성이 9개나 된다. 이런 우리가 살 길은 수출뿐이다. 무엇을 팔까? 지금까지는 선박이나 IT가 주력제품이었다. 그러나 갈수록 경쟁국들의 추격이 심하다. 그들이 못하는 것을 우리가 해야 한다. 그것이 바로 뇌 연구다. 세계적으로 뇌의 비밀은 아직 5%도 밝혀지지 못했다.

한계가 있다. 앞으로는 너도나도 신제품을 만들어내고, 너도나도 짝퉁 제조가 가능하기 때문에, 경쟁력을 유지할 수가 없다. 부가가치를 높일 수가 없는 것이다. 좋은 시절은 빠르게 지나가고 있다. 남았다면 기껏 5년이다. 10년까지 간다면 큰 다행이지만 다른 나라들이 눈 감고 있을 리가 없다.

유일하게 남은 생명줄은 '뇌 연구'다. 제2장에서의 설명대로 뇌의 신비는 아직 5%도 밝혀지지 않았다. 이런 보물창고의 신비를 조금이라도 먼저 밝혀나가는 자가 좋은 시절을 즐기게 된다. 비아그라가 그러했다. 회춘의 신비를 자기 몸에 심었다는 그 지도교수도 사실은 뇌 속에 '어떤 신경전달물질'의 생성을 유도하는 생체실험을 하고 있었던 것이다.

노화 방지를 피부차원에서 아무리 연구해야 보톡스 수준을 벗어나지 못한다. 그러나 뇌와 연동시킨다면, 한 나라를 먹여 살릴 제품을 만들어낼 수가 있는 것이다. 따라서, ① 신약개발은 뇌 연구와 병행해야 한다.

황우석 교수라는 분을 아실 것이다. 실망이 크긴 했지만, 이분 덕분에 우리 국민은 줄기세포라는 단어에 익숙하게 되었다. 줄기세포에는 두 가지가 있다. 동물을 통째로 복사해내는 배아줄기세포와, 표적기관(심장, 폐 등의 장기)만을 복사해내는 성체줄기세포다.

세계 생명과학자들은 지금 줄기세포 연구에 소리 없는 경쟁을 벌이고 있다. 반걸음이라도 앞서가기 위해서다. 줄기세포 연구의 목표는 무엇일까? 질병 정복이다.

현대 의학기술이 발달했다고는 하나, 아직도 당뇨병, 암 등, 정복하지 못한 병이 무수히 많다. 줄기세포 연구가 일정 수준에 이르면 이런 질병치료가 아주 간단해 진다. 예를 들어 췌장암에 걸렸다. 줄기세포를 이용해 그 사람의 췌장을 새로 하나 복사해서 바꿔치면 된다. 얼마전 별세하신 포항제철 박태준 회장처럼 폐에 치명적 결함이 생겼다. 줄기세포를 이용해 그 분의 건강한 폐를 하나 만들어서 바꿔치면 된다. 심장병으로 성장 자체가 더딘 어린이들도 간단히 치료된다. 건강한 자신의 심장으로 바꾸면 되는 것이다. 고장난 자동차의 부속품 갈아치우는 것과 똑같은 원리다. 인간이 질병으로부터 자유로워지는 것이다.

이런 연구를 흔히 생명공학이라 부른다. 지금까지는 줄기세포 연구를 독립적으로 해왔으나 최근 들어 뇌 연구와 병행 움직임이 늘어나고 있다. 당연히 ② 생명공학도 뇌와 연계해서 연구할 때, 더 빨리, 더 정확히 목표에 도달하게 된다.

헬리콥터의 편리성을 모르는 분이 없을 것이다. 헬리콥터의 조상이 누구인지 아시는가? 잠자리라는 작은 곤충이다. 세상에 하늘을 나는 동물은 많지만, 공중 한 자리에 오랫동안 정지해 있고, 수직 이착륙이 가능한 동물은 잠자리뿐이다. 비행기 역시 새를 보고 만들었다.

이처럼 모든 생물체는 지구에 최적화된 최상의 작품들이다. 이런 생물체를 모방해 만든 발명품(?)은 수없이 많다. 벌집 구조의 비행기 날개, 자벌레의 움직임을 응용한 대장 내시경, 도마뱀의 발바닥 원리를 이용한 강력 테이프(4.6kg/cm), 어패류가 엄청난 힘으로 바위에 붙어 있는 원리를 이용한 컨테이너 운반기, 나방의 눈을 응용한 무반사 아크릴 수지 필름, 물총새의 장점을 도입한 일본 신칸센 등등이다.

이런 일들을 뭉뚱그려서 생체모방과학 또는 생명체과학(Biomimetics)이라 부른다. 역시 생명과학의 범주다. 유감스러운 것은 이런 연구들이 지극히 초보단계에 머물러 있다는 사실이다. 이런 연구가 큼직한 열매를 맺어야 생명줄이 굵어진다. 인간이 새나 물고기 같은 능력을 갖는 것도 불가능이 아니다. 이처럼 ③ 생명체과학이 빠른 진척을 보이기 위해서는 생명과학과 병행하여 연구해야 한다.

현대는 통섭의 시대, 융합의 시대라고 한다. 여러 학문이 융합되어야 '천기누설'의 가능성이 높아진다. 지금까지 뇌의 신비가 지극히 느린 속도로 밝혀진 것도 산발적 연구 탓이었다. 신약도, 줄기세포 연구도 마찬가지였다. 우리나라에는 최근 뇌 연구기관, 생명과학 연구기관이 몇 군데 생겼다. 그러나 모두가 높은 벽을 쌓아놓고 연구하고 있다. 신약개발도, 오래 전부터 여러 곳에서 해왔지만, 산발적이기는 마찬가지다. 이래서는 10년에 이룰 것도 20년, 30년 걸리게 된다.

결론이다. 미래생명연구소 설립을 제안한다. 이 연구소에 뇌 연구, 생명공학, 생명체과학, 신약개발, 이렇게 네 분야를 융합해야 한다. 국가보다는 큰 기업이 주도하는 것이 효율적이다. 당연히 인재를 전 세계에서 모셔오고, 기업체적 합리주의를 적용해야 한다. 자금이 크게 필요한 것도 아니다. 10년에 걸쳐 30조원 정도를 투자하면 10년 후에는 이 나라의 생명줄 제품이 쏟아져 나올 것이다.

30조원이 어느 정도인지 아시는가? 우리나라 1년간 복지예산의 3분의 1이다. 우리나라 1년간 사교육비보다 적다. 우리나라 국민이 버리는 음식쓰레기 2년 치다. 그런데, 1년에 30조원을 쓰자는 것이 아니다. 1년 평균으로는 3조원 정도씩 투자해서 10년 후의 이 나라 생명줄을 만들자는 것이다. 삼성 이병철 회장님은 IT산업을 일으켜 이 나라를 강하게 해주셨다. 그 후예들인 우리는 생명과학을 일으켜 강한 나라를 유지시킬 차례다.

● 뇌과학자가 쓰는 육아서 - 총론

# Appendix

**부록**

## 한국인의 두뇌타입별 점유비
(Survey 결과)

# 한국인의 두뇌타입별 점유비 (Survey 결과)

GG브레인파워연구소는 7년 진 〈한국인의 두뇌타입별 점유비〉를 조사하여 현장에 적용하여 왔다. 그러나 당시는 표본수가 적었으므로(400명), 이를 검증하기 위해 2016년 12월 22일부터 2017년 1월 20일까지 30일간 새로운 조사를 실시하였다.

이번 조사는 10세 이상 한국인 1,128명을 대상으로, 구조화된 설문을 통한 자기기입식 면접과, 인터넷을 통한 설문을 실시하였고, 그 중 성실하게 응답하지 않은 16명을 제외하고 1,112명을 유효표본으로 분석하였다.

**조사 설계**

| | |
|---|---|
| 조사대상 : 10세 이상 한국인 | 유효표본 : 1,112명 |
| 조사방법 : 구조화된 설문을 통한 자기기입식 면접과 인터넷 조사 | 표본오차 : ±2.94 (95% 신뢰수준) |
| | 조사기간 : 2016. 12. 22 ~ 2017. 1. 20 (30일간) |
| 표본추출 : 유의 표본추출 | 조사기관 : GG브레인파워연구소 |

(1) 응답자의 인구통계학적 특성(성별, 연령, 거주지)은 아래 〈표 1〉과 같다.

〈표 1〉 응답자의 인구통계학적 특성

| 특성 | 구분 | 응답자(명) | 비율(%) | 인구비율(%) | 특성 | 구분 | 응답자(명) | 비율(%) |
|---|---|---|---|---|---|---|---|---|
| 성별 | 여성 | 623 | 56.0 | 50.3 | 거주지 | 경기 | 451 | 40.6 |
| | 남성 | 489 | 44.0 | 49.7 | | 서울 | 331 | 29.8 |
| | 합계 | 1,112 | 100.0 | 100.0 | | 강원 | 149 | 13.4 |
| 연령 | 10대 | 151 | 13.6 | 11.6 | | 인천 | 63 | 5.7 |
| | 20대 | 173 | 15.6 | 14.3 | | 경남 | 19 | 1.7 |
| | 30대 | 200 | 18.0 | 16.0 | | 충북 | 17 | 1.5 |
| | 40대 | 232 | 20.9 | 18.7 | | 제주 | 16 | 1.4 |
| | 50대 | 210 | 18.9 | 17.9 | | 부산 | 15 | 1.3 |
| | 60대 이상 | 146 | 13.1 | 21.5 | | 기타 | 51 | 4.6 |
| | 합계 | 1,112 | 100.0 | 100.0 | | 합계 | 1,112 | 100.0 |

총 1,112명 중 여성 623명(56.0%), 남성 489(44.0%)명으로 여성 답변자가 다소 많았다(그래프 1). 연령별 응답자 비율은 전체 인구의 대표성을 반영하고 있다(그래프 2). 거주지는 경기 451명(40.6%), 서울 331명(29.8%), 인천 63명(5.7%)으로 수도권 인구가 전체의 76.1%였다.

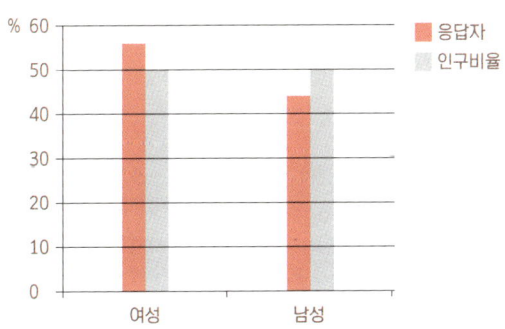

〈그래프 1〉 성별 응답자 비율

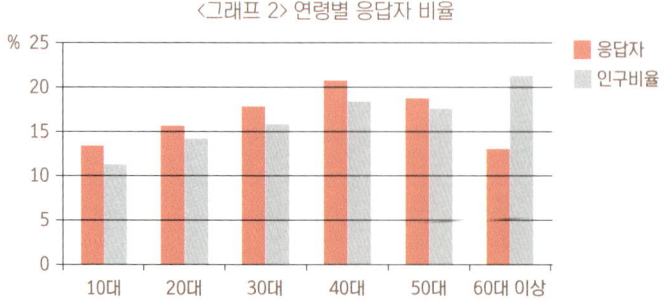

〈그래프 2〉 연령별 응답자 비율

(2) 한국인 두뇌타입 조사 결과는 아래 〈표 2〉와 같다.

GG Type 극우뇌인이 약 4%, 감성적이고 예술적인(E/A Type) 강우뇌인이 약 17%, 화사한 꽃(BF Type) 우뇌인이 약 30%를 차지하였다. CEO Type 균형발달인 23.5%, 과일 맺는 꽃 SF Type인 좌뇌인이 약 18%, 연구개발의 주역인 R/D Type 강좌뇌인이 약 8%였다. 기네스북에 오르는 천재 GIQ Type인 극좌뇌인은 0.1%였다.

〈표 2〉 응답자의 두뇌타입

| 구분 | | 여자(명) | 남자(명) | 응답자(명) | 비율(%) | |
|---|---|---|---|---|---|---|
| 우뇌인 | 타입 1 (극우뇌) | 22 | 24 | 46 | 4.1 | 50.5 |
| | 타입 2-B (강우뇌) | 90 | 98 | 188 | 16.9 | |
| | 타입 2-A (약우뇌) | 182 | 146 | 328 | 29.5 | |
| 균형 발달인 | 타입 3 (균형발달) | 142 | 119 | 261 | 23.5 | 23.5 |
| 좌뇌인 | 타입 4-A (약좌뇌) | 135 | 66 | 201 | 18.1 | 26.0 |
| | 타입 4-B (강좌뇌) | 51 | 36 | 87 | 7.8 | |
| | 타입 5 (극좌뇌) | 1 | 0 | 1 | 0.1 | |
| 합계 | | 623 | 489 | 1112 | 100.0 | 100.0 |

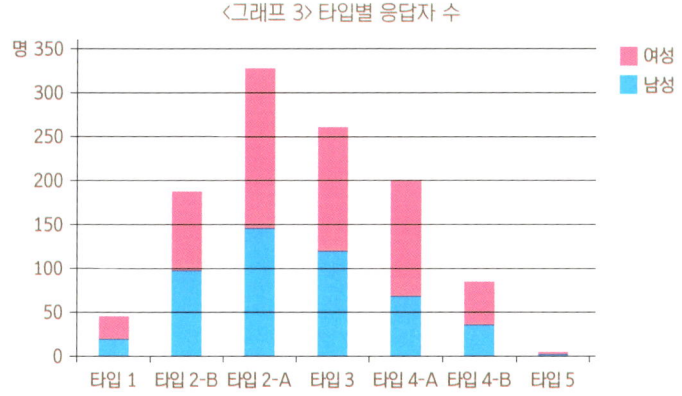

두뇌타입을 3대별한 분포비율은 〈그래프 4〉와 같다. 타입 1, 타입 2를 합친 우뇌인은 전체의 50.5%, 타입 4, 타입 5를 합친 좌뇌인은 26%였다. 균형발달인은 23.5%였다.

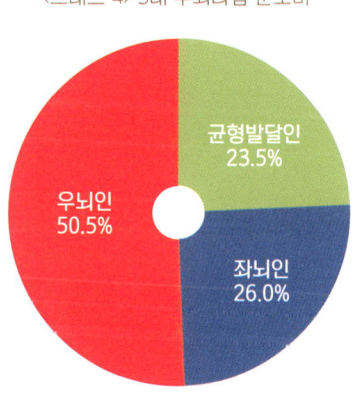

(3) 이번 두뇌타입 분포 조사결과를 활용하면 다음 사항의 합리적 근거가 마련될 것으로 본다.

## 교육

1. 초-중-고등학교의 학제 개편과 커리큘럼 개편 근거
2. 무너진 공교육의 소프트웨어를 개선하는 과학적 근거와 방향
3. 학부모의 교육비 부담을 대폭 경감하는 방안
4. 학생들의 학습과 인성교육에 균형을 이루고, 학생들을 학습지옥에서 구하는 방안
5. 각급 교사선발과 관리에서 비교육적 교사를 걸러내는 방안, 등

## 학습

1. 수학, 영어 등 각 과목에서 포기자를 대폭 줄이는 방안
2. 능률적 학습으로 노력 대비 결과를 높이는 방안
3. 공교육에서 각자의 적성과 재능을 찾아주고, 키워주는 방안
4. 대학입시를 위한 공부보다 세계적으로 경쟁력 있는 인재를 향하는 학습 방법
5. 뇌과학적 자녀교육 방법 제시하고 가정교육의 시행착오를 줄이는 방안, 등

### 사회

1. 세계 시장에서 경쟁력 높은 상품을 개발하는 방향
2. 기업이 원하는 인재를 영입하고, 육성하는 방법
3. 한국병을 치유하는 방안
4. 각종 사회문화적 장단점의 원인 분석과 개선 방향
5. 유행과 소비 등을 예측하고 발전방향으로 유도하는 방안, 등

(4) 앞으로, 이번 조사와 동일한 조사를 '10대 선진국'에 대해서도 실시할 계획이다. 이는 각국의 국민성 파악을 의미한다. 국민성의 정체가 파악되면 글로벌 경쟁시대를 이겨내야 하는 우리나라에게는 백전백승의 무기가 되리라 생각한다.

# 내가 만약

**Epilogue**

열심히 사느라고 살았는데, 이제 와서 보니 후회되는 점이 한두 가지가 아니다. 세상 사는 지혜를 가르쳐주는 사람도 적었고, 우둔해서 잘 배우지도 못했다.

내가 만약 이 책을 갓난아기 때 구할 수 있었다면, 내 엄마께 드렸겠다. 아들의 우뇌를 잘 키워주시라고. 내 엄마는 음악 선생님이셨다.

내가 만약 이 책을 학교 들어갈 때 구할 수 있었다면, 우리 아빠께 드렸겠다. 아들의 좌뇌도 잘 키워서 균형발달로 만들어 주시라고. 내 아빠는 수학선생님이셨다.

내가 만약 이 책을 중학교 들어가서 구할 수 있었다면, 나 혼자 파고들었겠다. 그리고 중고대 10년 내내 전국 1등을 했겠다. 답이 모두 여기에 있으니까.

내가 만약 이 책을 총각 때 구할 수 있었다면, 정말 이상적 처녀를 구했겠다. 성격 궁합 딱 맞고, 천재 아이를 만들 상대를 골라낼 수 있었을 테니까.

내가 만약 이 책을 자녀를 낳은 후에 구했다면, 아내가 좔좔 외우게 했겠다. 꼴찌 마누라이긴 했어도, 아이들은 최고 신랑신부감으로 키워냈을 테니까.

내가 만약 이 책을 직장에 다닐 때 구했다면, 사장님과 상사들께 선물했겠다. 가정의 평화를 이루면 사업도 잘 하고, 부하를 들들 볶지도 않으실 테니까.

내가 만약 이 책을 내 사업 시작 후에 구했다면, 임직원과 매주 토론회를 갖겠다. 대박상품을 만들어낼 수백 가지 아이디어가 넘치게 담겨 있으니까.

내가 만약 이 책을 고3 학생들 상담하기 전에 구했다면, 그들이 울지 않게 했겠다. 굵은 동아줄을 내려줘서 변방을 떠도는 신세를 면하게 해주었을 테니까.

내가 만약 이 책을 자녀들이 결혼하기 전에 구했다면, 이 책을 백 권쯤 사게 하겠다. 완벽한 배우자를 구하게 될 터이니, 최소한의 감사표시는 해야 되지 않겠는가?

그런데 그 회한의 시절은 다 지나가고, 이제야 이 책 한 권을 손에 쥐게 되었다. 방법이 있다. 새 인생을 시작하는 거다. 중-고-대학을 다시 다니고, 색시도 새로 얻자. 또 한 명의 모차르트가 나올지, 아인슈타인이 나올지, 모르는 일 아닌가? 하하하하.